高等职业教育新形态系列教材

大学生审美

王树青　主编

北京理工大学出版社
BEIJING INSTITUTE OF TECHNOLOGY PRESS

版权专有　侵权必究

图书在版编目（CIP）数据

大学生审美／王树青主编．—北京：北京理工大学出版社，2020.6（2022.6重印）
ISBN 978－7－5682－8437－0

Ⅰ．①大…　Ⅱ．①王…　Ⅲ．①大学生－美育－研究　Ⅳ．①G40－014

中国版本图书馆CIP数据核字（2020）第076411号

出版发行／北京理工大学出版社有限责任公司
社　　址／北京市海淀区中关村南大街5号
邮　　编／100081
电　　话／（010）68914775（总编室）
　　　　　（010）82562903（教材售后服务热线）
　　　　　（010）68944723（其他图书服务热线）
网　　址／http：//www.bitpress.com.cn
经　　销／全国各地新华书店
印　　刷／涿州市新华印刷有限公司
开　　本／787毫米×1092毫米　1/16
印　　张／18.25　　　　　　　　　　　　　　　责任编辑／徐艳君
字　　数／429千字　　　　　　　　　　　　　　文案编辑／徐艳君
版　　次／2020年6月第1版　2022年6月第3次印刷　责任校对／周瑞红
定　　价／52.00元　　　　　　　　　　　　　　责任印制／施胜娟

图书出现印装质量问题，请拨打售后服务热线，本社负责调换

本书编委会

主　编：王树青
副主编：张惠香　　秦秀清　　李新玉　　杨志敏
编　委：段　劼　　王木兰　　李　丹　　江群英
　　　　汪兆静　　王　嵘　　李晓云　　孙　晖
　　　　包玉鹰　　高　月　　王树青　　张惠香
　　　　秦秀清　　李新玉　　杨志敏

前　言

　　世界是美丽的，生活是美好的，诚如古诗所写"到处皆诗境，随时有物华"。但是，美不自美，因人而彰。所谓审美，必是先"审"而后"美"。如果一个人对外界无动于衷，美也就无从谈起。罗丹说过："生活中不缺少美，而是缺少发现美的眼睛。"生活在尚美时代的你，有一双发现美的眼睛吗？

　　审美是人的素质中极其重要的一个组成部分，美育是素质教育中的重要一环。审美教育可以在不断提升人的审美素养的同时，潜移默化地影响人的情感、趣味、气质、胸襟，激励人的精神，滋润人的心灵，因此，审美教育也是情操教育和心灵教育。蔡元培先生曾提出"以美育代宗教"，木心先生也说过："没有审美力是绝症，知识也救不了。"可见，美育对个人、对社会都是极其重要的。审美力决定一个人的生活品质，甚至人生格局。一个懂得审美的人，才会去欣赏自然、感悟生活，进而获得精神富足、有幸福感的人生。灿烂的文化、经典的艺术，需要全社会共同培植与呵护，只有懂得审美的社会，才是孕育文化、艺术果实的沃土。

　　人的审美观不是与生俱来的，而是长期生产和社会实践的产物。人的审美素质主要是后天习得的，审美观也并非一成不变，通过学习，审美能力的欠缺是可以弥补的，审美水平也是可以提高的。

　　大学生是未来的国家栋梁，培养健康高尚的审美情趣，提高审美能力，才能在美的净化中得到和谐、全面的发展，才能陶冶情操、愉悦精神、调控情感、健康心理、开启智慧、修身养性，进而促进社会的和谐、进步与发展。因此，学习美学知识，培养健康的审美情趣，提高审美能力，既是大学生的主观愿望，也是时代对人才的客观要求。

　　大学阶段是人生的黄金时代，学生发展和分化都很显著。大学生是一个朝气蓬勃、活力四射的群体，自我意识强烈，渴望新知，追求超越，最容易接受新奇事物、新鲜文化，其审美观正在不知不觉中发生着巨大的变化。大学生在各方面走向成熟的同时，审美观念呈现敏感性、憧憬性、丰富性和独创性的特点，这就意味着他们更需要美育的引导。而当今时代，大学生生活的大环境，一方面为大学生的审美解放提供了广阔的空间；另一方面，也产生了不小的负面影响，在市场和商业包裹下的文化产业，所呈现出的快餐形式、流行时尚和网红文化，迎合了人性中的一些粗鄙、肤浅、媚俗的欲望需求，降低了人格品位和精神境界。不可否认，大学生中有一部分人的心理状态、审美境界、审美情趣、人生态度与他们所具备的专业知识水平不相匹配；美丑不辨，荣辱不分，束缚和制约着他们向高层次发展。在这个各种文化观念交织的时代，大学生如何建立正确、健康、优良的审美观，如何区分文化中的精华与糟粕，如何向美而生，是很值得我们思考的问题。

综上所述，加强大学生审美教育，既重要，也必要，我们编写这本教材，旨在深入研究大学生审美教育的原理、途径，以深入浅出的语言、精当充分的例子、图文并茂的形式，开阔大学生的美学理论与艺术知识的视野，提高鉴赏能力，培养大学生健康、高雅的审美素质，帮助大学生构建真善美合一的精神家园，树立正确的审美观、价值观、人生观，成长为符合社会需求的全面发展的高素质人才。

本书共五篇：

第一篇：绪论，即审美理论，从审美意义、审美素质、审美溯源以及审美特征四个方面阐述本书的理论依据和编写目的。

第二篇：人性之美，通过古今中外仁人志士、伟人名人的事例，分析人生中的气节、奉献、拼搏等内在美，引导学生形成正确的人生观、价值观和世界观。

第三篇：艺术之美，展现书法、绘画、音乐、舞蹈等艺术形式的美，开阔学生的审美视野。

第四篇：形态之美，赏析自然之美，讲解个人修养、礼仪之美，塑造大学生美的形象。

第五篇：文学之美，从情感、匠心等方面赏析一些经典诗歌、散文、小说、戏剧之美，丰富学生的审美知识。

希望本书能够为广大学子内外兼修、加强审美素养提供一些知识、思路和借鉴，更希望广大学子修德修身，成为情操高尚、品位高雅的人。

编 者

目　录

第一篇　绪　论 …………………………………………………………………………（1）

　　第一节　审美意义 ……………………………………………………………………（1）
　　　　一、审美有利于增强创新、创造能力 ……………………………………………（1）
　　　　二、审美能够丰富生活、提升幸福感 ……………………………………………（2）
　　　　三、审美有利于增强核心竞争力 …………………………………………………（2）
　　第二节　审美素质 ……………………………………………………………………（3）
　　　　一、健全的审美感知 ………………………………………………………………（3）
　　　　二、正确的审美观 …………………………………………………………………（4）
　　　　三、活跃的审美想象 ………………………………………………………………（4）
　　　　四、丰富的审美情感 ………………………………………………………………（5）
　　　　五、准确的审美理解 ………………………………………………………………（5）
　　　　六、必要的审美修养 ………………………………………………………………（6）
　　第三节　审美溯源 ……………………………………………………………………（6）
　　　　一、审美释义 ………………………………………………………………………（6）
　　　　二、审美溯源 ………………………………………………………………………（7）
　　　　三、美育发展 ………………………………………………………………………（8）
　　第四节　审美特征 ……………………………………………………………………（11）
　　　　一、审美活动的一般特征 …………………………………………………………（11）
　　　　二、大学生审美的特征 ……………………………………………………………（13）

第二篇　**人性之美** ……………………………………………………………………（15）

　　第一单元　感性沉香 …………………………………………………………………（15）
　　　　概述 …………………………………………………………………………………（15）
　　　　宏才远志 ……………………………………………………………………………（16）
　　　　浩然正气 ……………………………………………………………………………（22）
　　　　敬业奉献 ……………………………………………………………………………（26）
　　　　积极奋进 ……………………………………………………………………………（29）
　　单元综合实训 …………………………………………………………………………（34）

第二单元　立德修身 ……………………………………………………… (37)
　　　　　　概述 ………………………………………………………………… (37)
　　　　　　胸怀天下 …………………………………………………………… (38)
　　　　　　修身齐家 …………………………………………………………… (43)
　　　　　　清风峻节 …………………………………………………………… (49)
　　　　　　仁者爱人 …………………………………………………………… (54)
　　单元综合实训 ……………………………………………………………… (56)
　　第三单元　自强不息 ……………………………………………………… (58)
　　　　　　概述 ………………………………………………………………… (58)
　　　　　　逆流而上 …………………………………………………………… (59)
　　　　　　勇者无惧 …………………………………………………………… (61)
　　　　　　坚韧不拔 …………………………………………………………… (65)
　　　　　　笑对人生 …………………………………………………………… (69)
　　单元综合实训 ……………………………………………………………… (73)

第三篇　艺术之美 ……………………………………………………………… (77)
　　第一单元　二维艺术 ……………………………………………………… (77)
　　　　　　概述 ………………………………………………………………… (77)
　　　　　　笔精墨妙千古传 …………………………………………………… (79)
　　　　　　妙手写丹青 ………………………………………………………… (83)
　　　　　　指尖上的视界 ……………………………………………………… (88)
　　单元综合实训 ……………………………………………………………… (93)
　　第二单元　三维艺术 ……………………………………………………… (95)
　　　　　　概述 ………………………………………………………………… (95)
　　　　　　历史悠久的中国雕塑 ……………………………………………… (96)
　　　　　　源远流长的西方雕塑 ……………………………………………… (102)
　　　　　　花样繁多的中国古代建筑 ………………………………………… (107)
　　　　　　风格多变的中国园林 ……………………………………………… (115)
　　单元综合实训 ……………………………………………………………… (117)
　　第三单元　表情艺术 ……………………………………………………… (119)
　　　　　　概述 ………………………………………………………………… (119)
　　　　　　来自红土地的舞魂 ………………………………………………… (120)
　　　　　　大唐乐舞的弦外之音 ……………………………………………… (125)
　　　　　　唐曲珍宝里的《秦王破阵乐》（选文） ………………………… (127)
　　　　　　华夏民族文化的瑰宝——秦腔 …………………………………… (132)
　　　　　　来自谬斯的天籁《欢乐颂》 ……………………………………… (136)
　　单元综合实训 ……………………………………………………………… (143)

第四篇　形态之美 ……………………………………………………………… (145)

　　第一单元　天地大美 …………………………………………………… (145)
　　　　　　　概述 ……………………………………………………… (145)
　　　　　　　梅兰竹菊 ………………………………………………… (147)
　　　　　　　动物掠影 ………………………………………………… (150)
　　　　　　　山中五岳 ………………………………………………… (158)
　　　　　　　天赐神画 ………………………………………………… (166)
　　　　　　　地质公园 ………………………………………………… (172)
　　单元综合实训 …………………………………………………………… (178)
　　第二单元　风华正茂 …………………………………………………… (180)
　　　　　　　概述 ……………………………………………………… (180)
　　　　　　　头发修饰 ………………………………………………… (180)
　　　　　　　面容修饰 ………………………………………………… (182)
　　　　　　　着装规范 ………………………………………………… (186)
　　　　　　　饰物佩戴 ………………………………………………… (189)
　　　　　　　大学生的仪容美 ………………………………………… (190)
　　单元综合实训 …………………………………………………………… (192)
　　第三单元　举止得体 …………………………………………………… (193)
　　　　　　　概述 ……………………………………………………… (193)
　　　　　　　静态美姿 ………………………………………………… (193)
　　　　　　　动态美姿 ………………………………………………… (199)
　　　　　　　有礼有节 ………………………………………………… (202)
　　　　　　　行为之美 ………………………………………………… (206)
　　　　　　　整体气质 ………………………………………………… (209)
　　单元综合实训 …………………………………………………………… (210)

第五篇　文学之美 ……………………………………………………………… (212)

　　第一单元　文学亦真 …………………………………………………… (213)
　　　　　　　概述 ……………………………………………………… (213)
　　　　　　　翡冷翠山居闲话 ………………………………………… (214)
　　　　　　　巴黎圣母院（节选） …………………………………… (217)
　　　　　　　兵车行 …………………………………………………… (222)
　　　　　　　故都的秋 ………………………………………………… (225)
　　　　　　　黄昏里的男孩 …………………………………………… (228)
　　单元综合实训 …………………………………………………………… (234)
　　第二单元　缘情迤逦 …………………………………………………… (235)

概述 …………………………………………………………………（235）
　　　牡丹亭·惊梦（第十出）…………………………………………（236）
　　　诗经 …………………………………………………………………（241）
　　　边城（节选）………………………………………………………（244）
　　　沙与沫（节选）……………………………………………………（250）
　单元综合实训 …………………………………………………………（254）
第三单元　匠心形美 ………………………………………………………（257）
　　　概述 …………………………………………………………………（257）
　　　洛神赋 ………………………………………………………………（258）
　　　大淖记事（节选）…………………………………………………（263）
　　　墙上的斑点（节选）………………………………………………（268）
　　　羊脂球（节选）……………………………………………………（271）
　　　对读《六月二十七日望湖楼醉书》和《定风波·莫听穿林打叶声》
　　　　………………………………………………………………………（276）
　单元综合实训 …………………………………………………………（280）

第一篇　绪　论

第一节　审美意义

人是高智慧的生物，这就从客观上决定了我们不像动物那样只是本能地适应这个世界，而是通过自己的智慧发现世界上存在的许多美好的东西，并且摒弃或改造一些不美好的东西，从而丰富自己的物质生活和精神家园，以达到愉悦自己和完善自己的目的。因而审美是人的普遍的精神活动。

世界上存在的纷繁复杂的事物，并不全是美好的、有益的，这就需要我们去认识、判断、取舍，找到适合我们需要的那部分，即美好事物。这个过程就是审美。吉林大学经济学教授李晓说："审美力，是一种历史积淀，前提是一个国家历史、文化的延续性。"一个懂得审美的社会，才能够营造出和谐的环境，才能够孕育出经典的文化、艺术的果实。一个高素质的人，也应该有着良好的审美素质。

大学审美教育旨在培养大学生审美感受、审美鉴别、审美欣赏和审美创造的能力。大学生是一个朝气蓬勃、焕发着青春活力的群体，求知欲强，最容易接受各种新鲜文化。大学生也正处于人生观、价值观、世界观确立的重要时期。在这个各种文化观念交织的时代，树立正确的审美观，拥有健康的审美修养，才能区分各种文化中的精华与糟粕，正确取舍，才能在美的净化中得到和谐、全面的发展，才能开启智慧、陶冶情操、愉悦精神、调控情感、涵养心灵，在提升自己的同时，还能促进社会的进步与人类的发展。审美能力是一个优秀人才所应具备的要素，它不但包括健康的道德品质、先进知识的学习与积累、强健协调的身体，同时还包括敏锐的感觉力、奇特的想象力、丰富的情感、博大的精神世界和创新求异的能力。

一、审美有利于增强创新、创造能力

审美与创新、创造有着密切的联系，审美是创新和创造的源泉，创新和创造是审美的深化与延伸，二者相互促进，共同创造着美好的世界。就拿中国的园林来说，人爱自然，爱山水草木，想把无限美丽的自然移植到有限的空间里，于是诞生了园林艺术——遵循"虽由人作，宛自天开"[①] 的理念，叠石造山，凿池引泉，植物高低明暗配置，有开有合，互相穿插，方寸天地间造出一个自然。

那些传世的建筑杰作，悉尼歌剧院、迪拜帆船酒店、北京的鸟巢和水立方等，哪一个不

---

①出自明末造园家计成《园冶》。

是审美理念创新的产物？从实用的角度讲，方形的、火柴壳式的建筑造价最低、工程最简单、利用率最高，但是人有审美需求，对建筑物的要求不仅是能住，还要住得舒心，于是创造出各式各样令人赏心悦目、叹为观止的建筑物。当今社会，处处可见创新的事物，这些创新，与审美有着密切联系，例如服装设计、汽车的外形设计、房屋的外观设计、雕塑作品、创意产品等，不断推陈出新。只有拥有较高的审美能力，才能够更好地根据审美主体的审美需求设计和创造出更多符合需求的产品，对自己的创新、创造能力也可以起到促进作用。大凡出类拔萃的作家和艺术家都具有令人钦慕的高度发达的审美观察力和感受力，他们不但善于敏锐地捕捉美，而且善于准确地把握对象美的感性特征和细节，进而创作出优秀的作品。

二、审美能够丰富生活，提升幸福感

作家周国平在《灵魂只能独行》中写道："审美的人生态度，是和功利的人生态度相对立的，功利注重对物质的占有和官能享乐，审美注重对生命的体验和灵魂的愉悦。现代人在审美和功利两者之间进行选择，其实也就是有趣和有用之间进行选择，审美的生活态度，才能为没有信仰的现代人提供一种真正的精神补偿。"

审美能力的提高有利于审美体验能力的增强。审美体验是指充分调动审美主体的情感、想象、联想等心理因素，对特定的审美对象进行审视、体味、理解与领悟，是审美主体在对审美对象的感受中所达到的精神超越和生命感悟，是一种极为强烈的人格、心灵的高峰体验。比如观天看海，发出"海阔凭鱼跃，天高任鸟飞"的感慨，激起"大鹏一日同风起，扶摇直上九万里"的豪情壮志。一个审美力强的人，也会是一个感性素质高的人，他的观察力、理解力、感悟力、鉴赏力、表达力都不会差。美与爱常常相伴而行，审美能力强的人，生活中一定是一个极有情趣的人，他热爱生活，享受生活，生活也对他格外厚爱；他能敏锐而准确地摄取到生活中的美，"登山则情满于山，观海则意溢于海"，于自然中欣赏美景，从人事里感受美好，在艺术中寻求感动；他自律性强，对自身形象和生活环境的要求高，注意言谈举止，所处的环境会是洁净优美的；他愿意为高品质的生活付出成本。相反，一个缺乏审美能力的人，没有生活感知力，没有积极主动的生活态度，缺乏对美的追求和对生活的激情，对美丽的景物视而不见，对悦耳的音乐充耳不闻，对美好的人性无动于衷，对脏乱差的环境漠无所谓；他的生活，乏善可陈。卢梭说过："从我们心中夺走对美的爱，也就夺走了生活的全部魅力。"用美来审视生活，它一方面发掘社会生活中固有的美来启迪人心，培养高品位的生活情趣；另一方面又以自身特有的方式来提高人的艺术生活能力，从而提高生活质量，提升幸福感。

三、审美有利于增强核心竞争力

美学家蒋勋有一段话说得好："一个人审美水平的高低，决定了他的竞争力水平，因为审美不仅代表着整体思维，也代表着细节思维。"物质幸福时代已经结束，注重品质的新时代已经来临。审美力，已经成为核心竞争力。

企业家分为三代，每一代都有自己的核心竞争力。第一代，是抓住社会变革的机遇率先创业的人，他们的核心竞争力是勇气。第二代，是受过良好教育的人，他们的核心竞争力是理性知识。第三代，是以乔布斯为代表的，具有很高艺术修养、审美品质的人，是他们引领了这个时代的未来。设计、创新、创意、感受体验、审美趣味等因素将是产品胜出的关键因素，苹果打败摩托罗拉、诺基亚等手机巨头，靠的不仅是技术，更重要的是审美和体验。国内某品牌手机，曾经是国产手机中的佼佼者，如今却严重萎缩，究其原因，竟然不是质量问题，而是审美问题。该企业投入了上千万的研发费，几个亿的生产销售、广告资金，但该企业从企业家到营销人员、广告公司从业人员，感性素质低，艺术修养差，艺术品位也低，导致产品外观丑，使用不人性化，最终陷入困境。与之相反，华为只是后起之秀，却已经在如今的手机市场中，力压苹果、三星等国外品牌。华为员工中有97%出身于理工科，严重缺少审美教育，为了解决这个短板，华为把产品设计中心放到以艺术著称的法国，在注重性能的同时，把感性美放在了重要地位，使得华为手机推陈出新，与时俱进，符合消费者的审美期待。

在当代社会条件下，对人才全面发展的基本目标与要求，大体上可以设定为三个主要方面，即人的身体素质、心理素质和社会素质的健康发展，人的知识、情感和意志的协调发展，人的科技人文水平、道德品质和创造能力的和谐发展。

因此，自觉地学习美学知识，提高审美能力，培养健康的审美情趣，内修品格，外塑形象，既是建设和谐社会的需要，也是促进大学生身心和谐健康发展、培养高素质人才的需要，还是大学生自身发展的需要。

第二节　审美素质

审美对象是客观存在的，并不以人的意志为转移；但是，没有审美主体的参与，美也无从说起。法国哲学家萨特说过："一片风景，如果没有人去观照，它就失去了见证，因而将不可避免地停滞在永恒的默默无闻状态之中。"所以，美因人的介入才能彰显。而审美对审美者是有一定要求的，需要具备相应的审美素质。审美素质指人所具备的审美经验、审美情趣、审美能力、审美理想等各种因素的总和。审美素质既体现为对美的接收和欣赏的能力，又转化为对美的鉴别和创造的能力。一个具有良好审美素质的人才能够发现生活之美、生命之美、永恒之美，而非短暂的娱乐快感，才能提高个体审美能力和达到审美境界。

一、健全的审美感知

在审美心理学中把审美感觉和审美知觉合在一起，统称为审美感知，它是审美感受的基本心理形式，也是审美的基础。感觉，按心理学的分析，是对事物个别特性的反应，如对事物的色彩、线条、声音、质地的感官印象。它是通过感官与对象的直接接触而获得的。人的耳、眼、鼻、舌、身和大脑神经系统专门组成了听、视、嗅、味、触的感官分析器官，接受和传达外界各种信息。其中眼睛和耳朵是最重要的审美器官，人类85%以上的审美感觉是靠视听器官获得的。当我们因某种色彩、声音、线条、质地而感到愉快时，这种愉快就起于感觉。这些愉快的感觉虽然是生理上的，但却是美感经验的基础和出发点。一切较高级复杂的心理现象，如知觉、想象、情感、理解等，都是在感觉的基础上产生的。审美必须有一个对象作为外来刺激，主体通过感觉，才能产生美感。外界的客观对象，只有经过感觉，才有可能引起美感。马克思说过："对于不辨音律的耳朵来说，最美的音乐也毫无意义，音乐对他来说不是对象。"① 没有生动的直观,就不可能有审美的想象、情感和理解的和谐活动,也就无法完成具体的审美活动。

二、正确的审美观

审美观是一个人用什么样的审美观点、抱什么样的审美态度和运用什么样的审美方法对自然景观、社会生活、文学艺术和人生进行审美活动的总称,是一个人审美情趣和审美理想的集中表现,也是人们形成的对美的理解和评价。审美观常指某种美学观点,对某个美学问题或审美现象的基本看法,它是人们在实践中形成的一种关于美的理性认识,一经形成就具有相对的独立性。人们以一定的审美观指导着创作和欣赏,审美观也就制约着人们对现实和艺术的审美方向。

作为审美意识的组成要素,审美观具有时代、民族、阶级的差异性,它不可避免地具有鲜明的时代、阶级、民族的烙印;并且,审美观还具有个体的差异性,它受着审美主体的思想、修养、性格、气质、心境乃至境遇的制约。审美观对人们的审美活动具有巨大的能动作用,因此,树立正确的审美观,对审美实践具有重要意义,尤其对于大学生的文化水平、道德观念、心理素质、行为方式均会产生积极的促进作用。审美观是世界观的一个组成部分,有什么样的世界观就会有什么样的审美观。美体现着符合社会发展趋势、不断向上提升的人的本质力量,它本身就具有推动人类进步的积极的倾向性,一个缺乏正确审美观的人,对某些东西便难以欣赏,甚至美丑颠倒、以丑为美。树立正确的审美观,才能杜绝审美取向混乱、审美品位庸俗、审美能力低下等问题。

三、活跃的审美想象

审美想象是审美主体所具有的能使审美活动顺利展开的一项重要的能力,又叫审美想象力。在审美所需的素质中,想象是一种重要的能力。在具体的审美活动中,想象是一种很常见的心理活动,主体的审美需求是审美活动能否产生的关键,而主体的审美能力,尤其是审美想象力,是使审美活动顺利展开并实现主体审美理想的必要条件。审美想象不脱离具体感性的表象活动,而且始终和理解性、抒情性因素结合在一起,成为沟通感性因素和理解因素的桥梁。

首先,想象可以产生美。审美活动常常要通过想象来完成,例如,看见圆月,想到家人团圆;看到鲜花,想到美人;看山,如果只看地理意义上的山,它有海拔、纬度、类型等指标,是一个客观存在,加以想象,就有了"山是凝聚的波涛""山峰是大自然的惊叹号"的奇妙感受,就有了"春山淡冶而如笑,夏山苍翠而如滴,秋山明净而如妆,冬山惨淡而如睡"②的精妙比喻,就有了"水是眼波横,山是眉峰聚"③的经典诗句……山才能被赋予各种美的意义,才能成为一个美学符号。

其次,想象可以扩展美。一件事物有它本来的外在面貌,我们对事物的认识不能仅仅停留在事物的表面,而是要通过想象,把它和别的事物联系起来,把没有的东西生发出来,才能拓展事物的美感范围。"一叶知秋",看到一片树叶凋落,就知道秋天到了;"瑞雪兆丰

---

①出自《马克思恩格斯全集》第42卷《1844年经济学哲学手稿》。
②出自宋代郭熙《林泉高致·山水训》。
③出自宋代王观《卜算子·送鲍浩然之浙东》。

年",看到冬雪,想到来年的春耕秋收;戏曲表演中"三五步行遍天下,六七人百万雄兵"也要借助想象完成。

最后,想象可以创造美。中国画讲究虚实相生,齐白石画虾,并不画水,观者却觉得满纸是水;古希腊雕塑维纳斯,双臂已经残缺,但通过想象,生发出若干的手臂。日本作家清冈卓行在《米洛斯的维纳斯》中说:"……那失去了的双臂正浓浓地散发着一种难以准确描绘的神秘气氛,或者可以说,正深深地孕育着具有多种多样可能性的生命之梦。换言之,米洛斯的维纳斯虽然失去了两条由大理石雕刻成的美丽臂膊,却出乎意料地获得了一种不可思议的抽象的艺术效果,向人们暗示着可能存在的无数双秀美的玉臂。"

四、丰富的审美情感

情感是审美心理中最活跃的因素,它广泛渗入其他心理因素中。从审美感知开始,情感因素便介入其中,张扬审美个性,提高审美敏感度,使整个审美过程呈现出感情色彩。它又是触发其他心理因素的诱因,充当感知和想象的动力,推动审美活动的发展。审美情感是审美活动的基础,如果没有审美情感,就不可能进行真正的审美欣赏和审美创造活动。

刘勰《文心雕龙》认为"人禀七情,应物斯感",审美情感既受对象的制约,又受知和意的制约。古希腊哲学家亚里士多德认为审美情感由习惯和艺术熏陶养成,并可影响他人,悲剧、喜剧可唤起人的怜悯、恐惧、欢欣、狂喜的情感、情绪,使人获得精神享受,得到陶冶和净化。当人们欣赏自然景观时,"以我观物,故物皆著我之色彩"[①],产生"我见青山多妩媚,料青山见我应如是"[②]的奇思妙想,被雄伟的泰山激起"会当凌绝顶,一览众山小"[③]的豪情壮志,被壮阔的祖国山河引发"江山如此多娇,引无数英雄竞折腰"[④]的价值思考。欣赏艺术作品时,古希腊雕塑令人产生静穆、崇高之感;贝多芬的《英雄交响曲》激昂雄壮,令人振奋;瞎子阿炳的《二泉映月》则如泣如诉,令人悲伤。

五、准确的审美理解

审美理解是指在审美这一心理过程中主体对感受到的事物的审美特性进行理性分析,从而掌握其深刻内涵、体验其美的过程,是感性的直觉领悟和理性的深刻认识的统一,是审美认知活动的高级阶段。理解力是指不但要认识审美对象的表层,还要能透过表象把握更深的内涵的能力,是一种分析性的、渗透着情感意志的高级心理活动。通过对事物审美特征的深刻认识,体验其内在的、丰富的情感;通过主体的独特感受及体验领悟到事物的某些意义,乃至人生、宇宙的普遍意义。

在审美活动中,审美理解力是不可或缺的能力,理解是审美的核心,要想真正获得美感,就要加以理解,只有理解了,才能真正领会到事物的美丽所在。钟子期之所以被俞伯牙视为知音,正是因为他透过琴音准确地理解了俞伯牙琴音中蕴含的思想感情。有了准确的审美理解,审美主体才能和审美对象产生共鸣,进而从表层进入深层内涵,得到净化和领悟,达到审美高峰体验。读一本小说,看一部影视剧,透过故事情节,为人物的命运与情节的发

---

① 出自清代王国维《人间词话七则》。
② 出自宋代辛弃疾《贺新郎·甚矣吾哀矣》。
③ 出自唐代杜甫《望岳三首》。
④ 出自毛泽东《沁园春·雪》。

展而揪心,为正面人物的不幸而感到痛苦,为反面人物的得逞而感到愤恨。欣赏艺术作品,被引入一个审美的艺术境界,鉴赏者可以暂时忘却尘世的困扰与人世的苦恼,可以松弛自己紧张的神经,疏导郁闷的情绪,使自己的心理恢复平衡,可以使异化的心灵得到纠正,扭曲的人格得到升华,进而追索作品深层意蕴的结果,它是一种生命智慧的飞跃,伴随着这种审美领悟,鉴赏者往往会获得一种大彻大悟的喜悦。

六、必要的审美修养

审美修养包括知识储备、文化教养、生活阅历、艺术常识等。审美主体对于审美对象的有关知识要有一定的储备。欣赏艺术作品,要懂得一般的艺术技巧方面的知识,如文学的表现手法、音乐的乐理、戏曲的程式、电影的蒙太奇、中国画的留白等,甚至还要了解作者的生平及作品的时代背景等,这样才能深入欣赏艺术作品,达到共鸣的高度。有一个故事是这样的:有一个人家里有幅古画,画的是一个人牵牛过独木桥,桥下溪流湍急,牛因为害怕不肯上桥,人使劲拉它。有买家高价定下这幅画,准备第二天来取画。画主人总觉得画上有个瑕疵:人使劲拉牛,但绳子没画出来。于是就自作聪明地添上一根绳子。结果,买家一见,跌足叹息,不愿买画了,因为这幅画最传神的地方就是那根虽未画出却让人感觉存在的绳子。因为无知,画主人丢了一笔生意,毁了一幅名作。如果缺少必要的知识,不仅难以进行审美欣赏,还难免做出焚琴煮鹤的事。

审美主体还要具备与审美对象相适应的审美能力,包括来自教育和环境影响的审美意识和文化传统,以及对民族欣赏习惯的认识和把握。如在中国文化传统中梅兰竹菊的意蕴,不了解这一层,终难领略文学、美术作品中梅兰竹菊的内在美,欣赏只能流于形式化、表面化。我们欣赏樱花,主要是从外形的角度,欣赏它的绚烂之美,而在日本文化中,赏樱花蕴含着对易逝的生命的眷恋与怜惜。

没有必要的生活经验、文化知识和艺术素养,就算有再高的感觉功能,也不能构成优异的审美能力。

综上所述,如果想得到美的享受,就必须成为一个有审美素质的人,而审美素质大多是后天培养的。作为一名大学生,正处于接受力强和自我塑造的重要阶段,应该自觉加强审美修养,主动参与审美活动,从而建立审美意识,树立正确的审美观,养成健康的审美情趣,积累一定的文化修养,形成高尚的人生态度;还需要自觉地培养审美能力,即培养感受美、鉴赏美、想象美、创造美的能力,成为有丰富个性、完美人格、全面发展的高素质人才。

第三节 审美溯源

一、审美释义

美学,作为哲学的一个分支,是一门高深的学问,苏格拉底都曾感叹过"美是难的"。但是审美活动却是普遍存在于生活的方方面面的,审美活动的历史远远超越美学的历史。

大千世界,美是广泛存在的。意大利哲学家托马斯·阿奎那说过:"各种事物能使人一见而心生快感即称为美。"斗转星移、四季更替、大河奔流、花红柳绿等自然现象会使我们赏心悦目，耕耘收获、打歌对唱、含饴弄孙等生活场景能使我们心生感动，气势恢宏的万里长城、别致精巧的苏州园林、断臂的维纳斯、深沉的思想者、微笑的蒙娜丽莎等杰作能使我们心生感慨。无论是自然、生活还是艺术，总有一些东西是令人一见而心生快感的，所以，"爱美之心，人皆有之"，发现美、享受美、创造美是人的一种普遍的需求，是高于生存需求的精神需求。这种需求就是审美需求。

审美活动简称审美，是指在面对自然或社会的过程中，人感受、体验、欣赏、评价、创造美的活动。审美活动是人的社会实践活动，尤其是情感活动的一个重要方面，是美学研究的基础问题之一。审美活动与其他活动不同，它是不带直接实用功利目的的、始终伴随着感性形象和情感体验的活动。

看到一棵树，说"这是一棵柳树"，是客观判断；而说"这是一棵婀娜多姿的树"，是主观感受，其中"婀娜多姿"是一个褒义词，给人以舒适美好的心理感受。第二种说法就是审美判断。由此可见，审美有两个要素：第一，有客观对象存在，可供人审的"美"，即审美客体或对象；第二，它是主观的，是有人在"审"，有主体介入，是人的活动，草木所呈现的意义是审美主体——人赋予的。正如朱光潜所言："美既离不开物（对象或客体），也离不开人（创造和欣赏的主体）。"

审美活动是智慧的体现，是人区别于动物的标志之一。一片青青的草地上，开着五颜六色的野花，人见了，会喜爱，会陶醉，甚至想要吟咏它、描摹它，换言之，人有审美活动；而对于牛羊来说，青草、野花只是食物而已，只有能否食用的区别，没有美丑差别，动物只有生存需求。

二、审美溯源

审美活动是一种社会现象，源于人类的社会实践。

在有人类出现之前，宇宙万物就已经客观存在，浩瀚的星空、广袤的大地、巍峨的山岳、馥郁的花香……但是，它们的存在，无所谓美丑、善恶、真伪，它们只是按自身的规律发展、变化着，《荀子·天论》中说："天行有常，不为尧存，不为桀亡。"真、善、美都是相对于人类而言的一种社会价值，离开人类社会就失去了赖以生存的基础，因此，美是社会的，审美是社会现象，审美活动源于社会实践。

自有人类以来，对美的认识、需求和创造就产生并发展着。原始社会，虽然人类的温饱尚无保障，但并不妨碍他们欣赏美、创造美，围在身上的兽皮，是实用的，而挂在脖子上的用骨头、贝壳、石头等串成的项链，则超越了直接的实用价值，上升到审美的层面。

从大量出土的原始工具中，我们就可以清晰地看到人类的审美创造从无到有、从不自觉到自觉的演变过程。原始人按预定目的制造的工具，凝结了自身的意志和力量，客观上就具有了审美价值。旧石器时代早期的石器还相当粗糙，器型很不规整，多为一器多用；旧石器时代中期的石器在形体上明显趋向光洁、规则，并富有秩序和韵律感，功能上开始分化；旧石器时代晚期和新石器时代，人类所制作的石器不仅在功能上高度分化，在选材和制作工艺上也表现出相当高的技巧和水平，而且根据用途定型化。这些石器虽不是自觉的美创作的产物，而是出自实用的目的，却仍有其审美价值。这个从粗到细，从拙到精的不断追求的过程，不仅是技术进步的结果，而且隐藏了人们追求非功利的视觉形式快感的审美意识和动机,已包含着原始的审美内涵。

　　在漫长的劳动实践过程中,人类创造了最初的精神产品——装饰品,利用兽类的牙、骨,以及贝壳等进行雕磨、钻孔,以期美化生活。距今约三万年的北京周口店山顶洞人遗址,除了发掘出实用的石器、骨器,还发掘出了大量的装饰品,经过磨制并钻孔染色的小石珠、钻孔的兽牙、刻纹的鸟骨等,这就意味着在那个时代,人类就已经有了精神生活的需求,即审美的意识。据人类学家研究,山顶洞人之所以佩戴穿孔的兽牙,是因为这些野兽"很可能是当时被公认为英雄的那些人的猎获物。每得到这样的猎获物,即拔下一颗牙齿穿上孔,佩戴在身上作为标记。"[①] 换言之,戴上这样的装饰品,获得了心理上的快感,客观上完成了一个审美活动。距今约六千年的西安半坡遗址出土了许多彩陶器,陶器是实用的,而上面的颜色和图案则是装饰的,体现了原始先民对美的追求与表达。如"人面含鱼彩陶盆",没有颜色和图案,陶盆本身盛物的功能已经具备,颜色和图案则具有了实用之外的内涵,它既有愿望的表达,又使人赏心悦目,也就是有了审美的表达。因而这个时期的审美,已经是有意识的活动。距今四五千年的山东大汶口氏族公墓出土的玉器、象牙制品等,有的已经完全失去了实用价值,具有独立的审美意义。

　　随着社会生产力的发展,物质生活的日益丰富,社会分工日益精细,出现了原始艺术。在原始社会,巫术是社会文化的核心,早期的艺术与巫术、图腾崇拜关系密切,考古发现的原始社会墓葬、岩画、饰物等,蕴蓄着巫术和图腾崇拜的种种内涵,反映出原始社会就已经产生了诸如绘画、雕刻、歌谣、音乐、舞蹈等艺术活动,也透露出原始人所理解的具有神秘色彩的审美情趣。这种美学趣味主要包括巫术的程序美学、动作美学、用具与装饰的美学。此外,巫术专用的咒语以及神秘的氛围也是一种可以审美的对象。除仪式以及相应的活动之外,各种器物、玉坠、绘画、舞蹈、口头文学等也是巫术的重要载体,原始社会遗留下来的岩画里就有原始人手拉手进行集体巫术的绘画。除了关于巫术活动的写实绘画,彩陶上还有关于巫术性质的抽象几何图案,含有多重意蕴。

　　在私有制条件下,审美创作有了飞速发展。阶级分化,脑力劳动和体力劳动对立、分工,出现了专门从事精神生产的艺术,如诗歌、戏剧、绘画、音乐、舞蹈等,也出现了从事精神生产的专门机构和人群。如《诗经》中的"国风"部分,就是由采诗官到民间采集而来的,汉代的"乐府",以及后世的"教坊""画院""梨园"等,都是专职生产精神产品的,经过了精细的艺术探求和长期的经验积累,丰富了创造美的手段和技巧,极大地扩大了人们的审美视野,提高了人们的审美感受能力。

三、美育发展

　　自从人类开始断发文身,披树叶遮盖,筑巢掘洞,敬神祭祖,乃至进行乐歌舞蹈之类文艺活动之日起,人类就开始有了审美的观念。美育的历史几乎同人类文明的历史同样悠久,原始社会的巫术同时也是美育手段。而当人类思维能力发展到理论思维,从而产生它的理论形态——哲学的时候,人们便开始对审美经验进行思考,产生了最初的美学思想。

　　西方美学思想源于古希腊。公元前五六世纪,古希腊就有了许多论及美育的著作,重视

[①] 出自贾兰坡著《中国大陆上的远古居民》,天津人民出版社1978年版。

美育的道德教化和情感陶冶作用，认识到了美育"寓教于乐"的特征，认为艺术是美育的基本途径。雅典教育制度中包括缪斯教育和体育，缪斯是古希腊神话中司文艺的女神的名字，缪斯教育是综合性的文学艺术教育；在体育中，古希腊人重视身体的健美和动作的优美。古希腊还有雄辩术，它的主要目的虽是发展智力，但也包含语言美的训练。古希腊的教育和美学理论都强调"美德"，即美与善的统一。中世纪的欧洲虽然贬低艺术，却仍然利用教堂建筑、音乐、圣像画、宗教雕塑等对人们进行审美教育。文艺复兴以后，人文主义的教育主张是培养"完人"，课程中包括智育、美育、德育、体育等组成部分。

　　西方近代社会在各个方面都有迅速的发展，美育也不例外，这突出表现在出现了重视美育的大教育家，如夸美纽斯、洛克、席勒、赫尔巴特、第斯多惠等，并且对美育的本质特征有了科学的认识，美育的范围较之古代也大大地扩大了。"美学"这个名称以及"美学"的第一个较为完整的理论，是18世纪德国哲学家鲍姆嘉通提出的，他于1750年出版的讲义《美学》，标志着美学的正式确立，鲍姆嘉通因此被称为"美学之父"。德国哲学家席勒1795年整理出版的《美育书简》则是人类历史上第一部美育专著。席勒认为："我们为了在经验中解决政治问题，就必须通过审美教育的途径，因为正是通过美，人们才可以达到自由。"他明确提出了德、智、体、美四育的概念，并强调了美育在系统教育中的独特作用，美育的作用在于"培养我们感性和精神力量的整体达到尽可能和谐"。与席勒同一时期的德国教育家赫尔巴特，第一个正式在教育体系中确立了美育的地位，他认为教育的本质就是用各种观念来丰富儿童的心灵，把他们培养成具有完美的道德品格的人，他特别强调兴趣在教学中的作用。

　　西方近代美育强调美育的愉悦性、主动性、自由性，教育家、美育思想家夸美纽斯强调教学的艺术性，"学校的本身应当是一个快意的场所，校内校外看去都应当富有吸引的力量。"这就揭示了美育的情感愉悦性和积极主动性。西方近代的美育已突破了艺术作品的范围，扩大到自然和广大的生活领域。卢梭的"自然教育"理论将美育的范围扩大到充满生机的自然之中；19世纪俄国革命民主主义学者车尔尼雪夫斯基提出"美即生活"的著名论断，从理论上肯定了美的普遍性，将美育的范围大大拓展了。

　　20世纪以来，西方社会科技发展迅速，这一方面给人类带来了巨大的物质财富，另一方面也给人类带来了深刻的危机和隐患。越来越多的思想家、教育家、美学家注意到审美教育与人的全面发展的内在联系，开始将美育作为一个十分迫切且具有重大意义的课题加以研究。人们开始从多种学科、多种角度来考察审美教育问题，强调美育与德育、智育等的协调发展，美育成了哲学、心理学、教育学、社会学、文化学等多种学科瞩目的中心之一。

　　在中国，美学学科的建立和真正确立，经过了一个漫长的历史过程。中国美学思想同西方美学思想一样，源远流长，也是产生和形成于古代奴隶社会。先秦美学思想作为最早的美学思想，以儒、道两家影响为最大，主要以美与善的关系展开论争。儒家强调美与善的统一，重视审美与艺术的道德伦理作用，道家则强调美是一种自然无为、摆脱外物奴役，而在精神上获得绝对自由的状态，并不与功利欲念结合在一起。在先秦两汉时期，美学思想一开始便与哲学伦理结合在一起，或是与艺术理论批评结合在一起。中国美学思想的这个特点，一直延续、强化着。

中国古代的美育思想基本上从属于哲学、伦理学和文论，没有独立的形态，有如下几个方面的特征：①重教化，强调美与善的统一。孔子是中国远古美育思想的集大成者，开创了后世诸多美学美育思想的先河。他的美育观念十分突出地显示了以善代美、美善统一的特征。他对《韶乐》的赞赏是："尽美矣，又尽善也。"②重视美育对人的道德完善、自身发展的作用。孔子曾经明确指出君子修身的三部曲——"兴于诗，立于礼，成于乐。"③强调以理节情，追求中庸平和之美。《中庸》明确提出"中和"之美，从天地、天人关系的角度解释了中和的意义，阐述了中和之美。④认识到了美育的情感陶冶作用。荀子在《乐经》中说："乐者，乐也，人情之所以不免也。故人不能无乐。"而司马迁也认为："音乐者，所以动荡血脉通流精神而和正心也。"二者都强调了音乐之美对人的情感有潜移默化的陶冶作用。古人还用"风""化"这两个范畴来概括美育所具有的移情作用。

中国的美育，起步也很早，在周代就形成了用"六艺"（礼、乐、射、御、书、数）对贵族子弟进行教育的体制。"乐"是诗歌、音乐、舞蹈三位一体的美育课程；"书"是学习书写，除了实用的目的，也包含书法艺术的因素；"射""御"是练习射箭与驾车的技术，在体育和军事训练之中也包含有体态气度的美化训练；"礼"除统治阶级道德观念的灌输之外，也包括仪表美、行为美、语言美的培育。之后，无论是两汉的赋，魏晋南北朝的辩谈、书画与雕刻，唐宋的诗词，元明清的戏曲与小说，还是历代的建筑、园林、工艺品，都对人们起着广泛的审美教育作用。

在中国近代的民主主义革命中，一些学者和教育家也很重视美育问题。随着西方美学理论的引进和教育理念的影响，美育作为教育科学的重要组成部分，被大力提倡并广泛付诸实践，更重要的是形成了独立的美育思想体系。

（1）明确提出"美育"范畴，并对其做了科学的界定，对美的意义进行了极力的阐释。梁启超是中国近代史上美育的首倡者，他从情感教育的角度论述了美育的特点和作用，不再像古代美学家那样只是将美当成要达到某一目的的工具，而是将美、趣味看成人生的重要内容，看成"生活的原动力"。王国维在1906年发表的《论教育的宗旨》中提出了著名的"心育论"观点，认为"德、智、体、美"四育并举才能造就完美之人，并且特别强调美育的作用，认为"美育者，一方面使人之感情发达，以臻完美之域；一方面又为德育与智育之手段，此又教育者所不可不留意也。"蔡元培第一次科学地界定了美育，他说："美育者，应用美学之理论于教育，以陶冶感情为目的者也。""美育之目的，在陶冶活泼敏锐之性灵，养成高尚纯洁之人格。"

（2）将美育作为社会改造的重要手段，强调美育与"德、智、体"三育的密切联系，认为美育是"完全之教育"工程中必不可少的内容。蔡元培明确地将自己的新式教育方针总结为"体育、智育、德育、美育"四个方面，指出美育的作用在于"陶养吾人之感情，使有高尚纯洁之习惯，而使人我之见、利己损人之思念，以渐消沮者也。盖以美为普遍性，决无人我差别之见能参入其中"。

（3）认识到了艺术与科学的密切联系，提出了"美真合一"的观点，摒弃了美学中急功近利的因素，认识到了美的独立价值。王国维在《古雅之在美学上之位置》中说："美之性质，一言以蔽之曰：'可爱玩而不可利用是已'。"

(4) 强调文学艺术是美育的重要手段,提出了美育的基本原则和实施美育的系统方案。1922年,蔡元培在《美育实施的方法》中,提出了系统、科学的美育实施方案,他指出,美育又可分为学校、家庭、社会三方面,并分别对学校美育、家庭美育、社会美育的具体实施做了说明。

中华人民共和国成立后,美育蓬勃发展。其后却因十年"文革",美育处于停滞状态,被当作资产阶级的东西而被彻底否定,美育课完全被狭隘化为德育。人们谈美色变,以美为丑,耳闻皆是"语录歌",目睹全是"忠字舞",观看的只有八部样板戏,万众皆着绿、灰、蓝服装,人们的精神食粮异常匮乏,审美素质急剧下降。"拨乱反正"之后,美育又得到了高度重视,重新成为我国教育方针的重要内容。1986年,全国人大六届四次会议通过的《中华人民共和国国民经济和社会发展第七个五年计划》中明确指出:"各级各类学校,都要加强思想政治工作,贯彻德育、智育、体育、美育全面发展的方针,把学生培养成为有理想、有道德、有文化、有纪律的社会主义建设人才。"美育的重要性已经受到越来越多的关注,"寓教于乐"已经成为教育工作者的共识。美育是素质教育不可缺少的一个重要方面,也是精神文明建设的一项重要内容。中共中央1993年颁发的《中国教育改革和发展纲要》中明确指出:"美育对培养学生健康的审美观念和审美能力,陶冶高尚的道德情操,培养全面发展的人才具有重要作用,要提高认识,发挥美育在教育教学中的作用,根据各级各类学校的不同情况,开展形式多样的美育活动。"1999年召开的第三次全国教育工作会议颁布的《中共中央国务院关于深化教育改革,全面推进素质教育的决定》中也指出:"美育不仅能陶冶情操,提高素养,而且有助于开发智力,对于促进学生全面发展具有不可替代的作用。要尽快改变学校美育工作薄弱的状况,将美育融入学校教育全过程。"上述教育改革和发展的纲领性文件,明确地把美育作为全面贯彻教育方针,实施素质教育的一项重要内容,肯定了美育在培养高素质人才过程中不可忽视和取代的地位和作用。

改革开放以来,"以人为本"思想的凸显、国际一体化语境和频繁的中西方文化交流,使美育显示出从未有过的重要性。人们摒弃了美育的工具化,从把美育作为"寓教于乐"的个体艺术技能训练活动转向致力于现实文化批判过程的新人文精神建构和对人的生命意识的全面开发上来,突出了人的主体性存在,提高了人对于自我生命的自觉意识和对于自我生命发展的积极要求,与文化、价值的全面建构相联系。

第四节 审美特征

一、审美活动的一般特征

1. 以感性形象为载体,是感性和理性的统一

美的事物和现象总是形象的、具体的,总是凭借欣赏者的感官可以直接感受到的。不论自然美、社会美还是艺术美,都有感性的具体形态,都要通过一定的形、色、声等外在形式表现出来。离开特定的表现形式,美就无所依傍。自然之美,要通过具体的日月星辰、风花雪月等来领略;说乐曲是美的,它的美必须通过旋律、节奏、音色、音高、声速等作用于人

的听觉，才能被人所感受、欣赏；说一个人的心灵美，绝不是空泛的评价，而是和他的言谈举止构成的形象相联系的。总之，离开了事物的形象，美就无从显现。抽象的概念，如科学定理等，引不起美感，正是因为它没有具体的形象。

因此审美过程始终是在对形象的具体、直接的感受中进行的，人类要获得美，就要以直接的感知方式去感受，而不能以间接的经验来获取，这一点不同于科学意识和道德意识。但是，这个感性体验的背后潜藏着理性的内容，审美并不是简单地评判美丑。美感认识中的理性因素，不是排斥一切知觉表象等感性因素的抽象概念，而是存在于感性认识之中。在美感认识中，感性与理性是圆融统一的，既不脱离具体可感的形象，又在形象的感知中进行着比较、推敲、揣摩、判断、评价等理性活动。对莲花的欣赏，首先是直接感知的形、色、香，"中通外直，不蔓不枝，香远益清，亭亭净植"就是其直观形象；然后，联系它生长的环境——淤泥，进行理性的分析，"出淤泥而不染，濯清涟而不妖"；最后赋予它人格化的评价——"莲，花之君子者也"。莲，也就成为中国传统文化中的一个意象，一个审美符号，理性的、抽象的意蕴"高洁"是附着于"莲"这种具体的花卉之上的。

2. 以情感活动为媒介，是相对性和绝对性的统一

美感主要是指由审美对象所引发的主体情感的激动和变化，从这个意义上说，人的审美活动总是充满了感情色彩的。情感，是人对客观现实的一种特殊的反应形式，是人对客观事物是否符合自己需要所作出的一种心理反应。这种反应不是对客观事物本身的反应，而是对某种关系的反应，所以有很强的主观色彩。但是，这种情感色彩的背后同样蕴藏了理性的客观认识，即是否符合人的需要。

美不是孤立绝缘的，也不是凝固不变的，它与周围事物和环境发生着各种各样的关系，并在各种关系中存在着、发展着、变化着。面对同一个审美对象，有人认为美，有人认为不美；某个时期认为美，某个时期认为不美，也不足为奇。审美既然是一种情感活动，肯定会带上主观色彩。不同的时代、阶级、民族、个体，就存在审美趣味、审美理想的差异性，所以美是一种自由的尺度，"情人眼里出西施"，"一千个观众心中有一千个哈姆莱特"，从不同民族的服饰文化、历朝历代的服饰演变可见一斑。对女性美的评判，仅中国古代就有"环肥燕瘦"之说，汉代崇尚清瘦，唐代欣赏丰腴。有些民族以涂黑牙齿为美，汉族则始终喜欢"朱唇皓齿"，以齿白为美。鲁迅先生说过："贾府的焦大是不会爱上林妹妹的。"鉴别事物的审美价值，必须准确把握美的相对性这一特点，尊重差异。

但是，也不能夸大美的相对性，把美当作虚无缥缈、不可捉摸的东西。美的事物也有其共性，孟子说："口之于味，有同嗜焉，目之于色，有同好焉。"作为人的本质力量的显现，美的事物不论具有多么突出的相对性，总是蕴含着客观的、确定的美的内容，体现了美的规律。事物是否美，在于它是否体现了人类求真、求善的本质力量。和睦、宽容、勇敢、坚毅，在任何时代、任何民族中都是人情美、人性美的体现；"嗜痂逐臭"的恶趣味在任何时代、任何阶级中都是为人不齿的；一些反人性的、扭曲的审美观，终将被摒弃，比如中国旧时代的裹小脚、有些民族的纹面断齿等，都已经被崇尚自然、健康的审美观取代；而埃及的金字塔、古希腊的雕塑、中国的万里长城、唐诗宋词等，凝聚着人类智慧的结晶，则被作为人类的共同财富保留下来，传播开来。只有经过社会实践的检验，审美价值才能得到普遍的承认。

3. 以感染性为纽带，是愉悦性与功利性的统一

美的感染性是美的基本属性和特征，审美就是一个被感染的过程，任何美的东西，自然、人性、艺术，都能激起人内心情感的波动，"感时花溅泪，恨别鸟惊心。"美并不直接诉诸人的理智，而是诉诸人的情感，从而感染人、激励人、愉悦人，一片风景赏心悦目，一种场景振奋人心，一篇文章发人深思，一个故事催人泪下。任何美的事物，都能使人精神上获得愉快和满足，无论是观看艳丽的鲜花，欣赏奇妙的景物，还是聆听优美的乐曲，人们都会情不自禁地激动起来，感到心旷神怡、如醉如痴。孔子闻《韶》乐三个月不知肉味，并赞叹说："不图为乐之至于斯也！"意思是没有想到演奏音乐竟能使人感动到这种程度。审美主体通过一个具体对象，触发自己内心的喜怒哀乐，再加以生活经验和理性思考，与之形成了互动关系，对审美对象的感知、表象进行扩充和增补，形成更为丰富而深刻的审美感受，从而使感官上的快感上升为精神上的愉悦。

而这种愉悦是带有功利性的，即美对人来说有一定的价值，具有于人有益、有用的特性。美的功利性不是指事物的实用功利，而是指它的普遍的社会效用性。本来，愉悦是个体的体验，似乎与社会无关。但人类之所以审美，是因为它对自身有用，即审美具有功利性，这种功利性并不是直接的物质功利性，并不直接反映在经济效用上，而是表现在精神层面上。审美的效用在于丰富生活、愉悦心情、启发思想，使人的视野更开阔，精神更振奋，品格更高尚，灵魂更纯洁，从而促进整个社会的精神文明。因此，人的审美活动，直接的表现是愉悦性，终极目的却是功利性。美育是德育的深化，是人文教育的一环。审美，在整个人类社会发展史中，尤其是在精神文明建设中，发挥着重要作用。而审美的功利性，无论对个人还是对社会而言，都不是立竿见影的，而是一个漫长的、潜移默化的过程；它也不像法规、制度那样去强制执行、立即生效，只能通过日积月累、长期熏陶来达到目的。

二、大学生审美的特征

1. 大学生审美是更积极的、主动的审美

大学阶段是人生的一个重要阶段，是身体、智力发育的高峰阶段，也是独立自主意识形成并日趋强烈的阶段。大学生又是参与意向强烈、社会化进程基本完成的一个社会群体，文化修养提高，认知能力加强，生活阅历日益丰富，身处丰富多彩的高校文化氛围中，在审美上表现得更积极、更主动。首先是审美意识的敏感性。大学生思想活跃、思维敏锐，充满活力和激情，对新鲜、美好的事物充满好奇与渴望，使他们更容易被美的事物所吸引、所感动。其次是审美意识的憧憬性。追求未来是大学生的本质属性，闪烁着理想光辉的未知性情景更容易引起他们的激动与满足。再者是审美意识的独创性。强烈的自我意识、大胆的独创精神、丰富的想象力，使得大学生喜欢探求冒险，厌恶因循守旧，新生事物往往最先被大学生接受。

2. 大学生审美是更自由的、多元化的审美

精力的充沛、感觉的敏锐、思维的活跃、情绪的饱满，使得大学生审美呈现自由性和多元化。

首先是审美兴趣的广泛化和审美方式的多元化。知识的积累、思维的发展、意志的形成，使大学生具备了独立尝试和探索的条件，因而审美视野自由广阔。加上摆脱了应试教育的束缚，有了更自由、更广阔的发展空间，他们迫切地想发展自己、充实自己，从而表现出

审美兴趣的广泛性。

其次是审美对象的复杂性。在审美实践和追求中，越是深奥、复杂的东西，越有吸引力，越值得探索、回味；过于单一、浅显、明确的事物，引不起兴趣；纯正、单一的艺术样式受到冷落；复杂、隐晦、深奥、朦胧的东西，特别能引起大学生的关注。那种互相交杂、复合交叉型的艺术样式格外受到大学生的青睐；那些将历史、现实、梦幻、象征、诗情、舞蹈等融合在一起的新型戏剧，多数受众觉得艰涩难懂，但在大学生中备受欢迎，原因在于其形式新、内涵杂，更符合大学生的内心诉求，更能激起他们探索的欲望，也更能证明他们的价值。"曲高和寡"的东西更受大学生群体的偏爱，变形、抽象、荒诞、超现实、魔幻等，成为指导他们审美实践的重要标准，最符合他们标新立异、不受羁绊的自由个性。

3. 大学生审美是更高层次的、理性的审美

从中学迈进大学，大学生普遍有成就感，也有强烈的"成人感"，自尊心和自信心都在增强，在很多方面都想证实自己。在审美上，不再满足于感性的、简单的判断，而向理性的纵深探索。知其美，更要知其所以美，透过审美对象的感性表象特征，探寻其深刻的本质特征，追求体悟与升华。大学生独立思考能力提高，思维中较多批判意识，不轻信，不喜欢接受现成的理论，而喜欢发表自己的见解。大学里有浓郁的文化氛围，宽松友好的师生关系，馆藏丰富的书籍，得天独厚的审美教育设施，丰富多彩的课余生活，异彩纷呈的艺术活动，大学生正是在这样的条件下，参与审美实践，经过吸纳、比较、鉴别，锻炼了思辨能力，获得了审美经验，逐步确立符合自己特点的审美方式，形成比较稳定的审美兴趣，为进入成年审美期做好准备。

大学生的这些审美特征，一方面激励他们积极探索，求新、求异；另一方面，由于缺乏经验和束缚，也容易导致他们盲目接受新奇怪异或虚无缥缈的东西，被空洞、抽象的哲理所迷惑，混淆美丑，影响他们思想、人格的健康成长。了解了大学生这个群体的审美特殊性，才能进行有针对性的切实而有成效的审美指导，使他们扬长避短，培养他们的审美感知力，提高他们的审美趣味，使他们成为品位纯正的、能力出众的审美的人。

本篇参考文献

[1] 李泽厚. 美的历程[M]. 北京：生活·读书·新知三联书店，2014.

[2] 刘叔成，夏之放，楼昔勇，等. 美学基本原理[M]. 上海：上海人民出版社，1991.

[3] 周宪. 美学是什么[M]. 北京：北京大学出版社，2015.

[4] 周纪文，傅合远. 美，在传统与创新之间[M]. 济南：山东大学出版社，2016.

[5] 沈致隆. 艺术与科学——沈致隆美育演讲精选录[M]. 上海：华东师范大学出版社，2018.

[6] 许韶平，王海芳. 当代大学生审美教育新探[M]. 北京：光明日报出版社，2013.

[7] 李益. 大学生审美修养[M]. 北京：中国传媒大学出版社，2006.

[8] 朱珂苇. 超有用超实用的美学大全[M]. 北京：北京联合出版社，2016.

第二篇　人性之美

人性之美是对人的本性的赞美和歌颂,人性是人区别于其他动物的基本特质,有自然的属性,也有社会的属性,只有不断地完善自我的人性,人性美才能得到充分肯定与实现。

美的人性当是人性属性中最美的表现,它包含了整个社会的主流文化发展,同时也尊重人的自然属性。发展和弘扬美的人性有利于提高人的主观能动性,能够切实有效地提高人在现实中的道德准则和社会公德。

释放无限光明的是人性,制造无边黑暗的也是人性。悠悠岁月,多少文人墨客将对生活的理解和对民族的悲悯希望蕴含于文学创作中,试图用审美的艺术力量来洗涤人性异化的黑暗和扭曲,抵制现代文明带来的弊端和伤害。他们把对生活的审美情怀和对生命的积极乐观,灌注在细密蕴藉的作品文字里,赋予文学优美、深沉和渗透的东西。

求真、向善、爱美是人的天性,理想人性为真善美三位一体,不断地优化人性,陶冶人的情操,润泽人的心灵,以达正视人生、完善人格、追求美的境界。这种潜移默化的人性美追求,对民族新生的希望,目的是把爱与人性光辉传承下去。

感性沉香、立德修身、自强不息便是融国学审美人性于一体,挖掘人性的真善美,深入探究人性美丰富内涵,以培养学生的人文素养、高尚情操和健康审美情趣。

第一单元　感性沉香

☞ 概　述 ☜

人是这个世界的中心,所做的一切都是为了满足人的需求。如果你洞悉人性,你就会掌握透视一切社会现象的金钥匙;读懂了人性,就读懂了全世界。

"人是万物的尺度",符合人性是衡量人类社会一切事物的根本准则。政治、科学、文化、道德等只有建立在人性的基础上,才是合理的。人获得幸福与自由,就会回归并保持自己的本真,即"返璞归真",归复人类的自然本源,回归其自然本性。人有了精神与境界,就可以养成自己的风骨、气节、情志、意趣及生命意境,并开辟出内在的人格世界和精神家园,更好地调护和安顿自己的生命,实现安身立命。

人性的光辉永远都闪耀在每个人的心中,奥地利诗人里克尔说过"当灵魂失去庙宇,雨水就会滴在心上"。能思索的瞬间,我们是幸福的;能感受的瞬间,我们是自由的;因为幸福和自由,我们才能真实地承担自己的生命,审视生命,在生命中建构真善美。只有将心灵融入世界,用心去感受,才能寻找到人生的真谛。

生命最可贵的东西是欣赏、关爱与承担。欣赏世界之美，关爱他人与自己，承担人生的风雨，而这些都需要心灵对世界真正地融入和感知。这是一种清明的感悟：我们可以最大限度地与世界融为一体。无论是长河落日的壮美，还是杏花、春雨、江南的清丽，甚至是平凡如一朵花开的瞬间都会令我们心生感悟，使我们不禁赞叹世界与生命美如斯。那曾经因岁月的磨砺而坚硬的心灵会慢慢地复苏，只因为这种融入告诉了我们，生命本应是活泼而充盈的。这种融入并不根源于混沌的单纯和盲目快乐的追求，而是根源于对世界以及生命的热爱与希望，这种感性将赋予人间以温暖。当心灵真正融入世界时，即使人生的暗流和苦难也无法令我们沉沦，因为它教会我们懂得阴霾与苦难有时也是一种生命的过程，甚至是一种财富。春风得意时，应该承欢，此时不妨把酒入盏；困顿失意时，必须承载，此时更应该谈笑作歌。只有这样才会提升生命的境界，拥有丰富而充实的生命。

总有一种情怀，能够让人超越争名逐利；总有一种追求，能够让人舍弃一时得失；总有一种感动，能够让人不禁潸然泪下……古往今来闪耀着人性的光辉，涵养青年一代的"精神道统"。物质匮乏的时代，精神力量可以弥补物质的不足。物质丰裕的时代，精神的星光则能照耀我们走得更高更远，去拥抱一个更加丰盈的人生，收获一个更加强大的中国。让心灵融入世界，本着欣赏、关爱、审美与承当的态度，将使这种感性的体验经过过滤、沉淀成为知性的领悟与经验。让心灵融入世界，我们从此开启了心灵之目，插上了思想的翅膀，从而在更广阔的天地间飞翔，在我们内心深处投下影响一生的感性沉香。

〉〉宏才远志〈〈

中华民族有着几千年的辉煌历史，多少仁人志士赴汤蹈火，前仆后继，只为争取心中一方净土，渴求心灵的皈依，甘于寂寞，结果成就美名。

银河系外观星动，茫茫宇宙察生命。世界第一锅，廿年"天眼"活。古时千里眼，今日差相见。心智比天高，神州尽舜尧。南仁东踏过平庸，一生为中国"天眼"燃尽。科学是严东生的生命，在他的身上，充分彰显着知识分子的良知与风骨。

人性是种子，灵魂是大树。弘扬人性优点，克服人性弱点，用学识智慧持恒提高道德修养，训练伦理思维能力，培养精神境界，为社会服务献身。

南仁东[①]
——北筑鸟巢迎圣火　南修窝凼落星辰

24年，8000多个日夜，500米口径球面射电望远镜首席科学家、总工程师南仁东心无旁骛，为崇山峻岭间的中国"天眼"燃尽生命，在世界天文史上镌刻下新的高度。

调试期的"天眼"已经一口气发现多颗脉冲星，成为国际瞩目的宇宙观测"利器"。在

[①] 结合陈芳、董瑞丰、刘宏宇《南仁东》新华社，2018-12-17和王宏宇《为"中国天眼"而生：南仁东》（光明日报，2019-05-06）整理编写。

党的十九大报告中,"天眼"与天宫、蛟龙、大飞机等一起,被列为创新型国家建设的丰硕成果……

南仁东来不及目睹,但他执着追求科学梦想的精神,将激励一代又一代科技工作者接续奋斗,勇攀世界科技高峰。

致精:"天眼"一个国家的骄傲

看似一口"大锅","天眼"是世界上最大、最灵敏的单口径射电望远镜,可以接收到百亿光年外的电磁信号。

它有着超高的灵敏度和巡天速度。与美国寻找地外文明研究所的"凤凰"计划相比,"天眼"可将类太阳星巡视目标扩大至少5倍。随着"天眼"落成,中国射电天文学"黄金期"正在开启,越来越多国际天文学专家加入中国主导的科研项目。

20多年前,这是一个异常大胆的计划。20世纪90年代初,中国最大的射电望远镜口径不到30米。

1993年的日本东京,国际无线电科学联盟大会在此召开。科学家们提出,在全球电波环境继续恶化之前,建造新一代射电望远镜,接收更多来自外太空的讯息。会后,南仁东极力主张中国科学家启动"天眼"项目。

"天眼"到底是一个多大的工程?在"天眼"馈源支撑系统高级工程师杨清阁的印象中,这个工程大到"漫山遍野"。这又是一个多细的工程?"600多米尺度的结构,馈源接收机在天空中跟踪反射面焦点的位置度误差不能超过10毫米。"杨清阁说,"南老师做的事,就是带领我们用漫山遍野的设备和零件建起这口精密的'大锅'。"

南仁东曾在日本国立天文台担任客座教授,享受世界级别的科研条件和薪水,可他说:"我得回国。"

做世界独一无二的项目,他扛起这个责任。这个当初没有多少人看好的梦想,也最终成为一个国家的骄傲。

72岁的"天眼"工程高级工程师斯可克回忆:"南仁东总跟我说,国家投入10多亿元搞这个望远镜,如果因为质量问题或者工程延期导致停工,每天损失将达50万元。花了这么多钱,如果搞不好,就对不起国家。"

持恒:为"天眼"燃烧20多年人生

西南的大山里,有着建设"天眼"极佳的地理条件:几百米的山谷被四面的山体围绕,天然挡住外面的电磁波。

从1994年到2005年,南仁东走遍了贵州大山里的上百个窝凼。乱石密布的喀斯特石山里,没有路,只能从石头缝间的灌木丛中,深一脚、浅一脚地挪过去。

一次,南仁东下窝凼时,瓢泼大雨从天而降。他曾亲眼见过窝凼里的泥石流,山洪裹着砂石,连人带树都能一起冲走。南仁东往嘴里塞了救心丸,连滚带爬回到垭口。

"有的大山里没有路,我们走的次数多了,才成了路。""天眼"工程台址与观测基地系统总工程师朱博勤回忆,十几年下来,综合尺度规模、电磁波环境、生态环境、工程地质环境等因素,最终在391个备选洼地里选中了条件最适宜的大窝凼。

选址、论证、立项、建设,哪一步都不易。许多工人都记得,即使在炎热的夏天,为亲自测量工程项目的误差，南仁东总会丢下饭碗就往工地上跑。

"20多年来他只做这一件事。"国家天文台台长严俊说，"天眼"项目就像为南仁东而生，也燃烧了他最后20多年的人生。

筑梦：探索科学无止境

八字胡，嗓音浑厚，同事印象中的南仁东，个儿虽不高，却总是气场十足，"在人群中一眼就能认出来"。

生活中的南仁东常表现出率性幽默的一面。一次出国访问，在禁烟区犯了烟瘾，他开玩笑将"No smoking（禁止吸烟）"改成"Now smoking（现在吸烟）"。

但对待科学研究，南仁东无比严肃和严谨。"天眼"没有哪个环节能"忽悠"他，任何瑕疵在他那里都过不了关。

工程伊始，要建一个水窖，施工方送来设计图纸，他迅速标出几处错误打了回去。施工方惊讶极了：这个搞天文的科学家怎么还懂土建？

"南老师对自己的要求太高，他要吃透工程建设的每个环节。"学生甘恒谦说，"如果再给他一次机会，是选择'天眼'还是多活10年，他还是会选择'天眼'。"

他一心想让"天眼"尽快建成启用。"天眼"的英文名字FAST，正是"快"的意思。

在南仁东看来，"天眼"建设不是由经济利益驱动，而是源自人类的创造冲动和探索欲望。"如果将地球生命36亿年的历史压缩为一年，那么在这一年中的最后一分钟诞生了地球文明，而在最后一秒钟人类才摆脱地球的束缚进入太空无垠的广袤。"南仁东的心中，总是藏着许多诗意的构想。"让美丽的夜空带我们踏过平庸"，这是他留给人世间的最后思考。

铭感：追记"天眼巨匠"

2016年9月25日，一轮朝阳蓬勃而出，照耀着万山丛中的"中国天眼"。

在历史性庆典的讲台上，巨大的宽幅蓝色背景衬托着洁白的大字——500米口径球面射电望远镜落成启用。

时任中共中央政治局委员、国务院副总理的刘延东在讲台上宣读了中共中央总书记、国家主席、中央军委主席习近平发来的贺信，信中写道："值此500米口径球面射电望远镜落成启用之际，我向参加研制和建设的广大科技工作者、工程技术人员、建设者，表示热烈的祝贺和诚挚的问候！"

信中还写道："浩瀚星空，广袤苍穹，自古以来寄托着人类的科学憧憬。天文学是孕育重大原创发现的前沿科学，也是推动科技进步和创新的战略制高点。500米口径球面射电望远镜被誉为'中国天眼'，是具有我国自主知识产权、世界最大单口径、最灵敏的射电望远镜。它的落成启用，对我国在科学前沿实现重大原创突破、加快创新驱动发展具有重要意义。"

正是在这封贺信里，FAST第一次被称为"中国天眼"。

这一天，南仁东陪着一批国际天文学家参观了中国天眼。他们中有因发现脉冲双星而获诺贝尔物理学奖的约瑟夫·泰勒，有美国国立射电天文台台长、美国阿雷西博天文台原副台长、英国射电天文台前任台长、荷兰射电天文学研究所前所长等。

菲利普·戴蒙德是国际大射电望远镜SKA计划的总干事，他曾经考察过开工建设之前的大窝凼，面对现在的景象，他发出感叹："从几年前的一片荒芜，到现在可以运行，真的很伟大。""非常非常精妙的系统，全部自动化控制，令人信服。"

在漫长的10多年选址中，当初新生的婴儿都快小学毕业了。FAST还没有立项时，贵州人民仍然给予它持续不断的支持，终于获准立项了，终于开工了……

从无人机航拍下的照片里，我们能看到，那么大的设备，那么长的钢梁，那么重的零部件，都是当地农民"蚂蚁搬家"运进大窝凼的。

2017年1月，10位科学家获2016科技创新人物奖，南仁东名列首位。这个颁奖仪式由中央电视台向全国播出，南仁东去了，出现在颁奖盛典的舞台之上，双手自握着躬了一下身，仿佛是在敬礼。

他来这里，是要借央视这个平台，向贵州人民最后说一段不能忘怀的话。"我在这里，没有办法，把千万人，二十多年的努力，放在，一两分钟内……我在这个，舞台上，我最应该做的，就是感激，感激！"

"这个，荣誉，来得，太突然，而且，太沉重。我觉得我，个人，盛名之下，其实难副。但我知道，这份，沉甸甸的，奖励，不是给我一个人的，是给一群人的。我，更不能忘却的，就是，这二十二年，艰苦的岁月里，贵州省，四千多万，各族父老乡亲，和我们，风雨同舟，不离不弃……我再一次，借这个机会，感谢，所有，帮助过我们……帮助过FAST……谢谢！谢谢！"

这段话不够完整，但每一个字都是南仁东说的。这是他的最后形象、最后声音。

2019年新年前夕，国家主席习近平发表了二〇一九年新年贺词："此时此刻，我特别要提到一些闪亮的名字。今年，天上多了颗'南仁东星'……"

习近平主席在新年贺词中还讲道："一路走来，中国人民自力更生、艰苦奋斗，创造了举世瞩目的中国奇迹。新征程上，不管乱云飞渡、风吹浪打，我们都要紧紧依靠人民，坚持自力更生、艰苦奋斗……"在这段抚今追昔的话语中，"自力更生，艰苦奋斗"两次被提及。

追思"中国天眼"艰苦卓绝的建造历程，我以为最大的成功不是哪一项技术的创新成就，而是找回了"自力更生"。

"时代楷模"南仁东坚定而自信地找回了"自力更生、艰苦奋斗"，"自力"中包含着"独立自主"，"更生"则把前途和结果也讲了出来。独立自主，不是有没有足够能力的问题，而是只有独立自主，才能充分施展自己的创造力。我以为，"中国天眼"是国之重器，"自力更生、艰苦奋斗"更是我们宝贵的国之重器。

严东生[①]
——宏才大略　科学人生

严东生先生是我国著名材料科学家、战略科学家、教育家，中科院原党组书记、副院

[①]选自黄辛著《宏才大略，科学人生——追忆两院院士严东生》（中国科学报 2016－09－20）。

长,中国科学院、中国工程院资深院士,中国科学院上海硅酸盐研究所名誉所长。2016年9月18日,伟大、谦逊的科学家和德高望重的科技界领导人严东生先生辞世。"宏才大略,科学人生"是他一生的写照。

从归国到中科院

1949年春,严东生以全A的成绩获得美国伊利诺伊大学陶瓷学博士学位,并在此后留校任博士后研究员。良好的工作条件使他得以继续从事无机材料的理论与应用研究。由于工作成绩优异,同年,严东生被选为西格马赛等四个学会的荣誉会员。这在当时的毕业生中是绝无仅有的。

然而,当中华人民共和国成立的消息传来时,严东生毅然提前辞去伊利诺伊大学的聘约,并克服重重阻力,经过40多天的辗转,带着极少的行李和很多图书资料,于1950年4月回到祖国。

1955年3月,他参加了由周总理和聂荣臻、陈毅元帅主持的新中国第一个十二年科学技术发展远景规划纲要的制定。作为杰出青年科学家,年仅38岁的严东生主持制定了关于陶瓷与硅酸盐工业的报告,为推动新中国的科学技术、工业、农业、国防发展起到了重要作用。1962年2月15日至3月10日,严东生参加了由周恩来总理、陈毅副总理主持的全国科学技术工作会议。同年,他参加了国家十年科学技术发展规划的制定。1977年8月4日至8日,在粉碎"四人帮"后,为振兴科学与教育事业,邓小平约请30位科学家与教育家举行了为期4天半的"科教座谈会"。严东生出席了此次会议,并作长时间的专题发言,向邓小平同志恳切地陈述了意见。

1984年3月22日,他被中央任命为中科院党组书记、第一副院长。严东生说:"从此,我从科研第一线转至中国科学院领导岗位,更注重从国家科技发展全局来考虑中国科学院的工作。"以严东生为书记的中科院党组就像高明的乐队,挥洒自如,演奏着一个个科技改革、开放的音符。

他花三年时间跑遍了全国各省市的15个中科院化学学科研究所。每到一个所,严东生都要住上五六天,一个一个实验室去看,掌握了大量第一手资料。他主持制定了《关于中国科学院科技体制改革的汇报提纲》和中科院第一个科技体制改革方案,得到了当时中央和国务院领导的高度评价,使中科院率先在全国迈出了科技体制改革的第一步。他还主持和参与几项重点工作,如创建开放研究所和开放实验室,破除部门所有制,科研设施供科学家共同使用,接受流动研究人员,打破"近亲繁殖",等等。

一生只为工作

作为我国无机材料科学的主要奠基人和开拓者,严东生以其一生无可比拟的伟大贡献,灼照着中国的科学进步历程,并成为引领中国实现强国梦的标志式人物之一。

严东生灿烂夺目的学术生涯,在于他的创新,他的坚韧,他的敢为天下先的勇气和信心。

"他从不局限在一个窄窄的专业领域里。"严东生是一位战略科学家,几乎所有人都这样说。2016年9月10日被送入瑞金医院抢救时,他还在看学生送到家中的最新论文,并且思路清晰地询问染料敏化太阳能电池技术转移情况。女儿严燕来教授这样评价父亲:"一生只为工作，从不虚度光阴。"

作为杰出的材料科学家，严东生始终将自己的科研实践与我国的国民经济、国防建设和社会发展紧密地结合起来，在高温材料制备科学、材料设计与微观结构调控、陶瓷基复合材料等方面做出了许多开拓和引领。

作为"关门弟子"的杨建华对先生的很多事情都难以忘怀。"目前我国无机材料科学的框架基本就是严老定下的：结构陶瓷、功能陶瓷、特种玻璃、人工晶体……"

由诺奖得主丁肇中领衔的欧洲核子研究中心于2012年7月宣布发现一种新粒子。其特性与被称为"上帝粒子"的西格斯玻色子一致，而探测器的"心脏"——电磁量能器使用的5000根高质量、大尺寸新型钨酸铅（PWO）闪烁晶体，正是严东生团队的杰作。那一年，严先生已是90岁高龄。

在70多年的科研生涯中，严先生始终保持着创新精神。当他在50岁首创了新型陶瓷基复合材料时，没有人想到他会在90岁时站在更高的科学高峰上。严先生曾说过，他最好的科研时光是从60岁开始的，直到90岁。

"严先生一直强调，不管是基础研究还是应用研究，都不可以脱离'服务国计民生'这个目标。"上海硅酸盐所高性能陶瓷和超微结构国家重点实验室研究员施剑林说，自己做的纳米介孔材料十分基础，但多年来一直坚持走向产业化。每次把论文送去严老家，他总会问到这个话题。把个人追求与国家需求结合得如此紧密，是这一代科学家的时代烙印。同时，施剑林说，严先生领导了那么多项目，但在获奖名单里他的名字要么不出现，要么就放在了最后。"先生一直淡泊名利，甘为人梯。"

一定要带好年轻一代科技工作者

严东生还是我国材料学界的一张"国际名片"。他是美国纽约科学院院士、美国陶瓷学会杰出终身会员、亚洲各国科学院联合会主席、国际陶瓷科学院创始董事……不过，严东生只用一句话概括了这些头衔对于他的意义："充分进行国际交流，走到世界科学前沿，让世界科技为我所用。"

20世纪80年代，严东生亲自带队出国，积极推动和组织与美国科学院、德国马普学会、法国科研中心和日本学术振兴会等各国主要科学机构签署合作协议。

他还定期派出青年学者前去访问。这在当时的中国非常难得。施剑林始终记得，1989年毕业时，很多人都选择出国，但严东生反复同他讲，国内缺少年轻科学家，尽量多待在国内搞科研，"出国的事我来安排"。经老师牵线搭桥，施剑林去德国马普学会工作了一年多。这期间严东生给他写了很多信，最常关照的一句话是"一定要回来"。严东生送出去的学生都按时回国，挑起了国内科研的大梁。

"我们老一代是我国科技事业的过桥板、铺路石，一定要带好年轻一代科技工作者。"学识渊博，治学严谨，诲人不倦，学生桃李满天下。严东生先后培养了十余名研究生，并在高温结构材料、高温涂层、陶瓷物理化学和快离子导体、纳米材料科学等学科方面成为学科带头人。

作为我国培养的第一名红外物理学博士，中科院院士褚君浩如今已是科学大家。不过，当他谈起严东生时，一种敬重之情仍会油然而生。"1978年，我国恢复了研究生制度，严先生鼓励我去考研究生，并建议我报考上海技术物理研究所的研究生，因为那里有汤定元先生和匡定波先生。而且，严先生特别为我给上海技术物理研究所写了推荐信，对于一个非常渴望能全身心投入科学研究的年轻人来说，严先生的推荐是一种非常震撼人心的鼓励。"从此，褚君浩开启了自己科研事业的广阔天空。

上海硅酸盐所研究员陈航榕至今都保留着严先生十多年来写给她的工作信件和便笺纸，上面都是严先生提出的一些学术建议。她到上海硅酸盐所读研究生博士时，严先生已经80岁了，但他基本上每隔两三周就会把学生叫到办公室，了解实验进展。严东生对学生的论文审阅非常严谨，甚至连参考文献的标点符号，都会一一改正。他自费订阅了许多国际顶级学术期刊，经常细致地做好读书笔记，再拿给学生看。

做什么都要严谨

严东生对科技新闻宣传十分重视，对记者也非常尊重。他深知科普的重要性，并在多次接受《中国科学报》记者采访，撰写《持之以恒，推陈出新：科学家严东生传》的过程中给了记者很多教诲，让记者终生受用。严东生既是一位了不起的科学家，又是职位很高的领导，但在记者眼里，他却平易近人，一点架子都没有。1986年6月和1992年8月，他曾两次专门致信给本报记者，邀请前去采访"BGO晶体"成果鉴定和"7.5国家重大基金项目——高性能陶瓷材料的组分与设计与微观结构控制"评议和验收。他深入浅出地为记者讲解研究难点和意义，并且和记者探讨新闻中的细节问题，不厌其烦地和记者一起修改新闻稿，目的就是保证新闻宣传的真实性、科学性和权威性。他说，"做什么都要严谨。"科学是严东生的生命，而在他的身上，最能体现知识分子的良知与风骨。

>> 浩然正气 <<

民族英雄文天祥执着一腔爱国赤诚，经历腥风血雨，在刀光剑影中依存刚正宏博气节；任长霞以自己毕生心血忠实地履行了"立警为公，执法为民"的神圣职责。抛开小我，捍卫正义，用生命铸就浩然正气。

文天祥为了挽回覆亡的命运，寸土血战，百折不挠，直到战败被俘，仍然誓死不屈，表现了极为光辉的爱国主义精神。尤其是《正气歌》，浩然正气存乎天地之间，感情深沉、气壮山河、直抒胸臆、毫无雕饰，充分体现了作者崇高的民族气节和强烈的爱国主义精神。任长霞忠于职守、克己奉公，把生命最壮丽的一刻留在了嵩岳大地，用自己的一腔热血捍卫了一方平安，用自己的模范行动树起了百姓心中的丰碑。

文天祥[①]
——人生自古谁无死　留取丹心照汗青

文天祥

南宋的覆亡是一段极为惨痛的历史，统治集团为了保持苟安享乐的生活，不惜对金称臣割地，步步退让，最后更把锦绣河山拱手送给元人。但是，民族英雄文天祥为了挽回覆亡的命运，寸土血战，百折不挠，直到战败被俘，仍然誓死不屈，表现了极为光辉的爱国主义精神。他的诗歌是他战斗生活的记录，也是他爱国精神的自然流露。受他精神感召的许多南宋遗民的诗歌，也表现了不和元统治者妥协的精神。

他诗歌中动人的作品，是德祐二年以后所做的《指南录》《指南后录》和《吟啸集》。这些诗不仅记录了他后期种种生活经历，更重要的是表现了他的爱国精神和民族气节。

"臣心一片磁针石，不指南方不肯休"，这是他《指南录》命名的由来，也表现了他力图恢复，念念不忘宋室的不屈不挠的意志。他赴北营议和，不仅敢于和气势汹汹的元丞相伯颜做面对面的斗争，"若使无人折狂虏，东南那个是男儿！"（《纪事》）而且在敌营里痛骂了投降元人的南宋大臣贾余庆、刘岊等。他说："呜呼，予之及于死者，不知其几矣！诋大酋，当死；骂逆贼，当死；与贵酋处二十余日，争曲直，屡当死；去京口，挟匕首，以备不测，几自刭死；……"（《指南录后序》）在这出生入死的斗争中，他随时想到的是"但令身未死，随力报乾坤"（《即事》）。他毅然地负起了"存亡国，继绝世"的艰难责任，用他的诗来说，就是"祖逖关何志，程婴社稷功"（《自叹》）。

他所写的诗，表现了国破家亡后的身世悲凉："田园荒吉水，妻子老幽州"（《生朝》）、"遗老犹应愧蜂蚁，故交久已化豺狼"（《赣州》），心情的悲痛是难以言喻的。而他著名的

[①]选自游国恩、王起、萧涤非、季镇淮、费振刚主编《中国文学史》，人民文学出版社1998年版。

《金陵驿》诗,更表现了一种永离故国家乡的沉痛心情:

> 草合离宫转夕晖,孤云飘泊复何依?山河风景元无异,城郭人民半已非。
> 满地芦花和我老,旧家燕子傍谁飞?从今别却江南路,化作啼鹃带血归!

这种沉痛心情是动人的,但更为重要的是他的另一些诗,在这些诗里表现了他在敌人面前至死不屈,坚持民族气节的光辉品质。"人生自古谁无死,留取丹心照汗青",这首《过零丁洋》是众所周知的。他在北上燕京途中还写了《怀孔明》《刘琨》《祖逖》《颜杲卿》《许远》等诗篇,通过对这些忠肝义胆的历史人物的歌颂,表达了他的爱国志节。在《白沟河》怀张叔夜的诗里,他更说:"天地垂日月,斯人未云亡。文武道不坠,我辈终堂堂。"既表现了坚持民族气节的自豪感,也表现了他对民族光明前途的坚定信念。上面所说的这些宝贵的思想信念,在他的杰作《正气歌》里表现得尤为集中、鲜明、强烈:

> 天地有正气,杂然赋流形。下则为河岳,上则为日星。
> 于人曰浩然,沛乎塞苍冥。皇路当清夷,含和吐明庭。
> 时穷节乃见,一一垂丹青。在齐太史简,在晋董狐笔。
> 在秦张良椎,在汉苏武节。为严将军头,为嵇侍中血。
> 为张睢阳齿,为颜常山舌。或为辽东帽,清操厉冰雪。
> 或为出师表,鬼神泣壮烈。或为渡江楫,慷慨吞胡羯。
> 或为击贼笏,逆竖头破裂。是气所磅礴,凛烈万古存。
> 当其贯日月,生死安足论。地维赖以立,天柱赖以尊。
> 三纲实系命,道义为之根。……

诗的后段,写他在这些浩然正气鼓舞下,不怕牢狱中种种污秽腐臭气息的侵袭,生活安然无恙,精神怡然自得。这篇诗很少雕饰,却从容自然地展示了他崇高的精神面貌。

任长霞[①]

——打黑除恶女神警 破案公允任青天

自踏入警坛,凭着强烈的事业心和机智勇敢,她降伏了一个个罪犯,查破了一起起迷案。面对黑恶势力她拍案而起,面对平民百姓她柔情似水,作为登封市公安局局长的任长霞在自己的工作岗位上,保护着人民的安康,用热血与生命履行着她的职责。

中原大地女英雄

任长霞敢爱敢恨,她爱人民爱得深沉,她恨损害人民利益的黑恶势力恨得彻骨,她的这种爱不仅感动了登封、感动了郑州、河南,也感动了全中国。

她是中原大地上的又一个女英雄,她是老百姓心中的"女青天"。扫恶打黑,除暴安良,她铁面无私;嘘寒问暖,扶危济困,她柔肠百转。十里长街,白花胜雪,挽幛如云,那是流动在百姓心中的丰碑!一个弱女子能赢得百姓的爱戴,是因为,在她的心里有对百姓最虔诚的尊重!

[①] 结合《任长霞:百姓心中树丰碑》(浙江日报,2013-07-05)和华夏经纬网的相关报道以及张乔普《任长霞:一道长霞映青天》(郑州日报,2018-02-28)整理编写。

调任大家熟悉的登封公安局局长前，任长霞做预审工作 13 年，多次在省市岗位练兵大比武中夺取第一名，协助破获了大案要案 1072 起，追捕犯罪嫌疑人 950 人。1998 年被任命为郑州市公安局技侦支队长后，多次深入虎穴，化装侦查，亲自抓获了中原第一盗窃高档轿车案主犯，先后打掉了 7 个涉黑团伙，抓获犯罪嫌疑人 370 多人，被誉为"警界女神警"。

任长霞是 2001 年 4 月调任登封市公安局局长的，她也是河南省公安系统有史以来的第一位女公安局长。上任伊始，任长霞在整顿队伍、严肃警风的同时，将全部精力集中到了破大案、破积案上，打响了一场又一场攻坚战。

2001 年 4 月 25 日，她抽调 20 多名民警成立"控申专案组"，按照"立足化解，妥善处置"的思路，变上访为下访，把控申工作查处信访积案作为一项"民心工程"。她把每周六定为局长接待日，真心实意地为群众解决实际问题，3 年中共接待群众信访 3000 多人次，使 400 多户上访老户罢访息诉，被登封老百姓赞誉为"任青天""女包公"。

2004 年 4 月 14 日晚，任长霞在侦破"1·30"案件中途经郑少高速公路发生车祸，不幸因公殉职，年仅 40 岁。40 岁正是人生最壮美的年华，然而，任长霞却猝然倒在了为之奋斗不息的公安事业上。她以自己的忠诚、才干和辉煌业绩，以自己的毕生心血履行了"立警为公、执法为民"的神圣职责。

百姓心中树丰碑

一、个人名片

1964 年出生，河南睢县人，1992 年加入中国共产党。生前任登封市公安局党委书记、局长。2004 年，在办案途中突遇车祸，抢救无效牺牲。2004 年 6 月，被公安部追授一级英雄模范。2006 年被中组部追授"全国优秀共产党员"称号。

二、闪光言行

任长霞始终把人民群众的疾苦和安危放在心上。

登封市有两起家喻户晓的强奸杀人案。一起是西岭区域内自 1997 年到 2001 年的 5 年间，先后有多人被抢劫、被杀，数名妇女被强奸，案件难以侦破，群众反映强烈。任长霞研究决定将此案定为攻坚战的重中之重，抽调精干力量强力侦破，终于在 2001 年 8 月 1 日将犯罪嫌疑人王少峰抓捕归案。另一起是长达 11 年未破的两少女被奸杀案，任长霞多次召开党委会研究部署此案的侦破工作。她在一次接待来访群众时获知一条重要线索，迅速组织民警顺线追踪，终于将犯罪嫌疑人擒获。

在短短的几个月时间内，登封市公安局共查结 1998 年以来控申积案 71 起，使多年的上访老户息诉停访，老百姓终于有了笑脸。

她把群众当作自己的兄弟姐妹来对待，第一次接访就接待了 124 批群众，一直到晚上 11 点多。她一直和群众心连心，在接近群众、倾听群众呼声的同时，也收集了很多破案的线索。

三、个人语录

公安，公安，心中只有公，人民才有安；公安，公安前面加上人民两字就是让我们时刻牢记自己是人民的公安，要为人民办实事，办好事。

>> 敬业奉献 <<

一个人做好一件事并不难,难的是十多年如一日,坚持不懈地一直做好每件事。精神的崇高,彰显了人性中最本质最光辉的一面,这就是孔繁森、屠呦呦的事迹感动我,感动社会的原因。

敬业奉献,是一种真诚自愿的付出行为,也是一种纯洁高尚的精神境界;敬业奉献,既是一种高尚的情操,又是一种平凡的精神;奉献,不仅包含着崇高的境界,而且蕴藏着不同的层次。孔繁森、屠呦呦的生命因敬业奉献而精彩,他们用火红的赤诚和一丝不苟的敬业精神,演绎了人间的平凡与崇高,谱写了动人的生命乐章,为我们留下了弥足珍贵的物质财富和精神财富。

孔繁森①

——一尘不染为官　两袖清风处世

孔繁森

孔繁森,1944年出生,山东聊城人,18岁参军,1966年加入中国共产党。被誉为"90年代的雷锋""新时期的焦裕禄"。2009年9月10日,被评为100位"新中国成立以来感动中国人物"之一。

---

①结合人民网党员干部风采录(2009-06-24)和齐鲁壹点记者瞿恒水综合人民网、新华网的报道(齐鲁晚报,2018-02-02)整理编写。

两次援藏

1979年，国家要从内地抽调一批干部到西藏工作，时任聊城地委宣传部副部长的孔繁森主动报名，并写下了"是七尺男儿生能舍己，作千秋鬼雄死不还乡"的条幅。

进藏以后，3年间，他跑遍了全县的乡村、牧区，与藏族群众结下了深厚的友谊。1981年，孔繁森奉调回山东，先后任莘县县委副书记、行署办公室副主任、地区林业局局长、聊城地区行署副专员等职。1988年，山东省再次选派进藏干部，组织上决定让他带队第二次赴藏工作。进藏后，孔繁森担任拉萨市副市长，分管文教、卫生和民政工作。

1992年，拉萨市墨竹工卡等县发生强烈地震，孔繁森在羊日岗乡的地震废墟上，领养了3名藏族孤儿。他将这3个孤儿带回家，担负起养育责任。

1992年年底，孔繁森第二次调藏工作期满，西藏自治区党委决定任命他为阿里地委书记，这一任命意味着孔繁森将继续留在西藏工作。

以身殉职

阿里地处西藏西北部，平均海拔4500米，被称为"世界屋脊的屋脊"。这里地广人稀，常年气温在零摄氏度以下，最低温度达零下40多摄氏度，每年刮7级至8级大风的日子达140天以上，气候极其恶劣。

1993年春天，年近50岁的孔繁森赴任阿里地委书记后，在不到两年的时间里，全地区106个乡他跑了98个，行程达8万多公里，茫茫雪域高原到处都留下了他深深的足迹。

在孔繁森的勤奋工作下，阿里经济有了较快的发展。为了制定把阿里地区的经济带上新台阶的规划，他准备在最有潜力的边贸、旅游等方面下功夫。为此，他率领相关单位，亲自去新疆西南部的塔城进行边境贸易考察。1994年11月29日，他完成任务返回阿里途中，因车祸殉职，时年50岁。

三座墓地

1. 拉萨烈士陵园中的孔繁森墓
2. 阿里地区狮泉河烈士陵园孔繁森墓
3. 山东聊城天福园孔繁森墓

青山处处埋忠骨 一腔热血洒高原

在孔繁森的葬礼上，悬挂着一副挽联，形象地概括了孔繁森的一生，也道出了藏族人民对他的怀念："一尘不染，两袖清风，视名利安危淡似狮泉河水；两离桑梓，独恋雪域，置民族团结重如冈底斯山。"

人们在料理孔繁森的后事时，看到两件遗物：一是他仅有的8元6角钱，二是他去世前4天写的关于发展阿里经济的12条建议。孔繁森深深爱上了神奇而壮美的雪域高原，把整个身心献给了这片土地。

"冰山愈冷情愈热，耿耿忠心照雪山。"

他把自己一颗火热的心，献给了西藏高原，献给了党的事业，体现出一名共产党员的高尚情怀和光辉人性。

屠呦呦[1]

——呦呦鹿鸣　食野之苹

北京时间 2015 年 10 月 5 日 17 时 30 分，2015 年诺贝尔生理学或医学奖揭晓，中国女科学家屠呦呦因在疟疾治疗研究中的突出贡献荣获该奖项。她成为第一位获得诺贝尔科学奖项的中国本土科学家、第一位获得诺贝尔生理学或医学奖的华人科学家。

屠呦呦 1951 年考入北京大学医学院，在北大医学院药学系生药专业学习。1955 年，毕业于北京医学院（今北京大学医学部）。毕业后曾培训中医两年半，并一直在中国中医研究院（2005 年更名为中国中医科学院）工作，先后分别晋升为硕士生导师、博士生导师，现为中国中医科学院的首席科学家。

寸草心，几度寒暑报春晖

"呦呦鹿鸣，食野之苹"，《诗经·小雅》的名句寄托了屠呦呦父母对她的美好期待。作为一名生药学专业学生，屠呦呦考入北大医学院时就和植物等天然药物的研发应用结下不解之缘。从 1955 年进入中医研究院，她几十年如一日，埋首于深爱的事业中，将一份份漂亮的成绩单回馈给党和人民。

屠呦呦入职时正值中医研究院初创期，条件艰苦，设备奇缺，实验室连基本通风设施都没有，经常和各种化学溶液打交道的屠呦呦身体很快受到损害，一度患上中毒性肝炎。除了在实验室内"摇瓶子"，她还常常"一头汗两腿泥"地去野外采集样本，先后解决了中药半边莲及银柴胡的品种混乱问题，为防治血吸虫病做出贡献；结合历代古籍和各省经验，完成《中药炮炙经验集成》的主要编著工作。屠呦呦最引人注目的成就是发现青蒿素，它成为防治疟疾的一线药物。拉斯克基金会评定："它每年在全世界，尤其是发展中国家，拯救了成千上万的生命，并且在与疟疾这种致命疾病的持续战斗中产生了长远的医疗福利。"屠呦呦为什么能在平凡岗位上大有作为？或许我们可以从她说过的一句话中找到答案："一个科技工作者，是不该满足于现状的，要对党、对人民不断有新的奉献。"

传承者，古代医书淘到金

1967 年 5 月 23 日，我国紧急启动"疟疾防治药物研究工作协作"，项目代号为"523"。项目背后是残酷的现实：由于恶性疟原虫对氯喹为代表的老一代抗疟药产生抗药性，如何发明新药成为世界性的棘手问题。

临危受命，屠呦呦被任命为"523"项目中医研究院科研组长。设施简陋，信息渠道不畅，要在短时间内对几千种中草药进行筛选，其难度可想而知。但这些看似难以逾越的阻碍反而激发了她的斗志：通过翻阅历代本草医籍，四处走访老中医，甚至连群众来信都没放过，屠呦呦终于在 2000 多种草药中整理出一张含有 640 多种草药、包括青蒿在内的《抗疟

---

[1] 结合北京大学新闻中心主办的北大要闻（2015-10-05），《屠呦呦等 3 人获 2015 年诺贝尔生理学或医学奖》（人民网），《中国女科学家屠呦呦获诺贝尔生理学或医学奖》（新华网）和《中药的科学研究丰碑》（中国中医药报）整理编写。

单验方集》。可在最初的动物实验中，青蒿的效果并不出彩，屠呦呦的试验也一度陷入僵局。

到底是哪个环节出了问题呢？屠呦呦再次研读经典医籍，探寻古老中国的智慧，最终，葛洪《肘后备急方》中的几句话牢牢抓住她的目光："青蒿一握，以水二升渍，绞取汁，尽服之。"一语惊醒梦中人，屠呦呦马上意识到问题可能出在常用的"水煎"法上，因为高温会破坏青蒿中的有效成分，她随即另辟蹊径采用低沸点溶剂进行实验。

1971年10月4日，一双双眼睛紧张地盯着191号青蒿提取物样品抗疟实验的最后成果。随着检测结果的揭晓，整个实验室都沸腾了：该样品对疟原虫的抑制率达到了100%！

追梦人，求索之路无止境

成功，在190次失败之后。1971年，屠呦呦课题组在第191次低沸点实验中发现了抗疟效果为100%的青蒿提取物。1972年，该成果得到重视，研究人员从这一提取物中提炼出抗疟有效成分——青蒿素。这些成就并未让屠呦呦止步，1992年，针对青蒿素成本高、对疟疾难以根治等缺点，她又发明出双氢青蒿素这一抗疟疗效为前者10倍的"升级版"。

青蒿，南北方都很常见的一种植物，郁郁葱葱地长在山野里，外表朴实无华，却内蕴治病救人的魔力。而如青蒿一样的科学追梦人，大爱在左，奉献在右，随时播种，随时开花，将生命长途点缀得花香弥漫，绿意盎然，让不同地域、种族的人一起吮吸现代科技的芬芳。

屠呦呦多年艰苦奋斗、执着地进行科学研究，围绕国家需求，克服困难，一丝不苟，取得了令人瞩目的成绩。这是党和政府关心中医药、重视中医药、支持中医药发展取得的结果，是举国体制、针对中医药工作全国一盘棋取得的胜利，是全国科技工作者、科学家群体共同努力的成果，是中医药为人类做出的新的贡献。

>> 积极奋进 <<

当一个人降临世间时，他并不是一无携带，他身体里隐藏着一份秘密文件，这份秘密文件就是"人性"，愿每个人都致力开启人性的向善情怀，积极奋进人生路。

心态决定人的成败，是积极还是消极，一念之差就有可能使结果出现天壤之别。积极情怀在心灵里注入的是美好情愫，带来的是成功、健康和快乐的保证，导向人性的美好；消极情绪在心灵里埋下的是错误忧虑的思想，带来的是失败、疾病和痛苦，导向人性的孱弱。迈向成功，需要我们控制好自己的心态，树立起积极、健康、向上的人生观。让我们像李四光、黄文秀一样，确立不灭的进取之心，再现人性之美，迈向成功之路。

李四光
——一生践行科学报国

李四光

  他是中国现代地球科学的开拓者，他是地质力学学说的创始人，他是中国科技界的一面旗帜，他就是坚持真理、无私奉献、一心报国的中国地质学之父——李四光。

  李四光，生于1889年，卒于1971年，原名李仲揆，字仲拱，湖北黄冈人，是我国杰出的地质学家，首创地质力学。他以独到的学术见解，不仅圆满解决了各种地质构造型式的形成机制，而且成功地指导了找矿工作。在他的理论指引下，我国相继发现了大庆油田、胜利油田、大港油田等重要油田，他为祖国的建设做出了卓越贡献。

  1889年10月26日，李四光出生于湖北黄冈，他生命中最初的13年，都在农村中度过。5岁时，他开始进私塾读书，每天午后放学回家，就和长兄一起为家里劳动，晚上又和哥哥一起在油灯下读书、习字。家境艰难，让小小年纪的李四光就懂得了生活之不易。当同龄的孩子还在四处调皮的时候，他已经懂得了将两段油灯芯分开来用，以延长读书照明时间。自小他便暗下决心，长大后一定要为祖国争气，学会造船，为中国的航海事业尽一份责任。

  怀揣着报国之志，李四光离开家乡，来到湖北省的省城武昌，考入西路高等小学堂。之后，他又东渡扶桑在弘文学院学习，后又进入大阪高等工业学校系统地学习造船，这初步实现了他为祖国学习造船的心愿。

  1918年，李四光用英文写就了长达387页的论文《中国之地质》，这让他顺利获得了英国伯明翰大学自然科学硕士学位。不久，李四光接到了北京大学校长蔡元培发来的聘书，请他回国担任北京大学地质系教授。带着为真理奋斗的治学精神以及报效祖国的满腔热血，他回到了这片自己深爱着的热土。

  1948年，李四光赴欧洲从事地质考察和学术研究活动，由于国内缺少从事科研的基本

---

① 选自中共中央宣传部"学习强国"学习平台，科普中国，科技前沿大师谈，2018-11-30。

条件，李四光便留在了欧洲。1949年秋，在海外已经取得博士学位的李四光冲破重重阻力，满怀着为图国强、不谋己荣的爱国情怀，携夫人回到了祖国的怀抱。

1956年，67岁高龄的李四光亲自主持石油普查勘探工作。他以自创的地质力学为理论基础，指出石油勘探工作应该打破"偏西北一隅"的局面，寻找几个希望大、面积广的可能含油区。在他的理论指导下，勘探队在很短的时间内先后发现了大庆、胜利、大港、华北、江汉等油田，一举摘掉了"中国贫油"的帽子。这一成就所带来的影响可想而知，时至今日，这依然是那个时代最振奋人心的标志性图景。

穷且益坚，不坠青云之志。老当益壮，不移报国之情。李四光用自己的一生践行了科学报国的理想信念，用实际行动为祖国富强繁荣奉献一生。

黄文秀[①]
——初心不灭 青春不悔

广西百色市乐业县新化镇百坭村第一书记黄文秀，她的一生，定格在芳华绽放的30岁。璀璨的青春岁月，如流星般划过，闪亮夜空。

脱贫攻坚："我心中的长征"

石山林立的百坭村是深度贫困村，全村472户中有195户贫困户，11个自然屯很分散，最远的屯距村部13公里，好几个屯都在10公里以外。初到村里，黄文秀碰了"钉子"。

"我们这里穷了那么多年，真的能脱贫吗？""你一个女娃，能行吗？"一些村民议论纷纷。黄文秀一开口就是普通话，敲贫困户的家门时甚至会吃"闭门羹"。好不容易进去了，打开笔记本，群众却不愿多说。

脱贫攻坚时不我待，必须尽快打开工作局面，黄文秀急得哭鼻子，晚上回到宿舍整夜睡不着。

要取得群众的信任，就要从内心把群众当亲人，急他们所急，想他们所想，真正和他们打成一片。黄文秀请教有驻村经验的同事和村里的老支书，悟出了道理。很快她改变了工作方法，到贫困户家不再拿着本子问东问西，而是脱下外套帮助扫院子干农活；贫困户不在家，她就去田里，帮他们摘砂糖橘、种油茶，一边干活一边唠家常；她不说普通话了，学着说方言……

贫困户黄邦旋想申请低保，因不符合纳入低保的条件，未能如愿，就不给黄文秀开门。一次不行，就两次、三次上门，黄文秀打起了"亲情牌"："我也姓黄，我叫你哥吧。哥这么聪明、勤快，一定能奔小康。"

黄文秀耐心地做黄邦旋的思想工作：国家扶贫政策多得很，何必就盯着低保政策？靠低保只能解决基本生活问题，要脱贫还得加油干，不等不靠自己干出来才光荣。讲通了道理，黄邦旋脸上有了笑容。黄文秀帮助他争取到7000元产业奖补资金种水果，老黄一家顺利脱贫。后来，他们一直以兄妹相称。

[①]结合《"第一书记"黄文秀：初心不灭 青春无悔》（央视网，2019-06-23）和《芳华无悔——追记用生命坚守初心和使命的青年共产党员黄文秀》（新华社，2019-06-30）整理编写。

53岁的贫困户韦乃情面对记者,泪水在眼里打转。老韦清楚地记得,黄文秀往他家里跑了12次,细心了解实际困难,分析贫困原因,商量对策,帮他申请扶贫贴息贷款种植了20亩油茶树,2018年顺利实现脱贫。"她一心一意帮我,像我女儿一样!"

黄文秀周末经常不回家,走访了全村所有的贫困户,还绘制了村里的"贫困户分布图",每一户的住址、家庭情况、致贫原因等,都一一标注在笔记本中。

群众从开始接纳黄文秀,到打心眼里喜欢她,敬重她。一些人开玩笑说:"你这个女娃娃还真是难'缠'得很哩!"

山路太远,黄文秀还不时要去镇里、县城开会,为了提高工作效率,她将私家车开到村里当工作车用。2019年3月26日驻村满一年,汽车仪盘表的里程数正好增加了两万五千公里,当天她在微信朋友圈发了一条信息:"我心中的长征!"

黄文秀曾对朋友说:"长征中,战士死都不怕,在扶贫路上,这点困难怎么能限制我前行?""作为驻村第一书记,不获全胜,绝不收兵!"

坚守使命:干出一片新天地

扶贫之路充满艰辛。黄文秀白天走村串户遍访贫困户,分析致贫原因,晚上与"村两委"研究脱贫对策,制定工作方案全力推进。夜深了,她一个人住在村部一间不足10平方米的小屋子里。

她给村里的扶贫工作群取了一个响当当的名字——"百坭村乡村振兴地表超强战队"。

要实现精准脱贫,基础设施是关键。百坭村有5个屯交通困难,虽然多年前通了砂石路,但连年雨水冲刷,路面已破损不堪,雨季时陡峭路段连摩托车都无法通过,这不仅影响出行,而且制约产业发展。

黄文秀心急如焚。村干部记得,那段时间她带着"村两委"班子熬夜做方案、拿对策,到镇里、县里申请项目,扎扎实实组织实施。目前,两条路已经修好,其余3条已经列入乐业县2019年第一批财政专项扶贫资金安排。

没有脱贫产业就不能实现可持续发展。为了解决山里产业短缺问题,黄文秀带领村干部和群众学经验、找路子,立足当地资源,大力发展杉木、砂糖橘、八角、枇杷等特色产业,请技术专家现场指导,挨家挨户宣传发动,鼓励党员带头示范。

对接市场是实现贫困群众增收的关键环节。百坭村砂糖橘从500多亩发展到2000亩,为打通销路,黄文秀多方联系,把客商邀请到村里来,甚至在微信朋友圈发销售信息。云南、贵州等外省果商来到村里,一次性收购几万斤砂糖橘。大卡车一辆接一辆开进来,把村里道路塞得满满当当。

黄文秀还建立了百坭村电商服务站,2018年电商销售砂糖橘4万多斤,销售额22万元,种植砂糖橘的贫困户每户增收2500余元。

在黄文秀的帮助下,村民黄美线贷款买了榨油机,做起了小型农产品加工,成功脱贫。如今,黄美线伤心地说:"文秀有什么事都帮我,我脱贫了,她却不在了。多好的姑娘,多好的书记!"提起黄文秀,韦乃情这位壮族汉子红了眼眶:"前几天黄书记还来我家取走我孙子的住院报销材料,现在钱到账了,她却再也回不来了。"

黄文秀的奔忙带来了她渴望的收获,昔日的贫困山村发生了变化。2018年,百坭村88

户贫困户实现脱贫，贫困发生率从22.88%下降到2.71%。

6月14日，黄文秀穿着印有"第一书记黄文秀"的红色马褂，双手撑在黄土上，爬到河沟边查看暴雨冲毁的水利设施，当晚就组织村干部制定了抢修方案，计划回村后立即实施，不影响群众生产。

这是她在村里留下的最后背影。

不灭初心：护"脱贫之花"化作春泥

2019年6月14日周五晚上，黄文秀利用周末，回到老家百色市田阳县农村看望身患癌症、接连做了两次手术的父亲。6月16日周日晚上，她不顾风雨，连夜踏上返回驻点村的路。

"赶回村里途中，雨越下越大，山洪突发。"她被困洪水，进退两难。没想到，这竟是她留给家人的最后一条信息。

6月18日中午，搜救人员在下游河道发现了黄文秀的遗体。噩耗传来，无数人悲痛不已。村里人告诉我们，周日晚上，黄文秀雨夜行车返回村里。除了第二天要参加县里的扶贫工作会，还有件村里的急事儿让她牵挂于心。

原来，前段时间的暴雨冲毁了村里部分灌溉水渠。黄文秀和村干部在周五分头勘查后，还写下了一张字条，上面标注着维修费用。

但是两天后，为了按时赶回村里工作，年轻的第一书记永远走了。面对暴雨之夜可能遭遇的危险，她连夜赶路丝毫没有迟疑。就像当年，她十年寒窗走出大山，毕业后又义无反顾地回到大山。

忠于信仰："她是我们青年的榜样"

父亲曾这样对女儿说："没有共产党，我们家不可能脱贫。"黄文秀选择回到家乡工作，他很欣慰，常常叮嘱她认真为党工作，为群众办事。

黄文秀的同事、同学、朋友们都知道，这个懂事的姑娘深深地爱着她的父母和亲人。但是，作为第一书记，她心里始终装着村里的贫困群众，为了群众，她常常顾不上亲情、友情。

蒋金霖说："文秀回到家乡参与扶贫是为了知恩反哺，她懂感恩，她对初心的坚守令人敬佩。"

陈月香和黄文秀同一批到乐业县的贫困村任第一书记。她们曾经在一起聊驻村工作心得，共同感受投身脱贫攻坚的艰辛，以及看到群众摆脱贫困的喜悦。陈月香回忆说，夜深人静时，黄文秀会拿起吉他，对着天空的繁星轻声唱几句自己喜欢的歌。

"文秀的生命正值芳华却戛然而止，令人无比伤痛。她坚守初心使命，用生命践行了一个共产党员对信仰的无比忠诚，无愧于'时代楷模'的称号。"黄文秀的好友、曾经在百色凌云县上蒙村担任过第一书记的路艳说："她是我们青年的榜样，将激励我们为党和人民的事业勇于担当作为。"

"芳华虽短，但灿烂地绽放过，馨香永存！"黄文秀去世后，她的朋友李黎看着文秀的画作，忍不住泪流满面。黄文秀留下的两幅画，一幅是父亲背着小女儿的素描，画面温馨动人；另一幅水彩画上，金黄的向日葵正迎着阳光绽放。

单元综合实训

面对苦难[①]

人生在世，免不了要遭受苦难。所谓苦难，是指那种造成了巨大痛苦的事件和境遇。它包括个人不能抗拒的天灾人祸，例如遭遇乱世或灾荒，患危及生命的重病乃至绝症，挚爱的亲人死亡；也包括个人在社会生活中的重大挫折，例如失恋、婚姻破裂、事业失败。有些人即使在这两方面运气都好，未尝吃大苦，却也无法避免那个一切人迟早要承受的苦难——死亡。因此，如何面对苦难，便是摆在每个人面前的重大人生课题。

我们总是想，今天如此，明天也会如此，生活将照常进行下去。

然而，事实上迟早会有意外事件发生，打断我们业已习惯的生活，总有一天我们的列车会突然翻出轨道。

"天有不测风云"——不测风云乃天之本性，"人有旦夕祸福"——旦夕祸福是无所不包的人生的题中应有之义，任何人不可心存侥幸，把自己独独看做例外。

人生在世，总会遭受不同程度的苦难，世上并无绝对的幸运儿。所以，不论谁想从苦难中获得启迪，该是不愁缺乏必要的机会和材料的。世态炎凉，好运不过尔尔。那种一交好运就得意忘形的浅薄者，我很怀疑苦难能否使他们变得深刻一些。

我一向声称一个人无须历尽苦难就可以体悟人生的悲凉，现在我知道，苦难者的体悟毕竟是有着完全不同的分量的。

幸福的反面是灾祸，而非痛苦。痛苦中可以交织着幸福，但灾祸绝无幸福可言。另一方面，痛苦的解除未必就是幸福，也可能是无聊。可是，当我们从一个灾祸中脱身出来的时候，我们差不多是幸福的了。

"大难不死，必有后福。"其实，"大难不死"即福，何须乎后福？

苦难的价值

人们往往把苦难看做人生中纯粹消极的、应该完全否定的东西。当然，苦难不同于主动的冒险，冒险有一种挑战的快感，而我们忍受苦难总是迫不得已的。但是，作为人生的消极面的苦难，它在人生中的意义也是完全消极的吗？

苦难与幸福是相反的东西，但它们有一个共同之处，就是都直接和灵魂有关，并且都牵涉到对生命意义的评价。在通常情况下，我们的灵魂是沉睡着的，一旦我们感到幸福或遭到苦难时，它便醒来了。如果说幸福是灵魂的巨大愉悦，这愉悦源自对生命的美好意义的强烈感受，那么，苦难之为苦难，正在于它撼动了生命的根基，打击了人对生命意义的信心，因而使灵魂陷入了巨大痛苦。生命意义仅是灵魂的对象，对它无论是肯定还是怀疑、否定，只要是真切的，就必定是灵魂在出场。外部的事件再悲惨，如果它没有震撼灵魂，仅仅成为一

[①]选自周国平著《人生哲思语编》，上海辞书出版社2001年出版，题目是编者所加。周国平（1945—），中国社会科学院哲学研究所研究员，学者、散文家、哲学家。

个精神事件，就称不上是苦难。一种东西能够把灵魂震醒，使之处于虽然痛苦却富有生机的紧张状态，应当说必具有某种精神价值。

快感和痛感是肉体感觉，快乐和痛苦是心理现象，而幸福和苦难则仅仅属于灵魂。幸福是灵魂的叹息和歌唱，苦难是灵魂的呻吟和抗议，在两者中凸现的是对生命意义的或正或负的强烈体验。

幸福是生命意义得到实现的鲜明感觉。一个人在苦难中也可以感觉到生命意义的实现乃至最高的实现，因此苦难与幸福未必是互相排斥的。但是，在更多的情况下，人们在苦难中感觉到的却是生命意义的受挫。我相信，即使是这样，只要没有被苦难彻底击败，苦难仍会深化一个人对于生命意义的认识。

痛苦和欢乐是生命力的自我享受。最可悲的是生命力乏弱，既无欢乐，也无痛苦。

多数时候，我们生活在外部世界里。我们忙于琐碎的日常生活，忙于工作、交际和娱乐，难得有时间想一想自己，也难得有时间想一想人生。可是，当我们遭到厄运时，我们忙碌的身子停了下来。厄运打断了我们所习惯的生活，同时也提供了一个机会，迫使我们与外界事物拉开了一个距离，回到了自己。只要我们善于利用这个机会，肯于思考，就会对人生获得一种新眼光。古罗马哲学家认为逆境启迪智慧，佛教把对苦难的认识看做觉悟的起点，都自有其深刻之处。人生固有悲剧的一面，对之视而不见未免肤浅。当然，我们要注意不因此而看破红尘。我相信，一个历尽坎坷而仍然热爱人生的人，他胸中一定藏着许多从痛苦中提炼的珍宝。

至于说以温馨为一种人生理想，就更加小家子气了。人生中有顺境，也有困境和逆境。困境和逆境当然一点儿也不温馨，却是人生最真实的组成部分，往往促人奋斗，也引人彻悟。我无意赞美形形色色的英雄、圣徒、冒险家和苦行僧，可是，如果否认了苦难的价值，就不复有壮丽的人生了。

领悟悲剧也须有深刻的心灵，人生的险难关头最能检验一个人的灵魂深浅。有的人一生接连遭到不幸，却未尝体验过真正的悲剧情感；相反，表面上一帆风顺的人也可能经历巨大的内心悲剧。

欢乐与欢乐不同，痛苦与痛苦不同，其间的区别远远超过欢乐与痛苦的不同。

对于一个视人生感受为最宝贵财富的人来说，欢乐和痛苦都是收入，他的账本上没有支出。这种人尽管敏感，却有很强的生命力，因为在他眼里，现实生活中的祸福得失已经降为次要的东西，命运的打击因心灵的收获而得到了补偿。陀思妥耶夫斯基在赌场上输掉的，却在他描写赌徒心理的小说中极其辉煌地赢了回来。

对于沉溺于眼前琐屑享受的人，不足与言真正的欢乐。对于沉溺于眼前琐屑烦恼的人，不足与言真正的痛苦。

我相信人有素质的差异。苦难可以激发生机，也可以扼杀生机；可以磨炼意志，也可以摧垮意志；可以启迪智慧，也可以蒙蔽智慧；可以高扬人格，也可以贬抑人格——全看受苦者的素质如何。素质大致规定了一个人承受苦难的限度，在此限度内，苦难的锤炼或可助人成材，超出此则会把人击碎。

这个限度对幸运同样适用。素质好的人既能承受大苦难，也能承受大幸运，素质差的人则可能兼毁于两者。

痛苦是性格的催化剂，它使强者更强，弱者更弱，暴者更暴，柔者更柔，智者更智，愚者更愚。

一、案例导入

围绕有关"人性"话题展开评论。

二、案例小结

"人生在世，免不了要遭受苦难。"而以怎样的态度和方式面对苦难，体现了一个人的精神气质和人格力量。所谓失败者并不是那个最后一个到达终点的人，真正的失败者是中途就放弃的人。

《面对苦难》是一篇蕴藏着强大精神力量的哲理散文，哲学家周国平以深邃的思考、诗意的文笔探讨人应当如何直面苦难的问题，对我们正视人生的苦乐顺逆，勇敢面对人生的考验和挑战，具有深刻的启迪意义。

三、课外阅读

1. 陈登才、冯世平著《一代伟人——毛泽东生平故事》

简介：毛泽东的伟大人格，世人景仰。胡锦涛同志说，毛泽东属于中国，也属于世界，也永远属于人民。在中国的历史上，毛泽东处于任何人都无法取代的位置，就像华盛顿之于美国历史，拿破仑之于法国历史。

2. 内蒙轩主编《马克思靠谱》

马克思永葆青春，与时代同在，与人民同在，与青年同在。马克思一生做人的鲜活经历，告诉人们一个真理，做人要做像马克思一样的人。

3. 张惠林著《人性关怀与审美观照》

自20世纪后半叶以来，个体生命的人性关怀、关照社会的现实关怀、文学想象的审美关怀是文学在不同层面追求的价值和境界。新时期以来，小说开始从政治中祛魅，走向一种多元化的发展路向，不同思潮、不同流派，竞相怒放，姿态万千。文学的回归意味着小说创作走向了人性的书写和审美的追求。

4. 刘欣欣著《人性与灵魂》

人性是透视一切社会现象的金钥匙；读懂了人性，你就读懂了这个世界。此书是一本玄妙有趣又颇具科学价值的书，对古今中外大量真实的人和事进行观察、分析、研究，感悟人性，揭示人性，在很大程度上都能引起人们的共鸣。

5. ［美］戴尔·卡耐基著，达夫编译《卡耐基立志经典》

"与其留给子孙财产，不如留给他们自信和勇气"，是卡耐基留给后人最丰富的精神遗产，也是他的成功学理论。作者在实践基础上写成的成功学著作是20世纪最畅销的成功励志经典，构成了卡耐基为人处世、通向成功之路的成功体系，也是卡耐基伟大思想的精髓所在。

第二单元　立德修身

☞ 概　述 ☜

　　道德和品行问题是一个古老的话题。通过修身养性造就"仁人君子"的理想人格，成就治国、平天下的宏志伟业。

　　随着时代的发展，中国的传统道德中确有一些不适应时代要求的糟粕必须剔除，如："纲常""名教"和"劳心者治人，劳力者治于人"等。但更多的则是中华文化的精华，是我们民族崇高品性的具体体现。比如：国难当头，民族危亡之际，或外敌入侵，出使受辱之时，为捍卫国家和民族尊严临危不惧，宁死不屈，杀身成仁的强烈爱国主义献身精神和民族气节；勤政爱民、清正廉洁、却礼拒贿、甘于清贫的高尚操守；秉公执法、不徇私情、不阿权贵、不畏强暴、勇于搏击豪强、严惩贪渎的顽强意志和大无畏精神；淡泊名利、宽容大度、诚实笃信、友善礼让的高尚人品；扶危济困、乐善好施、公正无私、好义重礼的正义豪侠之气；尊老爱幼、孝敬父母、夫妻相爱、严束子女、勤俭持家、和睦邻里的家庭美德。这些都是中华民族传统美德的荟萃，是民族精神世代罔替的瑰宝。

　　中国的儒家历来都是主张德治的。孔老夫子的弟子曾参在其所著《大学》中提出了"修身、齐家、治国、平天下"的论述，强调"修身"是齐家、治国、平天下的基础，号召人们把"修身立德"作为治家、治国和改造社会的起点，规诫世人"己正才能正人"，"其身不正，虽令不从"，特别强调自身的榜样作用和身教重于言教的极端重要性。

　　社会主义法制建设的同时，提出了要坚持不懈地加强社会主义道德建设，以德治国。"依法治国"与"以德治国"一标一本，一刚一柔，构成了我国新世纪的治国方略。习近平主席多次提出重要论述并提出明确要求。中央政治局围绕培育和弘扬社会主义核心价值观、弘扬中华传统美德进行集中学习。遵循这个方略，在发扬中华民族传统美德的基础上，建立具有习近平新时代中国特色的社会主义新道德、新风尚，涤荡一些阴暗角落里的污泥浊水，以净化人们的灵魂，是摆在每个公民面前的一项伟大而艰巨，且又义不容辞的任务。

　　在物欲横流的社会中，有些人迷失了自己的本性，而真正的君子每天都要省察自己的一言一行和起心动念是否符合天理。如果不修德，就会放纵个人的欲望，就会因迷失自己而堕落。因此，先贤们认为，学习的根本目的就是要唤醒人们迷失的善良本性。每个人都有善恶两种因素，抑恶扬善就要严于律己，绝不能随波逐流。通过教化，善性是完全可以回归的。因此，君子的责任就在于帮助人们唤醒良知本性，使他们回到正道上来。立德修身的要求是做人要修身齐家、正直善良、谦虚忍让，因此，要倡导多读圣贤书，修去个人的私欲和一切不正的因素。儒家修持身心所体现的更高的人生价值，目的是兼济天下，经国治世，造福于民。

>> 胸怀天下 <<

"位卑不敢忘忧国""居江湖之远而筹庙堂之策",历朝历代,总有许多"匹夫"以天下兴亡为己任,关注着国家的盛衰与百姓的疾苦,怀抱着忠贞为国、赤诚为民的天地良心。范仲淹"先天下之忧而忧,后天下之乐而乐";诸葛亮则鞠躬尽瘁,死而后已。其他如孟子、屈原、杜甫、辛弃疾、关汉卿、海瑞、顾炎武、孙中山等圣贤英杰,正是为国家、为民族、为人民捧出了这样一颗颗天地良心,才与江河同在,与日月同辉。

作为炎黄子孙,我们理应继承先辈胸怀天下的优良传统,担负起推动人类社会不断进步的神圣使命。

屈　原[①]
——爱国先驱者

屈原

在中国古代文学史上,像屈原砥砺清节、独立不迁,忧国忧民以死表白者,不可多得。司马迁深感于屈原为人,高度赞美屈原曰"自疏濯淖污泥之中,蝉蜕于浊秽,以浮游尘埃之外,不获世之滋垢,皭然泥而不滓者也。推此志也,虽与日月争光可也。"屈原生活在诸侯争霸的战国时代,当时,中国社会正处在变革的发展之中,诸侯国争战、兼并,疆域随时变化,人们对于国家的观念还比较模糊。因而,屈原的爱国思想主要表现在他热爱人民,热爱楚国,忠心耿耿辅佐楚王振兴楚国,以及楚国处于危机时,决不离弃的情怀。屈原的爱国思想渗透在他的诗歌中,从诗歌的字里行间,我们可以感悟到屈原博大深厚的爱国思想。屈原至死不悔的爱国精神不断激励和鼓舞着后人的爱国情怀。郭沫若评价屈原说:"爱祖国、爱人民、爱自由、爱正义的诗人是会永

[①]选自《长春理工大学学报》2011年第六卷第12期、《辽宁财专学报》2004年第3期、《内蒙古工业大学学报》2006年第一卷第15期。

远不朽的。"几千年来，人们以过端午节的方式纪念着屈原。文人墨客对屈原爱国思想的研究也历久不衰。

一、穷年忧黎元

屈原"博闻强志，明于治乱，娴于辞令"，因而早年受楚怀王重用，曾任左徒。屈原在任职期间，主张举贤授能、修明法度，还主张联齐抗秦。在他短短几年的从政生涯里，楚国社会保持平安稳定，楚国也处于强大兴盛阶段，人民安居乐业。以上官大夫靳尚为首的旧贵族嫉妒屈原的政治才干并且反对屈原的抗秦主张，他们在楚怀王面前谗言诬陷屈原，导致屈原被楚怀王疏远。

屈原却始终把人民疾苦放在心上。他不仅在从政期间通过改革使人民得到好处，而且在自己身处逆境时，仍牵挂着人民。"穷年忧黎元，叹息肠内热"（杜甫《自京赴奉先县咏怀五百字》），屈原正是这样一位诗人。屈原热爱人民的思想，在他的作品中表露无遗。他哀怜人民生活的艰苦，感叹地写道"众皆竞进以贪婪兮，凭不厌乎求索"（屈原《离骚》），无情地斥责了腐败贵族搜刮民脂民膏的贪婪行为。"皇天之不纯命兮，何百姓之震愆？民离散而相失兮，方仲春而东迁"（屈原《哀郢》），这是屈原在流放生涯中亲眼所见百姓家破人亡、妻离子散的情形，于是以诗歌来遣责造成这灾难的祸首。其《抽思》云："愿摇起而横奔兮，览民尤以自镇。"这句诗表达了屈原抱有远走高飞的想法，可看到人民的灾难后，不忍抛弃处在水深火热中的人民，又镇定下来。这些诗句都生动地流露出他对家乡百姓真挚的关切之情。闻一多对屈原有深刻的研究，他说："使屈原成为人民热爱与崇敬的对象的，是他的行义，不是他的文采。"

二、恐皇舆之败绩

屈原"正道直行，竭忠尽智以事其君"①却遭贬谪。屈原先是遭到楚怀王疏远，离开郢都，在汉北漂泊。后又遭顷襄王贬谪，浪迹江南。在长期的流放生活中，屈原内心经历着复杂的思想斗争。他对自己遭受的不公正待遇充满了哀怨与愤激，然而哀怨与愤激并没有冲淡屈原在流放期间对楚国前途的忧虑，对君王的挂念。

虽然说屈原"信而见疑、忠而被谤，忧愁幽思而作《离骚》"，但一般认为，《离骚》的主旨是爱国和忠君。司马迁说："虽放流，眷顾楚国，系心怀王，不忘欲返——其存君兴国而欲反覆之，一篇之中三致志焉。"《离骚》是一首带有屈原自传性质的伟大诗篇。《离骚》从开篇到"岂余心之可惩"，首先自叙家世生平，讲述自己具有"内美"的品行。他坚持自我修养，希望可以引导君王，兴盛楚国。但由于佞人谗害和君王不明，使自己蒙冤受屈。在理想和现实的斗争中屈原表示"虽体解吾犹未变兮"。后面的部分极具浪漫神奇色彩，屈原开始三次"浮游求女"，这些行动都以失败而告终。在最后一次飞翔"求女"中，屈原表示了眷念楚国而流连不行。在《离骚》中有不少"系心怀王"的诗句："惟草木之零落兮，恐美人之迟暮。不抚壮而弃秽兮，何不改乎此度？"此句运用了比兴手法，以美人迟暮表达了屈原感慨岁月难留、知音难觅，希望楚王乘盛壮之年改掉不好行为，跟随自己走上

---

① 选自司马迁《史记》。

正确的道路。"余固知謇謇之为患也，忍而不能舍也。指九天以为正兮，夫惟灵修之故也"，屈原指天为证，说明自己忠言直谏是为了楚王。"初既与余成言兮，后悔遁而有他"，以男女之间的感情不谐比喻楚王对自己疏远，而自己对楚王仍忠心不二。在当时社会，"国君在一定程度上是国家的象征，而且只有通过国君才能实现兴国理想，所以屈原的忠君是他爱国思想的一部分。"①

三、付清白以死直

屈原早年写有作品《橘颂》，开篇写："后皇嘉树，橘徕服兮。受命不迁，生南国兮。"后面又写："嗟而幼志，有以异兮。独立不迁，岂不可喜兮。"诗歌用象征的手法赞美橘树的美好品质，蕴含了自己独立不迁、横而不流的美好品德，也表达出对故乡的热爱。

屈原一生正直伟岸，在祖国的生死存亡、大是大非面前，他坚持原则，保持独立，决不与佞臣同流合污，也决不随波逐流。《渔父》一诗很好地诠释了屈原"独立不迁"的思想。诗中渔父问屈原为何被放逐，屈原答曰："举世皆浊我独清，众人皆醉我独醒，是以见放。"渔父又问："世人皆浊，何不淈②其泥而扬其波？众人皆醉，何不餔其糟而歠其醨？"屈原答曰："宁赴湘流，葬于江鱼之腹中；安能以皓皓之白，而蒙世俗之尘埃乎？"

屈原对生于斯、长于斯的故乡具有深挚的爱。《哀郢》是屈原集多年流亡生活的血泪写成的篇章。诗中多次表达了他怀念故国、欲返故国的殷切之意。"去故乡而就远兮，遵江夏以流亡。出国门而轸怀兮，甲之朝吾以行。"写诗人被迫离开故乡将要流亡时的痛苦心情。"望长楸而太息兮，涕淫淫其若霰。过夏首而西浮兮，顾龙门而不见。"表达了诗人离开郢都时对故国依依不舍的感情。"登大坟而远望兮，聊以舒吾忧心。哀州土之平乐兮，悲江介之遗风。"写诗人怀念故国，回想起故国的风土民情，感慨万千，因而登高远望，寄托哀思。"鸟飞反故乡兮，狐死必首丘。"诗人以鸟和狐比喻自己对故国至死不渝的眷恋之情。

屈原的爱国思想是非常执着的。在诸侯争霸的战国时代，人才流动比较频繁，楚国也有不少人才流于他国，因而有楚才晋用之说。在这种世风下，凭屈原的才华和声望，他也可以去别国另谋出路，可是他不忍去国。屈原爱国思想的伟大，在于他可以出走而坚决不走。他眼看楚国即将覆亡而无回天之力，悲痛万分，最后只好以死来殉自己的祖国。

屈原一生虽然是悲剧性的，但在其壮丽诗篇中，强烈地表现了他的爱国思想。他忧虑楚国前途，关心人民的命运，甚至不惜自我牺牲的精神，使他成为后世爱国仁人志士的楷模。

---

① 选自《中国文学》（第一卷），高等教育出版社2003年版。
② 淈：gǔ，搅浑。

杜 甫[1]
——忧国忧民的诗人

杜甫

  杜甫从小接受的主要是儒家和谐社会的思想和理念,对道家、释家、墨家、玄学及其他诸子中的和谐社会理念也有所吸收。他的一生都在为追求和实现一个美好社会的理想而努力。这个理想就是国家统一,民族富强,百姓安居乐业,人与人、人与自然和谐相处。杜甫用自己的创作活动,与现实社会中那些破坏社会和谐、分裂民族与国家的邪恶势力及残酷剥削黎民百姓、贪污腐化等丑恶的社会现象作了不懈的斗争。他的这种追求和谐社会崇高理想的精神及忧国忧民的高尚人格,受到历代志士仁人的高度尊崇与继承发扬。杜甫被后人尊为"诗圣",但他的影响,实际上已超越了诗人的范围,上升到民族精神的文化层次。

一、热爱祖国的大好河山

  杜甫一生酷爱祖国山川,在青年时代,他就随着自己漫游祖国各地的脚印,写了许多赞美的诗篇,其中有《望西岳》《望南岳》和《望东岳》等。而《望岳》中的一些诗句,如"造化钟神秀,阴阳割昏晓",是他对泰山南北于同一四维时空里所出现的神奇和秀美的审美概括;"荡胸生曾(层)云,决眦入归鸟",又是他对峰峦壑谷中自然升腾的袅袅云烟,对丛林飞穿、自如姣好的归鸟的审美感受;而"会当凌绝顶,一览众山小",更是他对锦绣山川的妩媚美质尽情发掘的审美欣赏。所有这些,都表现了气血方刚青春年少的诗人热爱祖国山山水水的"清狂"蓬勃的灵性。

  安史之乱起,祖国大好河山到处血迹斑斑。这时的杜甫,由原先对雄伟秀丽江山的"清狂"酷爱一变而为"沉郁"的依恋。他"感时花溅泪,恨别鸟惊心",恋情紧紧维系着每一寸破碎了的土地;"细柳新蒲为谁绿,江水江花岂终极?"(《哀江头》)他由此"白头搔更短,浑欲不胜簪";他也由此而呼喊:"君不见金粟堆前松柏里,龙媒去尽鸟呼风。"(《韦

---

[1]选自人文论坛和《中国文学史》(人民文学出版社 1979 年版)。杜甫(712—770),字子美,自号少陵野老。唐代伟大的现实主义诗人,与李白合称"李杜"。

讽录事宅观曹将军画马图》)

大好河山蒙受耻辱时，杜甫写下"莽莽天涯雨，江边独立树。不愁巴道路，恐湿汉旌旗"（《对雨》），诗句跳动着诗人睹物伤怀的爱国情意。听到官军收复河南河北时，他立即恢复了青春似的，写下了"生平第一首快诗"："却看妻子愁何在，漫卷诗书喜欲狂"，连诗中爱国者的形象都奔跳着喜悦的"清狂"。然而安史之乱平息后，各地军阀混战却接连不断，至杜甫生命的最后时刻，大好河山仍然流血不止，仍然"干戈北斗深"。所以他不能不"丛菊两开他日泪"，不能不登"楼"感叹："花近高楼伤客心，万方多难此登临"。他把国事多难的感伤，为国尽忠的宏愿以及对暴虐的愤恨，都一齐迸发于山光水色之中，使江湖风涛之态，草木花鸟之色也都一并披上了伤时忧国的深情。

二、关心人民疾苦

杜甫是人民的诗人，他深谙人民是大好河山的主人，是社会财富和美好事物的创造者。因此在安史之乱前他就认为，国家、私人仓库中的"稻米流脂粟米白"也好，"越罗与楚练，照耀舆台（奴隶）躯"（《后出塞》）也好，都是"天下寒士"劳动的结果。劳动人民为社会创造了财富，也供养了社会上的统治者，"彤庭所分帛，本是寒女出。鞭挞其夫家，聚敛贡城阙"（《五百字》）。从这个观点出发，他同情人民，表明了他"民重君轻"的爱民思想。然而，他所目睹的现实却是：一边"朱门酒肉臭"，一边"路有冻死骨"；一边"秋禾登"，一边"幼子卒"。社会的不平，财产的不公和人民的灾难，使杜甫的"民重君轻"思想发生了变化，变成了"惆怅难再述"的悲愤。于是他"忧黎元"，他"默思失业徒，因念远戍卒"，表明了诗人对人民大众的深沉忧虑之情。

安史之乱起，"杜甫愤所切"（《北征》）。在残暴的安史叛军铁蹄下，广大无辜人民和祖国河山一起"呻吟更流血"，血和泪促使诗人毫不犹豫地站到了人民的中间，和人民一道爱其所爱，痛其所痛，恨其所恨。在"三吏""三别"中，他爱怜老者"妇啼一何苦""垂老不得安"，他爱怜爱国青年"二男新战死，子孙阵亡尽""勿为新婚念，努力事戎行"。在《负薪行》中，他对"夔州处女发半华，四十五十无夫家""面妆首饰杂啼痕，地褊衣寒困石根"的悲惨遭遇，发出了不平之鸣。在《白帝》中，他对"哀哀寡妇诛求（搜刮）尽，恸哭秋原何处村"的残酷现实，进行了愤怒的控诉。

杜甫一方面赞美人民，一方面又设身处地地为他们着想。他的茅屋被大风刮破，首先考虑的不是他自家难以栖身度日，而是由"布衾多年冷似铁""床头屋漏无干处"的难熬体及普天之下的民众："安得广厦千万间，大庇天下寒士俱欢颜"。并且由此而心甘情愿地为他们献身，他说如果"眼前突兀见此屋"，那么"吾庐独破受冻死亦足"。这种以天下人之忧为忧的宽广胸怀和崇高品格，正是其伟大精神的重要成因。不但如此，在生活迫使他离开破烂了的茅屋而漂泊于异地时，他心中还惦念着草堂"西邻"的老寡妇，于是写了《又呈吴郎》。诗中恳切地请求"吴郎"能够代替自己，一如既往地对这位"无食无儿一妇人"的老邻居继续予以关照。因为她"贫到骨"了，所以要"转须亲"，要使她不再"困穷"。不但如此，即使到了老年，自己已处于"亲朋无一字，老病有孤舟"的境遇，他还心想"黎元"，为民呼喊，"况闻处处鬻男女，割慈忍爱还租庸""万国城头吹画角，此曲哀怨何时终？"（《岁晏行》）"安得务农息战斗，普天无吏横索钱？"（《昼梦》）可见杜甫为人民大众整整操劳了一生。

他的爱国主义思想不能不烙上"忠君、忧国、爱民"三位一体的印记,然而瑕不掩瑜,燃烧在诗人胸中的那支爱国火炬,使他成为中华民族的一大伟人,中国爱国主义运动史上的一块伟大的丰碑,同时也是世界文化史上的一位伟大文豪。

修身齐家

"齐家"是《大学》"八条目"之一,并在其中起着重要的枢纽作用。"修身、齐家、治国、平天下"是自我道德修养的实践层面,并遵照家、国、天下的顺序依次展开。与"修身"之前的各个条目相比,"齐家"不仅需要自身道德修养的提高,更要将自身道德施于家庭,以实现家庭乃至家族关系的和谐美满,这也是进一步治国、平天下的基础。作为修身与治国之间的重要环节,"齐家"之首在整齐家风,之要在修身立德。整齐家风,传承优良风尚家风是一个家族、家庭作风的体现。优良家风的熏育不仅需要一代人的努力,更需要家族世代的传袭。"齐家"之所以如此重要,关键是因为可整齐家风,进而形成良好风尚。

朱　熹[①]
——朱子家训

朱熹

朱熹一生中任官的时间虽然很短,但他所到任之处,必振举书院建设。他亲自订立了《白鹿洞书院学规》,一方面提倡博学、审问、慎思、明辨,另一方面强调修身、处事、践行的原则,这在中国书院历史上影响深远。朱子的家礼、家训也不仅对朱子一家或朱姓人家有意义,对南宋以来的社会风俗、正化人心都起了重要作用。今天我们要把朱子学的这些内容与社会主义核心价值观的践行、培育结合起来,使中华文化、朱子文化成为涵养个人美德和社会价值的源泉与活水。

---

①选自《福建史志》,2014年第2期。

《朱子家训》里面说到"遇合理之事则从",这是儒家很重要的一种精神,即遇到合理的事情我们就要遵从它。人有七情六欲,很容易被感情绑住,被情绪左右,而不听从理智。每个人只能在不违背义理,不违背是非的情形之下,才可以让个人的偏好、感情来做主。《朱子家训》让我们知道,做父母的先把自己做好,孩子不用教,就会学着父母的样子;做老师的把自己做好,学生不用要求,他聪明得很,马上就跟着你做;党员干部只要自己做得正派,在言传身教、润物无声中,周围的人也就会正派起来。

《朱子家训》提出:"切勿矜己之长。"如果矜己之长,就会骄傲自满,自以为是。朱子要求"慎勿谈人之短"。这是由于:其一,人非圣人、完人,人人都有短处、缺点;其二,随便谈人之短,不但对克服短处不起帮助作用,而且会影响内部的团结。

《朱子家训》要求:"勿以善小而不为,勿以恶小而为之。"为善,就是要办善事、好事和实事,做有益于人民的事。大善是由小善积聚而成的,积小成大,量变最终会引起质变。这就是为什么恶虽小不能为,善虽小却要为之。一句"勿非礼而害物命",朱熹就把"仁"推广到生物甚至非生命的领域,萌生出沟通人与自然关系中的和谐顺应思维,争取实现"天人合一"的生存环境。"物命"两字启迪着人们要扩大精神文明视野,控制无限增长的物质享受欲望,把感官的享乐转向审美的追求,实现与自然的和谐共存。

曾国藩[①]
——千古完人

曾国藩

一、治学态度[②]
(一)治学目的明确

培养正确的治学态度,首先要明确读书目的,即为什么而读书。在曾国藩眼中,读书只

[①]选自《文丛》2015年总第143期,略有改动。
[②]选自《历史教学》1995年第6期、《云梦学刊》1994年第4期、《鲁东大学学报》(哲学社会科学版)2014年3月第31卷第2期。

为两件事：一是进德，一是修业。

"吾辈读书，只有两事：一者进德之事，讲求乎诚正修齐之道，以图无忝所生；一者修业之事，操习乎记诵词章之术，以图自卫其身"①。

进德修业，志在积累学问，提高个人涵养，无关科举及功名利禄。能够在个人实践中真正领悟此道理，曾国藩认为要做到两件事，首先要摆正治学与科举的关系，其次要做"为己"之学问。

道光二十四年（1844）五月，曾国藩在家书中劝告六弟曾国华，随着年龄的增长，读书不应再局限于科举考试的范围，要学习名家著作丰富自我，以积累学问为重，功名并非治学的真正目的，精于学问才是真正的收获。

（二）做"为己"之学问

专为科举而读书，是怀功名利禄之心而读书的一个侧面，做学问怀功名利禄心的另一个侧面则是做"为人"之学问。曾国藩将治学观念划分为"为人""为己"两种："为人"而读书，读书间接成为争名逐利的手段，不再是一个单纯的自我修养的过程；"为己"而读书，抛开了功名利禄的束缚，是一种积极健康，乐观向上的学习风尚。树立"为己"的学习观念，是实现"进德修业"的读书目的的前提，因此曾国藩不遗余力地加以提倡。曾国藩将"为己"的读书态度比喻为做学问的"根"，只有"根"正，只有在正确的读书观的指导下，痛下功夫，才能领悟书中真谛，"枝"繁"叶"茂。

"学者用心，固宜于幽冥中，先将为己为人之界，分别明白，然后审端致力，种桃得桃，种杏得杏。"②

（三）治学切己，谦虚

明确治学目的之后，在具体的读书实践中，还要做到谦虚灵活。咸丰八年（1858）十月的家书中，曾国藩明确表达了对朱熹提倡的"虚心涵泳，切己体察"读书态度的推崇。读书贵有心得，若无心得体会，只会把书读死，无法真正实现"进德修业"的读书目的。

曾国藩在咸丰八年（1858）十月的家书中，谈及自己在读书过程中，由读书切己带来的收获，如在出京领兵打仗之后，更加充分理解《离娄》外章"上无道揆，下无法守"的深意。曾国藩希望通过亲身经验告诫后辈，读书只有与自身经历相结合，养出心得体会，才更有益于把握书本中的智慧。

曾国藩崇尚无关名利的为己之学问，无论治何种学问，首先要有正确的读书态度，要明确读书的目的，把心态放正，能够把书中学到的和自身实际相联系，时时自省其身。学问的获得并非一蹴而就，不是一阵子的苦功夫，而是一辈子的苦功夫，急功近利是最不可取的。踏踏实实，坚持不懈，开阔视野，不故步自封，才能真正识得书中意味。正是因为治学态度"纯粹"，才达到了"学问纯粹"。

二、家教思想③

曾国藩的思想和学术在他的许多著作中可以体现出来，而其中，最著名的可以说是他的

---

① 选自《曾文正公家书》，中国华侨出版社2011版。
② 选自《曾文正公日记》，中国华侨出版社2011年版。
③ 选自《吴中学刊》（社会科学版）1996年第1期。

家书了。曾国藩家书为此受到了许多人的青睐,家书中的家教思想日益引起了人们的重视。

重学识,但不求子弟做官发财、成名成家。这是曾国藩家教思想的一大特色。作为封建知识分子的曾国藩当然不愿看到他的子弟不事耕读、远离诗书。他在给长子曾纪泽的信中说道:"但愿尔专心读书,将我所好看之书领略得几分,我所讲求之事钻研得几分,则余在军中,心常常自慰。"曾国藩知道多读书可以陶冶一个人的情操,因此他要求他的子弟多读书、作文和写字,并且在"怎样读""读什么"等问题上给予了很多具体指导。他还注意在情感上与他的子弟进行沟通。他说:"余生平有三耻……尔若为克家之子,当思雪此三耻。"在治学上,他不厌其烦地指出该读哪些书,怎么读,什么必读,文章如何写,写字如何运笔,墨色如何讲究……

在"学而优则仕"的封建社会中,曾国藩却不愿其子弟做官。他说:"凡人皆望子孙为大官,余不愿为大官,但愿为读书明理之君子""尔曹惟当一意读书,不可从军,亦不必做官"。曾国藩久居官场,他对官场的内幕了解得非常清楚,权位相争,相互间的倾轧、排挤,历史舞台上演出了众多的悲剧。他认识到"居官不过偶然之事,居家乃长久之计",在官场上能善始善终的人不多。还有一个原因就是"尔兄弟努力读书,决不怕没饭吃"。

曾国藩在督导子弟认真治学的同时,也很注意培养子弟的坚强意志。曾国藩本人在意志方面是非常坚强的。龙梦孙在《曾文正公学案·序》中这样评价曾国藩:"虽极人世艰苦之境,而曾不少易其心,虽遇千挫百折之阻,亦不足以夺其志。"正是这种"不为外界所移"的意志,给曾国藩的事业带来了极大的好处。曾国藩自然会把它传给子弟。在同治六年(1867)二月给沅弟(曾国荃)的一封信中,曾国藩说道:"谚云,吃一堑,长一智,务须咬牙厉志,蓄其气而长其智,切不可恭维自馁也。"受挫受辱不沮丧,在逆境中坚持战斗,以图自强,这是一种难能可贵的精神,也是事业成功的一大支柱。曾国藩自谓"打脱门牙之时多矣,无一次不和血吞之"。因此曾国藩也有意在这方面培养其子弟的意志。在治学方面,他也要求他们能持之以恒,他多次告诫他们"凡事皆有极困难之时,打得通的,便是好汉""故望尔等于少壮时,即从有恒二字痛下功夫""人生惟有常是第一美德""行之有恒,自如种树畜养,日见其大而不觉耳"等。

曾国藩在对子弟的教育上,也很注重方法。整部家书,"诚恳"两字贯穿始终。在家书中曾国藩不厌其烦地讲了许多零碎的事,我们读起来也觉得啰唆,但言辞中诚恳的语气,跟我们的生活似乎很近,所以读来也颇感亲切。在家书中,他流露出的自然是真诚和热情,它不夹杂虚伪,也没有造作。曾国藩的几位弟弟能面对众多家书的教诲而不反感,恐怕就在于这个"诚"字。如曾国藩在京时,他负起了教育诸弟的责任。他给诸弟的一封信中曾说:"九弟在京半年,余散懒不努力。九弟去后余乃稍能立志,盖余实负九弟矣。余尝语岱云'余欲进孝道,更无他事;我能教诸弟德业一分,则我之孝有一分;能教诸弟进十分,则我之孝有十分……九弟之无长进,是我之大不孝也!'"有这样的兄长,能不使诸弟感动?

曾国藩家教思想,是以其八本堂的八句话和祖传家训的八个字为经纬穿起来的,并且相互贯通,经过他的精心加工,形成了一套治家持家和教育子弟的理论。所谓八本,即读书以训诂为本;诗文以声调为本;事亲以得欢心为本;养生以少恼怒为本;立身以不妄语为本;居家以不晏起为本;居官以不要钱为本;行军以不扰民为本。这八句话是曾国藩在总结了各个方面的经验之后所提出来的精华。因此这八句话成为曾国藩家教思想的张本。曾国藩本人自始至终没有懈怠,而是躬身力行,同时也把它作为一种经验或精神财产传给他的子弟。祖传八字,即"书蔬鱼猪,早扫考宝",这八个字是曾国藩继承祖父星冈公的先训并经他的归纳而形成的,"八者缺一不可"。这八个字分别为读书、种菜、养鱼、养猪、早起、打扫、祭祀和善待亲邻的意思。曾国藩的八句话和八个字所织成的家庭教育的经纬网,包括了治家持家的许多方面。曾氏的家教思想可以说是以这八句话和八个字作为基点的。尽管这八句话和八个字不一定完全都是他的独特创造,但是他能凭自己独有的眼光来看待事物,或继承发扬先祖的优秀遗产,或融会贯通地吸收前人的思想精华,形成了自己的家教思想。

三、人才观①

曾国藩以知人善任著称于世,也因知人善任而功成名就。清末著名的改良主义思想家,曾国藩幕僚薛福成曾说:"曾国藩知人之鉴,超轶古今或邂逅于风尘之中,一见以为伟器;或物色于形迹之表,确然许为异材。"②

(一)国家之强,以得人为强

曾国藩十分重视人才的作用。他说:"治世之道,不外致贤,养民,正风气。"又说:"天下有三大患:一曰人才,二曰财用,三曰兵力。"无论从治国方面讲,还是从天下大患方面讲,他都把人才放在第一位。他认为:"国家之强,以得人为强。所谓无克,惟人也。"一个国家无兵不足以深忧,无饷不足以痛哭。小人得志,人才埋没,才是最堪浩叹的事情。

曾国藩认为良好的社会风气可以造就体用兼备的人才,而优秀的人才又能以其榜样的力量伸张正义,使社会风俗敦厚。他特别强调读书人的作用,"风俗之美恶,主持在县官,转移则在绅士"。

(二)知人之明

曾国藩特别注重人才三个方面的素质。一是志趣。曾国藩认为:"人才高下,视其志趣。卑者安流俗庸陋之规,而日趋污下;高者慕往哲隆盛之轨,而日即高明。贤否智愚,所由区矣。"③中国古往今来的思想家,无不把立志作为成就事业的前提。曾国藩本人就是一个志趣高远的人,他曾说:"君子之立志也,有民胞物与之址,有内圣外王之业,而后不忝所生,不愧为天地之完人。"

二是朴实廉洁。曾国藩认为,人才大约有两种:一种官气较重,另一种乡气较重。官气较重的,一般好讲资格,摆架子,办事无惊世骇俗之相,言语无此妨彼碍之弊。凡遇事情,就凭书办家人之口说出,凭文书写出,不能身到、心到、口到、眼到,尤不能放下架子,深入基层去亲身体察一番。他说乡土气较重的人虽有好逞才能,好标新立异,行事知己不知人的缺点,但他们朴实少心窍,忠诚有血性,廉洁而奉公。曾国藩一再强调:"观人之道,以朴实、廉介为质,有其质而傅以他长,斯为可贵,无其质而长处亦不足恃。"曾国藩正是以此作为识别人才的原则。如湘军大将塔齐布,原是绿林军官,他身在绿林,但不为绿林腐败风气所染,洁身自好,每天认真训练手下军队。曾国藩一见即大为赞许,同皇帝极力保荐他。

---

① 选自《海南大学学报》(社会科学版)1996年第14卷第2期。
② 选自薛福成《代李伯相拟陈督臣忠勋事实疏》。
③ 选自蔡锷《曾胡治兵语录》。

三是多条理。曾国藩说：观人之法"以有操守无官气，多条理少大言为主"。① 用今天的话说，"操守"强调人才的"德"，"条理"则强调人才的"能"，即治事时逻辑思维的清晰度、敏捷度。

曾国藩高明之处在于他身处乱世而不效法古人。他说："余谓德与才，不可偏重。譬之于水，德在润下，才即其载物溉田之用；譬之于木，德在曲直，才即其舟楫栋梁之用；德若水之源，才即其波澜；德若木之根，才即其枝叶。德而无才以辅之，则近于愚人，才而无德以主之，则近于小人。世人多不甘以愚人自居，故自命每愿为有才者，世人多不欲小人为缘，故观人每好取有德者，人较然也。二者既不可兼，与其无德而近于人，毋宁无才而近于愚人。"② 可见，曾国始终坚持"德才兼备"的选才标准，并把德放在比才更重要的位置上。在德、才不可得兼的情况下，他宁愿做一个无才有德的愚人，不愿做一个有才无德的小人！

（三）用人之道

研究曾国藩的用人之道，概括起来，有以下几个方面：

1. 广收。这是用人的前提。治国治军是极为复杂的，需要各种各样的人才，且需才的数量、质量会随着形势的发展变化而变化，这就要求用才者首先做好储备人才工作。

2. 以诚相待。曾国藩十分重视"诚"。他说"天地之所不息，国之所以立，圣贤之德业所以可大可久，皆为之也""诚者，物之始终，不诚无物"。他不仅把"诚"提高到如此的地位，且对于投奔他的人，不论其地位高低，才之大小，他都以诚相待。他始终认为，精诚所至，金石为开，鬼神亦避。

3. 慎用。曾国藩善于用人，但他也常常感叹用人之难："惟用人极难……，全赖见多识广，熟思审处，方寸中有一定之权衡。"他多次强调用人要慎重，既不能太滥，又不能眼界太高，动谓无人可用。

4. 勤教。曾国藩主张用人与育人并重，教与用交递并行，既用人又育人，反对只用不教的片面倾向。他说"人才可以培养而出，器识以历练而成""满意之选不可得，故取其次，待徐徐教育可也"。

5. 严绳。所谓严绳，就是严格考察。曾国藩用人不仅注意勤教，更重视严绳。其考察的内容十分广泛，涉及道德、品行、作风、能力等方面。

6. 用人不拘资格、出身、地域，惟德才是举。清朝旧官制选官任人第一个弊端是讲究论资排辈。用张之洞的话说，即是"三四十岁以外，犹为厮养之贱卒，五十以外，始为循资之裨将，既已纯乎暮气，岂能建立奇功？"③ 第一次鸦片战争时中国参战的总兵以上的高级将领年龄最大者75岁，大多数人为65岁以上。

7. 用其所长，不求全责备。曾国藩说："衡人者但求一长可取，不可因微瑕而弃有用之材。又说："虽有良药，苟不当于病，不逮下品；虽有贤才，苟不适于用，不逮庸流。梁丽可以冲城，而不可以窒穴；牦牛不可以捕鼠，骐骥不可以守闾；千金之剑，以之析薪，则不如斧；三代之鼎，以之垦田，则不如耕。"

---

①选自《曾文正公家书》，中国华侨出版社2011年版。
②选自《曾文正公全集·杂著》。
③选自《张文襄公全集奏稿》。

8. 量才录用。即根据一个人才情的大小，安排适当的职务。李鸿章、左宗棠有独当一面的师才，曾国藩就安排他们做军队的统帅。鲍超等只有领一军之才，曾国藩就让他们做统领。

清风峻节①

孟子认为真正伟大的人格，应是"富贵不能淫，贫贱不能移，威武不能屈"。人在富贵、贫贱、威武三种不同的境界下能做到不淫、不移、不屈，显然具有一种高尚的人格，因为它除去了一切怯懦和私欲，也除去了一切非理性的冲动，显示了人的理性的伟大，人的价值的尊严和崇高。具有这种人格的人，"仰不愧于天，俯不怍于人"，堂堂正正，浩然巍峨，也就是鲁迅所称赞的"中国的脊梁"。德国大哲学家康德认为，人格是使每一个人有价值的那种品质，它最大的特点是把我们本性的崇高性清楚地显现在我们的眼前。也就是说人格的本质体现了人的价值和尊严。

归崇敬
——拒收藏金

唐大历三年春天，起居郎归崇敬奉命出使新罗。

新罗地处东海之滨，山川秀丽，民风淳朴，因受邻国欺凌，故历来臣服大唐，求得中原庇佑。本国遇有喜庆、丧吊之事，唐朝必派遣使者渡海东来，进行庆吊，以示恩威。这年新罗国王宪英病死，其子承乾嗣位，唐朝皇帝照例要遣使对新王进行册封，所以归崇敬此行使命并不艰巨。只是新罗物产富饶，宫殿华美，盛产人参、珠宝，以往出使新罗的，多有所求，携资而往，规以为利，这种状况又将清廉自持的归崇敬推到十分尴尬的境地。

就在他刚刚接受王命当晚，他正闭目凝神思考渡海出使之事，夫人在一旁唠唠叨叨地一再叮嘱他注意海上风暴。一阵急促的脚步声在门外响起，家人禀报道："田公公派人求见。"田公公乃宫中司礼太监，因拥立皇帝有功，尊为常侍，卖官鬻爵，权倾朝野。归崇敬听报感到十分诧异，他与田公公素无来往，深夜求见，不知有何要事。来人一脸狡黠之色，见了归崇敬拱起双手："公公听说大人荣升并出使新罗，特派小的前来恭贺，并烦大人到东海岸带明珠两颗。"归崇敬正要发作，被随从示意制止，只得忍住气，生硬地说："新罗如无公公所需之物，那就休怪下官了。"等到小太监走后，归崇敬气愤地一拍桌子，冷笑说："明为代购，实是勒索，只是这次碰到本官，怕要落空了。"家人劝道："田公公权倾当世，文武百官无不想投靠在他门下，大人只能委与周旋，切莫得罪了这些阉狗。"归崇敬听了家人劝告，不禁长叹一声。

为防止再有人来纠缠，第二天，归崇敬即离开长安，直赴山东半岛泛海东渡，几天之后，到达了新罗。

新罗国听说大唐使臣到来，派出大臣到码头迎接进城。归崇敬坐在车上，见城中街道整

---

①选自曾铮、曾宪文著《德治佳话》，华文出版社2002年版。

洁，市廛繁荣。来往行人见是大唐使者，都止步观看。

次日，新罗国又派出大臣陪同归崇敬参观珠宝店。这是条不甚宽敞的街道，两旁店铺林立，金玉珠宝店几占一半。珠宝店内，身着华丽服装的王公、贵族及艳妇、阔少，满身珠光宝气，随从如云，进进出出，甚为热闹。归崇敬边看边想，到新罗的头一天，就派出官员陪同参观珠宝肆，是炫耀自己国家的富饶，或是另含他意？他想自己饱读诗书，身膺王命，生平以清廉自居，任凭金山银海，休想动摇自己的意志，堂堂大唐使者岂能在外国人面前丧失国格、人格。因此他谈吐自如，不卑不亢。随从几次想上前购买，都被他示意制止。

第三天，归崇敬参加国王的册封仪式，他想，如果新罗国王赠送金银，即婉言谢绝。但是出乎意料之外，宴席散后，国王令人抬上一小酒坛，指着说："贵使涉洋渡海来到敝国宣扬唐天子旨意，使新罗满朝尽托恩庇，无以为报，特送上敝国所产名酒一坛，聊表心意，请予笑纳。"归崇敬满以为有金银珠宝相赠，见抬来的却是一小坛酒，思想早已解除了戒备。他看看酒坛表面涂满绿彩，光彩耀眼，坛口密封，本准备推辞不受，但又想到此酒能值几何，如若推辞不受，反拂了国王的心，便笑着说："既承国王美意，下官就愧领了。"归崇敬回到馆舍，望着桌上的小酒坛，心中引起阵阵疑云。他想："自己出使前，朝臣盛传出使新罗，均有金银、珠宝相赠，今日为何以酒相赠，难道他们心有疑忌，知道自己清廉自持的名声，用酒相探？"午后仍不见动静，随从一面打点行装，一面唠叨埋怨说："老爷这样胆小怕事，一颗珍珠也不敢购置，回国后怎样回答田公公？"归崇敬笑着说："这一坛酒不是够很多人品尝吗？"

晚饭时，归崇敬酒兴大发，他对随从说："新罗所赠是何美酒？打开让我品尝一下。"随从撬开密封坛口，正要舀酒，忽又瞥见酒中似有放光圆物，用酒斗一舀，原来坛底尽是珍珠。归崇敬低头仔细看时，也不禁呆了。命随从捞出，大小明珠竟有20颗，一时满室生辉，主仆呆若木鸡。良久，归崇敬让随从仍把明珠放入坛中，封好坛口。他踟蹰室内，思忖对策。

原来新罗国君早已听得归崇敬为人耿直，洁身自好，不受馈赠，当面送礼，定遭拒绝，但又深感大唐恩德和使臣的辛劳，必欲酬谢、报答为快。君臣商议良久，才想出酒坛藏珠的办法，一则可遮人耳目，二则不易为归崇敬察觉。一俟回到家中发现，也不便退回。谁知阴差阳错，归崇敬在离开新罗的前夕，酒兴发作，明珠终被发现。

归崇敬发现酒坛内暗藏的珍珠后，已猜测到新罗国君臣的用意。他想，如果把这坛珍珠收下，田公公那里，当然可以交差，甚至还可以升官晋爵，但是，这样为讨好权贵而收下赠金，不仅在外国人面前丢脸，有损自己的人格，也有损唐朝的声誉。这样的事是万万不能做的。但是如何妥善地退回暗藏赠礼，而又不使对方难堪？他思考再三，决定把酒坛悄悄留在馆舍，动身之时，再加以说穿。于是，吩咐随从取来纸笔，给新罗国王写了一封信，信中委婉讲明了自己不能受礼的理由，希望国王见谅，等等。

随后，归崇敬一行离开新罗，依然乘船航海回国，新罗国大臣赶到码头送行。官船启锚即将离开码头时，归崇敬拉着大臣的手，亲切地说："国王前日赠酒一坛，只是下官生平滴酒不沾，恐路途携带不便，已留在馆舍，请贵国见谅。"说完，又深深一揖。大臣听说赠"酒"留在馆舍，知道机密已被识破，待再开口劝说，无奈船已离岸，只好作罢。

海风轻拂，水波不兴，新罗送行官员站立海岸，久久凝望着远远驶去的官船，心中腾起无限敬佩之情。

张 英
——让他三尺又何妨

张英

文华殿大学士张英，看完桐城老家派人送来的有关与邻居叶秀才家为地皮打官司的信后，心中久久不能平静。他没有想到老家这个管家竟然如此糊涂，为了些许小事竟与邻居争讼，闹得满城风雨，有损张家忠厚、仁慈、与人无争的门风。更为气恼的是管家竟然派人来京城求援，希望自己与当地县官打个招呼，凭借权势，使叶家败诉。这种恃势压人的勾当，岂是他堂堂相府所能做的？然则怎样回复家中的来信，又怎样平息这场官司呢？他苦苦思索，未获良策。人在书房里，一会儿坐在木椅上，双目紧闭，下意识地将桌上家信拿起，又放下，放下，又拿起；一会儿，又站起身来，紧锁眉头，在砖地上来回踱步。他恨自己头脑笨拙，多少军国大事，他都能轻松地对付过去，唯独这件家务事却让他智慧枯竭！

张英是安徽桐城人，字敦复，出身书香门第，官宦之家。少年时既聪颖，又好读书。长大后科场上很得意，不到三十岁，即康熙六年，高中第十二名进士，被选为翰林院庶吉士，接着任编修充日讲起居注官，侍读学士。康熙十六年，入值南书房。当时，康熙正在征讨三藩之乱，从前方来的军书、战报纷纷送呈，皇上每天亲至乾清门处理政务后，又驾临懋勤殿与一群文学之臣讲经论义。这一时期，张英往往清晨入宫晚上出宫，退朝后复又被宣召，有时正吃饭时因皇上召见而辍食入宫。他的勤奋、谨慎、镇静自如的态度，受到康熙信任，所以每次皇上到各地巡视，必令张英随侍。他的文笔很好，当时的制诺、谕旨大多由他草拟。

由于张英政绩卓著，加上皇上的器重，他官运亨通，不久，迁翰林院学士兼礼部侍郎、兵部侍郎。二十八年又擢工部尚书，兼翰林院掌院学士，其间还几度出任《国史》《一统志》《渊鉴类涵》《政治典训》《平定朔漠方略》的总裁官。康熙三十八年升为文华殿大学士。

他为人性情温和，平易近人，廉洁耿直，豁达大度。在仕途中，他荐举了不少人担任不同官职，但从不使被荐举者知道是自己所为。他一贯实事求是，不浮夸，也不掩过，凡属民生疾病，四方水旱灾害的出现，他都知无不言。他的这种踏实、诚信的作风，被康熙赞誉为"始终敬慎，有古大臣风"。这样一位具有高尚道德情操的大臣，怎么会为区区小事而凭借权势去欺压平民呢？但是不恃势压人，官司却打起来了，怎么平息？这是他今天在书房里坐立不安的原因。

　　太阳已经西斜，天边上一缕彩霞透过窗棂照射在书桌上，泛起赭色的光彩，将个书房烘托得明亮起来。庭院里大树上有一只知了在高声鸣叫，将沉思中的张英惊醒。从知了的居高清唱中他得到某种启示，灵机一动，一个处理老家桐城张、叶两家官司的妙法在脑际形成。于是，提笔在管家来信上题了四句诗，将信封好，叮嘱家人迅速返回桐城妥善交与管家。

　　就在大学士张英在京城府中苦苦思索解决张、叶两家官司办法的时候，桐城县的百姓仍在为这场官司议论纷纷，特别是听说张家已派出家人赴京时，这种议论一时形成高潮。百姓们之所以关注这场官司，是因为原告和被告双方的身份、地位悬殊：一方是皇上宠信、鼎鼎有名的当朝大学士，权重势大，而且三个儿子、四个孙儿都是翰林，真正是一屋的官；而另一方却是一个教私塾的穷秀才，势孤力单。正因为双方势力悬殊，所以当初张府要盖房子，地界连着叶家时，叶家要张家留出一条路，张家不仅断然拒绝，反而要叶家留路，双方争执不下。张府管家竟然什么也不管，仗势将墙砖砌上，谁知性情刚直的叶秀才偏偏不怕什么权势，跑到桐城县告了一状。就这样，一个穷秀才便与堂堂相府打起了官司。

　　当官司刚刚打起来时，叶秀才的亲戚朋友都为这个穷教书先生担心，有人说他是自不量力，一个穷秀才与当朝大学士打官司，一定要碰得头破血流；有人劝他不要争，好汉不吃眼前亏，咽下这口气算了。尽管叶家亲朋说得唇焦口干，无奈叶秀才倔得要命，他认定道理在自己一方，坚持要把这场官司打下去，也不相信满肚子学问的大学士不讲理。

　　不久，张府管家为了打赢这场官司派了家人骑马赶赴京城去搬救兵。这一举动，就像一阵风吹遍全城，从而引发了百姓们对这场官司新的议论：

　　"张家派人去北京，还不是为了这场官司，看来叶秀才要倒霉了！"

　　"如今是官官相卫，哪有什么是非曲直，只要大学士说句话，知府、县官谁不拍马屁？"

　　"千不怪、万不怪，只怪叶秀才这个书呆子，太固执了，如果有个三长两短，这一家老小如何过日子？"

　　……

　　百姓们的议论虽多，归结起来只有一条，大家所关注的还是当朝大学士的态度。因为大学士的一言一行都关系到这场官司的结局，关系到叶秀才一家的命运，更关系到这个社会的风气，是官官相卫，黑白颠倒，无是非曲直可言？还是秉公执法，互助互让，邻里和睦相处？

　　过了几天，人们看见张府派到京城的家人回来了，这个消息，一传十、十传百，很快传遍全城。一时间，张、叶两家都成了人们瞩目的焦点，有人去看张府的墙是否动工，更多的人关注的则是叶家人的安危。而叶秀才一家又是一种景象。叶秀才得知张府家人返回的消息，第二天，就把家人唤到一起，这个饱读诗书、穷困潦倒的秀才，内心虽然有些乱，但表面上却装得很正常，他摸着嘴上稀疏的胡须，手中拿着旱烟袋，命令儿子点上火，便含在嘴里"咕噜咕噜"地抽过一阵后,轻轻地吐出一口烟,然后叹口气,缓慢地说:"听说张府派去京城的人回来了,猜想大学士一定要给知县写信。如今官官相卫,县官一定站在张家一边,不过,我叶某是不会屈从的,只要有一口气,我还要与他们抗争。"停了停,转身对自己的妻子说:"万一我有个三长两短,这重担就要由你来挑了。"说完,两眼潮湿,眼泪簌簌地流下。

叶秀才的妻子是个读书知礼的妇女,她见丈夫决心为争口气,不惜坐穿牢底也要讨回公道,也流着泪,脸涨得通红,鼓励丈夫说:"相公,人穷志不穷,你放心去打官司。万一有什么不测,这个家就交给我好了!"

叶秀才的大儿子已经十六岁,在父亲的严教下,读了很多书,对世事也有所了解。他见父母为打这场官司,意志都很坚强,便一膝跪在父亲面前,一脸稚气地安慰着说:"父亲,你放心去打官司,如果要去坐牢,儿子会像缇萦一样去设法救你!"

叶秀才见儿子这样说,深感欣慰,多日来因为情绪压抑而少有表情的脸上一瞬间恢复了活力,眉毛开始耸动。他用近乎颤抖的手抚摸着儿子的头,沉着声说:"好,爹爹有了你这个有志气的儿子,什么都不怕了!"

由于一家人互相激励,堂上沉闷的空气一扫而光。于是叶夫人到房中为丈夫准备好衣服后,便下厨做饭,而堂上又响起了几个儿子的琅琅读书声。

第二天,叶秀才见县衙未有动静,准备去私塾给学生们上课,正待动身,忽听门外有人敲门,起身开门一看,却是张府的管家。

叶秀才见了管家,二话不说,拉着管家的手,连连说:"好,我等了你几天了,今天去县衙了结。"

张管家是个四十开外的中年人,见叶秀才满脸怒气,要拉自己去县衙,便一反过去那种盛气凌人的态度,一张圆胖的脸上堆满笑容,从对方手中挣脱,心平气和地说:"叶秀才,不要急,我今天是特地来找你的!"

"我知道你是来找我的,走呀!"叶秀才还是涨红着脸,大声催促着。

张管家见叶秀才还是这样急,便笑着说:"秀才,你莫慌,你听我说,我家相爷从京城带信来了……"

没等张管家说完,叶秀才就抢着说:"我早知道你们是搬救兵去了,哪怕你们官官相卫,我也相信是非自有公论。"

张管家见叶秀才仍在生气,便笑着说:"你不要激动,也不要胡乱猜测,我今天是来正式通知你……"

"通知什么!我知道你们府上与县太爷很熟。"叶秀才气鼓鼓地说。

"你误会了!我是通知你,我们家明天就拆墙让出三尺宽的路来。"

"什么?"叶秀才不相信自己的耳朵,又重复地问,"你说什么?"

"我们家明天拆墙让出三尺宽的路来!"张管家几乎是一字一句地重复了一遍。

叶秀才惊怔了一会儿,突然脸涨得通红,气呼呼地说:"张管家,你们去京城搬救兵,宰相究竟准备对我叶家怎样,你要说实话,不要这样耍弄我!"

不管叶秀才如何发怒,张管家脸上依然很平静,他笑了笑,从怀中掏出一张纸来,笑着说："叶相公，你是秀才，一定懂得诗词，我家相爷的态度就写在纸上。"说罢，将纸双手递来。

叶秀才接过信笺，只见上面写道：

    一纸书来只为墙，让他三尺又何妨？
    长城万里今犹在，不见当年秦始皇。

叶秀才读过之后，拿纸的手激动得颤抖起来，接连读了五六遍，越读越高兴，板着的脸才渐渐放松，最后，收敛了笑容，虔诚地叹道："真是宰相度量，宰相度量！"

第二天，张府果然开始拆墙，后退三尺。为大学士宽宏大度的气质所感动的叶秀才也主动将墙后退了三尺。拆墙的这天，满城百姓都携老扶小争相观看这一盛况。他们称赞张府的宽宏大量和忍让精神，也决心把这一美德推广到全县。由于张、叶两家各让三尺，合成六尺，这条六尺宽、三十丈长的巷子便被人称为"六尺巷"。

六尺巷已成为桐城县的名胜，供人观光。"长城万里今犹在，不见当年秦始皇"，富有哲理的诗句，至今仍在广为流传，成为世人立身处世的警句，也使热衷于名利的人得到启示。

>> 仁者爱人[①] <<

儒家思想的核心观念之一是"仁"，从孔孟到程朱的历代大儒，都把"仁"作为一种最高的道德准则，成为中国古代伦理道德的宗旨和根本，是人们立身处事、为政治国的指南和规范，是中华人文精神的集中体现。儒家强调人与人之间要有爱，用爱心与别人相处，所以"仁"的基本内涵就是"爱人"。儒家主张从爱自己的亲人开始，然后推广到去爱别人。"老吾老以及人之老，幼吾幼以及人之幼"，孟子的名言成为中华民族精神的生动表现。

"仁爱"作为一种美德，体现了人类追求善的目标。古往今来"仁爱"思想一直是人们不断追求的崇高道德目标，帮助人们形成基本的道德原则和人生价值理想，对弘扬中华民族精神、构建良好的道德和文化环境起着重要作用。

一、仁爱相同

孟子[②]"仁政"思想的理论基础是"性善论"，"仁政"的基本精神就是对人民有深切的同情和爱心。"仁政"思想具体包括：与民同乐，以身行道，德主刑辅，制民之产，薄其税敛，注重教化，先教后刑，宽猛相济，选贤举能，礼治德教等。

孟子曰："君子所以异于人者，以其存心也。君子以仁存心，以礼存心。仁者爱人，有礼者敬人。爱人者人恒爱之，敬人者人恒敬之。"（《孟子·离娄下》）

爱戴和尊重是相互的，孟子教导人们要对他人友爱、尊重，能够与他人和谐相处。但是现实世界中人的个性、气质、修养、素质差别很大，人与人的关系也非常复杂，所以君子要

[①]选自杨韩永、亮星著《仁者爱仁》，西安出版社2008年版。
[②]孟子：（约前372—前289），名轲，字子舆，战国中期邹国（今山东邹县东南）人，著名的思想家、政治家、教育家，孔子学说的继承者，儒家的重要代表人物之一。

保持平和的心态。

二、仁者无敌

有仁者之心的人，无私无畏，故有巨大的精神力量，所以是无敌于天下的，特别是对政治家来说更是这样。孔子指出"仁者必有勇"，孟子更明确地说"仁者无敌"，认为"以德行仁者王"，强调只有行仁政才能统一天下。

王如施仁政于民，省刑罚，薄税敛，深耕易耨①；壮者以暇日修其孝悌忠信，入以事其父兄，出以事其长上，可使制梃②以挞秦楚之坚甲利兵矣。彼夺其民时，使不得耕耨以养其父母，父母冻饿，兄弟妻子离散。彼陷溺其民，王往而征之，夫谁与王敌？故曰："仁者无敌，王请勿疑。"（《孟子·梁惠王上》）

"仁政"的基础是"民本"思想，"民为本"是孟子仁政思想的核心。孟子直接提出"保民"才可以"王"天下。其实在这里孟子所强调的是物质和精神两个方面的问题。在物质方面要以民为中心，百姓安居乐业国家才能富强。精神方面还是教育问题。在儒家教育方面德育是第一位的，做人是第一位的，而文化知识是第二位的。孟子认为只要两手都抓，无论国家大小都可以壮大，因为施行仁政的人是无敌于天下的。

三、仁者自爱

儒家有"仁者自爱"（《荀子·子道》）的说法，自爱包含了对自己身体的爱惜，强调仁爱要从自爱开始，以自爱为起点不断地扩展。北宋王安石说："爱己者，仁之端也，可以推以爱人也。"自爱是关爱他人的必要前提。

君子之自行也③，敬人而不必见敬，爱人而不必见爱。敬爱人者，己也；见敬爱者，人也。君子必在己者，不必在人者也，必在己无不遇矣。（《吕氏春秋·必己》）

凡事之本，必先治身，啬其大宝④。用其新，弃其陈，腠理⑤遂通。精气日新，邪气尽去，及其天年。（《吕氏春秋·先己》）

君子的行事准则，首先考虑到敬人爱人，而不是对别人如何如何要求。君子在意的是自己，而不是要求别人回报自己。人们一定要自尊自爱，才能被他人尊敬爱戴。自爱是最高标准的仁，自敬是最高标准的礼。世界上没有不自爱自敬而被别人爱和尊敬的。

四、孝悌为本

孝悌是实现"仁"的根本，根本一立，仁道自然产生。《论语·学而》说："君子务本，本立而道生。孝悌也者，其为仁之本与！"表明"仁者爱人"要从孝顺父母、尊敬兄长开始。

如果人连自己的父母都不孝顺，他还有什么仁爱之心呢？仁爱思想是从家庭血缘亲情引申出来的，爱人要从爱自己的亲人开始，然后推广到爱别人。儒家孝道思想以《孝经》为代表，将对亲人的孝看成是沟通天地万物的基本人伦道德，贯穿于人生的全过程，"夫孝始

---

① 耨：nòu，一种用来除草的农具。
② 梃：tǐng，（木头等）长的样子。
③ 自行：自己实行，自己处理。
④ 啬：爱惜；大宝：身体。
⑤ 腠理：皮肤肌肉的纹理和皮下肌肉的空隙。

于事亲，中于事君，终于立身"（《孝经》开宗明义），这一点在汉代以后发展为以孝治天下，对中国文化产生了重大而深远的影响。

世俗所谓不孝者五：惰其四支①，不顾父母之养，一不孝也；博弈好饮酒，不顾父母之养，二不孝也；好货财，私妻子，不顾父母之养，三不孝也；从耳目之从②，以为父母戮③，四不孝也；好勇斗很④，以危父母，五不孝也。（《孟子·离娄下》）

事，孰为大？事亲为大；守，孰为大？守身为大。不失其身而能事其亲者，吾闻之矣；失其身而能事其亲者，吾未闻也。孰不为事？事亲，事之本也；孰不为守？守身，守之本也。（《孟子·离娄上》）

仁的实质是侍奉父母，义的实质是顺从兄长。在当今社会上人有很多不孝行为，孟子告诉我们作为人一定要孝顺父母，赡养父母，这是我们应尽的义务。同时孟子教导我们：孝亲与守身，是人生两件大事，也是人生两个重要的道德准则。在现代社会里孝亲、守身仍然是我们每一个人应该持守的。

单元综合实训

半生流泪终不悔⑤

33年前选择了当记者，23年前选择了光明日报，我很庆幸自己的选择。这条路很艰辛，但也很纯粹。

20年前，我写了孔繁森。我陪孔繁森度过了他生命的最后14天，我问他："孔书记，你为什么要二进西藏？"他笑了笑说："艰苦地区更需要人呐！"

6年前，我写了汶川大地震英雄机长邱光华。我问他："你已经退居二线了，为什么还要这么拼命地飞？"他说："我是周总理亲点的第一代少数民族飞行员。这么危难的时候，我不飞行吗？"

也是在6年前汶川大地震中，我见到一位父亲，他被通知来认领女儿遗体时，没有痛哭，也没有责怪，他把尸体绑在带来的木板上，背上肩就往家走。40分钟的车程，竟然足足走了13个小时。走走停停，哭哭笑笑，他要把一肚子酸甜苦辣都讲给女儿听。望着父女俩的背影，看着山路弯弯，我心里真不是滋味。这不正是我们中华民族坚韧不拔、向上向善传统美德的真实写照吗？

今年8月，我带着5个学生到连云港开山岛上住了5天。这个岛离最近的海岸还有12海里，面积只有两个足球场大，没有淡水，没有电，没有网络，也没有手机。王继才、王仕花夫妇在这个岛上，一守就是28年。每天清晨，俩人扛着国旗到后山。王继才升旗，王仕花敬礼。王仕花个子矮，敬礼的姿势并不标准，但在我这个老兵看来，却美得叫人掉泪。我

---

①四支：即四肢。
②从：同"纵"。
③戮：羞辱。
④很：同"狠"。
⑤选自《光明日报》江苏记者站站长郑晋鸣《大学人文基础》（第三版），高等教育出版社2018年版。

问,没人要求,也没人看,为什么还要天天升旗,王继才拉着我的手,指着东边说:"当年日本鬼子侵略连云港,就是在开山岛歇的脚,如果当时我们有人在,鬼子就上不来。"28年,10220天,夫妻俩每天重复着同一天的日子,每年仅收入3000多块钱。28年,夫妻俩用坏了170多面国旗,听坏了19台收音机,听到激动的地方,就在木头上刻字,"今天是祖国生日""今天奥运会开幕"……王继才大女儿结婚的时候,化了五次妆都被泪水打湿,父母迟迟没有来。进礼堂的时候,姑娘一步三回头,说:"我走得慢点,或许爸妈就能赶上了。"这个时候,王继才夫妇在岛上望着台风肆虐的大海,心里该是什么样的滋味啊?"可这就是职责。"王继才说,"家就是岛,岛就是国,守岛就是卫国。"我在想,我们国家还有多少无人值守的小岛啊!

4年前,我写了江苏科技大学教授景荣春,他一辈子只做了一件事——教书育人,却把这件事做到了极致。当骨癌扩散到背部,他左手按着后背,右手板书讲课,将六件汗衫都按出了鸡蛋大的洞。这使我想起了肝癌晚期的焦裕禄,这不就是活着的焦裕禄吗?

临终前,景荣春趴在我耳边说:"我一个放牛娃能免费上大学,多亏了共产党,我的时间不多了,我想入党。"于是,一场特殊的入党宣誓仪式在病房举行,当领誓人讲到最后一句"永不叛党"时,景荣春举起的右拳还未放下,就闭上了眼睛,两颗泪珠顺颊而下。我清楚地记得,那是2010年8月5日中午12点40分。48个小时后,他的遗体被盖上鲜红的党旗,推进了火化室。那一年,景荣春64岁。

回想这一辈子,每个人都会有很多遗憾。父亲去世时,我在两会采访,回去时他的坟头已长出青青小草。我的第一个孩子在新疆意外死亡,当时我在南沙群岛采访,没能送他最后一程。后来我有了第二个孩子,但我见他第一面时,他已经3岁了。

半辈子写好人,还是没有写完;立志一辈子做好记者,但依然在路上。我们山西老家有句古训:"天地生人,有一人应有一人之业;人生在世,生一日当尽一日之勤。"我不年轻了,但我们的事业永远年轻。算起来,我在岗位工作的时间还剩5年,做事的时间越来越少,但做人的时间依然很长很长。

一、案例导入

1. 围绕"立德修身"进行讨论。
2. 引导学生深入了解以儒家为代表的传统文化,将其精髓发扬光大。

二、课外阅读

1. 马丁·路德·金著《我有一个梦想》

这是一篇立意高远、大气磅礴、情真意切的演讲词。这个梦想既包括了对现实权利的争取,也包括了白人、黑人亲如兄弟的共同家园的构建。当他充满激情地呼喊着"群山各处让自由高响"的时候,他就把听众带到了崇高的、理想的精神境界。

2. 西汉·班固著《苏武传(节选)》

苏武出使匈奴十九年间经历众多艰难困境,但是他深明大义,正气凛然,时时刻刻自觉维护民族尊严和国家利益,保持"富贵不能淫,威武不能屈,贫贱不能移"的君子气节。

3. 汪曾祺著《钓鱼的医生》

汪曾祺小说语言饶有特色。以本篇而言,既多富于生活气息的家常话语,也不乏颇见学养功底的清词丽句；叙述简洁、质朴、流畅；描写生动、传神、练达。

4. 钱钟书著《吃饭》

这是一篇嘲讽世情时弊、闪烁智慧光芒的绝妙文章。借人生最常见的吃饭为题，巧设妙喻，探幽发微，把人们司空见惯的一些现象揭示得矛盾百出、淋漓尽致。

5. 李白著《古风（其十九）》

诗人采用游仙体的形式，通过浪漫主义手法，写出仙境与血腥污秽的人间的强烈对比，揭露百姓血流遍野，逆臣贼子们则衣冠簪缨，坐拥朝堂，从而使诗人忧国忧民的心情跃然纸上。

第三单元　自强不息

概　述

孟子说："天将降大任于斯人也，必先苦其心志，劳其筋骨，饿其体肤，空乏其身，行拂乱其所为，所以动心忍性，曾益其所不能。"君子之行，静以修身，俭以养德，非淡泊无以明志，非宁静无以致远。我们的先贤曾经把修身、齐家、治国、平天下的远大理想和具体的目标联结在一起，推崇仁德，追求仁义，为成"圣"而不懈努力，他们的精神境界令我们崇尚。时至今日，我们仍然在念诵他们留下的精神信条。老子的"道"、孔子的"仁"、孟子的"浩然正气"等，历经千百年，继承、丰富、发展，绵延不绝。《周易》有云："天行健，君子以自强不息；地势坤，君子以厚德载物。"自强方能不息，生命才有动力。每个人的生命都是有限的，但是每个人的生命价值是不同的，有的轻于鸿毛，有的重于泰山。"周文王拘而演《周易》；孔子厄而作《春秋》；屈原放逐，乃赋《离骚》；左丘失明，厥有《国语》；孙子膑脚，《兵法》修列……"他们个个书写了不朽的人生传奇。所以更多的时候我们要从忧患中学得智慧，从苦痛中炼出美德，从失败中获得成功，这就是自强不息的真谛。

明代来知德《周易集注》解释"自强不息"时说："自强者，一念一事，莫非天德之刚也。息者，间以人欲也。天理周流，人欲退听，故自强不息。若少有一毫阴柔之私以间之，则息矣。强与息反，如公与私反。自强不息，犹云至公无私。"纵观中国历史，无数先进人物正是在自强不息、至公无私思想的感召和激励下，为了维护民族尊严和国家主权，大义凛然，仗义疏财，慷慨赴死，不断谱写着正气歌，传递着正能量。诚如鲁迅先生所言："我们自古以来，就有埋头苦干的人，有拼命硬干的人，有为民请命的人，有舍身求法的人……这就是中国的脊梁。"新时期涌现出来的劳动英雄、道德模范，同样也是在以自己的方式传承、弘扬和发展着自强不息的精神。

自强对于每个人来讲，都是一笔巨大的财富。懂得自强，就会懂得为什么人总会在一次次磨炼中成长起来，而变得坚强。磨炼对于每个人来讲，都是一次很好的锻炼机会，经得起磨炼的人，才会使自己的人生更加有意义。人生的磨炼，是我们成功的基石，更是我们人生价值所在。生活的压力,学习的困难都在困扰着我们每个人,只有勇敢挑战,才会获得最终的成功。自强者未必都能够成功,而"不自强者"更不可能成功。

人的一生有两个精神支柱:一是自强,要奋斗,克服一切艰难困苦,永不言败;二是要为善,对亲人朋友、对家庭、对国家多做善事。把"自强"与"为善"联成一体才更有价值,自强是在命运之风暴中奋斗的汲汲动力,是在残酷现实中拼搏的中流砥柱。

老子有云:"胜人者有力,自胜者强。"生命的宽度,只有通过自强不息的打拼,才能变得更加宽敞,更加明亮,更加辉煌。一个民族,一个国家,能屹立于世界之林,靠的就是这种自强不息的精神。自强不息的民族才能振兴国家,自强不息的民族才能源远流长。

〉〉逆流而上 〈〈

"天行健,君子以自强不息"的思想自问世以来,已成为中华民族生存、繁衍、发展的不竭动力,激励着无数中华儿女不断变革创新和不息奋斗。从古代神话中的"精卫填海""愚公移山",到孔子"发愤忘食,乐以忘忧",从越王勾践卧薪尝胆,到汉使苏武饮雪吞毡,无不体现了中华民族刚毅的民族品格和积极进取的人生态度。

什么是自强不息?就是在任何处境中都不屈从命运的安排,努力向前,不折不挠。在顺境中不骄傲、不得意,只要求更好,在逆境中不退缩、不畏惧,只求逆流而上。"天道酬勤,厚德载物",辛勤的劳动可助成功,而培养高尚的道德情操将会为自己的成功增加丰厚的内涵。

邰丽华[①]
——折翼的天使一样飞翔

熟识邰丽华的人最常用的两个字就是"坚强",因为,她从不屈服于命运的捉弄。儿时,因高烧注射链霉素,邰丽华失去了听力。直到5岁,幼儿园的小朋友轮流蒙着眼睛,玩辨别声音的游戏时,她才意识到自己和别人不一样。

邰丽华至今心存感激的是,聋哑小学开设了一门特殊的课程——律动课,让学生通过振颤感受节奏。当老师踏响木地板上的象脚鼓,嘭、嘭、嘭……节奏的震动通过双脚传遍邰丽华的全身。"那一刹那,我震颤了。一种从来没有过的幸福的体验,撞击着我的心。"无声世界里的孤独小女孩,终于找到了一种与外界沟通的方式。

那以后,邰丽华经常将身体趴在播放音乐的录音机上,感受那种妙不可言的振动。"我可以用舞蹈这种动态的画面和大家说话,它是我看得见的彩色音乐,也是我表达内心世界的美丽语言。"

由于宜昌没有聋哑中学,13岁时,邰丽华就只身到武汉上学,在最短的时间内学会像正常人一样搭公车、买东西、和正常人交流,一切都考验着邰丽华。事隔多年,邰丽华的语气轻松了许多:"当时我能够只身一人离开家去武汉求学,是因为我渴望上大学。上大学是

[①]选自《当代劳模》2011年第9期,作者车辉。

我的一个心愿，学海无涯，不断地学习可以充实自己。"1998年，邰丽华以优异的成绩拿到美术专业的大学学位，同时获得了文学学士学位。大学期间，她就已进入中国残疾人艺术团，成为一名舞蹈演员。

2004年9月28日，雅典残奥会闭幕式上的演出，是邰丽华记忆中最难忘的。那一天，新创编的21人版《千手观音》将首次在国际舞台展现。闭幕式开始前，由于部分学生观众在去体育场的途中遭遇车祸，很多小学生遇难，组委会临时取消了所有节目，唯一保留了《千手观音》的表演。

2005年的春晚，是邰丽华人生的一个重要转折点，她领舞的舞蹈——《千手观音》，深深地感动了全国乃至全世界的观众。那种乐观、美丽的态度，俘虏了所有观众的心。从此，她被誉"观音姐姐"，在社会上拥有了很高的知名度。

从国内舞台到世界舞台，邰丽华收获了很多很多的泪水，更收获了很多很多的鲜花和掌声。她平静地说："我希望大家的流泪，是被我的舞蹈所感动，而不是因为我是残疾人。"

30多个国家和地区，数百场演出，邰丽华以其"孔雀般的美丽、高洁与轻灵"征服了不同肤色的观众。面对荣誉，她说："有大家的关爱，才有了我的今天，荣誉和成绩都是过去式，我会带着这些鼓励，继续以平常心去努力工作，将我的爱以艺术的形式回报给社会。"

面对名利，邰丽华的心境就如她的笑容一样平和娴静。她说，自己非常热爱舞蹈，希望还能多跳几年，如果有一天不能登台了，她就倾其所有把技艺传授给那些同样热爱艺术的聋哑孩子……

尼克·武伊契奇[①]
——没有四肢的生命律动

尼克·武伊契奇（Nick Vujicic），我们习惯叫他尼克·胡哲，1982年12月4日生于澳大利亚墨尔本，他一生下来就没有双臂和双腿，只在左侧臀部以下的位置有一个带着两个脚趾头的小"脚"。看到儿子这个样子，他的父亲吓了一大跳，甚至忍不住跑到医院产房外呕吐；他的母亲也无法接受这一残酷的事实，直到武伊契奇4个月大她才敢抱他。

武伊契奇这种罕见的疾病医学上取名"海豹肢症"。父母对这一病症发生在他身上感到无法理解，多年来到处咨询医生也始终未能得到医学上的合理解释。但是，武伊契奇的双亲并没有放弃对儿子的培养，而是希望他能像普通人一样生活和学习。

武伊契奇的父亲是一名电脑程序员，还是一名会计。武伊契奇6岁时，父亲开始教他用两个脚趾头打字。后来，父母把武伊契奇送进当地一所普通小学就读。武伊契奇行动

[①] 选自《文苑》2011年11期，作者丁丁。

得靠电动轮椅，还有护理人员负责照顾他。母亲还发明了一个特殊塑料装置，可以帮助他拿起笔。没有父母陪在身边，武伊契奇难免受到同学欺凌。"8岁时，我非常消沉，"他回忆说，"我冲妈妈大喊，告诉她我想死。"10岁时的一天，他试图把自己溺死在浴缸里，但是没能成功。其间双亲一直鼓励他学会战胜困难，他也逐渐交到了朋友。直到13岁那年，武伊契奇看到一篇介绍一名残疾人自强不息的文章，他受到启发，决定把帮助他人作为人生目标。

经过长期训练，残缺的左"脚"成了武伊契奇的好帮手，不仅帮助他保持身体平衡，还可以踢球、打字。他要写字或取物时，也是用两个脚趾头夹着笔或其他物体。"我管它叫'小鸡腿'，"武伊契奇开玩笑说，"我待在水里时可以漂起来，因为我身体的80%是肺，'小鸡腿'则像是推进器。"

游泳并不是武伊契奇唯一的体育运动，他对滑板、足球也很在行，最喜欢英超比赛。他还能打高尔夫球。击球时，他用下巴和左肩夹紧特制球杆，然后击打。武伊契奇在美国夏威夷学会了冲浪，他甚至掌握了在冲浪板上360°旋转这样的超高难度动作。由于这个动作属首创，他完成旋转的照片还刊登在了《冲浪》杂志封面。"我的重心非常低，所以可以很好地掌握平衡。"他平静地说。由于武伊契奇的勇敢和坚忍，2005年他被授予"澳大利亚年度青年"称号。

武伊契奇从17岁起开始做演讲，通过人生的点点滴滴和令人难以置信的幽默以及与人们沟通的惊人能力，向人们介绍自己不屈服于命运的经历，深受儿童、少年和青年人的喜爱，迄今已到过24个国家和地区。他还创办了"没有四肢的生命"组织，让更多的人分享他的故事，帮助有类似经历的人们走出阴影，帮助他们克服生活中的困难，使那些痛苦转化为祝福，使他们坚强地活下去，实现他们的理想。

武伊契奇前后多次来中国演讲，他的《我和世界不一样》的演讲视频，特别是他演讲时摔倒又克服困难站起来那一段让很多人动容。

他说：人生的遭遇难以控制，有些事情不是你的错，也不是你能阻止的。你能选择的不是放弃，而是继续努力争取更好的生活。他还说：你不能放弃梦想，但是可以改变方向，因为你不知道在人生的拐角处会遇到什么。

>> 勇者无惧 <<

《苏武牧羊》的故事主要讲述了苏武在极端恶劣的环境下，不畏强权，仍然保持着崇高的民族气节。日复一日，年复一年，使节上挂着的旄牛尾装饰物都掉光了，苏武的头发和胡须也都变花白了，但苏武仍然不改初衷，历尽艰辛也要完成自己的民族使命。长征，从1934年开始到1936年结束，历经两年的时间，行程约二万五千里，突破几十万敌军的包围封锁，唱响战略转移的凯歌。那是一条写满奋斗、牺牲、救亡的路，也是人类近现代战争史上，凡人谱写的英雄史诗。

从古至今，漫漫征途，一曲曲九死一生的壮烈悲歌谱写了四个字："勇者无惧"。

苏 武[①]
——九死一生 不改气节

苏武牧羊传奇

苏武（前140—前60），字子卿，代郡太守苏建之子，杜陵（今陕西省武功县）人。武帝时为中郎将。武帝时汉朝与匈奴的关系时好时坏，匈奴失信扣留汉朝十多批使者，汉朝也扣留匈奴使者相抵。公元前100年，匈奴政权更迭，新单于且鞮侯受到汉朝袭击，主动向汉朝示好，委派使者全部送还被扣留的汉朝使者。汉武帝赞许他们的做法，特派遣中郎将苏武为首，张胜、常惠等100多人的使团，持旄节护送扣留在汉的匈奴使者回国，同时送给单于丰厚的礼物，以答谢他的好意。

就在苏武完成出使任务，准备回国时，匈奴上层发生内乱，汉朝使团中张胜牵涉其中，苏武一行受到牵连被扣留，匈奴单于要求他们背叛汉朝，投降匈奴。

单于派汉朝降将卫律游说苏武，代表单于许以苏武高官厚禄，遭到苏武严词拒绝。单于见劝说无效，就决定用酷刑征服苏武。当时正值严冬，天上下着鹅毛大雪，单于命人把苏武关入一个露天的大地穴，断绝提供食品和水，希望这样可以征服苏武。时间一天天过去，苏武在地穴里受尽了折磨。渴了，就吃一把雪；饿了，就嚼身上穿的羊皮袄。单于见濒临死亡的苏武仍然没有屈服的表示，只好把苏武放出来。无论怎样软硬兼施，都无法让苏武投降，单于越发敬重苏武的气节，不忍心杀死苏武，又不想让他返回汉朝，于是决定把苏武流放到西伯利亚的贝加尔湖一带，让他去牧羊。临行前，单于召见苏武说："既然你不肯投降，那我就让你去放羊，什么时候公羊生了羊羔，我就让你回到中原去。"单于想以时间来改变苏武的信念。

苏武到了荒无人烟的北海，和他做伴的只有那根代表朝廷的旌节和一群羊。匈奴不给口粮，他就掘野鼠洞里的草根、野果充饥。苏武每天手持旌节遥望南方，思念自己的家人和祖国，晚上睡觉都将旌节抱在怀里，日子一久，旌节上的穗子全都磨光了，只剩下一根光溜溜的杆子。

单于将苏武流放到北海后，一直没有停止对他的劝降工作。因为单于非常敬仰苏武的忠诚和气节，希望苏武能投降匈奴为其所用，特委派与苏武同朝为官私交深厚已投降匈奴的李陵前往北海劝降。但是苏武以死相逼，严词拒绝了昔日好友。

苏武北海牧羊19年。直到公元前85年，匈奴的老单于死了，匈奴发生内乱，新单于没有力量再跟汉朝打仗，又打发使者来求和。这时，汉武帝已死，他的儿子汉昭帝即位。汉昭帝派使者到匈奴，要单于放回苏武，匈奴谎说苏武已经死了，使者信以为真，就没有再提。第二次，汉使者又到匈奴，苏武的随从常惠买通匈奴人，私下和汉使者见面，把苏武在北海牧羊的情况告诉了使者，单于无奈只得向汉使者道歉并答应立即让苏武回国。单于又召集苏武的部下，但他们大都已经死亡或投降，跟随苏武回归汉朝的只有9人。

[①]选自《叶建华谈苏武的牧羊效应》中国经济网，（2014-04-11）。

苏武出使匈奴的时候才40岁，在匈奴经受了19年的折磨，胡须、头发全白了。回到长安的那天，长安人民像迎接胜利归来的英雄一样隆重地迎接他的归来。人们相互传颂着苏武的传奇故事，瞧见白胡须、白头发的苏武手里拿着光杆子旌节，无不为他的爱国情操所感动。

牧羊效应

苏武是中国传统文化所倡导的人格典型。苏武精神对于传统人格完善及社会稳定，都产生了巨大而深刻的影响，激励和鞭策了一代又一代中华儿女顽强奋斗、勇往直前。

两千多年来，苏武受到广大民众崇敬景仰。"苏武牧羊"作为历史事件和传奇故事，家喻户晓、经年不衰。苏武以危难持节、忍辱亮节、刚烈忠节的精神，成为中华民族正义气节的杰出代表。

我国唐朝诗人温庭筠瞻仰苏武庙时创作了一首脍炙人口的咏史诗《苏武庙》：

苏武魂销汉使前，古祠高树两茫然。
云边雁断胡天月，陇上羊归塞草烟。
回日楼台非甲帐，去时冠剑是丁年。
茂陵不见封侯印，空向秋波哭逝川。

表达了作者对苏武所怀的敬意，热情地赞扬苏武的民族气节，寄托着作者的爱国情怀。爱国、忠贞、奉献早已成为中国文化的根基，成为炎黄子孙的道德信仰和行为方式。

从这个意义上讲，苏武精神不仅属于中国，而且属于全世界。苏武的牧羊效应不仅深入神州大地炎黄子孙的心田，而且在海外大放异彩。1937年，海外苏氏后裔筚路蓝缕，苦心孤诣，在菲律宾成立了"武功苏氏宗亲会"。1993年9月，他们又在菲律宾首都马尼拉修建了宏伟壮观的新会所"武功大厦"。同年10月，又在马尼拉成立了"世界苏姓宗亲会"。与会的有新加坡、泰国、美国、加拿大、马来西亚、印度尼西亚等国分会长以及台湾代表。

1996年9月的一天，日本东京大学历史教师上山浩一和他的母亲一起来到陕西武功县拜谒苏武墓。他用不太流利的汉语自我介绍说，他小时候看过苏武牧羊的故事，十分钦佩苏武的爱国精神，所以特地自费来瞻仰苏武墓。后来，他又多次来到武功县，挖掘有关资料。得知当地要修缮苏武陵园，他还特意寄来10万日元资助款。

从2005年起，陕西省武功县多次举办世界苏姓祭祖大会。2008年举办了"苏武精神与现代社会国际学术研讨会"，来自韩国、马来西亚、印度尼西亚、新加坡等海内外专家学者及苏姓宗亲代表百余人参加会议。专家学者对苏武精神的现代意义进行了论述，大家普遍认为：苏武是践行儒家思想的一个范例。

苏武身上体现的忠贞节操，是儒家大无畏精神和顽强意志的内化。苏武精神对于当今儒家伦理道德构建及和谐社会建设有着重要意义。苏武的出现，是时代精神和民族文化的产物。苏武体现的首先是一种时代的英雄气概，其次是民族自信心，最后是必胜信念。伴随着的则是事业的正义感、进步感、道德感及其产生的精神力量。

在经济全球化，中国经济快速发展的形势下，发掘苏武精神的道德价值和人格魅力，弘扬中华民族的传统美德，对于唤醒民族良知，提升民族素质，振奋民族精神，促进中华民族的伟大复兴，是十分必要和非常现实的。弘扬苏武精神具有发扬爱国主义精神的道德意义，具有弘扬中国传统的文化意义，具有深入理解中国历史的认识意义，具有发掘地域文化资源的推动意义，具有当今生态文明建设的启示意义。发掘苏武精神的道德价值，目的在于以此作为重要内容和生动教材，认识传统文化，创造现代文明，实现"弘扬中华文化，建设中华民族共有精神家园"的社会主义文化建设目标。

牧羊效应指的是在身陷险境、生命受到威胁的情况下，不为名利引诱，始终对祖国忠贞不渝，充满信心的现象。苏武精神永远闪烁着历史的光芒，他的爱国情怀、诚信理念、忠勇品质，无不体现了中华民族千百年来所形成的伟大的民族精神和时代特征。

陈树湘　余秋里[①]
——红军不怕远征难

断肠就义红军师长陈树湘

1934年12月初，中央红军突破敌军三道封锁线后，在湘江进行了一次惨烈的血战。红军伤亡很大，由出发前的8.6万人锐减至3万。在这场战斗中，红五军团第三十四师负责掩护中央机关转移。主力红军西渡湘江后，敌军切断了他们的通道，全体官兵血战数日，与敌人拼尽弹药。最后，除少数红军突出重围外，6000名将士几乎全部壮烈牺牲，鲜血染红了江面。至今，当地还有"三年不饮湘江水，十年不食湘江鱼"的说法。

中央红军第三十四师师长陈树湘带领的百余名官兵在突围中因寡不敌众全部阵亡，他本人腹部受重伤，不幸被捕。在被敌军抬往县城的路上，他从昏迷中醒来，乘敌不备，用手伸进腹部伤口，绞断了肠子，壮烈牺牲，年仅29岁，实现了他"为苏维埃新中国流尽最后一滴血"的誓言，用生命诠释了理想和信念。

独臂政委余秋里

1936年3月，在则章坝战斗中，红二军团第十八团政委余秋里和新任团长成本新率领红军设伏待敌。钻入伏击圈的敌人一面疯狂地向红军射击，一面拼死突围。

这时，冲锋号声响起，成本新纵身跃出堑壕，准备率部冲击。余秋里凭经验连忙将他拉回，就在此时，敌军子弹扫了过来，余秋里的左臂被子弹打穿，露出骨头和筋腱，血流不止。

当时，红二、红六军团正在乌蒙山区回旋作战，战争环境异常艰苦，缺医少药，根本没有条件及时做手术，他只好强忍着疼痛，随部队北上。行军途中，他的伤口感染爬满了白蛆。伤痛难忍时，他就把伤臂浸泡在冷水里止痛。一直到走出草地，陇南的医生才用一把剃头刀割掉腐肉，用普通锯条做了截肢手术。他用自己的言行，为红军战士做出了榜样，表现出大无畏的英雄气概。

[①] 选自中国军网《今天，我们一起重读十个浸染鲜血的故事》，内容略有改动。作者谭幼萍，中共中央文献研究室研究员，知名党史专家，曾编撰《长征图传》《壮丽的画卷——纪念中国共产党成立八十周年》《中国共产党的80年历史》等著作。

>> 坚韧不拔 <<

在中国传统文化国学精品中，《史记》是无与伦比的"百科全书"，是民族文化的浓缩，有着取之不尽的思想源泉。它是我国纪传体史学的鼻祖，也是我国传记文学的开端。司马迁得罪汉武帝遭受了残酷的刑罚，但他始终没有忘记父亲的临终嘱托，忍辱负重，耗尽毕生心血，历时13年，完成了辉煌巨作《史记》，展现出惊人的意志力和高尚的人格魅力。史铁生的信仰不独断，因为在他的"企盼""向往"中，在"呼唤"和"祈祷"中，自我生命的意义才得以敞开，他真正地"活"了一回。人生的道路要靠自己来选择，如何选择一条正确的道路，关键是要有坚定的理想信念。

古有司马迁，今有史铁生，不畏艰难、自强不息的精神是值得我们继承和发扬的。

司马迁①

——忍辱负重著《史记》

《史记》是西汉著名史学家司马迁撰写的一部纪传体史书，是中国历史上第一部纪传体通史，被列为"二十四史"之首。

司马迁，字子长，夏阳（今陕西韩城南）人，西汉史学家、散文家，司马谈之子，任太史令。公元前99年，李陵因战败投降匈奴，李陵家族被诛。司马迁因为李陵仗义执言而被判死刑。为完成《史记》，自请腐刑，免死。出狱后任中书令，继续发愤著书，用了整整十三年时间，终于完成了五十二万余字的辉煌巨著——《史记》。

坚持文化自信，坚守文化本位，继承祖国优秀的传统文化遗产，大力弘扬传统文化精神，这是新时代社会发展和文化建设的需要，而作为未来社会建设者、实现"中国梦"的潜在力量，新时代大学生更应学习和继承司马迁精神。

司马迁

---

①选自《渭南师范学院学报》（2018年5月，第33卷第9期），内容略有删减，题目为编者所加。作者刘向斌（1968—）延安大学文学院副教授，文学博士，硕士研究生导师，陕西司马迁研究会理事，中国辞赋学研究会理事，主要从事先秦两汉文学和陕西地域文化研究。

综合来说，司马迁精神的基本内涵主要有：坚定的理想信念，强烈的使命感和敢于担当的责任感，克服困难、超越挫折的毅力，求真、务实的作为意识和敢为天下先的开拓创新精神。

司马迁具有成圣成贤、立言不朽的坚定理想信念。他告诉上大夫壶遂："先人有言：'自周公卒五百岁而有孔子。孔子卒后至于今五百岁，有能绍明世，正《易传》，继《春秋》，本《诗》《书》《礼》《乐》之际？意在斯乎！意在斯乎！小子何敢让焉。"因此，李陵之祸并没有动摇他"为往圣继绝学"、追求诗礼精神的理想信念。他认为："人固有一死，死有重于泰山，或轻于鸿毛，用之所趋异也。"这说明，他期望自己的生命价值重于泰山，而非轻于鸿毛。他告诉好友任安："仆虽怯耎（懦），欲苟活，亦颇识去就之分矣，何至自湛（沉）溺缧绁之辱哉！……所以隐忍苟活，函粪土之中而不辞者，恨私心有所不尽，鄙没世而文采不表于后世也。"他坚持创作《史记》，"亦欲以究天人之际，通古今之变，成一家之言。草创未就，适遭此祸。惜其不成，是以就极刑而无愠色"。他甚至对未来充满期待："仆诚以著此书，藏之名山，传之其人通邑大都，则仆偿前辱之责，虽万被戮，岂有悔哉！"可见，对司马迁而言，成就一家之言、追求圣贤精神，远比挫折、羞辱与困难更为重要！

在撰写《史记》时，司马迁重视揭示理想信念与人生道路选择间的关系。比如，在《高祖本纪》中，写刘邦在咸阳见到秦始皇时感叹说："嗟乎，大丈夫当如此也！"在《陈涉世家》中，写陈胜少有大志："尝与人佣耕，辍耕之垄上，怅恨久之，曰：'苟富贵，无相忘。'庸者笑而应曰：'若为庸耕，何富贵也？'陈涉太息曰：'嗟乎，燕雀安知鸿鹄之志！'"

司马迁通过《史记》告诉我们，胸怀远大的理想抱负，并坚守理想信念不动摇，这是走向成功的动力源泉。

就司马迁个人而言，如果没有坚定的理想信念，他就不会选择遭受腐刑的耻辱；如果在苦难面前选择了退却，就不会有伟大的《史记》流传后世；如果理想信念不坚定、有动摇，他可能只是一个凡人，绝不会成为流芳千古的"史圣"。

司马迁是一位负责任的史官，有着强烈的历史使命感和勇于担当的社会责任感。他位卑官小、俸禄低微，却有着为国效力的担当意识。他始终认为，建立"礼仪一统"国家、探究社会发展规律、褒扬历史人物，就是他必须肩负的神圣使命。

在《太史公自序》中，司马迁追叙了"世典周史"的祖先遗业，回忆了父亲的临终嘱托与教诲，决意继承先祖遗业，完成父亲遗志，履行太史职责。他说："周道衰废，孔子为鲁司寇，诸侯害之，大夫壅之。孔子知言之不用，道之不行也，是非二百四十二年之中，以为天下仪表，贬天子、退诸侯、讨大夫，以达王事而已矣。"

可见，他也知道，孔子作《春秋》时，曾克服了各种困难，面对过多重挑战。而这种敢于担当的圣贤精神，正是他所要追求的人生目标。

面对挫折，有人会一蹶不振，悲观失望，甚至消极避世；有人会趋媚权贵，与世沉浮，甚至同流合污；也有人则因此而奋起努力，超越挫折，走向人生的辉煌。司马迁自然属于后者。在挫折面前，司马迁没有选择退却，更没有趋媚流俗、丧失立场，而是坚持真理，超越挫折，勇敢前行。遭受腐刑后，司马迁一度消沉，情绪低落。在《报任安书》中，他告诉好友任安："太上不辱先，其次不辱身，其次不辱理色，其次不辱辞令，其次诎体受辱，其次易服受辱，其次关木索被箠楚受辱，其次鬄（剔）毛发婴金铁受辱，其次毁肌肤断支体受辱，最下腐刑极矣。"可见，在人生十大屈辱之中，最让他难以忍受的就是腐刑！腐刑让他心神煎熬、神情恍惚："是以肠一日而九回，居则忽忽若有所亡，出则不知其所往。每念斯耻，汗未尝不发背沾衣也！"而且，他并不想做"闺阁之臣"，何尝不想一死了之！但他发现，姬昌、李斯、韩信等古今历史人物，虽然也曾遭受过人生磨难，忍受过各种屈辱，但他们并没有"引决自裁"，而是选择了继续活下去。他们活着的理由可能各不相同，但努力活着或许就是最大的理由。只有活着，才有实现抱负的可能，更何况，古圣先贤们遭遇困厄时并没有颓废，而是发愤著述："西伯拘而演《周易》；仲尼厄而作《春秋》；屈原放逐，乃赋《离骚》；左丘失明，厥有《国语》；孙子膑脚，《兵法》修列；不韦迁蜀，世传《吕览》；韩非囚秦，《说难》《孤愤》；《诗》三百篇，大氐（抵）圣贤发愤之所为作也。此人皆意有所郁结，不得通其道，故述往事，思来者。乃如左丘无目，孙子断足，终不可用，退论书策以舒其愤，思垂空文以自见。"所谓"思垂空文以自见"，其实就是立言以求不朽！这正是司马迁超越挫折、能够抗压的精神动力！

司马迁是一位求真、务实的史学家，具有令人钦佩的敬业精神。他遵循社会历史的发展规律，认为推动历史前进的主导力量不只是王侯将相，游侠、刺客、引车卖浆者也具有积极的推动作用。他将陈胜列入"世家"，与孔子等列，正说明了这一点。秉持这种进步史观，使得《史记》不仅再现了秦汉真实的历史，也还原了秦汉之前的历史真实。

据《史记·太史公自序》，司马迁告诉壶遂，倘若他"废明圣盛德不载，灭功臣世家贤大夫之业不述，堕先人所言"，则"罪莫大焉"。他自称只是"述故事，整齐其世传，非所谓作也"。司马迁自谓"述而不作"，当然是自谦之辞。其实，《史记》具有明显的创"作"意识，体现了司马迁的开拓创新精神。

总之，我们要结合新时代社会、文化发展的需要，认真挖掘司马迁精神的丰富内涵，大力弘扬司马迁精神，积极倡导大学生向司马迁学习。这既是提振新时代青年大学生精神风貌的重要途径，更是新时代社会发展的迫切需要。

史铁生①
——苦难呼唤着信仰

史铁生

---

①选自《职业教育》2018年5月（下），内容略有删减，作者曹荐科。

说起当代中国文坛的优秀作家，史铁生自然是当之无愧令人敬佩的作家之一。他的写作与他的生命完全同构在一起，他用残缺的身体，说出了最为健全而丰满的思想。他体验到的是生命的苦难，表达出的却是存在的明朗和欢乐。

　　史铁生，1951年出生于北京，1972年的一场大病，导致史铁生的双腿瘫痪，在21岁生日那一天，他住进医院，从此便再也没有站起来过。

　　1974年，史铁生坐着轮椅在北京新桥街道工厂做工，勉强维持着生活。但后来，史铁生又患上了肾病，这迫使他停薪回家养病。忽然间，他感觉自己再也找不到工作，找不到出路，几乎什么都找不到。这让史铁生多次想到了死。他只能每天独自摇着轮椅到地坛那个废弃的园子里去排遣郁闷、逃避现实。在古园地坛，在现实的苦难面前，史铁生进行了人生思考。他想到了写作。后来，史铁生在《务虚笔记》里回忆，他从事写作，地坛给了他很大的启示。身体残缺已是无力改变的现实，然而精神绝对不能再度荒废。写作可以让他活下去，不僵死在现实里；其次可以维护和壮大人的梦想，体现他活着的价值。在历经了无数次身体与思想的煎熬之后，史铁生终于想清楚了这个问题。于是，他以出奇平静的姿态开始写作，开始新的人生。

　　对于我们身体健全的人来说，看书写作是一件很容易、很平常的事。然而，对饱受身体和精神折磨的史铁生来说，做这个决定已经很不容易，真正去阅读、钻研、创作就更不容易了。写作自然离不开阅读。他每天不是书写材料，就是阅读书籍。家里的书看完了，他就坐在轮椅上摇摇晃晃满北京城跑，到处借书。轮椅每跑五千米，就转动一千五百圈，碰到阶梯，还要绕着走，一天下来，他跑的比一个长跑运动员都多。为了借书阅读，为了文学创作，史铁生跑遍北京大大小小的书店和图书馆，走了无数艰难的路。从院门到屋门，轮椅得走过几十米坑洼不平的土路，一不小心，轮椅就要翻车。轮椅翻了，史铁生也不喜欢喊人，就坐在地上先扶起轮椅，再用双臂把自己硬撑上去。他的母亲看到这些，特别心疼，就劝他一定要多休息，不要这样折腾自己。但是，他依然坚持，坚决不肯放弃。母亲也无可奈何，只能用替他到处去借书、还书的方式来帮助他。1979年，史铁生发表了他的第一篇小说《法学教授及其人》。在这篇小说里，他塑造了"之死先生"与"之死夫人"两个形象，小说人物直面死亡、正视生命，传递出来的不是苦难者与悲痛者，而是生活的勇者，更是生命的智者和仁者。之后，他陆续发表了多篇中、短篇小说并获奖无数。

　　1998年，命运又一次捉弄了史铁生。他的肾病日益严重，被确诊为尿毒症，连正常排尿都成问题，从此只能插着尿管，随身带着尿壶，身上永远都有一股尿味，每周还要靠透析来维持生命。就在家人和医生都劝他放弃一切活动的时候，坚毅的史铁生依然坚持着写作。带着尿壶，不能远行，他也不想给家人添麻烦，大部分时间就独自一人去附近的地坛待着，去那里看书或写作，一待就是大半天。无法览观新事物，他就以追忆的方式写过去的生活。总之，生活的荒凉并没有压倒丰满的精神。史铁生享受写作的过程，正是写作让他可以暂时忘却身体的残缺和精神的创伤，更让他感觉到自己活着的意义和存在的价值。史铁生之所以成为中国文坛上具有代表性的哲思型作家和具有人本色彩的情感型作家之一，是因为他在苦难之后，对生与死有着深切感悟。他虽然摆脱不了身体上的残缺，但实现了精神上的突围。他成为珍爱自己精神家园的守护者，在承受生存的滞重与阴暗时，让自己看到茫茫人海中的光亮，并用这光亮照亮了晦暗世界。

笑对人生①

——记全国道德模范田秀英、蔡振国母子事迹

母爱极致是本然，谁说残儿不成才！一个地道的农村母亲，一个笑对人生的坚强女性，一个抱着"能活就好"信念、不离不弃的妈妈，17年默默扶持相伴，"母亲"形象凸显了人性：把重残儿培养成才，一肩扛起苦难的家庭，用不打折的爱和灿烂的笑，把残缺变成完美。21次拉回死亡线上的儿子，把重残儿培养成名校硕士，因为她，"母亲"两个字更加温馨动人，生命的体验验证了"有一个好母亲就有一个幸福美满的家庭"的事实。一个身残志坚、永不言败的铮铮男儿，更是乐于助人、热心公益的阳光青年，以其顽强的意志、不屈的精神，不仅勇敢面对人生，更体现了当代青年大学生自强不屈的精神面貌。

1989年5月17日，一场无情大火改变了山东省肥城市安临站镇冯家杭村田秀英一家的命运，她和丈夫在地里干农活时，家中失火，3岁的儿子蔡振国被严重烧伤：四肢蜷曲，头胸粘连，两只手只剩下三根手指头，原来粉红的小脸变得皮开肉绽、面目全非。在山东省医院，孩子连动7次手术，一天之内21次暂停呼吸……劫后的屋子里，丈夫抱头蹲在地上，一岁半大的女儿扯着她的袖子喊饿，怀里则是被大火烧残了的儿子……绝望中，田秀英骨子里刚强的一面突然被释放出来：儿子这样，家不能再垮了，坚强起来活下去！这一年田秀英23岁。

可儿子两腿蜷缩成90度，要站起来谈何容易。医生给她出了个主意："用绷带缠绕双腿，再试着分开，锻炼久了也许能站起来。"田秀英如获至宝，回家就试，听着儿子撕心裂肺的一声哭叫差点把她的心给掏出来。缠还是不缠？田秀英的心剧烈地疼痛。不缠，儿子这一生也许就永远站不起来了；缠，虽然痛苦，或许还有希望。她咬了咬牙，又一次把绷带紧紧缠在儿子蜷曲的双腿上。

1994年3月18日上午，腿上缠了5年绷带的小振国对田秀英说："妈妈，我想试着站一站。"闻听此话，大喜过望的田秀英一下子跑到床边，伸出双手，可又缩了回来，她看着小振国说："儿子，你能行。"只见小振国小心翼翼地先用左手仅存的三根指头撑着坐住，又用左手指和右臂拄着床试着往上使劲。小振国的身体冒不出汗，脸也扭曲得看不出表情，田秀英不知儿子劲使到哪儿了，只能紧张地看着他。小振国也看了一眼母亲，猛然一使劲站起来。田秀英的心也跟着一下站起，仿佛要跳出来。小振国摇晃着站住了，腿也伸直了！他颤抖着嗓音说："妈妈，我能站了。"可田秀英没听见，冲出屋门时她早已泣不成声。

不用担心，俺能行

田秀英的眼泪没有让儿子看见，站起来仅仅是开始，她问儿子："振国，你想不想识字上学？"儿子点点头说："想，可我没有手，写不了字，老师会收下我吗？"

徘徊几天后，田秀英想出一个办法，她请村里的木匠做了双木手，每只手上面也有5个手指，把木手绑在儿子蜷缩的手臂上，中间放一支笔，让儿子用两只木手夹着笔在草纸上练写字。一个国字，往往要写上一个钟头才能顺畅着写下来。尽管儿子很用心，可用木手写出

---

①本文依据田秀英著《笑对人生》一书以及CCTV《讲述》栏目对田秀英母子事迹报道整理而成。

的字怎么看都不成笔画。一天，她问儿子："振国，咱不用木手了，用两只拳头夹住笔写字行吗？"儿子看着她说："妈妈，我早就想用拳头夹笔写字了，木手不是我的。"

小振国开始试着用拳头夹笔写字了，他用左手指头夹笔，右手拳头帮着固定，笔在手指和拳头中间滚动着，歪歪扭扭画出了字迹，可由于他手上的烧伤处脂肪层很薄，写着写着，笔就把皮肤磨出了血泡，不知什么时候血泡破了，血滴就落下来，掉在纸上。田秀英看着儿子沾满血渍的作业，既欣慰又心酸。可她不能让孩子停下来，坚强的小振国也从不说一声疼。教了一段时间，田秀英教不了了，自己识字不多，丈夫则大字不识一个，最好的办法是去上学，可儿子还从没走出过屋子，怎么去上学？田秀英心情沉重地看着儿子，小振国不是三岁时那个胖乎乎、长相可爱的小孩子了，现在的他面目全非，头皮上只有一半头发，脸上则是火舌舔过留下的恐怖疤痕。

田秀英沉默不语，小振国看出了门道。有一天，他拿出刚写好的"妈妈"两个字给田秀英看，然后依在田秀英怀里说："妈妈，你带我上学去吧，我不怕别人说闲话。"懂事的儿子说出了妈妈心中的担心。田秀英心里说不出的难受，可这是小振国走向生活的第一步，这一步必须靠自己迈出。

"振国，妈告诉你，咱不和人家比好看，咱和人家比学习，知道吗？"儿子点点头，田秀英拍了拍儿子的肩膀："你能行！"

1994年9月1日，娘儿俩起了个大早，小振国背着新书包上学了。儿子在前边走，田秀英在后面跟着，她担心儿子会被村里孩子围观和欺负，可小振国不怕，他回头看着田秀英自信地说："不用担心，俺能行！"这是田秀英说过的话，现在8岁的儿子回过头来说给她听，让她倍感欣慰。可自信的小振国走进教室后，还是把别的同学吓着了，谁也不愿意和他坐在一起，说他丑，看着害怕。小振国只好一个人坐到最后面的位置上，悄悄把头低下了。

田秀英一直躲在外面偷看儿子的反应，见儿子把头低下了，她心里一阵难过，儿子太可怜了，身体有残疾，心灵还要忍受痛苦。母子连心，田秀英真想冲进去把儿子领回家。可看了一会儿，只见儿子又悄悄抬起了脑袋，眼睛不看别的，只盯着黑板。田秀英眼里涌出泪水："儿子，你挺得住吗？"原来，细心的小振国隐约感到了妈妈在看自己，他知道妈妈不放心，于是故意装出一副无所谓的样子，还把小脸扬起来向前看，他心想："这样妈妈就不会担心我了。"又拿出铅笔，摊开本子，用手指和拳头夹住笔，冲窗外会心地看了一下，然后规规矩矩在本子上写起了字……

儿子这样，田秀英的心稍稍得到了宽慰。此后，小振国每天自己走着去上学，学习成绩也直线上升，期末考试时，得了全班第一。

不做乞丐做状元

1999年春的一天，小振国放学回家后一句话也不说。田秀英心想，一定是被人笑话了，或新同学嫌他长相可怕，躲着他走了，孩子心里委屈。她试着问："振国，有什么不高兴的事说出来，妈听听。"小振国用很小的声音说："妈妈，同学都去外村会考，老师不让我去，怕吓着别人。"

"哦，就为这事啊，妈妈去跟老师说，以后让你参加考试就行了。"田秀英故作轻松地说。可她知道，老师是为了保护孩子自尊心不受伤害才出此下策的。话是说了，可她脑子里却在想另一个问题：振国只在村子里不行，他还要走出去，将来去镇里、去省城，甚至去外省上学，怕吓着别人不是理由，关键是孩子自己要想走出去和能走出去。她问儿子："振国，如果老师让你去外村考试了，你能考好吗？"

儿子点点头说："妈妈，我一定能考好，那些题我早会做了，一点也不难。"

"那别人围观你、笑话你能忍受吗？"田秀英故意揭出伤疤，她要看看儿子到底能不能承受这个最大的现实。可让田秀英震惊的是，小振国仰着头问她："妈妈，我能去做整容手术吗？"

儿子问出了田秀英最难受的话。她一把抱紧儿子："妈咋不想给你整容啊，可整容需要钱，咱家实在拿不出钱了……"田秀英哽咽了。

"妈妈，你别难过，我不想整容了，这样挺好，别人看他的，我走我的路。"小振国懂事地看着妈妈说。

在田秀英的要求下，老师终于同意了再去外村考试时，带上蔡振国。争气的小振国第一次走出村子，去3里外的一所学校参加考试时，考了个第一名。

转眼，小振国13岁了，到了上中学的年龄，接触面宽了，他面临的挑战也更大了。一天，田秀英在家中有意无意地问儿子："振国，镇上今天有个集会，妈妈想带你去玩，你想不想去？"

"想去，妈妈，咱们全家一起去吧。"儿子的话正中田秀英心坎，因为儿子要上中学，而学校就在镇里，更重要的是，镇里人多嘴杂，儿子到底能否面对别人的围观和耻笑，还是让她有些不放心。

去集会的路上，田秀英对儿子说："振国，你只有两条路可走，要么成才中状元，要么沦为乞丐。妈不要乞丐儿子，要状元儿子！要成为状元你就必须走出去，去上学。"

小振国懂得了妈妈的心意。于是，在安临镇的集会上，尽管人流如织，围看他们的人很多，可他们全家视而不见，谈笑自若，你看你们的，我走我的路，小振国甚至还和妈妈讲起了学校里的趣事。田秀英彻底放心了，儿子心态很稳定，不为外界左右，可以走出去了。

坚强，烈焰无法摧毁

在镇里读了三年初中后，2002年9月，在2000多名中考考生中，蔡振国以总分第一的成绩考入了省重点高中泰西中学，鲜花和微笑开始垂幸这个多灾多难的少年。但是，田秀英却乐不起来，这所学校是住宿制，可蔡振国的手连衣服都洗不了怎么照顾自己？田秀英担心的事，儿子正悄悄练习呢。一个星期天，干完活回家的她猛然发现儿子蹲在地上洗衣服。惊讶不已的田秀英没吭声，躲在一边偷偷看儿子怎么洗。只见儿子把常穿的一件很薄的衬衫泡在水盆里，用两只拳头夹起肥皂学她洗衣服的样子往领口和袖头先涂抹一层，然后放下肥皂又用两只拳头夹起领口开始在搓板上搓搓，尽管很努力，可由于衬衫打上肥皂后变得又湿又滑，他的两只拳头跟着衬衫滑动，怎么也搓不到地方。看得田秀英又着急又心疼，她真想走过去帮儿子一把，可那样儿子就永远无法自立，她狠着心在后面看……洗着洗着，蔡振国洗出了门道，他用拳头按着衬衫，手指掐着领袖一下一下揉搓，两个多小时后，终于把一件衬衫洗完了。田秀英走过去拿起衬衫说："振国，你真行，比妈妈洗的还干净。"

蔡振国不好意思地笑了："妈妈，以后我住校了要自己洗衣服，你不用担心，我能行。"

"嗯，妈妈看出来了，我的振国样样都能行。"田秀英及时把喜悦传递给了儿子。

开学不久，学校开始组织军训，每天走正步。天公不作美，大热天晒得学生们又累又渴，几个来回就走不动了。蔡振国皮肤出不来汗，手脚也不灵活，更是苦不堪言，可他咬牙每天坚持着。老师对他说："蔡振国，挺不住就说一声，老师给你假，别晒中暑了。"他摇摇头说："谢谢老师，别人能做到的我也能。"

有一天，田秀英接到了老师打来的电话："蔡振国同学实验技能课跟不上，我看……"老师没往下说，可田秀英听明白了，振国手脚协调能力差，动作做得慢，一定拖后腿了。她对着话筒说："老师，请你转告振国，就说妈妈说了，他一定能行！"

田秀英说对了，没几天工夫蔡振国的实验技能课动手速度就上来了，测考时得了满分。这让那些最初视他为怪物的同学大为惊讶，有的同学好奇，专门盯着他的两只拳头看，就想知道没有手的蔡振国是怎么把这门动手能力很强的课做明白的。只见蔡振国用能动的左手手指钩住瓶颈，右手拳头帮着夹住慢慢摇动，摇晃到一定颜色时放下，左手指夹住试纸伸入瓶口，观测 pH 值，整个动作熟练、迅速，没有浪费一点时间。同学折服了，拍着他的肩膀说："哥们儿，你真行！"

可是，在这个尖子生云集的学校里，蔡振国还是处处感受到来自学习上的压力，他每天 5 点 30 分准时起床背单词，读英语课文，遇到难处时，心里默默重复妈妈送给他的话："你能行！"

天道酬勤，期末考试时，他的成绩排在了全年级第 19 名。不仅如此，他还在第十四届希望杯全国数学邀请赛中获得了铜牌……同学们开始对他刮目相看了，原先躲着他的同学也悄悄接近他，帮他打水、提东西。友爱，在蔡振国自立、自强，接近完美的行动中发芽了。

转眼三年过去，蔡振国在泰西中学的成绩始终排在前列，与此相伴的是各种获奖荣誉证书。2005 年 6 月 7 日，蔡振国早早起床，准备迎接他生命中最重要的一次考试——2005 年高考。比他起得更早的田秀英睁着熬红的眼睛问他："振国，东西都准备好了吗？"儿子点点头。

"不要怕，妈相信你能行。"这句话成了几年来田秀英对儿子说得最多的一句话。蔡振国从田秀英的这句话中感受到了母亲给他的力量。从走出村口，走进小镇，直到走进省城，现在母亲又把"你能行"这句话送给他走进考场。一连三天，蔡振国浑然忘我地双拳抱笔，鏖战考场之中。

高考结束后，蔡振国笑了，他对自己很自信，成绩出来后，他以总分 604 分的成绩超过第一批本科录取线。成绩是出来了，可哪个大学会收下自己，蔡振国心里没底，全家人兴奋之余谁也不敢捅破这个疑问。9 月初，手中攥把米却一天都忘了撒给鸡吃的田秀英被电话铃声惊醒，她心里猛地涌起一个念头：电话和儿子有关！果不其然，山东轻工业学院生物工程系决定录取蔡振国为 2005 年新生。

"振国，你终于能上大学了，社会没有嫌弃你……"田秀英哭着抱紧儿子，再也说不出一句话；成熟许多的儿子则用残缺的手臂抱紧母亲说："妈，你说过的，烈焰永远无法摧毁坚强……"

2009 年 3 月，蔡振国又以全国第一名的成绩考上了北京师范大学的教育管理学研究生……

特殊的经历，让田秀英更深刻地了解了爱的含义。现在的她不仅爱家人，更把爱洒向需要关怀的人。献身公益，痴心救人。一年有近300天、一月平均有23天受邀在全国各地做公益演讲，她接听、回复求助电话4000多次，发送信息5000多条，收发信件600多封，现场谈心辅导300多次，演讲受益听众超过30万人，自费开支达2万多元。救助的人遍布全国各地，人们喊她"田妈妈"。

2006年，田秀英在家里开通了"蔡妈妈"热线，热心为在生活中遇到挫折而丧失生活信心的人提供无私援助。2006年3月，她将湖南一名被烧伤的女孩接到家中，把家里的老房子卖了2700块钱，蔡振国把他的奖学金也拿出来，并将济南中心医院为他提供的免费整容机会让给女孩，使其克服心理障碍，开始了新的生活。2008年6月，田秀英把东营市一位因脸上伤疤而自卑辍学的17岁男孩领回家中，为男孩联系医院会诊、整容，进行心理治疗，使其重拾信心、重返校园……

田秀英说，她和儿子能够走到今天，是因为始终没有放弃对美好生活的向往。在她的脑子里只有希望和梦想，没有苦难。她告诉我们，无论什么时候受打击，受何种打击，都要抱着希望活下去，苦难不是财富，只有战胜的苦难才是财富。他的儿子蔡振国说：奇迹，只发生在相信奇迹的人身上，简单、真实、有爱的人生最美丽！这就是真实的写照。

田秀英母子逆境面前不退缩、大难面前不舍弃、苦境面前拼搏奋斗、始终笑对人生的精神，感染了成千上万的人。

笑对人生，不是虚构的智慧，人生真正的圆满，不是平静乏味的幸福，而是勇敢地面对生活中所有的不幸，在生活与命运的交错中，选择直面困境微笑上前……

单元综合实训

一、检测意志力的坚韧度

1. 你正在朋友家中和朋友聊天，这时你发现茶几上放着一盒你喜欢吃的巧克力，你的朋友无意让你吃。当他走开时，你会（　　）。

　　A. 立即吞下一块巧克力，然后抓一把放在口袋里

　　B. 自顾自地一块接一块地吃起来

　　C. 坐着不动，抗拒巧克力的诱惑

　　D. 告诉自己：什么巧克力，我很快就会有一顿丰盛的晚餐了

2. 你发现你的朋友离开房间时，忘记把笔记本锁好，你很想知道他对你的评价以及他和女朋友的关系，此时你会（　　）。

　　A. 克制自己，不去偷看

　　B. 立即走出房间去找他，不让自己有偷看日记的机会

　　C. 匆匆翻过数页，直到内疚感制止自己这么做

　　D. 迫不及待地打开，然后责怪他居然说你好管闲事

3. 你在朋友的日记本中发现很多秘密，你很想与人分享，这时你会（　　）。

A. 立刻告诉其他的好朋友，说他迷恋别人的女朋友

B. 不打算告诉别人，但会暗示朋友你已经知道了他的秘密

C. 不告诉任何人，继续和他做好朋友

D. 请催眠专家帮你忘记这段记忆

4. 你正在为一次外出旅行努力攒钱，但你看到了一条很漂亮的衣服，这时你会（   ）。

A. 每次经过那家店时，都不让自己去看那件衣服

B. 自己买布料，缝制一条一样的衣服，这样花的钱比较少

C. 不顾一切地买下它，然后哀求父母借钱给你去旅行

D. 坚决不买，没有任何东西可以阻碍你的旅行计划

5. 你深信自己深深爱上了一个人，但他只在无聊时才想起你。在一个狂风暴雨的晚上，他要求与你见面，你会（   ）。

A. 立即冒着雨去找他，即使花费数小时也是值得的

B. 挂断电话，虽然你很不情愿，但你需要一个更关心你的人

C. 先要他答应以后会好好地待你才答应去。

D. 直接拒绝他

6. 你对新年许下的诺言所抱的态度是（   ）。

A. 只能维持几天

B. 维持2~3年

C. 懒得去想什么诺言

D. 适当的时候就违背它

7. 你能在早上6点起床温习功课，晚间便有更多时间，令你做事更有效率，你会（   ）。

A. 每天早晨6点钟被闹铃叫醒，但你仍然卧床直到8点才起

B. 把闹钟调到五点半，以便6点准时起床

C. 约在六点半起床，然后淋热水浴使自己清醒

D. 算了吧！睡眠比自习更重要

8. 你要在6周内完成一项重要任务，你会（   ）。

A. 在委派后5分钟即开始进行，以便有充足的时间

B. 限期前30分钟才开始进行

C. 每次想动手时都有其他事分神，不断告诉自己还有6周时间

D. 立即进行，并确定在限期前两天完成

9. 医师建议你多做运动，你会（   ）。

A. 只在前一两天照做

B. 拼命运动，直至支持不住

C. 每天漫步去买菜，然后乘计程车回家

D. 最初几天依照指示去做，待医生检查后即放弃

10. 朋友想跟你通宵看录像，但你需要明早7点起床上班，你会（   ）。

A. 看到晚上九点半回家睡觉

B. 拒绝，好好地睡一觉

C. 视情绪而定，要是太疲倦就告假

D. 看通宵，然后倒头大睡

计分方法：

1. A. 记1分，B. 记2分，C. 记3分，D. 记4分。
2. A. 记3分，B. 记2分，C. 记4分，D. 记1分。
3. A. 记0分，B. 记1分，C. 记2分，D. 记3分。
4. A. 记1分，B. 记3分，C. 记2分，D. 记4分。
5. A. 记1分，B. 记3分，C. 记2分，D. 记4分。
6. A. 记2分，B. 记3分，C. 记0分，D. 记1分。
7. A. 记1分，B. 记3分，C. 记2分，D. 记0分。
8. A. 记4分，B. 记1分，C. 记3分，D. 记2分。
9. A. 记1分，B. 记0分，C. 记3分，D. 记2分。
10. A. 记2分 B. 记3分，C. 记1分，D. 记0分。

1. 测试结果

12分以上视为有意志力者，得分越高意志力越强。

2. 坚强意志力的作用

坚强意志力是战胜困难，克服人性弱点，取得事业成功的一把利剑；坚强意志力是行动的强大动力，是克服困难事业成功的保证。

3. 实例

从83岁高龄的钟南山院士亲赴武汉，到15名医务人员确诊被病毒感染，再到梁武东医生的牺牲……医护工作者们不计报酬、无论生死，在人民与病毒之间砌起高墙，在没有硝烟的战场上冲锋陷阵，"他们是白衣天使，更是每个人心目中的英雄……国家所需、百姓安危为重，个人生死、物质得失为轻。在医护工作者身上，我看到他们高风亮节！哪有什么白衣天使，只不过是一群平凡的人披上了一身载着使命的外衣"。

在新冠肺炎疫情中我们看到了中华民族的凝聚力，医护人员默默地用坚强的意志力武装起血肉之躯构筑了抗击病毒的钢铁长城，为我们守护着祖国的安全！

4. 凡人金句

（1）报效祖国，我们义无反顾；面对疫情，我们逆流而上；战胜疫情，我们信心百倍！

——刘辉（河北医科大学第四医院影像科技师长）

（2）救民水火，国士无双。

面对新冠疫情，83岁的钟南山再次临危受命，挂帅出征。72岁的李兰娟，为战疫情，一天只睡几个小时……他们用行动阐释了什么叫做真正的国士无双。

（3）没有生而英勇，只是选择无畏。

疫情当前，人人"谈鄂色变"，然而有这么一群人，他们不畏生死，舍弃小家，毅然走上抗疫最前线，他们是最美的逆行者。

二、语文实践活动——读书会

（一）活动目的和要求

1. 使学生形成良好的阅读、学习习惯。
2. 认识读书的价值和意义，激发学生热爱生活。
3. 调动学生积极性，树立正确的人生观、价值观和自强不息的信心。
4. 练习口才。

（二）活动形式

主题发言、同学反思、师生交流。

三、课外阅读

1. 罗曼·罗兰著，傅雷译《名人传》

简介：贝多芬、米开朗琪罗、列夫·托尔斯泰，虽然各自的事业不同，贡献不同，所处时代和国家也不同，但他们都是伟大的天才，都是各自领域里的伟人，他们在肉体和精神上经历了人生的种种磨难，却为创造不朽的杰作贡献了毕生的精力。

2. 雷庆瑶著《我心飞翔——雷庆瑶》

"断臂天使"雷庆瑶凭着惊人的毅力，将很多正常人都难以做好的事情做得很好，她在自立自强的同时还尽自己所能去帮助他人、为社会做贡献。

3. 哈里森·索尔兹伯里著，朱晓宇译《长征——前所未闻的故事》

本书详尽而生动地再现了史诗般的长征历程，对长征中发生的一系列事件和各种人物，进行了坦率的剖析，写出了中国人民的勇敢、坚毅、磨难和成就。

4. 俞敏洪著《愿你的青春不负梦想》

本书是梦想导师俞敏洪与千万年轻人分享的关于青春、梦想、成长、奋斗、事业、生活的励志感悟。

5. 温斯顿·葛鲁姆著，于而彦译《阿甘正传》

"疯子自有疯子之趣味，不足为外人道也。"阿甘"轰轰烈烈"的传奇一生，透过阿甘的眼睛，让我们看到了世态的复杂和庸俗，更觉人性真诚的可贵。

第三篇 艺术之美

> 艺术是一种享受，一切享受中最迷人的享受
> ——[法] 罗曼·罗兰

艺术美是现实在艺术中集中、能动的反映，是艺术家创造性劳动的产物。它是艺术家按照美的法则，运用先进的美学观对现实生活进行抽离、集中、概括、综合以致改造的结果，反映了艺术家个人和时代的精神及审美理想。可以说，艺术美就是艺术审美价值在作品中具体的表现形式。艺术的审美价值，既表现在内容上，也表现在形式上。如果把艺术美仅理解为形式美，则是片面的、不科学的。艺术美，是表现美的内容与表现美的形式的完美统一。①

艺术美的种类繁多，存在于一切种类、样式的艺术作品中。二维平面艺术，如书法、绘画、摄影等；三维立体艺术，如雕塑、建筑、园林等；表情艺术，如舞蹈、音乐、戏剧、电影、电视剧等；语言艺术，如文学等。这些都是艺术美存在的具体形态。艺术美是一种反映形态的美，它来源于客观现实生活，但不等于生活，它是艺术家创造性劳动的产物。艺术美不是生活美机械、刻板、原封不动的复制，而是生活美经过典型概括的艺术反映。它比生活美更集中、更强烈、更具普遍性。艺术美并不都是生活美的反映，生活丑经过艺术家正确的审美评价和典型概括，也可以化腐朽为神奇，转化为艺术美。生活美反映到艺术中，如果没有正确的审美评价而被歪曲时，也不可能产生艺术美。艺术美是艺术家正确的审美意识对生活美丑的正确反映，是理想美的现实存在。和艺术一样，艺术美具有陶冶性情、娱乐身心、认识生活、宣传教育、净化灵魂等作用。本篇即从二维艺术（书法、绘画、摄影）、三维艺术（雕塑、建筑、园林）以及表情艺术（舞蹈、音乐）三方面阐述艺术之美。

第一单元 二维艺术

概　述

二维①是指发生在二度空间平面上的内容，即左右、上下两个方向，不存在前后。在一张纸上的内容就可以看作是二维，只有面积，没有立体。在艺术中，运用色彩、线条和形体，在二度空间的范围内，反映现实美、表达人的情感和审美感受的艺术，便是二维艺术。

---

① 选自叶志良、励继红著《审美知识》，清华大学出版社2014年版。

换句话说，二维艺术是主要借助线条、色彩、明暗、块面等造型手段，在二度平面上塑造具有一定内涵和意味的平面视觉形象的艺术样式。它在美术门类之中应用最为广泛，并且居于基础地位。一般来说，这种发生在二度空间中的二维艺术，主要包括书法、绘画、摄影等。本单元即以书法作品、绘画作品和摄影作品为例，阐释二维艺术的特征，及其带给人们的美感和艺术上的享受。

书法艺术是中华民族的优秀传统文化之一，源远流长。书法不仅是中国文化精神的表征，也是中国人特有的艺术修养与审美观念的体现。书家通过毛笔写出运动节奏丰富的点画线条与构成，表现了作者独特的气质性情、审美趣味和艺术观念。不同的书家，不同的环境，不同的情感，在书法创作中所形成的风格也大相径庭。如唐代张旭，"每大醉，呼叫狂走，乃下笔，或以濡墨而书，可为神，不可复得也"。细看张旭的《古诗四帖》，纵笔奔放不羁，纵横挥斫，一泻千里。欣赏此帖，犹如朗诵李白的"黄河之水天上来，奔流到海不复回"的诗句。再看王羲之的《兰亭序》，天朗气清，风和日丽，景色宜人，书家神志融洽，心手双畅，写出了"天下第一行书"。欣赏此帖，好比欣赏一曲轻松明快的轻音乐，令人心旷神怡。不同的创作风格赋予了书法艺术活力，增强了艺术感染力。

绘画艺术是忠实于客观物象的自然形态，对客观物象采用经过高度概括与提炼的具象图形进行设计的一种表现形式。它具有鲜明的形象特征，是对现实对象的浓缩与精练、概括与简化，突出和夸张其本质因素。晋代文学家陆机说过："宣扬莫大于言，存形莫善于画。"在摄影艺术出现之前，绘画是唯一可以用来存录各种具体事物和生活现象的具体形状的手段。绘画是平面的空间艺术，是在二维空间里，通过具体的描绘，创造视觉上的空间感和立体感。绘画将抽象的情感寓于具体的形体之中，让人们从感性的形体之中去领悟蕴含其中的审美情感，使它在道德上的净化力量和在情感上的升华作用有着别的艺术难以企及的功能。如现代著名画家蒋兆和的《流民图》，曾激起广大人民群众的爱国主义热情，加深了对日本侵略者的憎恨，并使日本军宪当局感到极度的恐惧。又如俄罗斯伟大画家列宾，他在观赏《庞贝城的末日》这幅画时，竟激动得哭出声来。在画中寄寓着画家的情怀、理想和品格，因而绘画艺术能在经久的潜移默化中诱发人们美好的情感，陶冶高尚的情操。

摄影艺术是造型艺术的一种。它以照相机和感光材料为工具，运用画面构图、光线、色调等造型手段来表现主题并求得其艺术形象。摄影艺术是一门较为年轻的艺术门类，它紧紧伴随着每个时代高新科技的发展而发展着。摄影艺术是一种对现实的高度概括，是来源于生活而高于生活的影像工作方式，是一种高贵的雅文化。摄影是世界语言。在没有文字说明的情况下，不同民族的读者一般可以通过作品的光、影、形、色来读懂作品内容。摄影艺术就是作者的一种表达，正如说话是一种表达、写作是一种表达一样。摄影家们运用摄影本体语言来捕捉瞬间，记录生活，叙述事件，抒发心灵，将民族传统深深地积淀于摄影文化之中。本单元选取了11幅不同时期、不同国别的摄影作品，旨在让读者通过欣赏这些作品，感受其背后深刻的社会意义。

>> 笔精墨妙千古传 <<

书法是以汉字为表现对象的线条艺术，它是通过对汉字的书写刻画而形成的。我国文字的产生是"依类象形""随体诘诎""博采众美，合而为字"。书法艺术是文字书写的艺术，文字依赖于线条而生存，也可以说书法艺术就是线条艺术。书法艺术的结构亦称结字、结体、间架。它着眼于每个字中的点画布置，点画布置得恰当，写成的字也就美观，所以赵孟頫曾说"结字亦须用工"。结字是每个字之中笔画与笔画之间，偏旁与偏旁之间的距离远近和单位结构间的搭配、组合规律。"以简驭繁"是书法艺术创作最奥妙的一个美学原则。书法艺术的白底黑字，简到了不能再简的程度①。书法是中国传统文化艺术发展五千年来最具有经典标志的民族符号。书法堪称中国的"第四宗教"，有着强烈的吸引力、仪式感和大众参与性。中国五千多年来，各时期代表人物灿若星河，下面要介绍的是中国历史上造诣最深的几位大书法家及其作品。在学习过程中，感受书法艺术之美，并激发学习书法之热情。

一、王羲之书法欣赏

东晋王羲之的书法"总百家之功，集众体之妙"，摆脱了汉魏笔锋，自成一家而影响深远。其书法的美学价值在于他用笔平和自然，笔势委婉含蓄，优美健秀，变化多端，善于创造，注重章法美，而且意境深远，发人深省，注重墨韵。从他的书法作品中可以感受到墨的浓淡适度，而不会有"肥而顿、瘦露骨"的感觉。他的布局别具一格，董其昌在《画禅随笔·评书法》中说："右军《兰亭序》，章法为古今第一，其字皆映带而生，或小或大，随手所如，皆入法则，所以为神品也。"

王羲之书法的美学价值还在于其传承价值，对后世影响深远。王羲之不仅有"书圣"之称，而且是开一代新风、书百世楷模的"帖学之祖"，有着极为规范的法度，后人称之"魏晋笔法"。从帖学发展史来看，王羲之的书法始终构成帖学史的轴心，开创了文人书法艺术的审美风格，将个人情感、命运融入其中，后人之书无不宗法王羲之。唐太宗极其喜爱《兰亭序》，他得到《兰亭序》后，命令御用拓书人赵模、韩道正、冯承素、诸葛贞等，各拓数本，赏赐皇太子、诸王近臣，引起时人学王书的热潮②。唐太宗临终时，嘱托高宗将《兰亭序》作为陪葬品葬入昭陵。到南宋，宋理宗收集《兰亭序帖》拓本达一百七十余种。清代乾隆皇帝将《快雪时晴帖》收藏于养心殿中一个暖室，暖室内存有三件书法稀世珍宝，命名为"三希堂"，头一件就是王羲之的这幅行书③。

二、颜真卿书法欣赏

唐代颜真卿幼时就爱好书法，常用黄土在墙上练习写字。后来曾受到有"草圣"之誉的张旭的传授，又结合篆隶和北碑笔意，开创了力度如"暴风骤雨"，气势如"雷霆万钧"的"颜体"风格。

颜真卿生活时期，正是盛、中唐时期，因而，颜真卿的楷书艺术体现着"壮美"的时

---

① 选自董明武《论书法艺术的三要素》焦作师范高等专科学校学报，2005年21卷第3期。
② 选自李廷华著《中国书法家全集：王羲之王献之》，河北教育出版社2006版。
③ 选自金学智著《中国书法美学》，江苏文艺出版社1994年版。

代审美理想:在注重外在法度以表现理想的前提下,进一步强调了情感之内在心理因素的作用。端庄严正,丰满圆润是其艺术的总体表现。"点如坠石,画如夏云,勾如屈铁,戈如发弩,千变万化,各具一体。"

颜真卿为人正直,品格高尚。他的书法"刚劲有力,气度不凡",字如其人,因而令人起敬。"观其书,有以得其为人,则君子小人必见于书,是殆不然"(苏轼《题鲁公帖》)。千百年来,人们常说的"颜筋柳骨",说明颜真卿书法在人民群众中影响很大。确实如此,颜真卿一生写了不少字,都被刻成碑版流传到后代并成为很好的习字范本。如《多宝塔碑》《颜氏家庙碑》《麻姑仙坛记》《东方朔画赞》——或是方俊秀润,或是铁画银钩,风格不同,各有千秋。因而在我国书坛上有着很深的影响,长盛不衰。尽管后世书家如闪烁繁星,但完全没有受其书风影响的几乎不存在。就宋代而言,"宋人之师颜真卿,一如同唐人之师王羲之"(范文澜语)。宋代四大家苏(轼)黄(庭坚)米(芾)蔡(襄),都曾学习过颜体①。诗人陆游更有"学书当学颜"(陆游《自勉》)的名句。

颜真卿《多宝塔碑》(部分)

三、赵孟頫书法欣赏

元代赵孟頫是我国书法史上值得彪炳的书画大家,也是难得一见的艺术通才。他独有的书学经历和书法成就是传统书法艺术中的重要组成部分,也是书法实践中具有参考价值和审美取向的风向标。同时他的书学成就和美学观念对于当代浮躁的书坛以及今后书法的发展具有深远的影响和前瞻性作用。

正如钱良右评价的一样——"瘦不没筋,肥不没骨"。赵孟頫的作品粗看均匀柔媚,细

---

① 选自《颜真卿书法艺术浅析》(《文史艺术》2013年第3期)。

品则如"担夫争道",井然有序,各有千秋,且和而不同,违而不犯。①

赵孟頫一生博学、励行,其书法具有浓厚的古典气息,引领元代书坛复古风气,故而成为"国朝第一"。以师古为尊,深悟古法,精熟而得的书学方法对赵孟頫的书学观产生了深刻的影响。

赵孟頫一生虽然都在"复古",却并非仅局限于单纯的"拟古"。他善于探讨艺术的本质,强调在经典中继承发展,不随波逐流,避俗从雅。他在《跋颜书》中说:"近世,又随俗皆好学颜书,颜书是书家大变,童子习之,直至白首,往往不能化,遂成一种臃肿多肉之疾,无药可差,是皆慕名而不求实。尚使书学二王,忠节似颜,亦复何伤?吾每怀此意,未尝以语不知者。流俗不察,便谓毁短颜鲁公,殊可发大方一笑。"② 这是针对南宋以来书法风格多流于表象而提出的寻求书法本源,对于恢复书法传统的确有着振聋发聩的作用。

赵孟頫《归去来辞》

四、董其昌书法欣赏

明代董其昌的书法追求清淡,可以说"淡"是他书法审美的核心,"作书与诗文,同一关捩。大抵传与不传,在淡与不淡尔。极才人之致,可以无所不能而淡之。玄味必由天骨,非钻仰之力、澄练之功所可强入。"用苏轼的话评价董其昌的书法则是:"笔势峥嵘,辞采绚烂,渐老渐熟,乃造平淡,实非平淡,绚烂之极。"③

笔法上董其昌追求米芾的"无一实笔"谓之"虚",云:"作书最要泯没棱痕,不使笔笔在纸素成板刻样。"结字上他讲求精微、紧密而有势;章法上讲究疏密相间,以字距大、行距大形成疏朗的调子。将结字的美与行距的空白产生有与无的对比,因而造成萧散简远的意趣。为了完善在用笔、结字、章法中追求的淡远意境,在用墨上他也一反常人的观念,提出"用墨需用其润,不可使其枯燥,尤忌浓肥,肥则人恶道矣。"由此我们可以看出,董其昌在用笔、结字、章法以及用墨的实践中,用笔虚而骨力内蕴,章法疏而气韵贯通,用墨淡而神韵不减,飘飘欲仙,乃是围绕他自己所追求的淡雅、秀润的审美取向和书法风格。④

董其昌所创造的以秀逸、淡远为美学特征的书法风格,在其身前身后都产生了广泛影

---

①选自［明］陶宗仪著《书史要会》,上海书店出版社1984年版。
②选自［元］赵孟頫著《松雪斋集》,中国书店出版社1996年版。
③选自《董其昌书法欣赏》《中国书法》,1990年第3期)。
④选自刘正成著《中国书法全集》,荣宝斋出版社1992年版。

响。在他70岁前后，书法已经威震朝野，求者不绝。在清代的顺治、康熙、雍正、乾隆四朝，董其昌的书法影响甚至超过了明代。

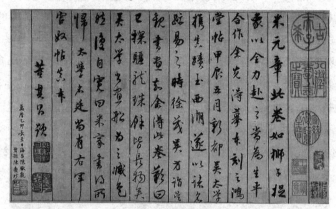

董其昌《题米元章》

五、欧阳中石书法欣赏

欧阳中石先生作为当代国宝级书法大师和书法教育家，家喻户晓，影响了一个时代。

欧阳中石先生于书法，各体兼通，举凡周金汉石、晋帖北碑、唐贤宋哲乃至明清诸家，都有涉猎，博采众长，而又归宗二王，形成了飘逸清新的独特风格，在海内外有广泛的影响。有人说书法如其为人，先生的字便是如此，用笔厚重朴实、圆融含蓄，格调清新高雅，沉着端庄。结字、取势、布局皆独具匠心。其书文辞，从不随心所欲。他特别讲究择文、择地、择人而书，符合场合和事情的基本要求。在一些活动和展览中，我们都能从先生的书作中感受到他的文心诗意。他对学古人和自己创新都持有谨慎的态度，主张"知其然，知其所以然，求其然而然"，深研古法，传其精华，要能够进入历史的深处挖掘其内在的精神，还应能观史而察今。

欧阳中石先生就仿佛一本厚厚的书，让人敬重、深思且味之不尽。他说："作为一名教书匠，我的职责是教书育人。我希望尽自己最大的努力，从汉字入手，提炼出更为行之有效的认识方法，让学生们能快速认识汉字、掌握汉字，从而更有效地学习和传承中华文化。汉字是那么美妙，如果学习方法能够做到简单和有趣，全世界就会有更多的人来了解它，从而把汉字的魅力、中华文化的魅力推而广之。这是我们献给世界的厚礼，也是我一个教书匠的中国梦。"

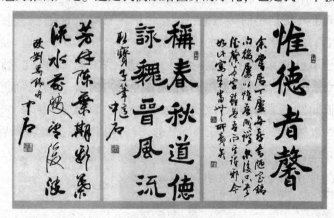

欧阳中石书法

>> 妙手写丹青 <<

绘画是运用线条、形体、色彩、明暗、笔触等造型语言在二度平面（纸、布、墙体等）上塑造艺术形象，以表达人的思想感情的艺术。绘画艺术不仅是现实美的高度集中、概括的产物，还是艺术家美好心灵、高尚审美理想的结晶，强烈地表现着主题的审美情感，正如中国古代《画论》中所说："山性即我性，山情即我情。"

绘画艺术伴随着人类文明的出现而出现，由于各国和各民族在社会政治经济和文化传统等方面的差异，世界各国绘画在艺术形式、表现手段、艺术风格等方面存在着明显的区别。一般认为，从古埃及、波斯、印度和中国等东方文明古国发展起来的东方绘画，与从古希腊、古罗马绘画发展起来的以欧洲为中心的西方绘画，是世界上最重要的两大绘画体系。它们在历史上互有影响，对人类文明做出了各自的重要贡献[①]。本文以张择端、黄公望、张大千以及达·芬奇等伟大画家为例，展示绘画的艺术之美，以及东西方绘画风格的差异。

一、《清明上河图》赏析

《清明上河图》是一幅卷面恢宏的风俗画，由北宋时期的伟大画家张择端所作，此幅画作是我国历史上人物画的重要代表。这幅作品之所以杰出，是因为其篇幅的宏伟、人物的丰富、景象的壮观以及绘画技巧的真实、生动与活泼等，还包括这幅画所呈现出的北宋京城汴梁在当时的真实社会形态，以及那一时期各色人物的生活形象等。

《清明上河图》宽24.8厘米，长528.7厘米，是我国绘画领域中的稀世珍宝。整部作品采用的是写实手法，生动形象、细致入微地展现出了北宋京都汴梁的繁华生活景象以及自然社会风光。这幅画卷规模庞大，构图技巧别具一格，全图层次分明、结构严谨、轻重有序、活泼传神、生动逼真，不管是街道行人、买卖交易还是树木房屋等，都彰显了画家的扎实功底、高超技法以及妙笔神功。同时，《清明上河图》还是张择端仅存于世的真迹，具有极高的历史、文化、艺术等价值，也是我国绘画历史上里程碑式的作品。

《清明上河图》最突出的特点，就在于其善于择取形象性强、意蕴丰富、内在特征明显的事物，并能够通过相对应的故事情节与绘画场面进行衬托表现；更重要的是它能够对社会生活进行深入的观察、分析与研究，对北宋汴梁人们的衣、食、住、行等了如指掌，极其真实、客观、精准、细腻地描绘出了典型的人物与环境，诸如虹桥、商铺、城门及街道等。画卷中对于船工、车夫、农夫、小商贩、车匠等人物的勤奋、劳碌和辛苦刻画得惟妙惟肖，也将当时官员、吏役、商贾等人物的清闲、游玩、饮酒等生活状态展现得淋漓尽致。由此可以看出，张择端的绘画体现的是一种集体性艺术特点，与多数绘画者追求自我心境与精神陶冶的特征大不相同，其作品创作更具包容性与代表性，他笔下的人物塑造不单单是一个个体形象，而是某个阶层现实状态的形象代表。这一绘画特征使得张择端的作品成为社会现实与人民生活相融合的桥梁，不仅具有艺术价值，更具

---

① 选自徐复观著《中国艺术精神》，广西师范大学出版社2007年版。

社会历史意义。比如，画中的"虹桥"将古代桥梁的形态完全真实地呈现了出来，让我们对古代桥梁的建筑一目了然，而不需要再做任何猜测与模拟，这对当代的桥梁建筑而言具有十分重要的意义，无论是其外在形状、建筑用材，还是其各部位的比例与结构等，都给后世的桥梁建造提供了弥足珍贵的真实版资料。

《清明上河图》这一不朽杰作，无论从绘画艺术还是从历史角度来看，都具有很高的价值。原作曾为北宋宣和内府收藏，现藏于北京故宫博物院，堪称国之瑰宝！

《清明上河图》（开封市中心街景）

《清明上河图》（虹桥局部）

二、《富春山居图》赏析

黄公望，元代著名画家，博学多才，一生仕途不畅，寄情于山水，把握山水艺术的真谛，最终以山水画冠称一绝。黄公望的山水画笔态狂放洒脱，意境高远幽静、空灵毓秀。《富春山居图》是黄公望晚年为无用禅师所画的，它代表着黄公望的个性特征与艺术成就，也是中国山水画的经典之作，被誉为"画中之《兰亭序》"。

《富春山居图》宽33厘米，长约637厘米，描绘了富春江两岸的秋景。画中峰峦叠嶂、平冈连绵、层林密布、云树苍苍、风和日丽，山间江畔之巅缀以村落，流泉江河之中夹以渔钓，村落散落于山麓、树林之间，时有渔人垂钓于江心之上，有着一种平淡悠远、超然物外的韵味，犹如一首意蕴悠长的抒情诗。整幅画作开阔而辽远、秀美而雄壮，展现了"山川浑厚，草木华滋"的江南山水风光。为了完美地展现富春山的秀美风光，黄公望常"云游在外"，仔细观察和揣摩山川、江河、树林等自然景观的风貌，经过七年的苦心经营，最终创作了这幅传世之作。①

在创作《富春山居图》时，黄公望并没有停留于富春山的实景"描绘"，而是将主观心境、人格理想等寄托于山水之间，使画卷中流露出一种主客相融、物我两忘的意境。黄公望将人与自然、构图与意境视为统一的整体，展现出一种超越时空的情怀，折射出中国山水画的内在精神气质。画卷中姿态万千的树木、重峦叠嶂的山峰，千变万化，变化多端的自然景观与画家平淡自然的心境相互交融，展现出一种空旷闲适、平淡和美的境界，展开画卷就会有一种轻松自然、酣畅自如之感。

遗憾的是，此画在明朝末年陪葬吴洪裕时被烧成两段，幸被及时从火中救出才得以幸存。如今，前段较小的"剩山图"，藏于浙江省博物馆，后段画幅较长的"无用师卷"藏于台北故宫博物院。2010年"两会"新闻发布会上，温家宝总理在回答台湾记者提问时专门讲到了《富春山居图》，一度使这幅画成为中外关注的焦点。经不懈努力，2011年6月，"剩山图"与"无用师卷"终于在台北故宫博物院合璧展出。2013年，以《富春山居图》合璧展览为背景拍摄的同名电影，使得这幅古画更具传奇色彩。

黄公望《富春山居图》

三、张大千画作欣赏

二十世纪中国画坛涌现出许多优秀的画家，但是最富有传奇色彩的当属张大千。他不仅在绘画方面颇有造诣，而且对书法、篆刻、诗词等都有研究并取得了辉煌的成就。张大千早期主要研究古人书画，在山水画方面成就斐然。后来在国外生活，画风主要是工笔与写意相结合，重彩与水墨相融合，尤其是泼墨与泼彩，形成了张大千的泼墨泼彩技法，这是他对传

---

①选自陈传席著《中国山水画史》，天津美术出版社2001年版。

统中国画创作的一次大胆的挑战①。他将泼墨与泼彩进行融合,将写意与工笔进行嫁接,大大丰富了中国水墨画的艺术语汇,开辟了一代画风,也为当代画家的艺术创作行为带来了许多启示,引发了我们关于传承与创新的强烈思考。

张大千泼墨泼彩山水画的独特之处就在于"泼",而这必须借助于水。无论墨分五色,还是浓淡、干湿结合,水的运用在其中都起到了关键作用。水墨结合是传统中国画创作的精髓所在,张大千则在此基础上灵活把握水、墨比例,将水墨充分融合并以"泼"的形式表现出来,更显示出了其在用水用墨上的深厚功力。他在泼墨时并不是小范围、小面积、小心谨慎的泼,而是大面积、大范围的一气呵成。他的泼墨作品在保证主体物象完整性的同时,连物象边缘的水迹都控制得游刃有余,那斑驳的水迹墨渍很好地凸显了作品细润华滋之韵味,着实令人惊叹。②

张大千先生的整个艺术生涯中,有许许多多的艺术成就,但是泼墨泼彩技法是他一生突破性的转变,极大地丰富了中国传统画的表现力,使中国传统画富有新的生机和活力,可以说是承前启后,在中国美术史上具有里程碑意义。张大千的泼墨泼彩技法,对于他的艺术创新来说是一个非常大的举措,不仅仅给他的绘画风格开辟了新的领域,而且为他在近现代中国画发展史上奠定了一个很高的位置。张大千在绘画方面的巨大成就为中国传统艺术翻开了新的篇章。

张大千荷花图

---

①选自李永翘著《张大千论画精粹》,广州花城出版社1998年版。
②选自叶浅予著《关于张大千》,中国文史出版社1998年版。

张大千国画

四、达·芬奇画作欣赏

达·芬奇是文艺复兴时期伟大的艺术革新家，他将构图法、明暗法、透视法运用到绘画中。在这些方面达·芬奇有着重大的革新和发明，建立了盛期文艺复兴现实主义绘画理论，对绘画领域的发展起到巨大的作用。

达·芬奇认为，画家必须以自然为师。他指出"自然是绘画的源泉，绘画是自然的模仿者，如果画家取法自然，绘画昌盛，不取法自然，绘画就衰微"。达·芬奇追求以人为中心、以自然为基础的艺术创作理想，并以经验实现人与自然之间的有机沟通。他在著名的"镜子比喻"中，认为"画家的心应当像镜子一样，将自身转化为对象的颜色，并如数摄进摆在面前的一切物体的形象，应当晓得，假如你们不是一个能够用艺术再现自然一切形态多才多艺的能手，也就不是一位高明的画家"。这些观点的主旨都在说明，绘画表现的是画家的内心，画家的内心必然要遵从一切自然的形象，而后才能借助艺术手段将其再现。但是他又指出，"作画时单凭实践和肉眼的判断而不运用理性的画家就像一面镜子，只会抄袭摆在面前的东西，然而对它们一无所知"。他要求画家不仅要依靠感官去认识世界，而且要运用理性去揭露自然界的规律。[①]

《蒙娜丽莎》是世界上最著名、最优秀的肖像画之一，是达·芬奇画作成就的标志。根据记载，画中的女主人是一个银行家的妻子，当时她只有 24 岁。这幅画引人注意、能引发人想象的就是蒙娜丽莎的"神秘"微笑。很多评论家认为，这个微笑，可随着欣赏者心情的变化而变化。有人说她的微笑端庄而典雅，也有人认为她的微笑带着魅惑，还有些人认为

---

① 选自刘明翰主编《欧洲文艺复兴史·美术卷》，人民出版社 2008 年版。

她的微笑透着邪气，甚至有人对她的微笑百思不得其解，而开枪结束自己的生命！能引起人们如此丰富想象力的画像，在世上艺术珍品中是绝无仅有的。

达·芬奇《蒙娜丽莎》

《最后的晚餐》是达·芬奇作于米兰圣玛利亚修道院餐厅的壁画，取材于《圣经》新约犹大出卖耶稣的传说故事。无论复兴时期，还是之后的数百年，同名作品虽然不少见，但是只有达·芬奇的这幅画千古不衰，长期为世界各国人民所看重，不厌百赏。人们从构思、透视法、人物心理、多样统一的原则等方面给予了高度评价，将它誉为欧洲画坛"所有伟大画卷中的上佳珍品，是欧洲艺术的拱顶之石"。作者把画面上人物的表情、动作都刻画得淋漓尽致，"那种十全十美的救世主的形象，连近似的模特儿也找不到"。[1] 这既反映了达·芬奇对现实主义的高度追求，也透露了他对现实生活的无奈。正是他的探索精神、科学态度、勤奋实践，才使此画成为空前绝后之佳作。

>> 指尖上的视界 <<

摄影是一门形象艺术，同其他艺术表现形式一样，美感是它的生命。摄影作品作为艺术创造，也是一种能动的生活实践，因此具有很强的艺术价值。人们通过对作品的欣赏，可以从中体验到人的才能、智慧的力量，可以体验到人们在创造美的过程中所付出的心血。

一幅优秀的摄影作品能让人感知到摄影艺术的内涵和美感，能使人一看就知道作者想

---

[1] 选自戴勉译《达·芬奇论绘画》，人民美术出版社1979年版。

通过其作品告诉我们什么，这样的摄影作品就达到了主题明确的基本目的。另外，在突出主题的同时，一幅优秀的摄影作品还应特别注意构图上的细节。比如要处理好主体与陪体、光线与角度、构图基本法则等细节。同时，摄影还是捕捉瞬间的艺术。没有任何人和力可以阻止时间流转，但至少我们可以记录下瞬间的印记，使之成为永恒，这就是摄影的魅力之所在。在照相机高度普及的今天，任何人都可以按下快门去拍照，但不是任何人都能够拍出优秀的摄影作品，更不是任何人都可以成为摄影名家。照相机只是辅助工具，它再高级、再精密，到头来最主要的还是要依靠人的思想。只有通过摄影家长期对生活的观察、对人生的思考、对艺术的追求，以思想性为指导，凭借精神和意念按下快门之时，才可能留下"决定性瞬间"。[①] 本文选取了一些知名摄影作品，旨在通过欣赏这些作品，体悟摄影的艺术之美。

一、指尖上的自然

万物皆有灵。在摄影师的镜头下，人类的朋友——动物的各种表情、动作是那么自然、可爱、有灵性，有时却又那么沉重，引人深思。人只是动物中的一类，并不见得比它们高明多少，我们赖以生存的地球，因动物与我们共享自然而精彩。令人叹息的是，人类为了自己的生存，曾经甚至是正在肆无忌惮地侵占和毁坏动物的栖息地，为了攫取动物的皮毛骨肉，滥捕滥杀野生动物曾被视为人类天赐的权利……徜徉在一幅幅精彩的瞬间中，阅读着各种动物的表情，似乎读懂了它们想向我们表达的心声。人啊，保护动物不仅仅是为了动物，更是为了尊重生命！我们希望有一天，人类不再伤害动物，让动物在大自然的怀抱中快乐成长，得到人类更多的关爱和帮助，让地球成为一个人与动物和谐共处的快乐家园！

马塞尔作品

---

①选自徐复观著《中国艺术精神》，华东大学出版社2005年版。

吕学海《出行》

（2015 年第三届希腊奥林匹克四地巡回展 HPSC 银牌）

张才政《蓝天下的罪恶》

（获上海第十二届国际摄影艺术展览铜牌）

二、指尖上的人生

摄影，是有心者的事业。生活中许多优美的瞬间，常常在身边一闪即逝。无心者，对生活中的这种美是常常发现不了的。有心者，才能定格这瞬间的美，使之永恒。在他们的镜头下，我们可以看到自己人生的缩影，或轻松，或凝重，或恬淡，或忧伤，人生百味，尽在其中。

吴登采《奋力冲刺》

（获第 44 届纽约摄影学会国际摄影展 FIAP 勋带奖）

卢敏强《老茶馆》

(获2016俄罗斯"我们与周围的生活"国际摄影展 FIAP 金牌)

陈光驰《窗外》

(获第三届克罗地亚 DFA 国际摄影展沙龙金牌)

杜文辉《烟火人生》

(获2015年第三届希腊奥林匹克四地巡回展 HPSC 金牌)

三、指尖上的历史

历史保存于史书之中,这是历史学家的天地。信手拍一张照片也叫历史吗?其实,史书的主人公是帝王将相,史书是大人物的文字坟墓,百姓凡人是埋不进去的,相片是百姓凡人为自己制作的历史——一种更为民主的历史。百姓凡人的历史也是历史。无论如何,相片是历史的信物,相片之中的那一刻永远带有纪念性的意味。

《奥马伊拉的痛苦》——1985年11月13日,哥伦比亚鲁伊斯火山突然爆发,山上的积雪融化后夹杂着泥石流顺坡而下,几乎吞没了附近的阿麦罗镇,造成了毁灭性的灾难。火山爆发后的第三天,美联社的法籍摄影记者富兰克·福尼尔赶到现场采访。在现场发现一个叫奥马伊拉的12岁小姑娘被两座房脊卡在中间无法脱身,她的脊椎已被砸伤,尽管福尼尔曾经当过外科医生,但此时也无能为力。只能在他拍下小姑娘那美丽而坚强的面孔的同时,不时同她交谈,希望增强她生存的力量和信心。待救护人员赶到时,她已在泥浆里浸泡了60个小时了。虽然小姑娘接受了治疗,但还是死了。福尼尔从始至终守候在奥马伊拉身边,一直拍到小姑娘下葬的最后一个镜头。翌年这组照片获第29届WPP突发新闻系列一等奖,其中充分表现小姑娘横遭灭顶之灾时仍能保持神情镇定自若的这张照片被评为1985年"年度最佳新闻照片"。

《奥马伊拉的痛苦》

《饥饿的苏丹》——这张照片是凯文·卡特赢得1994年普立兹新闻特写摄影奖的作品。那是一个苏丹女童,即将饿毙跪倒在地,而兀鹰正在女孩后方不远处,虎视眈眈,等候猎食女孩的画面。这张震撼世人的照片,引来诸多批判与质疑。人们纷纷打听小女孩的下落,遗憾的是,卡特也不知道。他以新闻专业者的角色,按下快门,然后,赶走兀鹰,看着小女孩离去。在他获颁这一生最高荣誉的两个月后,卡特自杀身亡。道德良心上的谴责,可能是卡特无奈结束生命的原因之一吧!在我们周遭,正有无数这样的图像在形成、在发生,你我是否也仅止于按下人生镜头的快门,然后,漠然地擦肩而过?

《饥饿的苏丹》

《时代广场的胜利日》——当"二战"结束的消息传到纽约的时代广场，一位狂喜的海军士兵搂过正在身旁的陌生护士热烈地亲吻她。照片出现于《时代》杂志，是反映战争结束后人们轻松欢乐心情的优秀作品。40年后，伊森斯塔特在报上刊登寻人启事，找到了当年的这两位照片中的男女，他们已成了子孙满堂的爷爷和奶奶。

《苦难的眼睛》——1948年冬至1949年春，法国"现代新闻摄影之父"布列松先后走访了中国的北平、南京、上海等城市，这张愁容满面的男孩子照片，是在南京市民买米的队伍中抓拍下来的，照片揭示了旧中国人民的悲惨和苦难。布列松是一位善于思考的摄影家。著名的美国杂志摄影家协会主席B.格林曾说："看上去，布列松的摄影好像是漫不经心随手拈来，但实际上他是一个很有思想的人。""徜徉于世界的各个角落，他们时不时就会像浮士德那样喊起来——请停留一下！于是，他们不顾一切地举起了照相机。"[①] 照片是摄影师们在用镜头表达自己对自然、对社会、对人生的认识，都是带有自己的感悟的，他们用作品向我们讲述体悟，与我们分享心得。因此，我们在欣赏时，也应该使自己沉静下来，用心灵与自然与社会与人生对话。

《时代广场的胜利日》

《苦难的眼睛》

单元综合实训

一、填空题

1. 今天我们所指的中国画是用毛笔在_____和_____上所绘制的图画。
2. 文房四宝是指_____、_____、_____、_____。
3. "颜筋柳骨"是唐代书法家_____和_____的书法风格。

二、选择题

1. 《洛神赋图》画面描述的是（　　）与洛神相遇。

   A. 曹操　　　　B. 曹丕　　　　C. 曹植　　　　D. 汉献帝

2. 阎立本的作品被时人列为（　　）。

   A. 孤品　　　　B. 神品　　　　C. 极品　　　　D. 创品

[①] 选自［德］歌德著，绿原译《浮士德》，人民文学出版社2011年版。

3. 世称"书圣"的是（　　）。
   A. 阎立本　　　B. 王羲之　　　C. 顾恺之　　　D. 赵孟頫
4. 中国绘画史中，多把（　　）奉为花鸟画之祖。
   A. 韦偃　　　　B. 边鸾　　　　C. 曹霸　　　　D. 韩幹

三、论述题

1. 中国书法史上论及宋代书法，素有"苏（苏轼）黄（黄庭坚）米（米芾）蔡（蔡襄）"四大书家的说法。他们四人被认为是宋代书法风格的典型代表。请查找这四大书家的作品，试比较其作品风格。

2. 请搜集《清明上河图》的相关资料，并和同学一起讲一讲图上的故事。

3. 很多人对"希望工程"都印象深刻，记得"希望工程"那张标志性照片：一个大眼睛女孩，穿着破旧冬衣，手握一支铅笔，眼神里满是渴求，还有一丝惊恐和怯意。人们为之动容，甚至泪下，很多人就是冲着这张照片为希望工程慷慨解囊。这个女孩子的照片也成为中国最有名的照片之一，她的形象，几乎是家喻户晓。

这张照片，是当时北京文化馆的宣传干事解海龙在安徽省金寨县拍下的，这女孩名叫苏明娟。解海龙回忆说：1991年，他来到金寨县桃岭乡张湾村，跟着一群孩子来到了学校。看到了正在课桌上低头写字的苏明娟，正巧她一抬头，解海龙发现这孩子的眼睛特别大，特别亮，特别纯真，"有一种直抵人心的感染力"。解海龙迅速换上变焦镜头，稳稳地端住相机，当女孩握着铅笔再次抬头时，他果断地按下了快门，留下了经典。

这张照片被中国青少年发展基金会选为希望工程宣传标识。截止到2007年年底，希望工程共收到海内外捐款近40亿元，资助贫困生390万人，援建希望学校一万三千余所。而这张纪实照片《大眼睛》，成了希望工程最好的宣传作品。

仔细欣赏下面这幅照片，说一说，为什么一张看上去很普通的照片却有如此大的感染力和影响力。

《大眼睛》

第二单元　三维艺术

概　述

　　相对于二维的平面艺术而言，三维艺术更具有视觉的立体感。有人把雕塑、建筑、园林称为空间艺术，实际是指雕塑、建筑、园林等艺术在平面二维系中又加入了一个方向向量构成的立体的空间系，形成了人们可以从三维空间的不同角度欣赏和把握艺术的定式。对空间的处理，显然是雕塑、建筑、园林之所以成为艺术和衡量其质量高低的重要砝码。所谓三维艺术，就是指立体的空间造型艺术，以雕塑、建筑、园林为最主要的呈现方式与形态。

　　在美的范畴中，无论哪种形态的美，都有它的感性形式。也就是说，无论自然美、社会美还是艺术美，不仅有它具体、特定的美的内容，还有它具体、特定的美的感性形式。如果没有一定的感性形式，那么，美就无法表现和存在，无法作用于人们的视觉和听觉，成为审美对象。

　　在美的形态中，现实美由于处于变动状态中，因而不稳定，容易消逝。即使作为现实美的最高表现形态的人体美，也不能违背宇宙间的自然法则，既不能青春永驻，也不能保持生命之树永不枯死。而三维艺术则不然，它可以不受宇宙间自然法则的影响和制约，以它美的特殊存在和特殊价值，超越时空，作为人类认识自己的本质力量，认识历史发展的本质。认识美、发展美、丰富美，成为人类文明生活的一部分，在人类的发展中永恒地活着。充满雕塑师灵魂的中西方各种雕塑作品，历史悠久，源远流长。

　　雕塑作为人类最古老的艺术形式之一，以其独特的魅力渗透于社会生活的方方面面。雕塑艺术以一种物质形态与意识形态相交融的方式存在着，它以静态的美传达艺术家们的思想情感与审美理想；而两种不同的历史与文化背景，使同一种艺术形态形成了各自独特的艺术风格特征。雕塑是可视的、可触摸到的并能反映一定意识形态及较高审美意义的实体。雕塑艺术是世界艺术宝库中一颗璀璨的明珠，也是根植于自己民族传统文化土壤上的一棵常青树。

　　建筑作为一种文化的象征，其设计应更彰显个性。另外，建筑也可以看作是一种视觉艺术。建筑将形式脱离于功能，所建立的不是一种整体的建筑结构，而是一种成功的想法和抽象的城市机构。在许多方面，把建筑工作当成雕刻一样对待，这种三维结构图通过集中处理就拥有多种形式，其形态空间的虚与实，人在空间的流动，时空的流动等都构成无尽的韵味。中国古代的建筑艺术不仅历史悠久，而且独树一帜，自成体系，对亚洲一些国家的建筑产生了重要的影响。同欧洲古代建筑相比，中国古代建筑艺术具有鲜明的艺术特征。

　　园林是指在一定的地域，运用工程技术和艺术手段，通过改造地形，种植树木花草，营造建筑和布置园路等途径，创作而成的美的自然环境和游憩境域。园林包括庭院、宅园、公园、植物园和风景名胜区等。园林和建筑有非常密切的关系，所以一般都将它包括在建筑的范围内。但是，由于园林比一般建筑更注重观赏性，而且园林艺术是将自然美和艺术美融合在一起的艺术,因此它具有许多自身的特点。

中国古代园林艺术历史悠久,这漫长的历史中,形成了世界上独树一帜的风景式园林体系,与欧洲、阿拉伯的园林艺术并称为"世界三大园林体系"。它不仅影响了我国邻近的朝鲜、日本等国的园林艺术,而且在18世纪中叶,对欧洲的园林艺术产生了重要的影响。

>> 历史悠久的中国雕塑 <<

雕塑是雕与塑的合称,它包含着两种最主要的手法——雕刻与塑造。雕塑是运用一定的物质材料,通过雕、刻、塑等手法,创造具有真实三维空间的、反映生活和表现情感的艺术。按照雕塑的形态,可分为圆雕、浮雕和透雕(镂空雕)三大类。按照作品题材内容的性质和用途,雕塑可分为纪念性雕塑、装饰性雕塑、宗教性雕塑等。

虽然我国的雕塑艺术有悠久的历史积淀,但随着全球化的进程,我国与世界文化交流的频率也逐步增加,西方先进艺术和思想的引进对我国的艺术创作思维和表现形式产生了重要的影响。具体到雕塑艺术而言,我国的现代雕塑呈现较为单一的发展模式。本文就中国从古至今雕塑的发展状况作具体阐述。

"雕塑是静态的舞蹈,舞蹈是动态的雕塑。"①

中国雕塑是中国文化的最佳表现形式,它将中国文化的动静、虚实等通过雕塑的艺术手法展现出来,因此它有着不同于西方雕塑艺术所常用的团块②的表现手法,更多的采用曲线和圆的形式来表现。而且,在我国古代,雕塑仅仅是工匠们的一种求生技能而非一种艺术形式,其技艺通过口传的形式传承下来,这使得中国古代雕塑理论的领域一片空白。

一、中国古代雕塑欣赏

中国的雕塑艺术具有悠久的历史和独特的艺术传统。从现存的中国古代雕塑作品来看,中国古代雕塑艺术可分成陵墓雕塑、宗教雕塑和其他内容的雕塑三大类。其中,前两类雕塑不仅作品数量多,而且艺术成就也最突出,是我国古代雕塑艺术最宝贵的遗产。③

1. 陵墓雕塑

陵墓雕塑作品可以分成两类:随葬的俑和地面的纪念性雕刻。由于这些陵墓的墓主都是帝王、贵族,他们掌握甚至垄断了当时最好的工匠和物质材料,所以,这些陵墓雕塑往往集中体现了当时最高的艺术水平,并且具有鲜明的时代特征。

俑是中国古代坟墓中陪葬用的偶人。制作俑的材料一般是木和陶土,以陶土④最为普遍。现有的考古资料表明,俑最早可能是象征殉葬奴隶的模拟品。正因为俑是一种代替人殉葬的陪葬品,所以,俑的形象实际上都是当时现实生活中的人物,主要是卫士、仆从、厨夫、说唱艺人、乐舞伎等下层人物。尽管俑在当时是一种随葬品,但由于它形象地反映了当

---

① 出自戚廷贵主编的《美学原理》。
② 团块,封闭、严实的意思,最早见于宗白华先生的《散步》之《中国美学史中重要问题的初步探索》,指相较于中国美学讲虚实结合,轻灵、生动、飘逸等特点,西方艺术造型重实而不重虚,给人呆板、滞塞、凝重甚至威压的感觉。
③ 选自叶志良、励继红著《审美知识》,清华大学出版社2014年版。
④ 陶土,一种陶瓷原料,矿物成分复杂,是主要由水云母、高岭石、蒙脱石、石英及长石所组成的粉砂或砂质黏土。

时的现实生活，体现了当时的艺术风尚和高超的塑造技巧，使其成为一种十分珍贵的艺术品和形象化的历史资料。秦、汉、魏晋南北朝、隋、唐时期的墓葬中都有大量的俑出土。只是到了宋代，因墓葬制度中流行纸冥器，俑才逐渐消失。现已发现的许多陶俑中，以秦、汉、隋、唐时期的作品最有特色。

秦始皇陵兵马俑1号陪葬坑

陶俑人物

"汉承秦制①"，汉代墓葬出土的陶俑数量也很大。汉代帝王陵墓至今一个也未发掘，它们是否也有像秦始皇陵兵马俑坑那样大规模的陶俑群，目前尚难判断。然而，汉代陶俑在反映社会生活的广度、艺术构思的巧妙、刻画形象的细致和生动等方面，都有不少新的突破，从而创造了击鼓说唱俑、铜奔马②等不少令人难忘的艺术作品。

---

①汉承秦制，指秦统一后，建立了一套以丞相为核心的中央官僚体制。西汉建立后，承袭秦制，虽略有所改，但在汉武帝以前的中央行政体制，基本上没有突破秦代模式，故有"汉承秦制"之说。只是在汉武帝时，中央官制出现了内朝与外朝的划分，皇权也进一步集中。

②铜奔马，旧称"马踏飞燕"，后因所踏之鸟是否属燕很难断定，又改称"马踏飞鸟"。1969年出土于甘肃省一座东汉墓葬中，因其极富创意而又做工精妙，被我国国家旅游事业部门作为中国旅游的标识。

四川省东汉墓葬中出土的击鼓说唱俑

甘肃省东汉墓葬中出土的铜奔马

到了唐代，统治阶级厚葬之风更甚，墓葬出土的陶俑更加丰富多彩。常见的唐三彩①就是其中之一，最有特色的当属女俑、乐舞俑和胡人俑。唐代的女俑最典型的是那些丰颊肥体、宽衣大袖、造型优美的女立俑，它突出地反映了唐代特别是盛唐时期以体态丰盈为美的时代风尚和审美趣味。

唐三彩中的女立俑

南朝陵墓石刻分布在江苏南京及其邻近的丹阳一带，共有31处。那些被称作麒麟、天禄和狮子的大型石雕，表现的都不是现实生活中某种具体的动物，它们都是传说中的瑞兽，通常称为"辟邪"（意为"避邪"），借以显示主人生前的显赫地位，同时也具有维护陵墓的作用。

六朝时期屹立于皇陵前的石辟邪

---

①唐三彩，中国古代陶瓷烧制工艺的珍品，全名"唐代三彩釉陶器"，是盛行于唐代的一种低温釉陶器，釉彩有黄、绿、白、褐、蓝、黑等色彩，而以黄、绿、白三色为主，所以人们习惯称之为"唐三彩"。因三彩最早、最多出土于洛阳，亦有"洛阳唐三彩"之称。

2. 宗教雕塑

中国古代的宗教雕塑主要集中在石窟和寺庙中，其中尤以石窟最集中、最具代表性。所谓石窟，是指在山崖开凿的佛教寺庙，它源于佛教的诞生地印度。因佛教创始人释迦牟尼是在幽静的山洞中修道成佛的，为了纪念他，也为了便于信徒们出家修行，古人便选择远离城市的僻静山崖开凿洞窟，并雕塑佛像和绘制佛教壁画。中国开凿石窟约始于公元3世纪（西晋），盛于5至9世纪（魏晋南北朝至唐代），最晚至16世纪（明代末朝）。①

据不完全统计，全国各地大小石窟有近百处之多。这些石窟中，雕塑数量和质量都很突出的莫过于享誉世界的四大石窟：敦煌石窟、麦积山石窟、云冈石窟和龙门石窟。其中敦煌石窟中的莫高窟、龙门石窟和云冈石窟已分别于1987年、2000年和2001年被联合国教科文组织列为"世界文化遗产"。

敦煌石窟是古敦煌郡（今甘肃省敦煌市）一带石窟的总称，包括敦煌莫高窟、千佛洞、安西榆林窟等石窟。其中以莫高窟规模最大，常说的敦煌石窟指的就是敦煌莫高窟。此窟创建于前秦建元二年（366年），直至元代的1000多年中不断凿建。现存壁画、彩塑洞窟492个，保存壁画4.5万平方米，彩塑2000多身。尤其是唐代的彩塑，佛的慈祥、菩萨的温静端庄，弟子的聪慧虔诚，天王的威武有力，都惟妙惟肖。如第45窟雕塑的是盛唐时期的菩萨，其形象雍容华贵，完全是贵族妇女的化身，难怪当时就有"菩萨似宫娃"之说。

麦积山石窟位于甘肃省天水县（今为天水市）东南秦岭山脉西端，因其山形如民间麦垛而得名。麦积山石窟创建于十六国后秦时期（384—417），以后各代均有开凿或重修。现存洞窟194个，雕塑7200余身，壁画1300余平方米。其中艺术价值最高的是北朝时期塑绘结合、线面结合的彩塑，如第121窟西魏的菩萨与比丘尼像，形象生动可亲，具有浓厚的生活气息和独特的艺术魅力。

敦煌莫高窟第45窟菩萨像

麦积山石窟第121窟西魏的菩萨与比丘尼像

---

①选自叶志良、励继红著《审美知识》，清华大学出版社2014年版。

龙门石窟，位于河南省洛阳市南的伊水两岸，创建于北魏迁都洛阳（494年）前后，后经东魏、西魏、北齐、隋、唐、北宋400多年的营建，现存窟龛①2102个，雕像10万余身，碑刻题记3600多品。其中艺术成就最为突出的是唐高宗时开凿的奉先寺的造像，奉先寺的造像以卢舍那大佛为中心，左右排列有菩萨、弟子、力士、天王等雕像，它们之间俨然是封建朝廷君君臣臣各有职守的关系，是披上了神圣外衣的李唐王朝的艺术概括。作为这组群像的主像，大佛身躯高大（高17.14米），面容庄严典雅，表情亲切动人，与其说它是神，倒不如说是高度理想化的人间最高统治者的化身。

龙门石窟的奉先寺卢舍那大佛

二、中国近现代雕塑欣赏

中国近现代雕塑艺术至今不到100年，而且中国近现代雕塑艺术真正走向繁荣，还是在中华人民共和国成立特别是20世纪80年代改革开放以后。中国艺术的特点更多地体现着中国古代哲学的内涵。中国近现代雕塑的发展和中国国门打开后的经济文化交流有着密切的联系，一些留洋的艺术家带回西方雕塑，研究其在解剖、结构等方面的西方先进美术和雕塑理论，并将其逐渐融入中国传统美术，在人们逐渐接受该种美术理论之后也便产生了一些新的艺术流派。下面从雕塑的两大类——浮雕和圆雕中，感受中国近现代雕塑的魅力。②

1. 浮雕

浮雕是雕塑与绘画结合的产物。它是用压缩的办法来处理对象，靠透视等因素来表现三维空间，并只供一面或两面观看的艺术作品。浮雕一般是附属在另一平面上的，因此在建筑上使用较多，在用具器物上也经常可以看到。由于其压缩的特性，所占空间较小，所以适用于多种环境的装饰。近年来，它在城市环境美化中占据了越来越重要的地位。浮雕在内容、形式和材质上与圆雕一样丰富多彩。浮雕的材料有石头、木头、象牙和金属等。③

中国现代雕塑艺术中最优秀的浮雕作品，是根据1949年9月30日中国人民政治协商会议第一届全体会议兴建的，位于北京天安门广场中央的人民英雄纪念碑的浮雕。它集中了当时全国著名的一批雕塑家、画家以及石工，前后历时6年（1953—1958）始告完成。它突

---

① 窟龛：窟，洞穴，石窟；龛，供奉佛像、神位等的小阁子。窟龛大意指建造在洞窟中的供奉神像。
② 选自叶志良、励继红著《审美知识》，清华大学出版社2014年版。
③ 选自叶志良、励继红著《审美知识》，清华大学出版社2014年版。

出地反映了当时我国雕塑艺术的水平。浮雕共 8 块,每块高 2 米,总长 40.68 米,分别以"虎门销烟""金田起义""武昌起义""五四运动""五卅运动""武昌起义""抗日游击队"和"胜利渡长江"为题材,概括而生动地表现了我国自鸦片战争至中华人民共和国成立前夕人民革命的伟大史实,具有重大的社会意义。主持这一创作任务的是我国现代著名雕塑家刘开渠①等。

人民英雄纪念碑全景图

人民英雄纪念碑浮雕之五四运动

人民英雄纪念碑浮雕之胜利渡长江

---

① 刘开渠(1904—1993),江苏徐州萧县人,著名雕塑家,早年毕业于北平美术学校,毕业后任杭州艺术院图书馆馆长。后赴法国,入巴黎国立高等美术学院雕塑系学习。归国后任杭州艺术专科学校(中国美术学院)教授。

2. 圆雕

圆雕作品又称立体雕，是指非压缩的，可以多方位、多角度欣赏的三维立体雕塑。① 圆雕具有三维空间的实体性，是实际存在的形象，这使它有特殊的优点：它可以与空间和周围环境融合在一起，不仅能使人直接感知雕塑形象的具体性，也能使人在不同角度和距离得到不同的艺术效果。圆雕是艺术在雕件上的整体表现，观赏者可以从不同角度看到物体的各个侧面。圆雕是雕塑艺术创作最普遍采用的形式，应用的范围也比较广，所以，可以选择供欣赏的优秀作品也比较多，如潘鹤的《艰苦岁月》、鲁迅美术学院雕塑系集体创作的北京农业展览馆广场两座群雕、李象群的《永恒的运转》、四川雕塑工作室集体创作的《收租院》、曾成钢的《鉴湖三杰》、张得蒂的《日日夜夜》、潘鹤等的《和平少女》以及江碧波和叶毓山的《歌乐山烈士纪念碑》等。

铜铸作品《艰苦岁月》

铜铸作品《永恒的运转》

泥塑作品《收租院》

玻璃钢作品《鉴湖三杰》

〉〉源远流长的西方雕塑〈〈

西方雕塑是作为建筑艺术的装饰而出现的，但在较短时间内就获得了独立地位。欧洲地处温带，地理差异相对较小，但阿尔卑斯山的重峦叠嶂，西班牙的群山连绵，冰岛的茫茫冰川，也在地理差别中培育了欧洲人不同的民族个性、不同的文化，在客观上形成了文化的多样性。古希腊的神祇与人同形同性，自上而下为"神系"，加之有地理环境等因素形成了城邦与城邦间的联盟和城邦内奴隶制下的民主制。因此其雕塑以人体、人像为主题，从古希腊创立并奠定了以人为主题的雕塑形式后，一直到现代雕塑兴起的2500年中，人像始终占据着雕塑题材的主导地位，涌现出众多优秀的人像雕塑作品。其中，有单人的也有组合的，动

---

① 选自叶志良、励继红著《审美知识》，清华大学出版社2014年版。

作姿态丰富多彩，这与古希腊"人，乃万物之尺度"的观念有着文化上的必然联系。

与中国的陵墓雕塑和宗教雕塑不同，西方大量的人像雕塑放置于广场和街道，从而显示出雕塑艺术功能的公共性特征。

西方的雕塑是作为一种艺术形式由各流派、各主义的不断酝酿而产生的。它们对雕塑有着严格的解剖、结构和比例的要求，以此来实现雕塑的精准度，并且西方雕塑崇尚理性的造型，追求各种神态上的相似。西方雕塑作品在视觉上给观众一种逼真的感觉，体现着一种极高的复制技巧。

雕塑在人体的外貌中集中概括地表现人的内在的、完备的精神内蕴，因此，雕塑最宜于表现内容宽泛、寓意深长、崇高的正面形象。这些形象多用于歌颂、表现寓意化和理想化的人物。雕塑以人为对象的范围是宽泛的，即使连内容几乎都是来自神话的雕塑，也是通过神来刻画"人"的。西方的原始社会就有以人为对象的雕像。古希腊雕塑是人类形体美的理想形象，同时也是当时社会理想的人的形象。古希腊雕塑的内容来自希腊神话，神话中人的情欲、勇敢、力量、智慧都被赋予了神，人性在神的身上得到了完美的个性化体现。①

一、西方古代雕塑艺术欣赏

古希腊是欧洲文明的发源地。古希腊的雕塑艺术是欧洲乃至整个西方古典雕塑学习的典范，具有广泛而深远的影响。

古希腊人像雕刻经常以裸体的形式来表现，并且在塑造完美的人体雕刻中取得了很高的成就。帕提侬神庙装饰雕刻《命运三女神》、卢浮宫收藏的著名的《萨莫德拉克的胜利女神》和《米洛斯的维纳斯》以及梵蒂冈博物馆收藏的著名的《拉奥孔》等，都充分体现了古希腊雕塑所达到的高度。

《命运三女神》——希腊古典时期的雕刻杰作之一。它原是帕提侬神庙东山墙上右角末端的高浮雕，题材来自希腊神话。所谓命运三女神，是指掌管着人的命运的阿特洛波斯、克罗托和拉克西斯三个女神。现存的这三个女神的雕像，头部和四肢都已失去，但那健美的身躯，恬静而潇洒的姿态，仍给人以极其优美的印象。

《命运三女神》

《萨莫德拉克的胜利女神》——1863年在爱琴海北部的萨莫德拉克小岛上被发现，并因此而得名。雕像出土时已成碎块，经过4年的精心修复，才重新站立起来，但仍缺头无

---

① 选自叶志良、励继红著《审美知识》，清华大学出版社2014年版。

臂。在雕塑中，作者将底座制成一艘战舰的船头，胜利女神从天而降，飞立船头，引导着舰队乘风破浪勇往直前。

《萨莫德拉克的胜利女神》

《米洛斯的维纳斯》——因 1820 年发现于爱琴海中的米洛斯岛而得名。它由两块大理石合雕而成，端庄的身材、丰腴的肌肤、典雅的脸庞、娟美的笑容、微微扭转的站姿，这一切构成一个十分和谐而优美的姿态。残缺的双臂反而诱发人们美好的想象，从而增强了人们的欣赏趣味。从艺术风格上看，它融合了希腊古典雕刻中的优美与崇高两种风格。19 世纪法国雕塑大师罗丹称这一雕塑为"古代的神品"。它与上述的《萨莫德拉克的胜利女神》以及达·芬奇的名画《蒙娜丽莎》都被收藏在法国卢浮宫，并被称为该馆的三宝。

《拉奥孔》——1506 年意大利人在罗马旧皇宫的地基上发掘出土的一尊雕刻原作，它取材于希腊神话中关于特洛伊战争的传说。传说希腊人巧施木马计攻入了特洛伊城，该神庙祭司拉奥孔在特洛伊城被攻陷前，曾识破这木马计，并提出警告。他的这一行动违背神意，宙斯派巨蛇将拉奥孔父子三人活活咬死。这件群雕正是表现拉奥孔被巨蛇缠咬，濒于绝境时肉体的痛苦和拼命挣扎的情景。

《米洛斯的维纳斯》

《拉奥孔》

二、西方近现代雕塑艺术欣赏

这里所说的西方近现代雕塑，是指 17 世纪至 20 世纪末的雕塑。在这 400 年中，外国雕塑艺术最繁荣的地区是以欧洲为中心的西方世界，其中最突出的是意大利和法国。这一时期的雕塑艺术不仅名家辈出，传世杰作众多，而且流派纷呈，风格各异，尤其是西方现代雕塑与西方传统雕塑在很多方面存在着很大的差异。

1. 西方近代雕塑作品欣赏

按照美术史的通常分期方法，近代雕塑是指从 17 世纪开始至 19 世纪末的法国最杰出的雕塑家罗丹为止这段时间的雕塑。在这三百年中，西方最有代表性的雕塑家和雕塑名作有：意大利雕塑家贝尔尼尼的《阿波罗与达芙妮》、法国雕塑家法尔孔涅的《彼得大帝纪念碑》、法国雕塑家乌东的《伏尔泰坐像》、法国雕塑家吕德的《马赛曲》、法国雕塑家巴托尔迪的《自由女神像》、法国雕塑家罗丹的《思想者》和《加莱义民》。

《阿波罗与达芙妮》——贝尔尼尼的作品，是 17 世纪流行的巴洛克风格的雕塑。这一作品取材于希腊神话，太阳神阿波罗由于讽刺了小爱神丘比特，丘比特为了报复，便将一支点燃爱情之火的金箭射中了阿波罗，使他苦苦地追求河神的女儿达芙妮。同时，丘比特又将一支拒绝爱情的铅箭射中了达芙妮，使达芙妮对阿波罗的苦苦追求百般回避。丘比特还请求河神，一旦阿波罗追上达芙妮，就让达芙妮变作月桂树，此雕塑刻画的即是这关键的瞬间。

《伏尔泰坐像》——乌东的作品，是法国最著名的新古典主义雕塑家的重要代表作。雕像中的伏尔泰已经 84 岁高龄，可看出明显的老态和瘦弱的身躯，但是面部表情却神采奕奕。

《阿波罗与达芙妮》

《伏尔泰坐像》

《马赛曲》——吕德的作品，是 19 世纪法国浪漫主义雕塑家最重要的代表作，是为巴黎凯旋门所作的浮雕，原名《1792 年义勇军出征》，表现了 1792 年法国人民在反抗普鲁士和奥地利等封建帝国的战争中，马赛的一支义勇军开赴巴黎参加战斗的历史事件。

《马赛曲》

《思想者》——罗丹的作品，是19世纪西方最杰出的雕塑大师系列重要作品中最具有代表性的力作。在这一作品中，罗丹运用人体两大块面的形体组合，使整个雕像蜷曲的身体像一张充满力量的强弓，只是由于被某种更大的力量束缚着，这就是深沉的思考。让人感到他不仅是用脑袋在思考，而且全身的每块肌肉和每条神经都处在紧张的思考之中。罗丹有意识地把"思想者"支着下颌的右胳膊肘放在左膝上，形成一种富于表现力的扭转。

《思想者》

2. 西方现代雕塑作品欣赏

西方现代雕塑艺术始于19世纪末20世纪初，在西方现代主义思潮的影响下，雕塑艺术与绘画艺术发生了根本性的变化。西方的雕塑家们开始了与传统的雕塑语言完全不同的探索，不仅使传统的写实雕塑走上了抽象化的道路，而且雕塑这一概念本身也变得越来越模糊以至于难以确定。对雕塑的形式语言和材料的探索，成了雕塑创作的最主要的追求。法国雕塑家马约尔的《地中海》、罗马尼亚法裔雕塑家布朗库西的《波嘉尼小姐》、俄裔法国雕塑家的《被破坏的鹿特丹市纪念碑》、英国雕塑家亨利·摩尔的《国王与王后》等作品，虽不足以概括外国现代雕塑艺术发展的全貌，但在很大程度上展示了外国现代雕塑艺术发展的新趋势。①

《地中海》——马约尔的作品，是他的一系列刻画女人体的代表作。他的作品特别重视雕塑的体积感和形体的厚重感，在雕塑领域中表现女人体的浑厚雄健的力量方面堪称独一无二。它以饱满粗壮而又不失优美的裸体女性，象征富饶而美丽的地中海。

《波嘉尼小姐》——布朗库西的作品，是他蛋形头像系列中的一件，展示了现代肖像雕塑的新追求。作者用夸张而极其概括的所谓形体高度单纯化的手法，出色地表现了人物的气质和神态，从根本上改变了人们对雕塑艺术的传统观念。布朗库西的这种极力追求形体的高度单纯化以至抽象化的艺术倾向，成为西方现代化雕塑发展的一种重要趋向，因而西方美术家称布朗库西为"西方现代雕塑之父"。

《地中海》

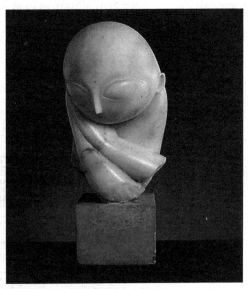

《波嘉尼小姐》

〉〉花样繁多的中国古代建筑② 〈〈

建筑是什么？建筑大师梁思成认为：建筑是人类在生产活动中克服自然、改变自然的斗争的记录；建筑活动反映了当时的社会生活和当时的政治经济制度；建筑是人类一切创造中最庞大、最复杂，也最耐久的一类，且具有时代性和民族性，它代表的民族思想和艺术，更显著、更多面，也更重要。

建筑是一门艺术，与设计艺术一样具有科学技术和艺术的双重性。我国传统的建筑艺术源远流长，其建筑群体鲜明地体现出东方文化的魅力：厅典雅端庄，堂严整瑰丽，楼体型不

---

①选自叶志良、励继红著《审美知识》，清华大学出版社2014年版。

②选自《百科知识》1980年第8期。题目有改动。作者郭黛姮（héng），清华大学建筑学院教授、博士生导师。国家一级注册建筑师，兼任中国建筑史学会常务理事、学术委员，中国紫禁城学会理事。"雷峰塔"改建总设计师，著名古建筑专家。师从中国建筑史学大师梁思成先生。

一、阁造型各异，亭形式多样，榭傍水而立，轩轻盈疏朗。

我国的建筑，具有久远的历史和独特的艺术传统。在长期的发展演变中，我国古代宅第和园林建筑，逐步形成了多种类型，它们各有特点，具有比较固定的制式。人们常常提到的有厅、堂、楼、阁、亭、榭、轩等。这里仅就这几种建筑作些简单的介绍。

一、厅

厅在古典园林或宅第中，多具有小型公共建筑的性质，用来会客、宴请宾客、观赏花木，需要用较大的室内空间来满足接纳众多宾客的要求，因此，在建筑群中，厅的体量往往是最大的。门、窗等装修也是最考究的。厅的造型典雅端庄，前后多置花木、叠石，使人们在里面就能够欣赏园林景色。有些厅四面都开门窗，称为"四面厅"；有些厅由前后两幢长方形房屋并在一起，以增加进深，扩大室内空间，但两幢房屋的结构又常自成体系，称为"鸳鸯厅"。还有一些厅当中少用几根立柱，代之以自梁悬吊的木雕花篮，这就是江南园林或住宅中所特有的"花篮厅"。

四面厅

二、堂

堂，常常是对居住建筑群中正房的称呼。它是长者居住的地方，也常作为举行家庭重要庆典的场所。在离宫①型园林中，供居住用的那一部分建筑也往往称为堂。如颐和园内光绪居住的四合院正房名为"玉澜堂"，慈禧居住的四合院正房为"乐寿堂"。一些文人、士大夫喜欢把自己宅第的正房叫作堂，如"世伦堂""秉礼堂""慎德堂"等，以标榜②其风雅和有德。堂多位于居住建筑群的中轴线上，体型严整，整修瑰丽，一般作两坡悬山③、硬山屋顶，偶有用歇山顶的。室内往往用隔扇、屏门、落地罩、博古架、太师壁等分隔空间。

---

①离宫，指帝王在都城之外的宫殿，也泛指皇帝出巡时居住和处理朝政的处所。
②标榜，提出某种好的名义，加以宣扬，多作贬义。
③山，指山脚，即房屋两侧的墙壁。山墙顶部和屋顶衔接部分有繁简不同的结构式样。一般民房山墙的式样最简单，称作硬山；屋顶突出山墙的叫悬山，如天安门城楼的屋顶；一种比悬山结构式样更复杂的叫歇山，如虎殿的屋顶。

北京颐和园的"玉澜堂"

三、楼

"重屋曰楼",这是古人常说的一句话。从古代建筑实例来看,这"重"字不限于两重,二层以上的就可称为"楼"。楼有很广泛的用途,在宋画《清明上河图》中绘有作为商业建筑的茶楼酒肆①;阁在明、清的住宅和园林中有作为卧室、书房和观赏风景的楼,如"见山楼""明瑟楼""听橹楼"等。古代建筑中还有许多不同于前者的楼,如汉画像石所刻的大住宅旁的"望楼",北宋在汴梁城中所建监视火警用的"望火楼",古代城防工程中的敌楼、城楼,许多古城中的钟楼、鼓楼。它们虽然很高,但多数不是"重屋",下半部有的以木构架支撑,有的是夯土台或城墙。楼的体型繁简不一,人们常见的钟楼、鼓楼、城楼是较简单的型式,历史上曾出现过体型非常复杂的楼,如宋画中的黄鹤楼。类似这样的建筑今天已不多见,仅山西省还幸存有明、清所建的万泉飞云楼和介休玄神楼,是极宝贵的遗产。

苏州留园的明瑟楼

---

① 酒肆,酒店。肆,古代的店铺。

四、阁

阁在古代往往是对收藏贵重文献的建筑的称呼。历代的寺院中常可见到"藏经阁"这样的名字；汉代陈建有藏书的"天禄阁""石渠阁"；清代乾隆皇帝为收藏四库全书专门修建类似国家图书馆性质的"内廷四阁"，即北京故宫的"文渊阁"，沈阳的"文溯阁"，圆明园的"文源阁"，承德避暑山庄的"文津阁"。这四阁的建筑型式均仿宁波私人藏书的"天一阁"，做成长方形平面，两坡硬山顶，二层楼，阁的正面满开门窗，其余三面都是实墙。

北京故宫的文渊阁

沈阳故宫博物院的文溯阁

圆明园的文源阁

承德避暑山庄的文津阁

  阁在园林中是作观赏风景用的建筑。例如苏州拙政园的"留听阁",命名用了"留得枯荷听雨声"这句诗的意思,表明建它是为了欣赏荷花。

  在一些宗教建筑群中,供奉高大佛像的多层建筑也被称为阁。如辽代建筑的河北蓟县(今为蓟州区)独乐寺"观音阁",明代建筑的广西容县"真武阁",清代建筑的承德普宁寺"大乘阁"、颐和园"佛香阁"等。它们的平面有长方形、凸字形、八角形,立面造型挺拔庄重,是中国多层木构建筑的代表,其中"大乘阁"在现存木构建筑中高度居第二位,"佛香阁"高度居第三位。

西安广仁寺的藏经阁

五、亭

亭是我国园林中几乎不可缺少的建筑，无论公园、私园，大园、小园，古园、今园，都可找到亭。在我国古典文学作品中，有许多名篇描写了亭，至今脍炙人口。亭既是供游人在内停留小憩的得景建筑①，又是供游人自外观赏的点景建筑②。例如苏州拙政园西部的"补园"，本来是另一家的园子，园内小山上有一座"宜两亭"，这个亭名据说寓意是"一亭宜作两家春"。登上这个亭子，就可以饱览两园春色。由于亭子是点景建筑，人们对它们的体型推敲得更为细致，总是力求完美。匠师们依据它们所处的不同自然环境，常把它们的平面设计成三角、四面、六边、八边、扇面、圆形、梅花等不同的形式，供人们欣赏。

苏州拙政园的"宜两亭"

---

①得景建筑，在风景区中便于游人饱览到最优美景色的建筑。
②点景建筑，在风景区中，经过人为的设计而起美化作用，可以成为风景点的建筑。

浙江绍兴兰渚山麓的"兰亭"

六、榭

东汉末年刘熙著的分科词典《释名》中说:"榭者,藉也;藉景而成者也。"这个解释点明了榭的含义。榭也属于园林中的得景建筑。它的突出特点是建在水边,往往从岸上延伸到水上。榭多是长方形或近于方形的单层建筑,结构轻巧,立面开敞,常用歇山屋顶。跨水部分由立在水中的石构梁柱支撑,临水的一面多不设门窗,而置带弓形靠背的坐凳栏杆,供人凭栏而坐。典型的实例如苏州拙政园①的"芙蓉榭",网师园②的"濯缨水阁",颐和园里谐趣园的"饮绿""洗秋"等。

苏州拙政园的芙蓉榭

七、轩

轩是古典园林中观赏性的小建筑,也是起点景作用的,但在轩中往往陈放简单家具,供人们饮茶、下棋、鉴赏书画使用,这是和亭不同的地方。轩可以露在水边,也可以隐于半山,建筑布局较为自由,风格也多轻盈疏朗。网师园的"竹外一枝轩"和颐和园的"写秋

---

① 拙政园,在江苏苏州市娄门内。晋代潘岳《闲居赋》有"灌园鬻蔬,是亦拙者之为政也"之句。
② 网师园,在江苏苏州市葑门十全街。网师,撒网的渔人。

轩"，代表了私家园林和皇家园林中轩的不同形式。

苏州网师园的竹外一枝轩

北京颐和园的写秋轩

　　轩还是江南民间厅、堂等建筑中天花板装修的名称。这是一种以弧面向上凸起的天花板，表面显露出一条条假椽，可以在两排纵列的柱子间形成一个单元。一座厅内如在进深方向设五列柱子，则可出现四个单元，称为"四轩"。假椽弯曲的曲线形式不同，又有不同的名称，如弓形轩、菱角轩、鹤胫轩等。

　　上述几种建筑，从它们的用途与建筑形式看，有些是彼此相近的，例如厅与堂，楼与阁，亭与轩。因此有些园林建筑往往把名称搞混，如拙政园的主厅被称为"堂"，有些私人的藏书建筑，往往被称为藏书楼。也有些建筑则由于文人士大夫随意题名，把厅、堂类型的建筑称为轩、馆，如苏州留园的"五峰仙馆""林泉耆硕之馆"，怡园的"藕香榭"，网师园的"小山丛桂轩"等，实际上都属厅一类的建筑。这种称呼往往使人们不易把握厅、堂、楼、阁的确切含义。

　　今天，对建筑的称呼，有的还保留着传统的含义，有的随着时代的变迁，含义已经发生了变化，如人民大会堂的"堂"就跟乐寿堂的"堂"大不相同了。

风格多变的中国园林[①]

中国园林是中国传统建筑中具有重大成就的建筑，被举世公认为世界园林之母，世界艺术之奇观，人类文明的重要遗产。在园林艺术上，中国人不断追求自然美和人工美高度统一的境界，逐渐形成了中国园林建筑的独特风格。

感受中国园林的风格，可以领略到中国园林深浸着中华文化的内蕴，还可以认识到园林不仅是中国五千年文化史造就的艺术珍品，也是一个民族内在精神品格的生动写照，更是我们今天需要继承与发展的瑰丽事业。

本文以漫谈的形式介绍了中国园林的独特风格。虽然主要是从造园的角度加以阐述的，但对我们如何赏园，如何发现园林之美，也有一定的引导作用。

中国造园有悠久的历史，在世界园林中展现着独特的风格。

中国园林在建造之先，首先考虑的是静观与动观的问题。所谓静观，就是园中给游者留有驻足的观赏点；动观，就是要有较长的游览线。二者说来，庭院专主静观；小园应以静观为主，动观为辅；大园则以动观为主，静观为辅。前者如苏州的网师园妙在静中生趣；后者如苏州的拙政园，奇在移步换景。立意在先，文循意出，动静之分，要看园林面积的大小。

苏州拙政园的小飞虹

苏州网师园的月到风来亭

[①]节选自陈从周著《说园》，文献出版社1984年版，题目是编者加的，有改动。陈从周（1918—2000），中国著名园林家，同济大学建筑系教授，美国贝聿铭建筑事务所顾问。

中国园林是由建筑、山水、花木等组合而成的一个综合艺术品，富有诗情画意，造成"虽由人做，宛自天开"的境界。山贵有脉，水贵有源，脉源贯通，全园生动。我曾用"水随山转，山因水活"与"溪水因山成曲折，山蹊①随地作低平"来说明山水之间的关系。中国园林的树木栽植，不仅为了绿化，而且要有画意。窗外一角，即折枝尺幅；山间古树三五、幽篁②一丛，是模拟枯木竹石图。重姿态，不讲品种，和盆栽一样，能"入画"。

中国园林妙在含蓄，一山一石，耐人寻味。立峰是一种抽象雕塑品；美人峰细看才像；鸳鸯厅的前后梁架形式不同，不说不明白，一说才恍然大悟，竟寓鸳鸯之意。过去有些园名如寒碧山庄、梅园、网师园都可以顾名思义，园内的特色分别是白皮松、梅、水。尽人皆知的西湖十景，更是佳例。

苏州环秀山庄的假山

北京颐和园的万寿山和昆明湖

---

①山蹊，山间小路。
②幽篁（huáng），生长在僻静之处的竹子。

园林景物有仰观、俯观之别；在处理上也要区别对待。楼阁掩映、山石森严、曲水弯环等都体现着这个道理。"小红桥外小红亭，小红亭畔，高柳万蝉声""绿杨影里，海棠亭畔，红杏梢头"，这些诗句不但写出园林层次，有空间感和声感，同时"高柳""杏梢"又把人的视线引向仰视。至于"一丘藏曲折，缓步百跻攀①"，又都是留心俯视所致。因此园林建筑的顶，假山的脚，水口、树梢，都着意安排。山际安亭，水边留矶②，是能引人仰视、俯视的方法。

园林中曲与直是相对的，要曲中寓直，曲直自如，灵活应用。园林两侧都是风景，随直曲折一下，使经过的人左右顾盼皆有景，信步其间便路程延长、趣味加深。由此可见，曲本直生，重在曲折有度。

园之佳者就像诗之绝句，词之小令，都是以少胜多。寥寥几句，有不尽之意，弦外之音犹绕梁间。我说园外有园，景外有景，也包含着这层意思。园外有景妙在"借"，景外有景在于"时"。花影、树影、云影、水影、风声、水声、鸟语、花香，无形之景，有形之景，交响成曲。所谓诗情画意盎然而生，与此有密切关系。园林中的大小是相对的，不是绝对的。园林空间，越分隔，感到越大，越有变化。以有限面积，造无限空间。

华丽之园难简，雅淡之园难深。简以救俗，深以补淡，笔简意浓，画少气壮，艳而不俗，淡而有味，是为上品。无过无不及，得乎其中；须割爱者能忍痛，须补添者无各色③；下笔千钧，反复推敲；刚以柔出，柔以刚现——造园之理，与一切艺术无不息息相通。所以我曾经说，明代的园林与当时的文学、艺术、戏曲有着相同的思想感情而以不同的形式出现。文学艺术讲究意境，造园也有意境。"景露则境界小，景隐则境界大"，"引水须随势，栽松不趋行"，"几个楼台游不尽，一条流水乱相缠"，这虽然是古人咏景说画之辞，造园之理也与此相同。

造园是综合性的科学艺术，并且含哲理观万变于其中。浅言之，要以无形的诗情画意，构有形的水石亭台，借晦明风雨，使景物变化无穷。再加上南北地理之殊，风土人情之异，因素便更多。所以，探究古园却不了解当时的社会生活，不把握中国园林的风格特点，妄加分析，就会像汉代的读书人解释儒家经典一样穿凿附会。如此说来，欣赏园林还需要丰富的生活、渊博的知识。

单元综合实训

一、填空题

1. 中国古代雕塑艺术可分成（　　）、（　　）和其他内容雕塑三大类。
2. 卢浮宫三大镇馆之宝是指（　　）、（　　）、（　　）。

二、选择题

1. 洛阳龙门石窟是我国著名的石窟艺术，与它的建造相关的历史事件是（　　）。

---

① 跻（jī）攀，登攀。
② 矶（jī），水边突出的小石山。
③ 各色，这里指坚持己见，不按常理办事。

A. 周平王东迁洛阳
B. 曹丕定都洛阳建立魏国
C. 北魏孝文帝迁都洛阳
D. 隋炀帝以洛阳为中心开凿大运河

2. 下列景点，依次属于北京故宫、苏州拙政园、北京颐和园的是（　　）。
A. 文津阁、宜两亭、竹外一支轩
B. 文渊阁、宜两亭、写秋轩
C. 文津阁、兰亭、写秋轩
D. 文渊阁、兰亭、竹外一支轩

3. （　　）统称为苏州四大古典名园。（多选题）
A. 拙政园　　B. 东园　　C. 留园　　D. 沧浪亭　　E. 狮子林

三、简答题

1. 查阅资料，谈谈拜占庭建筑、罗马式建筑、哥特式建筑的特点。
2. 结合所学知识，谈谈雕塑有哪些社会功用？
3. 查阅资料，简述米开朗基罗的艺术特色及其代表作。
4. 谈谈你对"中国园林真正的精华与核心是它的文化美"这句话的理解。
5. 下面是一段介绍寒碧山庄的文字。阅读后，说说我国园林的风格特点在寒碧山庄有哪些具体体现。

寒碧山庄（现名留园）以园中栽种的白皮松得名，由若干组庭院和池山组成，林木茂盛。从位于东面的园门步入，先来到一个小小的院落——揖峰轩。庭中布置太湖石峰，周围以曲折的回廊分割为若干小空间，其间点缀着树石花竹，宛如一幅幅精美的小品画。从揖峰轩往西，辗转来到传经堂。庭院中的湖石峰峦气势雄浑，风貌与玲珑幽静的揖峰轩恰成鲜明的对照。由此向北是远翠阁，站在这里既可以俯瞰全园，又可以远眺苏州郊外的名胜虎丘。

从这几组大小不同、意趣不同的庭院群落往西，便是以山池构成的园中主要景区。中央一汪碧水清澈明净，有曲折的小桥通往池心岛。西北两侧是连绵起伏的假山，石峰兀立，间以溪流，有宋元山水的意境。北面是"小桃坞"，植有桃树；"又一村"种着紫藤、葡萄，颇具田园风光。东南两侧是高低错落、虚实相间的厅、楼、廊、轩、亭等建筑，组成与西北山林相对比的画面。其中寒碧山房与明瑟楼是宴游的场所，而垂阴池馆与绿阴（景点名）或位于水湾，或与池中小岛割出小水面相接，以达到在整体环境中各有局部的特色。东南角环以走廊，临水一面建各种形式的空窗、漏窗，使园景半露半现于窗洞中；另一面布置花台小院，使人在游览过程中左右逢源。

寒碧山庄不仅建筑精美，且文化内涵丰富。园中廊壁上镶嵌的三百余方历代书法家墨迹石刻，被称为"留园法帖"；著名的"留园三峰"中的"冠云峰"高约9米，是北宋花石纲遗物，为江南最大的太湖石。楼堂馆舍内部的装饰陈设均古朴精美，是我国具有代表性的园林之一。

第三单元　表情艺术

概　述

　　表情艺术是艺术的一大门类，又称表演艺术，指的是借助于音响、节奏、旋律或人体动作，同时经过表演这个环节，以此来塑造艺术形象，反映社会生活和人们思想感情的艺术。表情艺术有广义和狭义两种含义：广义的包括音乐、舞蹈、曲艺、杂技、戏剧、电影、电视等；狭义的专指音乐和舞蹈。在美学和艺术学里，人们通用的是后一种，即狭义的表情艺术。

　　表情艺术是人类历史上最古老的艺术门类，也是当代人们生活中最普及、最广泛的艺术门类。与其他艺术种类比起来，音乐和舞蹈或许是除艺术家以外的普通人直接参与的最多的艺术形式。人们或者唱歌，或者练习乐器，或者跳交际舞，使得音乐与舞蹈具有广泛的群众性。表情艺术最基本的美学特征就是抒情性和表现性。音乐与舞蹈能够最直接和最强烈地抒发人的情感情绪，无须通过其他任何中间环节，能够直接撼动听众或观众的心灵。与此同时，音乐与舞蹈这两门表情艺术又总是需要通过表演这一二度创作的过程，创造出可供人们欣赏的音乐形象或艺术形象，因此，表演性构成了表情艺术另一个重要的美学特征。

　　与其他艺术相比，表情艺术不仅更善于表达艺术家的思想感情，而且也更容易拨动鉴赏者的心弦，激发鉴赏者的思想情感，有着更强烈的潜移默化的艺术感染作用。本单元以舞蹈艺术和音乐艺术为例，展示表情艺术的巨大魅力和艺术感染力。

　　舞蹈艺术是以经过提炼加工的人体动作来作为主要表现手段，运用舞蹈语言、节奏、表情和构图等多种基本要素，塑造出具有直观性和动态性的舞蹈形象，表达人们的思想感情的一种艺术形式。舞蹈是一门空间艺术形式，舞蹈作为人体艺术是通过空间的肢体展示来表达思想情感的，以人体为物质材料，以动作姿态为语言，在时间的流程中以占有空间的艺术形式来表达思想和情感，体现生命的符号。以前有人这样描述舞蹈艺术：舞蹈"长于抒情，拙于叙事"。因为无论是抒情还是叙事，舞蹈都是通过人体动作展示其主题及主体的。舞蹈通常以经过提炼加工的人体动作来作为主要表现手段，动作是舞蹈艺术的本体，动作传递情感胜过千言万语。舞蹈正是通过动作语言创造视觉意象来唤起观众的联想和想象，塑造出具有直观性和动态性的舞蹈形象，表达人们的思想感情，从而"领悟"舞蹈真谛的一种艺术表现样式。

　　音乐艺术是通过有组织的乐音在时间上的流动来创造艺术形象，传达思想感情，表现生活感受的一种表现性时间艺术。它是人类社会历史上产生最早的艺术种类之一，也是日常生活中人们最喜爱的艺术种类之一。音乐是表达和激发思想情感的艺术，是唤起情感体验的艺术，是和谐社会的动力源，音乐所带来的情感是构建和谐社会的精神食粮。音乐家冼星海曾经说过这样一段话："音乐，是人生最大的快乐；音乐，是生活中的一股清泉；音乐，是陶冶性情的熔炉。"确实如此，千百年来，音乐以其深刻的内涵及妙不可言的旋律，汇成了一条永远流淌不息、闪闪发光的音乐长河，使众人为之倾倒和沉醉。音乐是多种魅力的综合体,西洋乐、民族乐等众多选择,给予我们的自然是多元化的听觉美感。也许你从前与那些音符毫不相识,但在它们与你听觉接触的一霎,心灵便被它俘获。

来自红土地的舞魂

云南映象[1]

当文字面对舞蹈时,才知道什么是苍白。当人们在面对《云南映象》时,才体会到生命的律动。盘古抡起劈天大斧,茫茫混沌,从此开天辟地。一轮红日缓缓从东方升起,照亮了这个新生的世界,也照醒了从远古荒野里走来的灵魂。他们在太阳下载歌载舞,在"咚咚咚"的鼓声中敲开了世界之门,敲响了大地生灵最华美的乐章——《云南映象》。"天然去雕饰",那是用自然和生命激发出来的力量,是灵魂深处的舞蹈。这世上,真正美的东西不是你看到的让你大声赞扬的东西,而是让你的世界喑哑的东西。

杨丽萍对别的舞蹈家练功把自己练伤了这种做法很是诧异,因为对她来说,舞蹈就跟呼吸一样自然,无须特意使力。所以对她来说,舞蹈不是用来"练"的,那就是她的日常生活,她生命的一部分。于是我们可以理解,为何有人在观看《云南映象》时会泪流满面,因为真的会被强烈震撼到!

大型原生态歌舞集《云南映象》是"孔雀公主"杨丽萍将最原生的原创乡土歌舞精髓和民族舞经典全新整合重构,创作的具有浓郁的民族风情的歌舞作品。

云南映象(1)

这是一部没有用故事作为结构,却包容了所有故事内涵的大型原生态歌舞作品。其中的牛头、玛尼石、转经筒等真实道具在亦幻亦真的舞台灯光中穿梭于远古和现代,在时空错位、视觉错位中构建出一种生态情感。百分之七十的演员系云南的少数民族村民,这几十位能歌善舞的村民,用天人合一的歌舞、身心合一的激情,带着与生俱来的冲动和狂欢,发自内心地用生命在舞蹈。

---

[1]选自卢璐、李智著《云南印象:用生命在舞蹈》(《大武汉》2010年第17期)。

来自云南的气息

云南，一个自然美丽而神秘的地方，伸手能够摸到白云，侧耳能听到鸟鸣，这种纯天然的美景造就了少数民族人民的淳朴、善良，正是这种纯朴才会引导他们用生命去舞蹈。当这个非物质文化遗产渐渐被都市文化吞噬，不是要把这种文化封存，而是要在舞台上建造一个民间舞蹈艺术博物馆，让人们记住并重拾这个非物质文化遗产，这便是《云南映象》的宗旨所在。

著名舞蹈艺术家杨丽萍，便出生在云南这块土地上，血液里流动着能歌善舞的细胞，她演绎的孔雀惟妙惟肖，有时甚至到了与孔雀融为一体的境界。

由于这30年来内心一直得不到安宁，又唯恐这非物质文化遗产就此封存，于是她经历了一年多的采风行动，其间遇到几次艰难险阻，但是由于心中那强烈的信念，还是毅然决然地完成了这次精神之旅。这次旅程让她看到了终生难忘的情景：

傍晚，在夕阳照射下出现了一个似蚂蚁的女人背影，为了多收一点粮食，为了喂饱背上的孩子，她在拼命地挖山；一个布朗族的小女孩阿秀，为了实现自己最大的愿望，给家里买头牛，坚持要跟她学跳舞，一头牛要400块，400块钱对于普通家庭不是一个很难实现的愿望，而一个孩子，为了自己的梦想，这个梦想还是为了家庭，那么渴望去实现……这便是最淳朴和简单的云南少数民族村民，他们的思想就像一汪泉水，毫无杂念。

但这种最纯的感觉却又随着现代文化和物质的冲击而濒临消失，这种感觉的消失不仅仅是一种性格上的改变，如果有了这种改变，没有了那些淳朴的环境，人们不会再去发自本性般地舞蹈，更加不会用生命去舞蹈了。

这样一台充满人性最淳朴、最本真的原生态歌舞甚至不用去编排，由于选择的是那些土生土长的农民，他们只需要去演绎那种纯实憨厚的生活状态，为了爱，为了生命去舞蹈。

《云南映象》（2）

走向市场　走向世界

云南映象歌舞团是于2003年由杨丽萍特别为大型原生态歌舞集所成立的，杨丽萍亲自担任歌舞团总编导以及艺术总监，她亲自在云南各族甄选了几十位能歌善舞，把舞蹈当作生活，用灵魂舞蹈的农民演员，以最真实、最淳朴的面貌展现。

自2003年8月4日，《云南映象》在昆明会堂举行了正式演出前的首次彩排后，被当作当年省内重点艺术工程，在政府的扶持帮助下迅速发展。这以后，曾经历经困难的《云南映象》走上了发展的快车道。在昆明，《云南映象》的票房收入超过千万；在浙江的温州、杭州、宁波，9场演出场场爆满；在上海，获得了中国舞蹈"荷花奖"最高奖项；在北京，还未上映，杨丽萍和她的歌舞团已经成为媒介的重要目标。

《云南映象》目前已经成为云南省对外宣传的一个窗口，在结束北京的演出之后，《云南映象》赴重庆、成都、西安等地展开巡演。在国内市场掌声不断的同时，《云南映象》也开始实现走向世界的梦想。据说将以《寻找香格里拉》的名字进军国际文化市场，在美国等十几个国家举行160余场演出。目前，已有美国、澳大利亚、法国等7个国家有意邀请《云南映象》演出。《云南映象》曾出现在多家国外报刊，《纽约时报》曾描述中国的孔雀公主宛如大自然的精灵；《邮报》评价它是超越"大河之舞"的壮观民族舞蹈；《访问者》则说《云南映象》是最大、制作最精细的民族歌舞集。

《云南映象》（3）

舞蹈之外

而除了舞蹈，《云南映象》的音乐和舞美也是一流水平。

三宝，是一位蒙古族的著名作曲家，曾与多个乐团合作，为多部电影配乐，在2001年举办的首次个人影视音乐作品音乐会上，三宝亲自指挥整场音乐会，而此次的《云南映象》由三宝担任音乐总监与音乐创作。

孙天卫，空军政治部歌舞团国家一级舞美设计，中国舞台美术学会理事，曾获国家文化部第十届文华大奖、解放军文艺奖、文华舞台美术奖；林安康，海政歌舞团舞美设计，中国美术家协会会员，中国舞台美术学会会员，主要作品包括中央电视台《舞蹈世界》节目、《蓝色世界》大型歌舞。这两位同时担任此次《云南映象》的舞美设计。

节目简介：

序——混沌初开，鼓里的魂魄，腹中的种子在雷声中醒来吧；

第一场——太阳和月亮从东到西追个不停，男人和女人从生到死不分离；

第二场——土地是创世者的骨肉变化，我把身体紧贴土地，明白了祖先的传说；

第三场——在这个神圣的家园里，任何物种都是有神灵保佑的；

第四场——忠诚的朝圣神山，对自然的崇拜，得到的是心灵的慰藉，带着我们走向理想的天国；

尾声——象征爱情的太阳鸟——雀之灵寄托着我们对圣洁、对宁静世界的向往。

>> 大唐乐舞的弦外之音 <<

霓裳羽衣舞

《霓裳羽衣舞》是一种唐代的宫廷乐舞，为唐玄宗所作之曲，用于在太清宫祭献老子时演奏。唐朝是中国历史上政治、经济、法律、哲学、宗教、道德、文化、艺术等方面得到空前繁荣发展的朝代。由于唐朝帝王实施比较开明的治国政策，使得作为唐朝文化之一的大唐乐舞不断吸纳、借鉴、融合、创造各国外域音乐文化的精华，或者通过继承、发扬、改革历代传统歌舞的方式，或者集成唐朝各地流行的民间音乐、歌舞戏、琵琶、古筝、古琴等乐曲歌舞的形式得到新的发展。《霓裳羽衣舞》是唐代歌舞的集大成之作，至今仍无愧为音乐舞蹈史上的一颗璀璨的明珠。

《霓裳羽衣舞》相传是河西节度使杨敬述将印度传来的《婆罗门曲》带到长安后，由唐玄宗改编而成为唐代宫廷乐舞。郑嵎[①]在《津阳门诗并序》中描述："月中秘乐天半闻，丁珰玉石和埙篪。"诗人自注："叶法善引上（玄宗）入月宫，时秋已深，上苦凄冷，不能久留，天半尚闻仙乐。及上归，且记忆其半，遂笛中写之。会西凉府都督杨敬述进《婆罗门曲》，与其声调相符，遂以月中所闻为之散序，用敬述所进曲为其腔，而名《霓裳羽衣法曲》。"唐玄宗改编创作《霓裳羽衣舞》还有一个美丽的传说。传说唐玄宗有一次在睡眠中做了一个非常美丽、奇妙的梦，梦到自己飞到仙境月宫。月宫那美丽、朦胧、缥缈、虚幻的景色顿时把唐玄宗深深地吸引。更令唐玄宗惊奇的是，展现在他眼前的一群身着五颜六色服饰的妙龄仙女，在漂浮的云彩中挥动着长袖，伴随着悠扬动人的仙乐翩翩起舞时的情景。于是，唐玄宗把动人的旋律以及仙女们跳舞时的一个个动作、姿态、造型画面记在心里。当他醒来的时候，就把梦中听到的动人旋律以及看到的舞蹈记录下来。后来，唐玄宗又吸收《婆罗门曲》加以改编。于是，一部传世佳作《霓裳羽衣曲》就这样带着神奇的色彩产生了。

[①] 郑嵎（约公元859年前后在世），字宾光，著有《津阳门诗》一卷。《新唐书·艺文志》载称津阳为华清宫之外阙，郑嵎于逆旅中询父老以开、天旧事，为诗百韵，盛行于世。

《霓裳羽衣舞》(1)

《霓裳羽衣曲》是唐代歌舞大曲中的典型代表，它产生于盛唐时期，作为我国当时最出色的艺术作品，出现在各种政治外交、娱乐享受以及宗教活动中，集宫廷音乐、宗教音乐、西域音乐等多种艺术成分于一身。《霓裳羽衣舞》之所以称霓裳羽衣，是因为和舞者的服饰有关，舞者上衣可能缀了很多羽毛，下面着了白色又有闪光花纹的裙裾，在舞容和服饰方面力求有仙意，舞者本身代表的就是仙女。① 《霓裳羽衣舞》把美人幻想成仙子，并表达她那种飘飘欲仙之感。白居易的《霓裳羽衣歌》（和微之）具体描绘了自己在宫中观赏此舞的情形和感受：

我昔元和侍宪皇，曾陪内宴宴昭阳。
千歌万舞不可数，就中最爱霓裳舞。
舞时寒食春风天，玉钩栏下香案前。
案前舞者颜如玉，不著人间俗衣服。
虹裳霞帔步摇冠，钿璎累累佩珊珊。
娉婷似不任罗绮，顾听乐悬行复止。
磬箫筝笛递相搀，击恹弹吹声逦迤。
散序六奏未动衣，阳台宿云慵不飞。
中序擘騞初入拍，秋竹竿裂春冰坼。
飘然转旋回雪轻，嫣然纵送游龙惊。
小垂手后柳无力，斜曳裾时云欲生。
螾蛾敛略不胜态，风袖低昂如有情。
上元点鬟招萼绿，王母挥袂别飞琼。
繁音急节十二遍，跳珠撼玉何铿铮！
翔鸾舞了却收翅，唳鹤曲终长引声。
当时乍见惊心目，凝视谛听殊未足。
一落人间八九年，耳冷不曾闻此曲。

---

① 选自中国舞蹈艺术研究会、舞蹈史研究组主编，《全唐诗中的乐舞资料》，北京音乐出版社1958版。

滏城但听山魈语，巴峡唯闻杜鹃哭。
移领钱塘第二年，始有心情问丝竹。
玲珑箜篌谢好筝，陈宠觱篥沈平笙。
清弦脆管纤纤手，教得霓裳一曲成。
虚白亭前湖水畔，前后祗应三度按。
便除庶子抛却来，闻道如今各星散。
今年五月至苏州，朝钟暮角催白头。
贪看案牍常侵夜，不听笙歌直到秋。
秋来无事多闲闷，忽忆霓裳无处问。
闻君部内多乐徒，问有霓裳舞者无？
答云七县十万户，无人知有霓裳舞。
唯寄长歌与我来，题作霓裳羽衣谱。
四幅花笺碧间红，霓裳实录在其中。
千姿万状分明见，恰与昭阳舞者同。
眼前仿佛睹形质，昔日今朝想如一。
疑从魂梦呼召来，似著丹青图写出。
我爱霓裳君合知，发于歌咏形于诗。
君不见我歌云"惊破霓裳羽衣曲"，
又不见我诗云"曲爱霓裳未拍时"。
由来能事皆有主，杨氏创声君造谱。
君言此舞难得人，须是倾城可怜女。
吴妖小玉飞作烟，越艳西施化为土。
娇花巧笑久寂寥，娃馆苎萝空处所。
如君所言诚有是，君试从容听我语。
若求国色始翻传，但恐人间废此舞。
妍媸优劣宁相远，大都只在人抬举。
李娟张态君莫嫌，亦拟随宜且教取。

白居易是唐代高产的伟大诗人，在其两千多首诗词中，写乐舞诗的甚多，《霓裳羽衣舞》不仅是我国文学史、诗歌史上不朽的作品，更是研究白居易音乐方面贡献的珍贵篇章。诗文开篇写道："千歌万舞不可数，就中最爱霓裳舞。"可见诗人不止一次参加过内宴，也观赏过不知多少歌舞节目，然而印象最深、最为喜爱者却首推这《霓裳羽衣舞》。"舞时寒食春风天，玉钩栏下香案前"点出了表演的时间、地点。明媚的春天当然是表演歌舞的最佳季节，而"玉钩栏下"更非一般场所可比。关于演员，诗歌用"案前舞者颜如玉""娉婷似不任罗绮"两句作了交代，前者指容貌，后者形容体态，可谓惜墨如金，言简意赅。而"不著人间俗衣服"等句，更把这容颜如玉、体态轻盈的演员妆点成了仙女。在古代的神话传说中，仙女的美貌是不容置疑，也非凡人可比的。她身穿彩色如虹的裙子、回云流霞之披肩，钿璎累累，玉佩珊珊。诗中不仅描绘出歌舞艺人穿着打扮的华贵，也隐约透露出这是一出以神仙故事为题材的剧目。

接着,诗人重墨描绘《霓裳羽衣舞》的音乐伴奏、表演动作,让我们切实感受到《霓裳羽衣舞》歌舞的意境创造:"磬箫筝笛递相搀,击恹弹吹声逦迤。散序六奏未动衣,阳台宿云慵不飞。"乐声初起时,由磬、箫、筝、笛参差交错地进入,奏出悠扬、自由的散序,使乐舞一开始就给观众提供了一个含蓄朦胧的诗的意境,让人们不由得从音乐的流动中去展开对舞蹈的想象,感受它的氛围和情调。接着,慢拍子的中序,引出了翩翩舞人,使观众从听觉引起的遐想转向视觉的审美。白居易赞美道:"飘然转旋回雪轻,嫣然纵送游龙惊。小垂手后柳无力,斜曳裾时云欲生。"大、小垂手是袖舞的一种姿态,这里此舞借助舞袖来延长上肢表现力,塑造了仙女飘逸、流动、似幻的形象。浪漫不羁的仙女形象,快节奏时热烈奔放的舞蹈动作抒发情感,十分自然地创造了一个缥缈朦胧、似近又远、亦虚亦实、天上人间的意象境界。

舞者伴随着"破"中快速的节奏,表演出剧烈、奔放的大幅度腾、踏、转等动作;最后,"翔鸾舞了却收翅,唳鹤曲终长引声",舞蹈在乐曲的长引声中结束,以舞蹈"翔鸾"的轻盈来对应乐曲"唳鹤"的超凡脱俗。轻歌曼舞时给人以温雅清新的感觉,而"急音蹈节"时又使人心热情扬,让传统舞姿的柔媚与西域舞风的俏丽、明朗水乳交融,形成了既保持有本民族舞蹈神韵又融化外来风情,既不同于健舞又有别于软舞的特殊风格,对后世的艺术创作影响巨大。面对如此美妙的音乐舞蹈,诗人看得目瞪口呆了。"当时乍见惊心目,凝视谛听殊未足"道出了《霓裳羽衣舞》强烈的艺术效果。

《霓裳羽衣舞》(2)

在"千歌百舞"中,《霓裳羽衣舞》最受欢迎。舞者如一位舞袂翩翩、嫣然巧笑的仙子,在久久的沉寂之后,开始翩翩起舞。时而急速回旋,时而婆娑轻舞;时而像弱柳拂风,时而如蛟龙翔游;娴静时,低眉垂手;急促时,裙裾缭绕。曲终时,舞者如翔鸾收翅,乐声如长空鹤唳。《霓裳羽衣舞》大量运用了古代传统舞蹈中舞袖和舞腰的技巧,即诗中所说的"回雪轻""游龙惊""柳无力""云欲生"的曼妙姿态。同时借助袖的幻舞,表现出身体的飘逸、流动、轻盈。白居易的这首诗,对舞蹈音乐、舞者的舞容、服饰、化妆、表演等各方面都有详细的描述,为我们研究这部辉煌的乐舞提供了宝贵的资料。今天,虽然我们已经不能看到《霓裳羽衣舞》的全貌,但是它留给历史的却是永恒的灿烂,它仍以独特的无穷魅力吸引着我们。

唐曲珍宝里的《秦王破阵乐》(选文)[①]

唐朝的文化艺术在中国古代史上达到巅峰，音乐方面的成就更是光辉灿烂，《秦王破阵乐》便是唐朝音乐艺术的代表作之一。《秦王破阵乐》即《秦王破阵舞》，又名《七德舞》，是唐代最著名的一部集歌、舞、乐于一体的大型综合性宫廷乐舞。《秦王破阵乐》基于原唐初军歌《破阵乐》发展而来，歌颂了唐太宗李世民统一中国、以武功定天下的英勇战绩。秦王李世民率兵讨伐刘武周大胜而归后，佩服秦王英武神威的将士们使用军中旧曲填上新词演唱，"破阵乐"就此出现。唐太宗登基后对"破阵乐"进行了修改，最后形成了《秦王破阵乐》的最终完成版——《七德舞》，成为唐朝乐舞的杰出代表作之一。

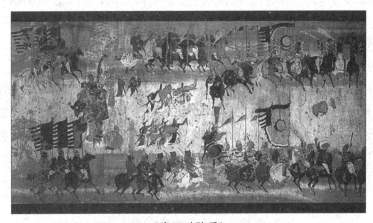

《秦王破阵乐》

《秦王破阵乐》是唐初创制的第一部大曲，也是继周代《大武》之后，我国历史上又一部具有历史意义的宫廷大型歌舞。二者虽都是在颂扬当世帝王的文德武功，但在历史上均产生过积极影响，为人们所称道。也许由于唐朝离我们所处时代比周朝较近，所以《秦王破阵乐》给后世人的印象则更为清晰和深刻。甚至有不少朋友，一旦谈到唐朝历史时，总免不了要问：《秦王破阵乐》是否保留了下来？作为一个音乐史学者，又是中华民族的子孙，我为我国古代能产生像《大武》《秦王破阵乐》这样的大型歌舞而感到荣耀。何况这两部歌舞都产生在古都长安，而我在这里土生土长，故倍感亲切。可惜的是二者无一保留下来，为此，又感到非常遗憾，只有幻想一朝能在出土文物中出现奇迹，重新见到二者的遗踪，哪怕片纸只字，一鳞半爪，也是可贵的。关于《秦王破阵乐》，尽管它已不存于世，但却已在人们的脑海中留下了深刻的印象。许多历史文献，以及文人的著述中，都比较清楚地记载着它的产生、形成与演变过程、历史意义，以及对东、南、西亚诸国的影响，特别在唐代贞观以后，由于朝野的重视，不断有所改编、借鉴，又出现了许多同名曲，使得《破阵乐》这一曲名，永远留在人们记忆之中。《秦王破阵乐》可能是由于它太宫廷化了，或者在一定程度上，属于"雅乐"范畴的歌舞，故在现代的一些古代音乐史著作中，很少有所记述。偶有

[①] 节选自《交响——西安音乐学院学报》1997 年第 1 期，作者李石根。

提及，也很难看出其来龙去脉。近年来，我对古代音乐文献进行了再学习，得到了启发，觉得有必要对这一历史上重要歌舞重新作一介绍，以便使更多的人对其产生与形成过程、历史意义有概括的了解。

隋朝末年，杨广昏庸，民不聊生，农民纷纷起义。杨广命太原的李渊领兵征讨，但李渊却广结豪杰，为众所服，遭到了杨广猜疑，遂派人去太原监视、加害李渊。结果密谋败露，在李世民等促使下，李渊决心反隋，进军关中。渡黄河，取华阴，直驱长安。攻克长安后，立隋代王杨侑为恭帝，改元义宁，时公元617年。恭帝封李渊为唐王，李世民为秦公。义宁二年，恭帝又下诏，让位于李渊。同年（618年）李渊即帝位，改国号为唐，年号武德。是年，杨广死，隋亡，唐立。唐朝初兴，群雄仍割据河南、河北、山东、山西等地，自立为王。其中有王世充、窦建德、薛仁杲、刘武周、刘黑闼、宋金刚等。为了绥靖中原，保卫京畿，李渊便派秦王李世民领兵征讨。武德元年、大败薛仁杲；三年，与山西刘武周大战于解州、并州一带，败宋金刚，刘武周逃奔突厥，为突厥所杀；四年，擒窦建德，王世充被迫投降。至此，中原始平，李世民得胜回京，献俘太庙。至此，大唐政权始得统一，李世民立下了汗马功劳，朝野上下称颂。这就是《秦王破阵乐》产生的时代背景。

就是在征讨刘武周时，民间与军营中流传着一支赞颂李世民征战事迹的歌舞，被称作《秦王破阵之曲》，后又被传至宫廷，曾在宴会上表演。《秦王破阵乐》的产生时期，当在贞观以前，武德三年以后，所歌颂的内容，绝不会只是破刘武周一事，而是李世民全面的文德与武功事迹。白居易在《七德舞》一诗中，对《秦王破阵乐》的乐意，以及李世民的文德武功作了概括的描述。现抄录以示：

　　　　七德舞，七德歌，传自武德至元和。
　　　　元和小臣白居易，观舞听歌知乐意，
　　　　　　乐终稽首陈其事。
　　　　太宗十八举义兵，白旄黄钺定两京。
　　　　擒充戮窦四海清，二十有四功业成。
　　　　二十有九即帝位，三十有五致太平。
　　　　功成理定何神速，速在推心置人腹。
　　　　亡卒遗骸散帛收，饥人卖子分金赎。
　　　　魏徵梦见子夜泣，张谨哀闻辰日哭。
　　　　怨女三千放出宫，死囚四百来归狱。
　　　　剪须烧药赐功臣，李勣呜咽思杀身。
　　　　含血吮创抚战士，思摩奋呼乞效死。
　　　　则知不独善战善乘时，以心感人人心归。
　　　　尔来一百九十载，天下至今歌舞之。
　　　　歌七德，舞七德，圣人有作垂无极。
　　　　　　岂徒耀神武，岂徒夸圣文。
　　　　太宗意在陈王业，王业艰难示子孙。

最初的《秦王破阵乐》可能只是一种结构简单，较为粗犷，且具有民间色彩的小型歌舞或歌曲，但却表现了士卒们亲身经历的事实，遂以饱满的感情，来赞扬李世民的战略思想及武功。事实上，只有在军营中自发地普遍传唱，人才有可能被发现而带入宫中，李世民等乃至他的父亲李渊，也一定会耳闻目睹其状，也有所感。贞观以前，李世民还不是皇帝，这首乐曲不可能被拿到宫廷宴会上去演奏、歌唱，故只有到贞观元年，才有了这种可能。这时的《秦王破阵乐》，也必定不是军中流传的原样，而是经过加工整理稍具规模后，才拿到宫廷宴会上去的。这一点，文献没有交代，但情理必然如此。直到贞观七年以后，又经过重大改编，重新写词、制舞、配曲，遂成为结构庞大、完整而壮观的唐代第一部大曲——《秦王破阵乐》。这就是《秦王破阵乐》产生与形成的全过程，与原在军营中流传的《秦王破阵之曲》相比，是另一种风格，而且更加完善，更符合宫廷的条件。李世民在一次演奏后，深有感触地说："朕昔在藩，屡有征讨，世间遂有此乐，岂意今日登于雅乐。然其发扬蹈厉，虽异文容，功业由之，致有今日，所以被于乐章，示不忘本也。"①

《秦王破阵乐》不仅会在宫廷宴会上演奏，而且还常在玄武门前表演，其阵势、舞列更加雄伟壮观。表演前，由兵马三千作为前导，引舞队入场，观者人山人海，非常踊跃。《秦王破阵乐》的创制，引起了唐王朝的极大重视，后又与《庆善乐》（又名《九功舞》《功成庆善乐》）、《上元乐》合称"三大乐"。显庆元年（656年）正月，又改《七德舞》之名为《神功破阵乐》。经太常韦万石建议，《神功破阵乐》五十二遍，其中两遍修入雅乐，《功成庆善乐》五十遍，其中一遍修入雅乐，《上元乐》二十九遍，全部修入雅乐。按古制，周代雅乐，以《云门》《咸池》《大韶》《大夏》为文舞，《大汉》《大武》为武舞。《神功破阵乐》主要表现秦王的武功，故被作为武舞；《功成庆善乐》主要表现太宗的文德，则被作为文舞，二者均可用于郊庙祭祀及朝会、宴飨之中。上元三年（676年），高宗又下诏说：《神功破阵乐》不入雅乐，《功成庆善乐》不宜降神。从此二舞又恢复原来面貌，一直在宫廷演奏，借以教育子孙。为了遵循祖训，平时在演奏中，高宗总是要站着观听，或者回避，以免由于皇帝在场，群臣感到拘束。

贞观十四年（640年），张文收以"景云见，河水清"为主题，作《景云河水清歌》（亦名"燕乐"）②，列于十部乐之首，包括《景云乐》《庆善乐》《破阵乐》《承天乐》四支乐曲。其中《破阵乐》用乐工四人，穿绫袍、绛裤。看起来，这里的《破阵乐》很可能是另行编制或摘编的。

在坐、立部伎中，亦有《破阵乐》之名。立部伎中的《破阵乐》，据《旧唐书·音乐志》载："自《破阵乐》以下，皆擂大鼓，杂以龟兹之乐，声振百里，动荡山谷"，与原来的《秦王破阵乐》明显有所变化，主要是加进了龟兹乐成分。

坐部伎中，《破阵乐》之名，又出现两次。其一是十部乐"燕乐"中的《破阵乐》，看得出乃是一种移植。另一《小破阵乐》，文献说明是李隆基所作。舞四人，金甲胄，与"燕乐"中的《破阵乐》风较近，与立部伎中的《破阵乐》相较，就大不相同，前者有武象，后者有文象。但不管怎样，这些同源而不同意趣的《破阵乐》，能在坐、立部伎中表演，确

---

① 出自《旧唐书·音乐志》（中华书局版，第1045页）。
② 《景云河水清歌》所作时间，《旧唐书》云"以贞观十四年"，《新唐书》则云，"为高宗即位以后"。

是一种新鲜之举。

后来，又出现了一支《小破阵乐》，是李隆基生日——千秋节，在勤政楼前表演的。据《新唐书·礼乐志》载："有宫人数百，衣锦绣衣，出帷中，击雷鼓，奏《小破阵乐》，岁以为常。"这个《小破阵乐》，也可能是李隆基所作，但又不同于坐、立部伎中的同名曲。

崔令钦的《教场记》中，有《破阵乐》《破阵子》两个曲名，虽都出现在开元时期，但与唐初原曲如何？该书没有交代，后世人亦众说纷纭，莫衷一是。五代时期所见的《破阵子》，已被作为词牌，曲名则为《人去潇湘》，内容与《秦王破阵乐》相去何止十万八千里。

至于文宗大和时期凯乐中的《破阵乐》，文献虽说"太常旧有"，但由于没有说明时限，故不能说就是唐初原曲的保留。按凯乐《破阵乐》原词："受律辞元首，相将讨叛臣。咸歌破阵乐，共赏太平人。"从这四句歌词中，明眼人一看就知为后世征战而歌，绝非秦王征战原意。词语的粗陋，也绝非魏徵等人手笔。史学家任半塘先生在《唐声诗》一书上编首篇，以此作为《破阵乐》的词例，可能是由于《秦王破阵乐》原词已经不存，后世仅此一例之故，但任先生却在词尾加上了"秦王破阵乐"五个字作为"和声"，这在新、旧《唐书》《乐府诗集·鼓吹曲辞》所载同一词是没有的，《全唐诗》中，连这一凯乐歌词也纳入了。相反，在《新唐书·礼乐志》有关《七德舞》一节中，却有"歌者和曰：'秦王破阵乐'"字样，不知任先生引自何处？在《唐声诗·破阵乐》一节中，任先生又说："文宗朝适应奏凯乐献俘之礼，用《破阵乐》《贺朝欢》等四曲，辞各一遍，其中《破阵乐》之辞，犹是唐初旧制。"这显然是把凯乐中的《破阵乐》误认为是唐初的《秦王破阵乐》了。值得注意的是：贞观以后，《秦王破阵乐》引出了这么多不同风格的同名曲，一方面说明了它的影响之大，另一方面则说明了唐代音乐文化的繁荣景象，是此前历代都不曾有过的"百花齐放"局面。艺术家是从来不愿固守或拘泥于同一种创作模式或同一风格而永远不变的。正因为如此，才使大唐帝国在近三百年间，创造出了灿烂辉煌的音乐艺术。《秦王破阵乐》的产生、形成与演变，就是一种典型。

《秦王破阵乐》的出现，与李唐王朝当时的政治形势是密切相关的。也正是由于唐太宗的"贞观之治"，才促进了大唐帝国与东、南、西亚各国的文化交流。当时，就有不少唐乐被传到了其他国家。特别是日本，前后多次备"遣唐使"来长安学习，其中不少人就是专门来学习音乐的。如滕原贞敏、吉备真备等，他们均在长安学习多年，回国时还带了许多乐谱、乐器、文书等，为发展日本民族音乐增添了积极因素，至今还能见到许多与此有关的遗音、遗物。所谓的日本雅乐中，就有许多唐传乐曲，《秦王破阵乐》就是其中之一。传至日本的《秦王破阵乐》，在其音调、乐器、舞蹈诸方面，与唐代原传已有极大变化，完全日本化了，这也是一种必然。如果有人不承认这一点，非要认为既是唐传，就必须是原模原样，原汁原汤，否则就是假古董的话，那就是不了解艺术发展的规律。在中国，除了出土文物，即便是流传两三千年的传统音乐，但毫无变化的根本没有。故所谓《秦王破阵乐》，在唐代初期仅此一部，高宗以后所出现的《破阵乐》《小破阵乐》等，只能说是继承了唐初原曲的艺术传统，而予以改编、创新而已。

天竺（即印度）自古就和中国有所来往，东汉时期，佛教传入中国，两国的文化交流就更加频繁。隋唐时期，七部伎、九部伎中的天竺乐就是从天竺传来的音乐；玄奘去天竺，本是唐太宗派遣前去取经的。贞观十五、二十二年（641年、648年），以及乾封与开元年间，两国都有使节来往。玄奘到了天竺，曾受到尸罗逸多王的接见，并问到《秦王破阵乐》之事，玄奘大致作了介绍，尸罗逸多高兴地说："我当东渡朝之。"[1] 玄奘著《大唐西域记》中，也载有他与羯若鞠阇国戒日王、迦摩缕波国拘摩罗王都谈到有关《秦王破阵乐》的情况。拘摩罗王对玄奘说："今印度诸国，多有歌颂摩诃至那[2]《秦王破阵乐》者，闻之久矣，大德之乡国耶！"以上数例，不仅说明了《秦王破阵乐》在天竺诸国的盛誉，同时也把它与大唐帝国，以及李世民的威望，密切地联系了起来。事实就是如此：有了秦王李世民的文德与武功，才会产生《秦王破阵乐》这样的歌舞大曲；有了《秦王破阵乐》才更显示出大唐帝国的国威。

不知什么时候，已有中原乐工去了土蕃（西藏）。唐穆宗显庆二年（827年），大理司刘元鼎奉诏去土蕃议盟，在宴会上，赞普为之演奏了《秦王破阵乐》，以及《凉州》《胡渭州》《录要》等杂曲、百戏，演奏者全是中原人[3]。这也可以看出，在唐代，不能说只有西域音乐传入长安，同样，长安音乐也有不少传到了西域、天竺等地，从而促进了中、西音乐文化的交流。

虽然《秦王破阵乐》已不复存了，但站在历史的角度上，它确曾为我国民族音乐的发展，以及对外文化的交流，发挥了积极作用，同时从它的产生、形成与演变过程来看，任何一个国家，其民族文化的发展，都会体现出该国的国情与尊严，这是一条普遍规律。

1996年仲冬修改于西安寓所

---

[1] 出自《新唐书·西域传·天竺国》。
[2] "摩诃"，梵文"大"的意思；"至那"即中国。"摩诃至那"，即"大中国"，当时实指"大唐国"而言。
[3] 出自《新唐书·土蕃传》。

华夏民族文化的瑰宝——秦腔[①]

秦腔是西北地区主要的地方戏曲之一，它是在陕西关中地区生长起来的。周代以来，关中地区就被称为"秦"，秦腔由此而得名。秦腔是我国一个古老的剧种，是我国戏曲四大声腔（昆腔、高腔、梆子腔、皮黄腔）中最古老、最丰富、最庞大的声腔体系，到了清朝，得到了蓬勃发展，广泛流传到山西、山东、河南、河北等省。因以枣木梆子为击节乐器，又叫"梆子腔"，因以梆击节时发出"桄桄"声，俗称"桄桄子"。秦腔创造了我国戏曲音乐中板式变化的结构方法，是我国戏曲音乐中最早的板腔体声腔，也是梆子腔（乱弹）系统的代表剧种。

贾平凹是我国当代文坛屈指可数的文学大家和文学奇才，是一位当代中国最具叛逆性、最富创造精神和广泛影响的具有世界意义的作家，也是当代中国可以进入中国和世界文学史册的为数不多的著名文学家之一。他的作品《秦腔》是一篇浑厚深重的文化散文，其中不仅濡染了秦地的民情风俗，而且传神地展现了秦地百姓的精神风骨。

作者通过绘形绘色地描写秦地的风土人情，传递了他对秦文化的领悟，并在文化的把握中透视民众的生存状态与生存哲学。"这里的地理构造竟与秦腔的旋律惟妙惟肖的统一。"高亢响亮、沧桑悲凉的秦腔与八百里古风犹存的秦地是息息相关的。

山川不同，便风俗区别，风俗区别，便戏剧存异；普天之下人不同貌，剧不同腔，京、豫、晋、越、黄梅、二黄、四川高腔，几十种品类；或问：历史最悠久者，文武最正经者，是非最汹汹者，曰：秦腔也。正如长处和短处一样突出便见其风格，对待秦腔，爱者便爱得要死，恶者便恶得要命。外地人——尤其是自夸于长江流域的纤秀之士——最害怕秦腔的震撼，评论说得婉转的是：唱得有劲，说得直率的是：大喊大叫。于是，便有柔弱女子，常在戏台下以绒堵耳，又或在平日教训某人："你要不怎么怎么样，今晚让你去看秦腔！"秦腔成了惩罚的代名词。所以，别的剧种可以各省走动，惟秦腔则如秦人一样，死不离窝；严重的乡土观念，也使其离不了窝；可能还在西北几个地方变腔走调的有些市场，却绝对冲不出往东南而去的潼关呢。

秦腔表演

[①]作者贾平凹，1952年2月21日生于陕西省商洛市丹凤县棣花镇，1975年毕业于西北大学中文系，当代作家1978年凭借《满月儿》，获得首届全国优秀短篇小说奖。2003年，先后担任西安建筑科技大学人文学院院长、文学院院长。2008年凭借《秦腔》，获得第七届茅盾文学奖。

但是，几百年来，秦腔却没有被淘汰，被沉沦，这使多少人大感而不得其解。其解是有的，就在陕西这块土地上。如果是一个南方人，坐车轰轰隆隆往北走，渡过黄河，进入西岸，八百里秦川大地，原来竟是：一抹黄褐的平原；辽阔的地平线上，一处一处用木橼夹打成一尺多宽墙的土屋，粗笨而庄重，冲天而起的白杨，苦楝，紫槐，枝干粗壮如桶，叶却小似铜钱，迎风正反翻覆……你立即就会明白了：这里的地理构造竟与秦腔的旋律惟妙惟肖的一统。再去接触一下秦人吧，活脱脱的一群秦始皇兵马俑的复出：高个，浓眉，眼和眼间隔略远，手和脚一样粗大，上身又稍稍见长于下身。当他们背着沉重的三角形状的犁铧，赶着山包一样团块组合式的秦川公牛，端着脑袋般大小的耀州瓷碗，蹲在立的卧的石磙子碌碡上吃着牛肉泡馍，你不禁又要改变起世界观了：啊，这是块多么空旷而实在的土地，在这块土地挖爬滚打的人群是多么"二愣"的民众！那晚霞烧起的黄昏里，落日在地平线上欲去不去的痛苦的妊娠，五里一村，十里一镇，高音喇叭里传播的秦腔互相交织，冲撞，这秦腔原来是秦川的天籁，地籁，人籁的共鸣啊！于此，你不渐渐感觉到了南方戏剧的秀而无骨吗？不深深地懂得秦腔为什么形成和存在而占却时间、空间的位置吗？

八百里秦川，以西安为界，咸阳，兴平，武功，周至，凤翔，长武，岐山，宝鸡，两个专区几十个县为西府，三原，泾阳，高陵，户县，合阳，大荔，韩城，白水，一个专区十几个县为东府。秦腔，就源于西府。在西府，民性敦厚，说话多用去声，一律咬字沉重，对话如吵架一样，哭丧又一呼三叹。呼喊远人更是特殊：前声拖十二分地长，末了方极快地道出内容。声韵的发展，使会远道喊人的人都从此有了唱秦腔的天才。老一辈的能唱，小一辈的能唱，男的能唱，女的能唱；唱秦腔成了做人最体面的事，任何一个乡下男女，只有唱秦腔，才有出人头地的可能，大凡有出息的，是个人才的，哪一个何曾未登过台，起码不能吼一阵乱弹呢？

农民是世上最劳苦的人，尤其是在这块平原上，生时落草在黄土坑上，死了被埋在黄土堆下；秦腔是他们大苦中的大乐，当老牛木犁疙瘩绳，在田野已经累得筋疲力尽，立在犁沟里大喊大叫来一段秦腔，那心胸肺腑，关关节节的困乏便一尽儿涤荡净了。秦腔与他们，要和"西凤"白酒，长线辣子，大叶卷烟，牛肉泡馍一样成为生命的五大要素。若与那些年长的农民聊起来，他们想象的伟大的共产主义生活，首先便是这五大要素。他们有的是吃不完的粮食，他们缺的是高超的艺术享受，他们教育自己的子女，不会是那些文豪们讲的，幼年不是祖母讲着动人的迷丽的童话，而是一字一板传授着秦腔。他们大都不识字，但却出奇地能一本一本整套背诵出剧本，虽然那常常是之乎者也的字眼从那一圈胡子的嘴里吐出来十分别扭。有了秦腔，生活便有了乐趣，高兴了，唱"快板"，高兴得似被烈性炸药爆炸了一样，要把整个身心粉碎在天空！痛苦了，唱"慢板"，揪心裂肠的唱腔却表现了多么有情有味的美来，美给了别人的享受，美也熨平了自己心中愁苦的皱纹。当他们在收获时节的土场上，在月在中天的庄院里大吼大叫唱起来的时候，那种难以想象的狂喜，激动，雄壮，与那些献身于诗歌的文人，与那些有吃有穿却总感空虚的都市人相比，常说的什么伟大的永恒的爱情是多么渺小、有限和虚弱啊！

我曾经在西府走动了两个秋冬，所到之处，村村都有戏班，人人都会清唱。在黎明或者黄昏的时分，一个人独独地到田野里去，远远看着天幕下一个一个山包一样隆起的十三个朝代帝王的陵墓，细细辨认着田埂上，荒草中那一截一截汉唐时期石碑上的残字，高高的土屋上的窗口里就飘出一阵冗长的二胡声，几声雄壮的秦腔叫板，我就痴呆了，感觉到那村口的土尘里，一头叫驴的打滚是那么有力，猛然发现自己心胸中一股强硬的气魄随同着胳膊上的肌肉疙瘩一起产生了。

每到农闲的夜里，村里就常听到几声锣响：戏班排演开始了。演员们都集合起来，到那古寺庙里去。吹，拉，弹，奏，翻，打，念，唱，提袍甩袖，吹胡瞪眼，古寺庙成了古今真乐府，天地大梨园。导演是老一辈演员，享有绝对权威，演员是一家几口，夫妻同台，父子同台，公公儿媳也同台。按秦川的风俗：父和子不能不有其序，爷和孙却可以无道，弟与哥嫂可以嬉闹无常，兄与弟媳则无正事不能多言。但是，一到台上，秦腔面前人人平等，兄可以拜弟媳为帅为将，子可以将老父绳绑索捆。寺庙里有窗无扇，屋梁上蛛丝结网，夏天蚊虫飞来，成团成团在头上旋转，熏蚊草就墙角燃起，一声唱腔一声咳嗽。冬天里四面透风，柳木疙瘩火当中架起，一出场一脸正经，一下场凑近火堆，热了前怀，凉了后背。排演到什么时候，什么时候都有观众，有抱着二尺长的烟袋的老者，有凳子高、桌子高趴满窗台的孩子。庙里一个跟斗未翻起，窗外就哇地一声叫倒号，演员出来骂一声："谁说不好的滚蛋！"他们抓住窗台死不滚去，倒要连声讨好："翻得好！翻得好！"更有殷勤的，跑回来偷拿了红薯、土豆，在火堆里煨熟给演员作夜餐，赚得进屋里有一个安全位置。排演到三更鸡叫，月儿偏西，演员们散了，孩子们还围了火堆弯腰踢腿，学那一招一式。

一出戏排成了，一人传出，全村振奋，扳着指头盼那上演日期。一年十二个月，正月元宵日，二月龙抬头，三月三，四月四，五月五日过端午，六月六日晒丝绸，七月过半，八月中秋，九月初九，十月一日，再是那腊月五豆，腊八，二十三……月月有节，三月一会，那戏必是上演的。戏台是全村人的共同事业，宁肯少吃少穿也要筹资积款，买上好的木石，请高强的工匠来修筑。村子富不富，就比这戏台阔不阔。一演出，半下午人就扛凳子去占地位了，未等戏开，台下坐的、站的人头攒拥，台两边阶上立的卧的是一群顽童，那锣鼓就叮叮咣咣地闹台，似乎整个世界要天翻地覆了。各类小吃趁机摆开，一个食摊上一盏马灯，花生、瓜子、糖果、烟卷、油茶、麻花、烧鸡、煎饼，长一声短一声叫卖不绝。锣鼓还在一声儿敲打，大幕只是不拉，演员偶尔从幕边往下望望，下边就喊："开演呀，场子都满了！"幕布放下，只说就要出场了，却又叮叮咣咣不停。台下就乱了，后边的喊前边的坐下，前边的喊后边的为什么不说最前边的立着；场外的大声叫着亲朋子女名字，问有坐处没有，场内的锐声回应快进来；有要吃煎饼的喊熟人去买一个，熟人买了站在场外一扬手，"日"地一声隔人头甩去，不偏不倚目标正好；左边的喊右边的踩了他的脚，右边的叫左边的挤了他的腰，一个说："狗年快完了，你还叫啥哩？"一个说："猪年还没到，你便拱开了！"言语伤人，动了手脚；外边的趁机而入，一时四边向里挤，里边的向外扛，人的旋涡涌起，如四月的麦田起风，根儿不动，头身一会儿倒西，一会儿倒东，喊声、骂声、哭声一片；有拼命挤将出来的，一出来方觉世界偌大，身体胖胖，但差不多却光了脚，乱了头发。大幕又一挑，站出戏班头儿，大声叫喊要维持秩序，立即就跳出一个两个所谓"二干子"人物来。这类人物多是头脑简单，四肢发达，却十二分忠诚于秦腔，此时便拿了树条儿，哪里人挤，哪里打去，如凶神恶煞一般。人人恨骂这些人，人人又都盼有这些人，叫他们是秦腔宪兵，宪兵者越发忠于职责，虽然彻夜不得看戏，但大家一夜满足了，他们也就满足了一夜。

终于台上锣鼓停了，大幕拉开，角色出场。但不管男的女的，出来偏不面对观众，一律背身掩面，女的就碎步后移，水上漂一样，台下就叫：瞧那腰身，那肩头，一身的戏哟！是男的就摇那帽翎，一会双摇，一会单摇，一边上下飞闪，一边纹丝不动，台下便叫：绝了，绝了！等到那角色儿猛一转身，头一高扬，一声高叫，声如炸雷豁啷啷直从人们头顶碾过，全场一个冷颤，从头到脚，每一个手指尖儿，每一根头发梢儿都麻酥酥的了。如果是演《救裴生》，那慧娘站在台中往下蹲，慢慢地，慢慢地，慧娘蹲下去了，全场人头也矮下去了半尺，等那慧娘往起站，慢慢地，慢慢地，慧娘站起来了，全场人的脖子也全拉长了起来。他们不喜欢看生戏，最欢迎看熟戏，那一腔一调都晓得，哪个演员唱得好，就摇头晃脑跟着唱，哪个演员走了调，台下就有人要纠正。说穿了，看秦腔不为求新鲜，他们只图过过瘾。

在这样的地方，这样的环境，这样的气氛，面对着这样的观众，秦腔是最逞能的，它的艺术的享受，是和拥挤而存在，是有力气而获得的。如果是冬天，那风在刮着，像刀子一样，如果是夏天，人窝里热得如蒸笼一般，但只要不是大雪，冰雹，暴雨，台下的人是不肯撤场的。最可贵的是那些老一辈的秦腔迷，他们没有力气挤在台下，也没有好眼力看清演员，却一溜一排地蹲在戏台两侧的墙根，吸着草烟，慢慢将唱腔品赏。一声叫板，便可以使他们坠入艺术之宫，"听了秦腔，肉酒不香"，他们是体会得最深。那些大一点的，脾性野一点的孩子，却占领了戏场周围所有的高空，杨树上，柳树上，槐树上，一个枝杈一个人。他们常常乐而忘了险境，双手鼓掌时竟从树杈上掉下来，掉下来自不会损伤，因为树下是无数的人头，只是招致一顿臭骂罢了。更有一些爬在了场边的麦秸积上，夏天四面来风，好不凉快，冬日就趴个草洞，将身子缩进去，露一个脑袋。也正是有闲阶级享受不了秦腔吧，他们常就瞌睡了，一觉醒来，月在西天，戏毕人散，只好苦笑一声悄然没声儿地溜下来回家敲门去了。

当然，一次秦腔演出，是一次演员亮相，也是一次演员受村人评论的考场。每每角色一出场，台下就一片喊喊喳喳：这是谁的儿子，谁的女子，谁家的媳妇，娘家何处？于是乎，谁有出息，谁没能耐，一下子就有了定论。有好多外村的人来提亲说媒，总是就在这个时候进行。据说有一媒人将一女子引到台下，相亲台上一个男演员，事先夸口这男的如何俊样，如何能干，但戏演了过半，那男的还没出场，后来终于出来，是个国民党的伪兵，还持枪未走到中台，扮游击队长的演员挥枪一指，"叭"的一声，那伪兵就倒地而死，爬着钻进了后幕。那女子当下哼了一声，闭了嘴，一场亲事自然了了。这是喜中之悲一例。据说还有一例。一个老头在脖子上架了孙孙去看戏，孙孙吵着要回家，老头好说好劝只是不忍半场而去，便破费买了半斤花生，他眼盯着台上，手在下边剥花生，然后一颗一颗扬手喂到孙孙嘴里，但喂着喂着，竟将一颗塞进孙孙鼻孔，吐不出，咽不下，口鼻出血，连夜送到医院动手术，花去了七十元钱。但是，以秦腔引喜的事却不计其数。每个村里，总会有那么个老汉，夜里看戏，第二天必是头一个起床往戏台下跑。戏台下一片石头，砖头，一堆堆瓜子皮，糖果纸，烟屁股，他掀掀这块石头，踢踢那堆尘土，少不了要捡到一角两角甚至三元四元钱币来,或者一只鞋,或者一条手帕。这是村里刁人干的营生,而馋嘴的孩子们有的则夜里趁各家锁门之机,去地里摘那香瓜来吃,去谁家院里将桃杏装在背心兜里回来分红。自然少不了有那些青春妙龄的少男少女,则往往在台下混乱之中眼送秋波,或者就悄悄退出,相依相偎到黑黑的渠畔树林子里去了……

　　秦腔在这块土地上,有着神圣的不可动摇的基础。凡是到这些村庄去下乡,到这些人家去做客,他们最高级的接待是陪着看一场秦腔,实在不逢年过节,他们就会要合家唱一会乱弹,你只能点头称好,不能耻笑,甚至不能有一点不入神的表示。他们一生最崇敬的只有两种人,一是国家领导人,一是当地的秦腔名角。即使在任何地方,这些名角没有在场,只要发现了名角的父母,去商店买油是不必排队的,进饭馆吃饭是会有座位的,就是在半路上挡车,只要喊一声:我是某某的什么,司机也便要"嘎"地停车。但是,谁要侮辱一下秦腔,他们要争死争活地和你论理,以致大打出手,永远使你记住教训。每每村里过红白丧喜之事,那必是要包一台秦腔的,生儿以秦腔迎接,送葬以秦腔致哀,似乎这个人生的世界,就是秦腔的舞台,人只要在舞台上,生,旦,净,丑,才各显了真性,恶的夸张其丑,善的凸现其美,善的使他们获得了美的教育,恶的也在丑里化作了美的艺术。广漠旷远的八百里秦川,只有这秦腔,也只能有这秦腔,八百里秦川的劳作农民只有也只能有这秦腔使他们喜怒哀乐。秦人自古是大苦大乐之民众,他们的家乡交响乐除了大喊大叫的秦腔还能有别的吗?

一九八三年五月二日草于五味村

>> 来自缪斯的天籁——《欢乐颂》① <<

　　贝多芬②向来被尊为"乐圣"。无论是演奏家还是音乐学理论家,都对贝多芬的音乐抱着虔诚的态度。如果单从感官角度来说,贝多芬的音乐是不易被人理解的。理解贝多芬的音乐,欣赏者必须了解其创作背景,以及当时的人文社会环境。贝多芬的九部交响曲折射了他的一生。而《第九交响曲》也实现了他人生的最高理想——为《欢乐颂》谱曲,把一切人类的自由平等作为自己人生的奋斗目标。享誉国际的中国钢琴家盛原在这篇文章中,为我们介绍了他心目中的贝多芬。

　　从小就不喜欢贝多芬,不喜欢。小时候只爱莫扎特,而且只爱。莫扎特是我的"老哥们儿"。话其实说得偏激了,有几首贝多芬的作品还是喜欢的,比如《G大调变奏曲》《G大调小奏鸣曲》和《第二钢琴协奏曲》。归根结底,他写得像莫扎特的曲子我都喜欢。一晃三十年过去了,虽说对自身是不是不惑了这件事还尚且"惑"着,但是起码年岁算是到不惑了。也好像有了个顿悟——喜欢贝多芬了。其实说"喜欢"这个词,有点儿侮辱他了,

---

①选自《钢琴艺术》(2015年)。作者盛原,享誉国际的中国钢琴家。盛原出生于北京的一个音乐家庭,父亲盛明亮为小提琴家,母亲吴文俊为钢琴家,均曾任职于北京中央乐团。1991年作为所罗门·米考夫斯基教授的奖学金学生赴美,在纽约曼哈顿音乐学院深造,并获得音乐学士和硕士学位。2005年起在中央音乐学院钢琴系任副教授。曾先后在20多个国家和地区举办独奏会、协奏曲及室内乐演出,获得多项荣誉奖。

②贝多芬,全名路德维希·凡·贝多芬,德国作曲家、钢琴家,一位集古典主义之大成,开浪漫主义之先河,音乐史上里程碑式的大家。

但一时找不到更合适的词，所以暂且说开始理解他了吧。原来的生涩变成了简练，原来的高不可攀变成了直浸心底，原来的愤怒、不可理喻变成了奋斗、生的支柱。他没有变，是我变了。我变不变，其实谁也不感兴趣，咱们还是讲一讲两百多年前，贝多芬是怎样完成自身的几次蜕变，达到不朽的吧。

春　天

1770年，小路德维希·凡·贝多芬生于德国波恩，自小便显露音乐天赋，但他却不是莫扎特，无论其父亲如何希望，并为此严加管教。传言他父亲的教育方式近乎残酷，这也无疑给小路德维希的心灵留下了创伤。李斯特在晚年回忆他儿时与已知天命的"乐圣"贝多芬的会见时说，当时他的老师车尔尼①为了让祖师爷听一听"神童"，软磨硬泡了好几年，贝多芬才勉强答应，因为贝多芬十分讨厌"神童"这件事儿，这与贝多芬儿时因为"神童"所受到的伤害不无关系。但无论贝多芬怎样使父亲失望，他在12岁那年还是可以背谱演奏出巴赫的四十八首《平均律》，这不是简单地用"天才"一词就可以概括的，能够背谱演奏所有的《平均律》不是"每天练习二十五个小时"，最终手指动作成为下意识就算了事（事实上也没有人能够用此方法达到这样的目的，同时也没有意义，而用此方法达到目的的人，也不能算是人类了），而是对巴赫音乐的内在结构、写作方法、规则规律、可能性以及最终对众多可能性的取舍做出决定的深刻、透彻的理解。

后人把巴赫的《平均律》和贝多芬的三十二首《钢琴奏鸣曲》称为钢琴文献里的"旧约圣经"和"新约圣经"，但不知早在18世纪80年代，少年贝多芬在学习演奏"旧约圣经"时知不知道未来的自己会写出"新约圣经"。16岁那年，在他人的资助下，贝多芬前往维也纳找莫扎特。其实那时的莫扎特也不过是一个30岁出头的小伙子，但已开始步入了他人生的晚年。传说莫扎特听了贝多芬演奏后说："请注意这个青年，他将震惊世界！"现在有人质疑这件事的真实性，但贝多芬在16岁那年曾远赴维也纳追梦是毋庸置疑的。而不要说梦想，就连追梦的梦想还没有时间展开，少年贝多芬就被现实拉了回来：他听闻母亲在家病重的消息，不得不奔回波恩，料理家事。不久母亲去世，父亲变成一个酒徒，成了废人，年仅16岁的贝多芬作为家中长子，担负起了主掌家事的重担。1792年，他22岁，机会又来了，有人资助他去维也纳，又是音乐之都维也纳，这次是向海顿学习。正如贝多芬的资助人和终生朋友华尔德斯坦伯爵所说："你将通过潜心向海顿学习，得到莫扎特的灵魂。"年轻并充满野心的贝多芬义无反顾地走了，离开了故乡波恩，再也没有回去。

这时的维也纳，最伟大的钢琴家莫扎特刚刚去世一年，钢琴圈里有几个在现今历史书上也要查一阵子的大腕儿们在上流社会大出风头（当然他们的名字基本都出现在描写莫扎特或贝多芬所生活的时代背景的段落里）。年轻的路德维希刚到维也纳，外地口音、举止粗鲁、才华横溢、充满野心；他的演奏热情似火、天马行空，弹起琴来手舞足蹈、满把错音，没有丝毫的"维也纳风格"，他靠着所到之处掀起的轩然大波，成功并迅速打入维也纳上流

---

①卡尔·车尔尼，贝多芬最得意的学生，出生于奥地利维也纳，奥地利作曲家、钢琴家、音乐教育家。代表作有《钢琴初步教程》《钢琴流畅练习曲》等。贝多芬曾在1801—1803年免费教他弹奏钢琴。

社会。贝多芬一生都有一批忠实的支持者,同时也有一批忠实的反对者,这两种能量并没有相互抵消,时间证明,这只是他的音乐触动了人们的灵魂深处的表象而已。但年轻时的贝多芬还并不确定这一点,这时的他还急需人们的认可,这种心结也许从儿时没有成为第二个神童莫扎特时就开始了。想象一下,时隔十多年后,再次来到莫扎特的故乡,莫扎特刚刚谢世,有几个比他有资历、年长但他又不屑一顾的大腕儿在音乐之都叱咤风云,他心里得多急切啊!他的才华、阳光、野心、炫耀甚至急躁,都在这个时候的作品里展现无遗。他想替代莫扎特,同时莫扎特又是他心中的大神。贝多芬这时的作品便继承了莫扎特传统,甚至是模仿莫扎特和冲破传统、挣脱莫扎特阴影的玄妙组合。

到达维也纳后的几年,尽管树敌或因为树敌,使得贝多芬以钢琴家身份在上流社会走红(当然他演奏的主要是自己的作品)。他有贵人相助,经济上没有后顾之忧,一切都是那么令人振奋、充满希望。天赐的才能和泉涌的乐思、前无古人的钢琴技巧、足够的支持者相助,以及刚刚好的敌人和反对者,激励他前进,使他得以战胜他们,增加自信,不管是实在的、还是假想的,"生活是这样美好,活他一千辈子吧!"

暴风雨

但是,好像连上天都觉得这一切太顺了,或者上天有了更宏伟的计划……

大约在1796年,也就是贝多芬26岁左右的时候,他隐隐在内耳里听到一个不想听到的声音,这个声音时有时无、时隐时现,但是足够让他不时担忧。他开始避免社交、避免与人交谈,他把这把若隐若现但足以斩断他前程的利剑藏在了自己心里。说是"前程",实在太不能表达前程对于他的内涵了。艺术之于艺术家,不像金钱之于商人、权力之于政客,没有了就想开点儿,好生过日子就可以了,这里面的情感太丰富,交流太私密,创造的苦痛太刻骨铭心,成就的幸福感太无以言表,想想人世间的事,大概只有孩子之于母亲可以与其比拟了。而且,耳聋不光是对他最心爱的艺术,就是对他生活中的追求,比如心仪的爱人,亲密的朋友,乃至日常生活,都是残酷无情的打击。但他因为羞辱或不想打扰他人,更因为心存希望,不想扰乱生活乃至生命的正常步伐,便把这一切刺耳的风雨声压制在心里。他何时开始耳聋,只有他自己知道,还有上天知道。但在这一时期的作品里,我们已经听出了他内心的不安、愤怒、奋斗、希望和绝望。《"悲怆"奏鸣曲》《"月光"奏鸣曲》《第二交响曲》……两极的情感、两极的人生观。从此,也许年轻的路德维希自己都不知道,他已经踏上了一条前无古人、放眼四周更无相怜者的孤独的艺术之路、生命之路。1802年,也许是贝多芬一生中的最低谷,那年早秋,他在维也纳附近的海利根疗养,但病情不但没有好转,反而每况愈下,他绝望了,写下了海利根遗书:

啊,世人!你们把我看作或者说成是一个脾气古怪、对人怀着敌意的厌世者。这对我是何等的不公平!你们不了解隐藏在外表下的原因。从童年时代起,我对别人对我出于好意的温情总是心领神会、满怀感激的;甚至我还希望做出一些大行动来,借以报答他们的厚爱。但是,请想想,六年来我处在何等绝望的境地,庸医的治疗使我的病情更加恶化。我年复一年怀着好转的希望,但都落了空,最后不得不看出这是一种旷日持久的病症(治好它得花许多年月;也许它就是一种不治之症)。我生就一副火热和活泼的性格,我爱和人在一起,以从中获得快乐。但我必须很早离群索居，去过孤独的生活。有时我也想对这一切置之不理，但我那残废的听觉给我加倍痛苦的经验又将我无情地打了回来。我毕竟不能向人说："喂，请大声点说！你得向我叫喊，因为我是个聋子！"啊，我怎能承认，我身上的一种感官出了毛病。这种感官于我，理应比别人完美；这感官在我身上曾经是高度完美的，其完美的程度无论在过去或现在我的同行中很少有人能与之相比。哦，这我可不能承认！所以，你们如果看到我这个一向爱和你们一起相处的人躲开你们，就必须请你们原谅，要是我在这时候被人误解，我的不幸会使我加倍痛苦。我已得不到与人交往的乐趣，我已不再能与人进行深入而微妙的交谈，我已不再能与人互吐衷肠。几乎完全孤独！即使当我处于十分必要而不得不与人接触时，我也感到完全的孤独。我像一个流放者那样生活着，一旦接近人群，我就害怕万分，唯恐我的疾病有被人发觉的危险。

我在乡下住了半年，情况与此相仿。我那明智的医生要我尽量保护听觉，他的建议差不多迎合了我此时的心境。尽管有时我受到想与人交际的冲动驱使，禁不住去找人做伴，但是，当别人站在我的身旁，听到了远方的笛声，而我却听不到，别人听到了牧人的歌唱，而我还是一无所闻时，这对我是何等的屈辱啊！这类事件已使我濒于绝望，我差一点儿只能用自杀来收场。是艺术——她留住了我。呵！我认为，在我还没有完成交给我的全部使命以前就离开这个世界，这简直是不可能的。就这样，我在熬过这痛苦的生活。真痛苦啊！我的身体是这样脆弱，只要发生稍为急剧的变化就使我从健康转向病态。忍耐！有人这样说。现在我必须把忍耐作为我生活的座右铭，我已做到这一点。但愿我的决心能坚持到底，直到无情的命运之神将我的生命之线割断。这样做也许会好些，也许并不见得，我对此处之泰然，才活到28岁（由于贝多芬的父亲在他年幼时隐瞒他的年龄，使得他对他的实际年龄认识有误），我就被迫去做一个哲学家了，这是多么不容易呵！做到这点，对一个艺术家来说比任何人都困难。神明啊，请垂察我的心灵！你知道，我怀着对人的爱，怀着做好事的心愿。啊，人们！要是你们有一天读到了这些话，你们就会感到，你们对我是何等不公平。但愿那些不幸的人会因为把我看作他们的患难兄弟而感到自慰——这人为了置身于有价值的艺术家与有价值的人的行列，不顾自然为他设下的种种障碍，做了他力所能及的一切事情。你们——我的兄弟卡尔和……！待我死后，施密特教授尚健在，请用我的名义求他记述我的病情，在我的病历之外再附上我写的这封信，这样至少可以使世界在我死后尽可能与我取得和解。同时，我宣布你们俩是我那笔小小的财产（如果称得起财产的话）的继承人。你们要公平分配，互相容让、互相帮助。过去你们做过伤害我的事，我早已原谅你们。卡尔弟弟，我特别感谢你近来对我表示出的亲热。我的愿望是：你们能过一个比我更好、比我少些忧虑的生活。对你们的孩子，你们要教之以德：必须是美德，不是金钱，才能使人幸福，这是我的经验之谈。是道德，使我在苦难中得到超脱，除艺术之外，也是道德使我未早早用自杀来结束自己的生命。别了，望你们互爱！我感谢所有的朋友，特别是里希诺夫斯基侯爵和施密特教授。里希诺夫斯基送我的乐器，我希望你们有一个人能将它保存好，但绝不要因此在你们之间引起争吵。要是对你们有更大好处，你们尽可以将它们卖掉。假如我在坟墓里还能对你们有点儿用处，那会使我感到高兴！

如果这样，我将抱着快乐的心情去迎接死亡。死亡在我有机会施展我全部艺术才能之前就降临，这只能归咎于命运对我的残酷，但死亡毕竟来得过早了，我本愿它能晚一些来。然则即便早来，我也满意，因为它岂不将我从无穷的痛苦中解脱出来？死亡，你来吧，任何时候到来都行！我将勇敢地迎接你。别了，我死后，请不要把我完全忘记，我是值得你们记住的，因为在生前，我常常惦记着你们，想使你们幸福，愿你们得到它！

路德维希·凡·贝多芬
1802年10月6日于海利根施塔特

给我的兄弟卡尔和……在我死后阅读并执行。

海利根施塔特！我就在1802年10月10日这一天向你告别了——当然感到悲痛——是的，我带到这里来的天真的希望——病至少能在某种程度上治愈——把我完全抛弃了。好像秋天的落叶，枯萎了！这希望对我，也枯萎了！几乎就像和我来这里一样。我走了，就是那高昂的勇气，那美好的夏天日子经常赐给我全身心的勇气，现在这一切也消失了。啊！万能的主呀，请让那纯粹的欢乐的日子在我面前出现，哪怕一天也好！真正欢乐的热烈回声我已有多久没有听到了啊！啊！什么时候才能听到呢？啊，神明！什么时候我才能在自然与人类的圣殿中又感觉到它呢？永远不能了？不能够了！啊，这太残酷了！

贝多芬希望甚至欢迎死神的到来，但他并没有主动投入死神的怀抱，是艺术、道德和使命感，使贝多芬悬崖勒马地活了下来。这次1802年秋的低谷，最终化解为与命运持久的背水一战的开端，他也许发现生命已经不可能比此更糟，哪怕死神的到来他也无所畏惧，他开始接受残酷的命运的存在。1802年之后，贝多芬再也没有在生活中如此绝望地哭喊过。但接受命运的存在不是向它妥协，他努力作曲，也不放弃演奏，他的中期作品充满对生的渴望，"英雄""命运""田园""暴风雨""黎明""热情"……事实如此，他的苦难、孤独和奋斗最终给后世的人们以疗伤、安慰和激励——"我要扼住命运的咽喉，它休想使我屈服！"

告　别

1818年，48岁的贝多芬，已经同"失聪"这个魔鬼共寐了二十余载。他的心情已经趋于平静，不再为自己悲惨的命运哭泣。他晚年的作品也少了斗争，多了沉静，少了愤怒，多了包容。全聋前的贝多芬只能隐隐听到低频，对高频没有任何感知，他甚至在不经意间与他的命运开起玩笑。一次朋友去拜访他，进门看见他正在弹琴。他看到朋友们进来，便在钢琴的低音区不停地弹着琶音，并边弹边对朋友们说："这不是很好听吗？"从1818至1827年去世，他的耳朵全聋了，与人交流只能靠对话册，他生前写下了几百本对话册，他的助理和朋友辛德勒在他死后为了保护贝多芬的光辉形象，销毁了其中的大部分，现在只留下137本。我们很想知道，贝多芬在这些对话册里除聊音乐、艺术、哲学和政治以外，还聊了些什么？我们当然感谢辛德勒的美意，也感谢他的尽职尽责，但是我觉得他错了，贝多芬的伟大其实不光在于他的光辉和灿烂，还有他的平凡、古怪、极端，甚至野蛮真实才是伟大。难道他的音乐里就只有最美好、最高尚的情感吗？

《欢乐颂》1823 年草稿

晚年全聋的贝多芬，生活也趋于规律、平静，每天清晨起床、工作；中午进餐；下午散步、喝咖啡、读报；然后是晚餐，读书（读莎士比亚、歌德、席勒的作品和荷马史诗一类），不超过十点钟睡觉。这时的他已经无所谓与命运做不做斗争了，他已经找到了一条与命运和平共处并从世间苦难解脱的路。

艺术是他的守护神，艺术给他带来无比的快乐，无论创作还是聆听，内心的聆听。选择每一个和声、每一个节奏型、每一个音、每一个动机、音区、速度和乐器，等等，都是情感与理智的决定。而每一个这样的决定，无论大小，在他脑海里回放时都重新影响了他的情感。他发现艺术给了他无尽的可能性，他想要悲伤就有悲伤，他想要快乐就有快乐，他想要安慰就有安慰，他想要愤怒就有愤怒，他想要激励就有激励，他想要放弃就有放弃，他想要生就可以生，他想要死就可以死，他选择了生。

道德和理想是他的另一个精神支柱：

> 欢乐女神圣洁美丽
> 灿烂光芒照大地
> 我们心中充满热情
> 来到你的圣殿里
> 你的力量能使人们
> 消除一切分歧
> 在你光辉照耀下面
> 四海之内皆成兄弟
> 谁能做个忠实朋友
> 献出高贵友谊
> 谁能得到幸福爱情
> 就和大家来欢聚
> 真心诚意相亲相爱

才能找到知己
假如没有这种心意
只好让他去哭泣
在这美丽大地上
普世众生共欢乐
一切人们不论善恶
都蒙自然赐恩泽
它给我们爱情美酒
同生共死好朋友
它让众生共享欢乐
天使也高声同唱歌
欢乐,好像太阳运行
在那壮丽的天空
朋友,勇敢地前进
欢乐,好像英雄上战场
亿万人民团结起来
大家相亲又相爱
朋友们,在那天空上
仁爱的上帝看顾我们
亿万人民虔诚礼拜
拜慈爱的上帝
啊,越过星空寻找他
上帝就在那天空上
亿万人民团结起来
大家相亲又相爱
朋友们,在那天空上
仁爱的上帝看顾我们
亿万人民团结起来
大家相亲又相爱
欢乐女神圣洁美丽
灿烂光芒照大地
灿烂光芒照大地

席勒的《欢乐颂》就是他的道德,他当然需要被爱,但他发现爱他人也可以把他从自身的痛苦中解脱出来,无论是爱他"不朽的爱人",还是他的侄子卡尔,还是对全人类的相亲相爱。对他人无私的爱,成为一个人活在世上最明哲的自私,在这一点上,他得到的真是太多了。

使命感使他前进不止,哪怕挣扎、哪怕爬行、哪怕眼前一片黑暗。他对他的天才有强烈的直觉，他对历史和现实有透彻的了解，他深知他的天才在历史和现实中的价值不可或缺。哪怕再沉重的苦难，也比不了他的自我价值在历史长河中的实现。换句话说，如果因为要从自身的苦难中解脱而放弃自身的使命，这只会给他带来更多的自责与罪恶感，而自我否定这件事对于他来说定是更大的、不可忍耐的痛苦。

黎明

"春天""悲怆""英雄""田园""暴风雨""热情""告别"……这一切的一切，都是命运的一部分，都是生命欢乐的颂歌。我不敢把贝多芬对生命的感悟用语言表达出来，我绝没有理解他所理解的生命的全部。何况，语言在他的音乐面前是多么的苍白。我想最贴切的莫过于引用他说过的一句话：

音乐是比一切智慧、一切哲学更高的启示，谁能渗透我音乐的意义，便能超脱寻常人无以自拔的苦难。

或许，写他去世的日子没有意义，他本来就没有死。

单元综合实训

一、填空题

1. 贝多芬被尊称为（　　），《欢乐颂》又称（　　）。《快乐颂》是在1785年由德国诗人（　　）所写的诗歌。（　　）为之谱曲，成为他的《　　》第四乐章的主要部分。

2. 我国戏曲四大声腔有（　　）、（　　）、（　　）、（　　）。

二、选择题

1. 《霓裳羽衣舞》是（　　）的代表舞蹈。
A. 西施　　　B. 赵飞燕　　　C. 杨玉环　　　D. 陈爱莲

2. 《秦王破阵乐》是（　　）宫廷音乐中的一部著名乐舞。
A. 汉代　　　B. 周代　　　C. 魏晋时期　　　D. 唐代

3. 下列选项中看，属于表情艺术的是（　　）。
A. 文学、电影　　B. 音乐、舞蹈　　C. 绘画、书法　　D. 雕塑、戏剧

三、简答题

1. 在《秦腔》一文中，分别概括秦地、秦腔、秦人的特点。请找出最能表现秦腔与秦地、秦人关系的句子，并加以分析。

2. 以"表情美"为专题，选择2~3本书籍或文章，阅读后写一篇格式完备的读书报告，然后在班上交流。

四、拓展篇目

1. 《一曲琵琶泪如雨——论琵琶之表情艺术》（作者张璐，选自《黄河之声》2016年第9期）

琵琶是我国古典乐器之一。随着现代人们对艺术的不断追求，以及对精神追求的不断提升，琵琶作为我国古典艺术之一越来越受人们重视。因此本文就对琵琶的表情艺术进行深入的探究，以帮助琵琶艺术在我国得到更好的发展。

2.《你中有我，我中有你——〈图兰朵〉一个古老的传奇》（作者韩萍，选自《戏剧文学》2007年第12期）

《图兰朵》，这部18世纪意大利作曲家普契尼根据意大利作家卡罗·葛齐（Carlo Goziz，1720—1806）的五幕寓言剧作曲改编的歌剧，讲述的是一个发生在中国古代北京的荒诞故事。全剧在神秘与恐怖中，以中国公主图兰朵、靼靼王子卡拉夫、粗糙侍女柳儿三个人物为主成功地表现了一个充满人性而又离奇曲折的爱情主题。1998年，是伟大的意大利歌剧作曲家普契尼诞辰140周年，这一年在北京的紫禁城太庙上演了由中国导演张艺谋执导的普契尼的歌剧《图兰朵》，引起了国内外极大的反响。

3.《不朽的歌剧〈卡门〉》（作者华西里斯·阿列克萨基斯，翻译刘世忠，选自《文化译丛》1985年第4期）

1981年9月23日，巴黎体育宫里座无虚席，这座巨大的流行音乐和摇摆音乐的乐坛，拥有大约四千五百个坐席。此刻，剧场里静悄悄的，在半明半暗的灯光下，从周围的弧形座位上依稀可见舞台中央的布景。蓦地，探照灯大放光明，把整个舞台照得通明，成百名龙套演员身着十九世纪的西班牙服装，扮成儿童、老人、士兵和年轻妇女，出现在观众面前。同时由三十五人组成的管弦乐队奏起了比才的《卡门》序曲。这部遐迩闻名的法国歌剧，就以这种新颖的场面在巴黎最大的露天剧场上演了，从此开创了把歌剧面向大众的新风。

第四篇　形态之美

> 人的一切都应该是美丽的：面貌、衣裳、心灵、思想。
> ——契诃夫

形态，即形式或状态，指事物存在的样貌，是事物的样子。形态美，就是指客观事物的外表样貌具有美感，是客观存在物的总体形态和空间形式的综合美，包括雄伟美、奇特美、险峻美、秀丽美、幽静美和敞旷美等美感类型。

美感，是能让人在审美活动中直接欣赏客观事物的美而激起愉悦的感情状态，是对事物的美的体验。在美感心理活动中，美的认识过程始终不能脱离具体形象的感性印象，始终伴随着情绪、情感活动和联想活动，是感受、知觉、情感和想象等诸多心理活动的有机统一。客观事物的美感虽然是虚幻的，但它却能够非常有效地激发人们的生活热情，明显地增强人们的生活信心，极大地丰富人们的生活内容。

客观事物的美感，是通过其外部的形态特征表现出来的。如一个女人的天然美丽，通常主要从音容笑貌和身体曲线等客观实在的形态特征中表现出来；大自然中的风景美，就是自然美和那些与自然环境融为一体的人工美，其表现形态多种多样，如山川湖泊、日月星辰、烟岚云霞、动物花草、雪山大漠及深山古寺等。这些都是值得我们用眼去捕捉、用心去拥抱的美景。

本篇从天地大美、风华正茂、举止得体三个方面来呈现自然形态美和人的形态美。通过熏陶，更好地培养大学生的审美意识、审美情趣，提高大学生对自然美、修饰美、内在美的认识，从而引导大学生认真修炼，达到这三者的高度统一，使他们"慧于中而秀于外"。

第一单元　天地大美

☞ 概　述 ☜

庄子说"天地有大美而不言"。美是自然界的伟大奥秘之一，大自然给人类提供了无限广阔的审美领域，如朝阳晚霞、春花秋月、长河落日、园林田野等，都是自然美景。大自然以其美景秀色，带给人类的是能够欣赏和感受的力量：走进大山森林，我们可以体验到树木苍翠、飞禽走兽的勃勃生机；走入沙漠戈壁，我们可以感受到长沙绞风、卷舞直上的苍茫浑厚；走进溪流河川，我们可以分享到鱼翔浅底、水流湍急的盎然意趣。

大自然是人类赖以生存的物质环境，也是丰富人类精神生活使其获得美感的基本源泉。人生活在自然界中，目之所及：宇宙万物千姿百态，天地之间五彩缤纷。春天杂花生树草长莺飞，夏季枝繁叶茂绿树浓荫，秋景层林尽染叠翠流金，冬天白雪皑皑银装素裹。一年四季，时时、处处都呈现出美的姿态，蕴含着美的韵律。

自然美是有声有色、有形有态的。"造化钟神秀，阴阳割昏晓""接天莲叶无穷碧，映日荷花别样红""飞流直下三千尺，疑是银河落九天"，这些诗句描写的都是自然美的声色形态。那自然之美到底美在何处？因何而美？人们对此看法不一。一种观点认为，自然美就美在客观事物本身，美在它的色彩、线条、形状、声音及和谐、节奏、比例等，是自然事物本身固有的属性。如月亮美，是因为有独特的光；杏花美，是因其独特的色彩形状。另一种观点认为，自然美不是自然原本就有的，而是人的意识、想象或概念作用于自然的结果，它是和人构成对象化关系时才有的，是人化的美，这是常见的一种观点。综合这两种观点中提到的自然美的产生根源及方式，自然美是人对作用于他的自然物、自然风景所形成的审美意象，是相对人而言才存在的审美价值。正如朱光潜先生认为的，美是客观方面的某些事物、性质和形态适合主观方面的意识形态，可以交融在一起而成为一个完整形象的那种特质。

根据审美对象，自然美可分为两类：一类是未经人类劳动改造过的自然物和自然现象之美，如高山、大海、草原、湖泊之美。它们未受到人类实践活动的直接作用，但与人类生活保持着一定的联系，其感性形式中蕴含和体现了人类生活的内容、人的观念、人的品质，使人在对它们的审视过程中获得美的享受。另一类则是经过人类劳动加工的自然物和自然现象之美。这种自然美的存在状态包括一般加工和艺术加工两种。哀牢山梯田属于一般加工的自然之美，它直接体现了人的劳动创造能力和心灵智慧，从而被人们欣赏。苏州园林则属于艺术加工的自然美，它是为直接满足人的精神生活需要与审美享受而存在的艺术性劳动成果。

自然美的表现形式主要包括形象美、色彩美、动态美和声音美。

"华山天下险""峨眉天下秀"描写的正是华山、峨眉山的形象美，是作为审美客体的华山、峨眉山在总体形态与空间形式方面所呈现的"险""秀"的品质特征。金色的海滩、碧绿的草原、秋之层林尽染、冬之银装素裹，它们是自然色彩的写照，展现的是海滩、草原、秋景和冬景等自然物的色彩美。"飞流直下三千尺，疑是银河落九天""浮云一别后，流水十年间"描写的流水、飞瀑、浮云和光阴，随时都在奔涌、变化。这些动态的美，给景物增添了活力。鸟鸣深壑、蝉噪幽林、风起松涛、雨打芭蕉、泉泻清池、溪流山涧，这些是山水间呈现出各种美不胜收的声响，山水与其特有的音响造就出风格独具的意境，置身其中，听觉帮助人们获得奇妙的美感。

美景如画的大自然，值得我们用心去聆听其中各种美妙的声音；大美无言的天地间，值得我们用眼去捕捉其中充满灵性的生命。融入大自然，走进天地间，欣赏一幅幅如画一般美丽的风景，我们收获到的是愉悦，是清新，是流畅，还有"天地大美"。

>>梅兰竹菊<<

梅兰竹菊"四君子",千百年来以其清雅淡泊的品质,一直为世人所钟爱,成为一种人格品性的文化象征。这不仅是梅兰竹菊的本性使然,而且与历代文人墨客、隐逸君子的赏识推崇密切相关。

梅高洁傲岸,兰幽雅空灵,竹虚心有节,菊冷艳清贞。对梅兰竹菊诗一般的感受,是以深厚的民族文化精神为背景的。中国人在一花一草、一石一木中承载了自己的一片真情,使花木草石赋予或拓展了原有的意义,从而成为人格襟抱的象征和隐喻。梅兰竹菊,占尽春夏秋冬,中国文人称其为"四君子",正表现了文人对时间秩序和生命意义的感悟。大凡生命和艺术的"境界",都是将有限的内在的精神品性,升华为永恒无限之美。梅兰竹菊不仅是中国人感物喻志的象征,也是咏物诗和文人画中最常见的题材,这是根源于对这种审美人格境界的神往,也与古代文人崇尚修身养性这一点相符。

一、赏 梅

1. 形态特征

梅,原产于中国,后来引种到韩国与日本。树高可达 10 米,树冠开展,树干呈褐紫色或淡灰色,多纵驳纹。小枝细长,枝端尖,绿色,无毛。单叶互生,边缘有细锯齿,幼时或在沿叶脉处有短柔毛。花单生或 2 朵簇生,先叶开放,白色或淡红色,芳香。

2. 文化寓意

咏物诗中,很少有以百首的篇幅来歌咏一种事物的,但咏梅花的诗已经超过百首。梅花最令诗人倾倒的气质,是一种寂寞中的自足,一种"凌寒独自开"的孤傲。它不屑与凡桃俗李在春光中争艳,而是在天寒地冻、万木不禁寒风时,独自傲然挺立,在大雪中开出满树繁花,幽幽冷香,随风袭人。

从梅花的这一品性中,中国文人可以看到自己的理想人格模式,是一种"冲寂自妍,不求识赏"的孤清,所以诗人常用"清逸"来写梅花的神韵。如宋代"梅妻鹤子"的林逋那著名的"疏影横斜水清浅,暗香浮动月黄昏"诗句,成功地描绘出梅花清幽香逸的风姿,被誉为千古咏梅绝唱。

梅花以清瘦见长,象征隐逸淡泊,坚贞自守。它那"高标独秀"的气质,倜傥超拔①的形象,使诗人带着无限企慕的心情,以一往情深的想象,盼望与梅花在一起身心相契的欢晤。明代高启"雪满山中高士卧,月明林下美人来"的诗句,可谓独得梅花精魂。梅花的隐逸坚贞,蕴含着道德精神与人格操守的价值,因而深为诗人所珍视。

梅花被誉为"四君子"之首,也是"岁寒三友"之一。因其所处环境恶劣,却仍在凌厉寒风中傲然绽放于枝头,被看作是中华民族最有骨气的花和民族魂的代表。梅的傲骨激励着一代又一代的中国人不畏艰险、百折不挠、奋勇前进。

梅花是中国的传统之花,它坚强、高洁、谦虚的品格为世人所敬重。历代无数爱梅、赞

---

① 倜傥超拔:倜傥,形容洒脱,不拘束。超拔,出色,超群。

梅的文人墨客争相创作，在文学艺术史上，留下了许许多多关于梅的诗和梅的画。"墙角数枝梅，凌寒独自开。遥知不是雪，为有暗香来。"[①] 这首诗诠释了梅花自强不息的傲雪的精神。"无意苦争春，一任群芳妒。零落成泥碾作尘，只有香如故。"[②] 这首词赞美梅花不与群芳争艳的高洁之美。

梅花是花中寿星，在中国很多地区存在千年古梅。民间有梅聚"四德""五福"的说法，梅花的五个花瓣代表着吉祥，分别为福、禄、寿、禧、财五个吉祥神；梅花还常被人们看作是传春报喜的吉祥象征。

二、赏兰

1. 形态特征

兰花，附生或地生草本，叶数枚至多枚，总状花序具数花或多花，有数千个人工杂交品种。兰花是一种风格独异的花卉，它的观赏价值很高。兰花的花色淡雅，其中以嫩绿、黄绿的居多，但尤以素心者为名贵。兰花的香气，清而不浊，一盆在室，芳香四溢。兰花的花姿有的端庄隽秀，有的雍容华贵，富于变化。兰花的叶终年鲜绿，刚柔兼备，姿态优美，即使不是花期，也像是一件活的艺术品。

中国传统名花中的兰花，仅指分布在中国兰属植物中的若干种地生兰，如春兰、惠兰、建兰、墨兰和寒兰等，即通常所指的"中国兰"。这一类兰花与花大色艳的热带兰花大不相同，没有醒目的艳态，没有硕大的花、叶，却具有质朴文静、淡雅高洁的气质，很符合东方人的审美标准，中国人历来把兰花看做是高洁典雅的象征，并与"梅、竹、菊"并列，合称"四君子"。

2. 文化寓意

空谷生幽兰。兰花最令人倾倒之处是"幽"，因其生长在深山野谷，才能洗净那种绮丽香泽的姿态，以清婉素淡的香气长葆本性之美。这种不以无人而不芳的"幽"，不只是属于林泉隐士的气质，更是一种文化通性，一种"人不知而不愠"的君子风格，一种不求仕途通达、不沽名钓誉[③]、只追求胸中志向的坦荡胸襟，象征着疏远污浊、保全自己美好人格的品质。兰花从不取媚于人，也不愿移植于繁华都市，一旦离开清幽净土，则不免为尘垢玷污。因此，兰花只适宜于开在人迹罕至的幽谷深山里，只适宜于开在文人墨客们的理想境界中。

宋人郑思肖在南宋灭亡之后，隐居吴中（今苏州），为表示自己不忘故国，坐卧都朝南方。他常画"露根兰"，其画作笔墨纯净，枝叶萧疏，兰花的根茎园艺，不着泥土，隐喻大好河山为异族践踏，表现自己不愿生活在元朝的土地上，不与统治者同流合污的气节。寥寥数笔，却笔笔血泪。倪瓒曾为其题诗："只有所南心不改，泪泉和墨写《离骚》。"诗人爱兰、咏兰、画兰，是透过兰花来展现自己的人格襟抱，在兰花孤芳自赏的贞洁幽美之中，认同自己的一份精神品性。

---

① 出自北宋王安石的《梅花》。
② 出自宋代陆游的《卜算子·咏梅》。
③ 沽名钓誉：沽，买；钓，用饵引鱼上钩，比喻骗取。用某种不正当的手段捞取名誉。

郑思肖《墨兰卷》

三、赏竹

1. 形态特征

竹，分布在亚热带地区，又称竹类或竹子，为常绿多年生植物。

竹叶呈狭披针形，先端渐尖，基部钝形，叶柄长约5毫米，边缘一侧较平滑，另一侧具小锯齿而粗糙。叶面深绿色，无毛，背面色较淡，基部具微毛，质薄而较脆。茎有很多节，中间是空的，质地坚硬，是一种坚强的植物，有"君子"之称，一生中仅开一次花。

竹子

竹子有的低矮似草，有的高大如树，通常通过地下匍匐的根茎成片生长，也可以通过开花结籽繁衍，其种子被称为竹米。竹子种类很多，有一些种类的竹笋可以食用。

2. 文化寓意

竹枝干挺拔，修长，四季青翠，凌霜傲雨，备受中国人喜爱，有梅兰竹菊"四君子"、松竹梅"岁寒三友"等美称。中国古今文人墨客，爱竹、颂竹者众多。

竹在清风中簌簌的声音，在夜月下疏朗的影子，都让诗人深深感动，而竹于风霜凌厉中苍翠俨然的品格，更让诗人引为同道，因而中国文人的居室住宅中大多植有竹子。王子猷说："何可一日无此君！"苏东坡说："宁可食无肉，不可居无竹。无肉令人瘦，无竹令人俗。人瘦尚可肥，士俗不可医。"朴实直白的语言，显示出那悠久的文化精神已深入士人骨髓。

明月如霜，好风如水，凉爽的闲庭中，翠竹依阶低吟，挺拔劲节，青翠欲滴，婆娑可爱。竹既有梅凌寒傲雪的铁骨，又有兰翠色长存的高洁，并以它那"劲节""虚空""萧疏"的个性，使诗人在其中充分玩味自己的君子之风。它的"劲节"，代表不屈的骨节和骨气；它的"虚空"，代表谦逊的胸怀；它的"萧疏"，代表诗人超群脱俗。

四、赏菊

1. 形态特征

菊,因其花具有浓香,故有"晚艳""冷香"之雅称。

菊属于多年生草本植物,茎色嫩绿或褐色,除悬崖菊外多为直立分枝,基部半木质化。单叶互生,边缘有缺刻及锯齿。头状花序顶生或腋生,一朵或数朵簇生。舌状花为雌花,筒状花为两性花。色彩丰富,有红、黄、白、墨、紫、绿、橙、粉、棕、雪青、淡绿等。花序大小和形状各有不同,有单瓣,有重瓣;有扁形,有球形;有长絮,有短絮;有平絮和卷絮;有空心和实心;有挺直的和下垂的。式样繁多,品种复杂。

菊花

2. 文化寓意

如果说冬梅斗霜傲雪,是一种烈士般不屈不挠的人格,春兰空谷自适,是一种高士遗世独立的情怀,那么,秋菊兼有烈士与高士的两种品格。晚秋时节,斜阳下,矮篱畔,一丛丛菊花傲然开放,不畏严霜,不辞寂寞,无论出入进退,都显示出可贵的品质。

两千多年以来,儒、道两种人格精神一直影响着中国的士大夫,文人多怀有一种"穷则独善其身,达则兼济天下"的思想。尽管世事维艰,文人心中也有隐退的志愿,但是,那种达观乐天的胸襟,开朗进取的气质,使他们始终不肯放弃高远的目标,而菊花最能体现这种人文性格。咏菊的诗人可以上溯到战国时代的屈原,而当晋代陶渊明深情地吟咏过菊花之后,千载以来,菊花更作为诗人双重人格的象征而出现在诗中画里,那种中和恬淡的疏散气质,与文人墨客经历了苦闷彷徨之后获得的精神上的安详宁静相契合。

因此,对菊花的欣赏,俨然成为君子自得自乐、儒道双修的精神象征。

>> 动物掠影 <<

地球是一个大家园,因为有所有的动物,地球才不会失衡。动物是大自然留给人类的无价之宝,是我们人类的朋友。它们的生衍死灭与我们人类的生活是密切相关的。由于我国人口众多,人们活动范围广,使许多珍贵的野生动物被迫退缩残存在边远的山区、森林、草原、沼泽和荒漠地区,分布区极其狭窄。随着经济的持续快速发展和生态环境的日益恶化,中国的濒危动物种类还会增加。动物的大量毁灭对人类将产生严重的不良后果,造成生态严重不平衡,从而使人类的生存环境遭到破坏。所以,人类在建设自己美好家园的同时,也应该给动物们留下生存的空间,从而使人与动物和谐相处。

一、飞翔的天使——鸟类

鸟类，是脊椎动物亚门的一纲。体均被羽，恒温，卵生。前肢成翼，有时退化，多营飞翔生活。心脏是2心房2心室。骨多空隙，内充气体。呼吸器官除肺外，有辅助呼吸的气囊。地球上的鸟类分为游禽、涉禽、攀禽、走禽、猛禽、鸣禽六大类。

鸟类在不同季节更换栖息地区，或是从营巢地移至越冬地，或是从越冬地返回营巢地，这种季节性现象称为迁徙。鸟类的迁徙通常在春秋两季进行。

鸟类繁殖期间，绝大多数种类成对活动。有的种类多年结伴，有的种类一雄多雌，少数种类一雌多雄。

1. 多彩的鹦鹉家族

鹦鹉是典型的攀禽，对趾型足，两趾向前两趾向后，适合抓握，鸟喙劲有力，可以食用硬壳果。它们羽色鲜艳，聪明伶俐，以其善学人语技能的特点，更为人们所欣赏和钟爱，常被作为宠物饲养，是与人关系最亲密的鸟类之一，有"鹦哥""娇凤鸟"或"彩凤"的美称。不过当下寄居笼中或拴之站架之上的，大多是"倒插门"的虎皮鹦鹉、凤头鹦鹉等外国鹦鹉。

鹦鹉

鹦鹉或飞翔在山林之间，或栖息在田间地头，或营巢育雏于大树之上。它们种类繁多，形态各异，羽色艳丽。有华贵高雅的紫蓝金刚鹦鹉、全身洁白头戴黄冠的葵花凤头鹦鹉、能言善语的亚马逊鹦鹉、五彩缤纷的彩虹吸蜜鹦鹉、金色体羽的太阳锥尾鹦鹉、大红大绿的折衷鹦鹉……走近鹦鹉家族，就是走进多姿多彩的世界。

大紫胸鹦鹉、绯胸鹦鹉和灰头鹦鹉，是目前中国境内可看到的大规模集群的三种鹦鹉。在云南盈江，绯胸鹦鹉集群的盛况，被誉为"鹦鹉雨"。绯胸鹦鹉和灰头鹦鹉都会有一定的集群迁移行为，而它们选择迁移地点完全视食物充足与否而定。例如它们会在玉米成熟的时候，聚集到玉米地觅食，更有甚者，会出现两种鹦鹉一同汇集成群觅食的盛况。鹦鹉的大规模觅食直接导致当地居民的玉米减产，当地曾一度上演过"人鸟之争"的惨剧。

云南普洱还有一个芒坝，让野生大紫胸鹦鹉有继续延续种群的希望。芒坝被誉为"鹦鹉村"，村边上就有一群大紫胸鹦鹉长期生活于此。目前，这里已成为观察和拍摄大紫胸鹦鹉的著名旅游地。很多喜欢观鸟、拍鸟的人会到这里，他们也带动了整个村子的经济发展。

2. 飞羽精灵——太阳鸟

太阳鸟是一种非常小型的雀形目鸟，羽毛颜色非常漂亮，全身闪烁着紫、红、绿、黑、金黄等色彩。太阳鸟原产于非洲、南亚、东印度和澳大利亚，外表和习性都有点像蜂鸟。它们的喙弯曲，是真正的鸣禽。身长9~15厘米，主要食花蜜，有的也吃昆虫。太阳鸟食花蜜的时候，喜欢停留在花上吃。

太阳鸟是美丽玲珑的小精灵，造物主赋予它们最美妙的形体，赐予它们最艳丽的华服。它们象征吉祥，一直是华夏儿女们心中的瑞鸟。由于它们的羽毛鲜艳无比，体态华丽绝美，人们又称其为"天堂鸟""极乐鸟""女神鸟"等，是世界上极著名的观赏鸟。

蓝喉太阳鸟羽色艳丽，是很好的观赏鸟，而且由于它们以花蜜和昆虫为食，在传播花粉和抑制虫害方面也是有意义的。蓝喉太阳鸟在中国主要分布于西南地区，是中国太阳鸟科鸟类在国内分布较广泛和数量较多的一种。

蓝喉太阳鸟

蓝喉太阳鸟雄鸟前额至头顶以及颏和喉均为紫蓝色。眼、颊、头侧、后颈、颈侧、背、肩以及翅上中覆羽和小覆羽均为朱红色或暗红色，耳羽后侧和胸侧各有一紫蓝色斑。腰鲜黄色。尾上覆羽和中央尾羽基部2/3为紫蓝色具金属光泽，中央尾羽延长，其延长部分为黑色缀有紫色，外侧尾羽黑褐色。两翅均为暗褐黑色。胸纯红色或纯黄色，有的是黄色杂有红色纵纹，腹以后的其余下体鲜黄色，有的后肋和尾下覆羽黄绿色，腋羽和翅下覆羽白色或黄白色。

雌鸟上体灰绿色或橄榄黄绿色，头顶较暗，暗褐色的羽基有时显露于外。腰黄色，颊、耳羽、颈侧、喉和上胸灰橄榄绿色或灰绿色。颏、喉较灰微沾橄榄黄色，腹、两肋和尾下覆羽绿黄色或淡黄色。两翅和尾黑褐色，羽毛边缘为橄榄黄色，外侧尾羽具白色端斑，虹膜深褐色或暗褐色，嘴、脚黑褐色。

二、四足而毛的哺乳动物——兽类

兽类是体表被毛，运动快速，胎生哺乳的恒温脊椎动物，是脊椎动物类群中结构、功能和行为最复杂的一群高等动物。因为兽类最突出的特征是哺乳喂养后代，所以称为哺乳动物。这一类动物都是由爬行类进化而来的。从进化的程度来说，可分为原兽类，如鸭嘴兽、针鼹①等卵生动物，它们是兽类中最原始的一类；第二是后兽类，这一类动物虽较原兽类进化程度高些，但也属于古老低等的一类，如有袋类动物，它们虽然是胎生，但没有胎盘，幼兽是在母兽的育儿袋中发育成长的；第三是真兽类，它们是现今兽类中最高等的哺乳动物，是脊椎动物甚至整个动物界中进化地位最高的类群。

---

①鼹，读音 yǎn。

每当人们谈起兽类动物时，很自然就想到豺、狼、虎、豹、牛、马、大象、猿猴等大型动物，其实，像老鼠、蝙蝠、刺猬、鼩鼱①等小型动物也是兽类。

兽类对周围环境有着高度的适应性。一旦环境发生变化，它们就必须调整自身与环境的关系使自己生存下去，因此，在它们的长期进化过程中，兽类几乎占据了地球上陆地、天空、海洋所有的空间，并使它们在形态、生理、行为等方面产生了很大差异，衍生出许多特别的种类。

兽类与人类有着密切的关系，除供应人类肉食、毛皮和役用外，有的还具有很高的科学价值，仿生学就是其中一种。如蝙蝠会释放出一种超声波，这种声波遇见物体时就会反弹回来，而人类听不见。雷达就是根据蝙蝠的这种特性发明出来的，并运用到各种领域，例如飞机、航空等。

1. 牙尖齿利的小机灵——松鼠

松鼠体态端庄而轻盈，是典型的树栖小动物，身体细长。其前后肢间无皮翼，四肢细长且强健，趾端有尖锐的钩爪。尾长而粗大，尾长为体长的三分之二以上，尾毛密长，多而蓬松，常朝背部反卷。眼大而明亮，鼻端较粗壮，耳朵长，耳壳发达。松鼠根据季节换毛，有的夏毛呈黑褐色或赤棕色，到了秋天会更换成黑灰色的毛。

松鼠

松鼠，是一种漂亮的小动物，长着毛茸茸的长尾巴、匀称灵活的身体，很讨人喜欢。它们牙尖齿利，常吃的是杏仁、榛子、榉实和橡栗。它们面容清秀，眼睛闪闪发光，身体矫健，四肢轻快，非常敏捷，非常机警。玲珑的小面孔，衬上一条美丽的尾巴，显得格外漂亮。尾巴总是翘起来，一直翘到头上，自己就躲在尾巴底下歇凉。它们常常直竖着身子坐着，像人们用手一样，用前爪往嘴里送东西吃。

松鼠经常在高处活动，像飞鸟一样住在树顶上。它们在树上做窝，摘果实，喝露水，只有树被风刮得太厉害了，才到地上来。它们不接近人的住宅，也不待在小树丛里，只喜欢住在高大的老树上。在晴朗的夏夜，可以听到松鼠在树上跳着叫着，互相追逐。它们很怕强烈的阳光，白天躲在窝里歇凉，晚上出来奔跑，玩耍，吃东西。

松鼠不爱下水。有人说，松鼠横渡溪流的时候，用一块树皮当作船，用自己的尾巴当作帆和舵。它们十分警觉，只要有人触动一下其所在的大树，它们就从树上的窝里跑出来躲到树枝

---

① 鼩鼱：读音 qú jīng，哺乳动物，形极似鼠，但吻部细而尖，穿穴地中而造巢，吃昆虫、蚯蚓等。

底下，或者逃到别的树上去。它们在秋天拾榛子并塞到老树空心的缝隙里，塞得满满的，留到冬天吃。在冬天，它们也常用爪子把雪扒开，在雪下面找榛子。松鼠轻快敏捷，总是小跳着前进，有时也连蹦带跑。它们的叫声很响亮，比黄鼠狼的叫声还要尖些。要是被惹恼了，它们还会发出一种很不高兴的恨恨声。

松鼠的窝通常搭在树枝分杈的地方，又干净又暖和。它们搭窝的时候，先搬些小木片，错杂放在一起，再用一些干苔藓编扎起来，然后把苔藓挤紧，踏平，使那建筑足够宽敞，足够坚实。这样，它们可以带着儿女住在里面，既舒适又安全。窝口朝上，端端正正，很狭窄，勉强可以进出。窝口有一个圆锥形的盖，把整个窝都遮盖起来，下雨时雨水向四周流去，不会落在窝里。

2. 穿行于树际的游侠——金丝猴

金丝猴的共同特征为鼻孔大，上翘。唇厚，无颊囊。背部的毛长发亮，颜色为青色。头顶、颈、肩、上臂、背和尾灰黑色，头侧、颈侧、躯干腹面和四肢内侧褐黄色，毛质柔软。

金丝猴的尾巴和身子差不多长，瘦长的身体上长着柔软的金色长毛，最长可达三十多厘米，披散下来就像一件金黄色的"披风"，十分漂亮。如此耀眼夺目的外衣使它得到了"金丝猴"的美名。

美丽的金丝猴，其身价非同一般，它们与大熊猫齐名，被认为是中国最著名的珍贵动物。

金丝猴

金丝猴群栖高山密林中，主食有树叶、嫩树枝、花、果、树皮和树根，它们也爱吃昆虫、鸟和鸟蛋等。

金丝猴是典型的森林树栖动物，常年栖息于海拔1500~3300米的森林中。它们群栖生活，每个大的集群以家族性的小集群为活动单位。最大的群体可达600余只，在灵长类中，如此庞大的群体实属罕见。

金丝猴喜欢群居，成员之间相互关照，一起觅食、一起玩耍休息。在金丝猴的家庭中，未成年的小金丝猴有着强烈的好奇心，非常调皮，也倍受父母宠爱。但小公猴成年后就会被爸爸赶出家门，只能自己到野外独立生活。

金丝猴十分爱护幼仔，常常为了保护幼仔而牺牲生命。在过去滥捕滥杀的岁月里，有的母猴在自己被捕后会将幼仔抛下山，以让其逃生，有的母猴会向举枪的猎人摆手，示意不要开枪，以保护自己的幼仔。

滇金丝猴是中国云南特有物种，特级保护动物，生活在三江并流国家级自然保护区核心地带，与大熊猫并称"国宝"。

滇金丝猴只生活在金沙江和澜沧江之间的云岭山脉人迹罕至的高海拔地区，它们具有一张最像人的脸，面庞白里透红，黑白灰相间的绒毛在阳光下透出光环般的灿黄，再配上它们那美丽红唇，堪称世间最美的动物之一。松萝、苔藓、植物嫩芽和果实是它们的主要食物。它们是当地居民心中的精灵。

滇金丝猴国家公园是迪庆州"三大"国家公园之一，是唯一一个常人能观赏到滇金丝猴的地方。该公园是人与自然、人与人和谐相处的人间天堂，凡是走在香格里拉滇金丝猴国家公园的人，无不被公园里的山水人情所陶醉。

滇金丝猴

川金丝猴长着一张蓝色的脸，身披长长的金色针毛，因为一副很有特点的"朝天鼻"，所以又被形象地称为"仰鼻猴"。和它同属的还有滇金丝猴、黔金丝猴和越南金丝猴，除最后一种分布在越南外，其他3种均为中国特有，且数量稀少。川金丝猴是国家一级保护动物。它们为体形中等猴类，鼻孔向上仰，无颊囊，颊部及颈侧棕红，肩背具长毛，色泽金黄，尾与体等长或更长。

川金丝猴生性胆小、机警，只要看到人类的一点踪影，或者听到一丝风吹草动，就会立即逃之夭夭。它们白天多数时间在取食。它们似乎懂得"合理开发、永续利用"的道理，不会待在一个地方坐吃山空，不会把该地所有植物的叶子、花、茎和果实统统吃光，采食到一定的程度，它们就会像草原上的牧民一样按照一定的路线转场。

川金丝猴

三、神秘莫测的海底精灵——海生动物

在我们这个星球上，人类唯一没有征服的地方就是海底世界。地球上71%的面积被海洋

占据，海洋是无数生物栖息的地方，其中有小到肉眼无法识别的单细胞生物，也有体重达150吨的蓝鲸，还有无数的甲壳类、鱼类、龟类等动物。除海洋以外，在海岸、河口、三角洲、岛屿等环境中，也栖息着无数的动植物。在海洋这个广阔的空间里，它们以自己独有的方式生活并繁衍着，和陆地上的生物们构成了一个完整的生物世界。

由于它们深藏在大海里，目前绝大多数生物还不为人类所熟知，海底依然是一个神秘莫测的世界。

1996年，一个崭新的、革命性的海底探测船在美国加利福尼亚中部的海岸城市蒙特里下水，开始它的处女航。它可以在水面上飞行，也可以潜到1000米以下做各种科学考察活动。可以预言，在不久的将来，人类对神奇大洋底的探测，一定会有新的更大的成就。

1. 海底的星星——海贝

海贝属软体动物，种类繁多，按照用途可分为食用贝和观赏贝两大类。观赏贝类品种繁多，形状各异，色泽鲜艳，光彩夺目，不仅供观赏，也是制作名贵工艺品的重要原料。海贝中很多是珍稀动物，已被列为自然资源保护对象。

海贝，大自然最美丽的造物之一，自古以来就受到人类的钟爱。从古至今，海贝以奇异多变的形态，美艳的色彩和神秘的花纹，吸引着人类进行采集、收藏和研究。

大型海贝可重达几百千克，而迷你海贝则需要借助放大镜才能看清真面目。大多数海贝是夜行性的，在幽暗的海底，它们就像一颗颗闪亮的星星，因此被人们形象地称为"海底的星星"。

大部分贝类生活在热带和亚热带暖海区，从潮间带到较深的岩礁、珊瑚礁或泥沙海底，都是它们的家园。它们白天蛰伏于珊瑚缝隙或礁石背面，夜幕降临之后却异常活跃，开始捕食、游走和繁殖，像夜空中的繁星一般在黑暗的海底闪烁。

除迷人可爱的外形之外，这些来自潮间带、珊瑚丛或幽暗深海的精灵还蕴藏着更多的奥秘，它们是古老地球的岁月日记，是蓝色生态的忠实记录者。

早在数千年前，海贝的贝壳就已成为人类的爱物。开始，它们以其小巧玲珑、色彩鲜艳、坚固耐用的优势成为氏族部落时代的饰品。渐渐地，人们发现贝壳便于携带和计数，大约在夏朝末年，小小的贝壳就变身为早期的交换媒介——货币。

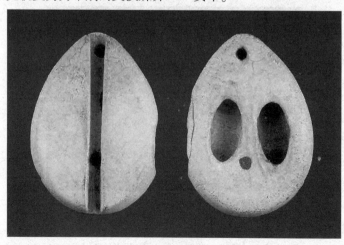

古代贝币

商代常见的贝币是一种螺,它们的真实身份就是今天仍多见于世界热带海域的金环宝螺和黄宝螺。它们对栖息条件的要求不高,从浅海到潮带都是它们的家园。它们易被获得,直到今天仍被大量采集,用来制作各种工艺品。后来,也许是因为采集烦琐,也许是"盗采"而产生的"假币"问题,真贝做成的"贝币"逐渐被代替。但是在相当长的时间里,货币都带着"贝壳"的痕迹,如蚌制贝、骨贝、石贝、陶贝,以及向金属货币形态过渡的铜贝等。连人们非常熟悉的"元宝",其形状也是由贝壳逐步演化而来的。

其实,以贝壳为货币也曾是一项"世界潮流",据说至今某些太平洋上的岛民还在使用。

宝螺,是贝壳中的明星物种。外壳华丽耀眼,不过,在它们活着的时候,美丽的壳总是被一层外套膜所包覆着,看起来和周围环境浑然一体,难以察觉。而当你轻轻触碰它们,外套膜完全打开后,美丽的壳体就会显露出来。外套膜千姿百态,色彩和斑纹各异,并生长着大小不等的乳状突起,有的像珊瑚叉子,有的像小手,十分有趣。其颜色可以随着环境或者寄主的颜色变化而发生变化,有自我保护的作用。

2. 海洋中的仙子——水母

水母是一种细胞动物,构造简单,没有肌肉和骨骼,身体的98%都是水,属于水生环境中重要的浮游生物,是一种非常漂亮的水生生物。

它的身体外形就像一把透明伞,伞状体的直径有大有小,大水母的伞状体直径可达2米。伞状体边缘长有一些须状的触手,有的触手可长达20~30米。它们在水中运动时,利用体内喷水反射前进,远远望去,就像一顶顶圆伞在水中迅速漂游。在蓝色的海水里,这些游动着的色彩各异的水母显得十分美丽。

水母

水母早在六亿五千万年前就存在了,它们的出现甚至比恐龙还早。无论热带的水域还是温带的水域,无论浅水区还是深水区,海洋的每一个角落都会有它们的影踪。全世界的水域中有超过250余种水母,它们分布于全球各地的水域里,且全部生活在海洋中。

灯塔水母,是一种小型水母,身体呈钟形,直径为4~5毫米,身体透明,能够看见红色的消化系统,状如灯塔,因而得名。灯塔水母胃巨大且呈现出鲜艳的红色,横断面为十字型。

灯塔水母可以从水螅体无性繁殖,是唯一已知的能够从性成熟阶段恢复到幼虫阶段的生物。在20℃的水温中达到性成熟阶段需要25~30天,其特征是性成熟的(能够进行有性生殖)个体能够重新回到水螅型。普通的水母在有性生殖之后就会死亡,但是灯塔水母却能够再次回到水螅型，这被称作分化转移。理论上这个过程没有次数限制。这种水母可以通过反复的通常生殖和分化转移获得无限的寿命，所以也被人称为"长生不老的水母"，更准确地说应该是"返老还童"。除非被其他动物吃掉，否则灯塔水母是"永生"的。

灯塔水母主要分布在加勒比地区的海域之中，但因为远洋船舶排放的压舱水，使灯塔水母逐渐散布至其他邻近海域，如西班牙、意大利和日本的近海，并出现在大西洋的另一侧——巴拿马地区。

》》山中五岳《《

山岳是地球演变过程中形成的自然景观。我国是一个多山的国家，山地面积广大，大小山脉纵横全国，山形千姿百态，雄奇灵秀，各具特色。山岳也是神话传说最多的地方，从三皇五帝、君王大臣到民间的凡夫俗子，都留下了美丽的传说，山岳也因此而充满了灵性。而历代名人留下的诗词歌赋更是增加了它们的文化底蕴，留给我们无尽的遐想。

纵观中国域中之山，莫尊于五岳。五岳是远古山神崇拜、五行观念相结合的产物，曾是封建帝王仰天功之巍巍而封禅祭祀的地方，更是封建帝王受命于天、定鼎中原的象征。

"东岳泰山之雄，西岳华山之险，中岳嵩山之峻，北岳恒山之幽，南岳衡山之秀"早已是闻名全世界的风景了。人们常这样形容五岳："恒山如行，华山如立，泰山如坐，衡山如飞，嵩山如卧"。

五岳劈地摩天，气冠群伦。千百年来，皇帝在这里祭祀，僧人道士在这里修行念经，善男信女在这里烧香许愿，名人雅客也喜欢在这里赋诗作画，给五岳留下了众多的人文遗迹，五岳更加有名了。难怪人们登五岳后，会发出"五岳归来不看山"的慨叹。

一、五岳独尊——东岳泰山

泰山坐落在山东省中部，巍峨陡峻，气势磅礴，被尊为五岳之首，号称"天下第一山"，被视为崇高、神圣的象征，故有"五岳独尊"之说。

庄严神圣的泰山，2000多年来一直是帝王朝拜的对象，是中国艺术家和学者的精神源泉，也是古代中国文明和信仰的象征。泰山在中国的政治、文化历史上占有很高的地位。据史书记载：历代有72位皇帝到泰山封禅，文人墨客也多以游泰山为快，并以诗词歌赋、作画题字等来歌颂泰山。因此，这里留下的文物古迹颇多。从山脚的岱庙到山顶的碧霞寺，沿途有无数的碑刻和古建筑。目前山上有古寺庙22处、古遗址97处、历代碑碣819块、摩崖石刻1018处，可以说泰山是一座文物宝库。泰山山麓的岱庙为泰山第一名胜，天贶殿是岱庙主殿，殿内东、西、北三面墙壁画有《泰山神出巡图》。岱庙内陈列的沉香狮子、温凉玉、黄蓝釉瓷葫芦瓶被誉为泰山镇山"三宝"。

"天高不可及，于泰山上立封禅而祭之，冀近神灵也。"孔子"登泰山而小天下"千载流传。从"重于泰山""有眼不识泰山""泰山北斗"等说法中可以看出，泰山其实已经成为汉族传统文化积淀中不可分割的一部分。

泰山大约形成于3000万年前的新生代中期。泰山的地层非常古老，主要由混合岩、混合花岗岩及各种片麻岩等世界上最古老的岩石构成，时代距今24亿~25亿年，属于地壳发展史上的太古。强大的造山运动和沧桑巨变,大自然的鬼斧神工,使泰山谷幽壑深,壁立千仞。

泰山(1)

"山莫大于泰山,史亦莫古于泰山。"秦始皇登峰遇雨,留下五大夫松的传说;汉武帝八登泰山,惊叹"高矣!极矣!大矣!特矣!壮矣!赫矣!骇矣!惑矣!"

自奴隶社会至封建社会数千年以来,在中国历史上逐渐形成了一种极其隆重的旷世大典。凡是异姓而起或功高德显的帝王,天神必赐予其吉祥的"符瑞"①,他便有资格到泰山报告成功,答谢受命于天之恩,这就是历代帝王狂热追求的封禅大典。

"封"是在泰山极顶聚土筑圆坛祭天帝,增泰山之高以表功于天;"禅"是在山下小山丘上积土筑方坛祭地神,增大地之厚以报福广恩厚之情。圆台方坛表示天圆地方。一代帝王若登封泰山即视为天下太平、国家兴旺的标志。皇帝本人也就成为名副其实的真龙天子了。所以东汉史学家班固在《白虎通封禅篇》中说:"王者异姓而起,必升封泰山何?报告之义也。始受命之时,该制应天,天下太平,功成封禅以告太平也。所以必于泰山何?万物之始,交代之处也。"

泰山(2)

数千年来,雄伟壮观的泰山自然景观融入了帝王封禅、宗教神话、书画意境、诗文渲染、工匠艺术以及科学家的探索等文化因子,构成了以富有美感的典型的自然景观为基础,又渗透着人文景观的地域空间综合体,即独特的泰山风景。

独特的泰山风景体现了中华民族几千年的历史文化,其中也包含了中华民族深刻的美学思想。泰山凌驾于齐鲁丘陵之上,相对高度达1300多米,与周围的平原、丘陵形成强烈对比,

---

①符瑞:吉祥的征兆。多指帝王受命的征兆。

在视觉效果上显得泰山格外高大。泰山群峰起伏,南高北低,主峰突兀。从海拔 150 余米的山麓泰安市区,至海拔 847 米的中天门,再到海拔 1460 米的南天门和海拔 1545 米的玉皇顶,层层迭起,形成了一种由抑到扬的节奏感和"一览众山小"的高旷气势。泰山山脉绵亘 200 余千米,基础宽大,形体集中。基础宽大便产生安稳感,形体庞大而集中则产生厚重感。

另外,泰山苍劲挺拔的古松如"壮士披甲",对泰山的雄伟形象起着烘托作用;裸露的峭壁悬崖和浑圆厚实的巨石突立于眼前,震撼人心;还有那富于变化的泰山云烟,使人感到静中有动,气势磅礴。苍松翠柏、悬崖怪石、云海烟雾都映衬着巍巍岱岳。泰山除了从总体上和宏观上具有雄伟的特征,还在雄中蕴含着奇、险、秀、幽、奥、旷等美的形象。如斗母宫东溪内的"三潭叠瀑",可谓"雄中藏秀";"舍身崖""百丈崖"可谓"寓险于雄";"仙人桥""扇子崖"造化钟神,堪称奇观;登泰山南天门则可领略"天门一长啸,万里清风来"及"旷然小宇宙"的诗情画意;而岱阴后石坞却是探幽寻奥的"天仙洞府"。

二、奇险第一山——西岳华山

华山,古称西岳,是我国著名的五岳之一。它位于陕西省境内,秦、晋、豫黄河三角洲交汇处,南接秦岭,北瞰黄渭,扼大西北进出中原之门户,素有"峭拔峻秀冠天下,奇险天下第一山"之称。

华山五峰,主峰有三:南峰"落雁",东峰"朝阳",西峰"莲花"。三峰鼎峙,"势飞白云外,影倒黄河里",人称"天外三峰"。另有北峰五云、中峰玉女相辅于侧,36 小峰罗列于前,虎踞龙盘,气象森森,文人谓之西京王气之所系。五峰环峙,宛若莲花五瓣。古时"花""华"通用,正如《水经注》所说:远而望之若花状,故名华山。又因其西约 20 千米另有少华山,所以也称太华山。

华山是中华民族文化的发祥地之一,据清代著名学者章太炎先生考证,"中华""华夏"皆藉华山而得名。

华山(1)

关于华山的来历,有一个惊心动魄的神话传说。相传大禹治水,处处得到人和神的帮助。他把黄河水引出了龙门,来到潼关时,又被两座山挡住了去路。这两座山,南面的叫华山,北面的叫中条山。它们紧紧相连,河水不能通过。当时有位名叫巨灵的大神,挺身出来帮大禹的忙,硬是把两座连在一起的大山分开了。于是,黄河水顺利地从他掰开的缺口流过去。可是由于用力过猛,好端端的华山被他掰裂,一高一低,成了两半。高一些的就是现在的华山,又叫太华山,低一些的就是现在的少华山。如今在陕西的华岳峰顶上,巨灵神开山时留下的手印,仍然老远就看得见,五个手指头和手掌的形状还清清楚楚。华岳峰和首阳山隔河相峙,各在一省，巨灵神之巨大真是难以想象。唐朝天才诗人李白"巨灵咆哮劈两山，洪波喷流射东海"的诗句，讲的正是华山的来历。

"华山如立"形象地概括了它的挺拔高峻。对此，唐代诗人张乔也曾有"谁将倚天剑，削出依天峰。卓绝三峰出，高奇五岳无"的诗句。因华山东南西三面都是悬崖峭壁，只有峰顶向北倾斜打开了登山的道路，所以有"自古华山一条路"的说法。

华山（2）

登华山，一般从北峰山脚的玉泉院起步。华山北峰又名云台峰，海拔1614.7米，三面皆绝壁，是攀登华山的必经之道。经过"回心石"一路往上，就是华山的险途了：途中有千尺幢、百尺峡两处险狭之地，尤以千尺幢为甚。"千尺幢"是在山崖极陡处开出的一条小路，共370多级石阶，石阶的宽度只能容纳一个人上下，两旁挂着铁索。人们手攀铁索一步步向上登，往上看，只见一线天开；往下看，就像站在深井上。千尺幢的顶端，就像井口一样。这里的崖壁上刻有"太华咽喉""气吞东瀛"的字样，其形势真像咽喉一样险要。当游人小心翼翼、手脚并用地爬上千尺幢，再往前走，就是百尺峡。

出峡后，过仙人桥，前面又是一段险路"老君犁沟"，传说是太上老君牵来自己的青牛，在这个陡壁处犁出的一条小路。从北峰向南折，经擦耳涯，过上天梯，有一长岭，莽莽苍苍，蜿蜒盘旋，好像苍龙腾空，故称为"苍龙岭"。此岭为一条刃形山脊，属华山著名险道之一。全长约1500米，开凿石阶246级，受两侧的断层影响，顶部最窄处仅1米，岭脊坡度超过54度，两旁万丈深壑，壁立千仞，势陡如削。人行岭上，不禁心摇目眩，惊险非常。过"苍龙岭"后可上西峰，西峰下后上南岭，最后登上的是中峰，一路峰头斜削，绝壁千丈，山势壮丽，古松参天，石刻相随。

华山历史悠久，传说甚丰，险峰之处，胜景频频，使人领略其美而回味无穷。

三、五岳独秀——南岳衡山

衡山，又名南岳，是我国五岳之一，位于湖南省衡阳市境内。衡山山势雄伟，绵延数百千米，共有72峰。

清人魏源《衡岳吟》中说"惟有南岳独如飞"，这是对衡山秀丽灵动的赞美。衡山以自然美景和佛、道两教之人文景观著称。其中，祝融峰之高、方广寺之深、藏经殿之秀和水帘洞之奇，被称为"南岳四绝"。衡山地临湘水之滨，气候条件优于其他四岳，处处古木参天，终年翠绿，奇花异草，四时郁香，以风景秀丽著称，享有"五岳独秀"的美名。

衡山

南岳称为衡山，因它位处星度二十八宿的轸星之翼，"度应玑衡"，像衡器一样，可以称量天地的轻重，能够"铨德钧物"，所以定名叫"衡山"。又因轸星旁有一小星，叫"长沙星"，这颗星主管人间寿命。而衡山古属长沙，借名伸义，所以衡山有"寿岳"之称。后人祝寿，时常称颂为"寿比南山"，就是从这儿借喻的。

水帘洞位于衡山紫盖峰下，又称洗心泉、洞真源，传说是道教朱陵大帝的居所。水帘洞瀑布尤为著名。沿溪岸行走，过石桥，可见山涧中乱石密布，流水盘迴其中。溪中有"冲退醉石"石刻。爬上丘坡，在轰轰作响的水声里，可见倾天而降之瀑。突兀间，令人骤然想起诗仙李白"黄河之水天上来"的诗句，白练如匹，层层叠叠，绵延不绝，蔚为壮观。瀑布落下至一石池，池中水满，重又倾泻，这一泻便成落差高达50余米的第二叠瀑布，水足便成澎湃激流，水少则滴珠溅玉，丝丝缕缕，仿若珠帘，成天然仙景。水帘洞之壑谷石壁，存有50余处古代石刻，多为唐宋以来至此赏瀑的名人所作。景优字美，以人文伴自然风光，这是水帘洞的一个独到之处。

祝融、天柱、芙蓉、紫盖、石廪是衡山最为有名的五座山峰。其中祝融峰海拔1298米，是衡山72峰中最高的一座，也是湘中盆地最高峰。登衡山必登祝融。古人说："不登祝融，不足以知其高。"唐代文学家韩愈诗云："祝融万丈拔地起，欲见不见轻烟里。"这两句诗既写了祝融峰的高峻、雄伟，又写了衡山烟云的美妙。传说祝融峰是祝融游息之地。祝融是神话传说中的火神，自燧人氏发明取火以来，即由祝融保存火种。祝融峰绝顶处建有祝融殿，原称老圣殿，其前身是圣帝殿，始建于唐代。祝融殿香火极旺盛，三湘四水①皆有信徒来此上香，拜祭南岳圣帝，尤以农历五月十七日为最，传说这一天是天符大帝下凡的日子，所以两湖、两广及江西等地的信徒会陆续赶至南岳上香。

四、绝塞名山——北岳恒山

北岳恒山，又名常山，是海河支流桑干河与滹沱河的分水岭。它西衔雁门关，东连太行山，南接五台山脉，北临大同盆地，跨晋、冀两省，绵延150多千米。秦始皇时，朝封天下12名山，恒山被推崇为天下第二山。汉代确定五岳制度时，河北曲阳县的大茂山为北岳，直到明代才改恒山为北岳，并沿用至今。

恒山主峰居于山西省北部浑源县境内，海拔2016.8米，山高为五岳之冠，比泰山绝顶还

---

① 三湘四水，指湖南境内的江河。多用来代指湖南。

高出近 500 米。天峰岭与翠屏峰是恒山主峰的东西两峰。恒山双峰对峙,浑水中流,控关带河,山势险要,素有"人天北柱""绝塞名山"之称,历来是兵家必争之地。山上怪石争奇,古树参天,苍松翠柏之间散布着楼台殿宇,以幽静著称,风景优美,别具一格。

五岳中其他四岳名震海外,而恒山却相对寂寞。然北岳有二奇,为宇内独绝。其一为悬空寺,楼阁浮空,虚楼悬秀;其二是百神同悦,三教合一。

整个恒山山脉自西南向东北奔腾而来,一座座海拔达 2000 米以上的山比肩而行,气势雄浑。唐代诗人贾岛诗云:"岩峦叠万重,诡怪浩难测",点出了恒山的地貌特征。恒山确有雄险高旷、气势森严之特色,故留下了许多关隘、古城堡、烽火台等古战场遗迹,使恒山人文景观与其他四岳不同。金龙峡,居于天峰岭和翠屏峰之间,峭壁如削,石夹青天,犹如一线,最窄处不足 10 米。这里是古往今来的绝塞天险,交通要冲。北魏时,道武帝曾发兵数万人,在这里劈山凿道,开金龙口作为进退中原的门户。宋代时,杨业父子曾置兵于此,以险据守,抵抗外族入侵。

恒山寺庙众多,人称"三寺四祠九亭阁,七宫八洞十二庙"。不少殿宇依奇险山势而建,令人惊叹。

悬空寺始建于北魏后期,至今已有 1400 多年的历史。现存建筑是明、清两代重修后的遗物。悬空寺面对天峰岭,背倚翠屏山,坐落在金龙口西崖峭壁上。它的建筑构思非常奇特,以崖凿眼,悬梁铺石为基,殿宇楼阁与崖体浑然结合。寺门依山势朝南开,内有楼阁殿宇 40 间,南北各有一座三檐歇山顶,危楼耸起,对峙而立,从低向高,三层叠起。殿阁间飞起栈道相连,高低相错,用木制楼梯沟通。整个寺庙,错综而不显零乱,交叉而不失严谨,似虚而实,似危而安,实中生巧,危里见俏。当地有民谣说:"悬空寺,半天高,三根马尾空中吊。"从谷底仰视,似仙阁凌空,上接云端;登楼俯瞰,如临绝壁深渊,浑水中流。古诗道:"谁凿高山石,凌空构梵宫,蜃楼疑海上,鸟道没云中。"生动描绘了悬空寺惊险神奇、动人心魄的景象。

悬空寺

寺内主要建筑有三宫殿、三圣殿和三教殿,其中三宫殿为道教天地,三圣殿是佛教世家,三教殿集中国建筑文化之大成,中为佛祖释迦牟尼,右是圣人孔子,左是道教老子。三宫殿殿后挖有许多石窟,成了一半房子一半洞的特殊建筑形式。当年的建筑者,已经懂得向岩壁要空间的道理了。从殿内侧身探头向外望,但见凌空的栈道只有数条立木和横木支撑着。这些木梁叫作"铁扁担",是用当地的特产铁杉木加工成为方形的木梁,深深插进岩石里去的。木梁用桐油浸过,所以不怕被白蚁咬,还有防腐作用,这正是修筑栈道的古法。悬空寺就是用类似筑栈道的方法修建的。

除因地制宜之外，还有其他什么缘故要把悬空寺建在这千尺峭壁上呢？原来，以前这里是南去五台、北往大同的交通要道。悬空寺建在这里，可以方便来往的信徒进香。其次，浑河河水从寺前山脚下流过，常常暴雨成灾，河水泛滥，人们以为有金龙作祟，便想到建浮屠来镇压，于是就在这百丈悬崖上悬空修建了寺院。另外，凹陷的山势使得塞外凛冽的大风不能吹袭悬空寺，而寺前的山峰又起了遮挡烈日的作用。据说，在夏天的时候，每天只有3个小时的阳光照射悬空寺。难怪它能够历经一千多年风雨甚至地震，迄今仍然牢牢地紧贴在峭壁上。

五、胜迹如云——中岳嵩山

巍巍嵩山，东西横卧，雄峙中原，峻极于天。嵩山位于河南省西部，因位居中原大地之中，被称为中岳。

提起嵩山，很多人会想到嵩山的少林寺，而对于山却没有太多的印象。相比之下，嵩山没有华山的奇险，没有泰山的威严，没有衡山的秀美，显得过于平淡。但是，就是在这平淡之间，蕴藏着惊人的地质奇观。

嵩山，有着不可再生的珍贵的地质遗迹，是研究地壳演化规律、追溯地球演化历史的理想场所。

嵩山

板块推移，海陆更替，地壳升降，岭壑变换，尽管人类很难察觉地球这种永恒不断的运动，但经过亿万年地质时代的累积，地球表面的变化却是翻天覆地的。而这种演化的历史，正是通过我们能看到的各种岩石、地层以及赋存于它们体内的古生物化石来解读的。这些岩层多在地下深处形成，地壳上升以及风雪流水的侵蚀使它们得以暴露，并形成一个个天然的断面，这就是地质学中常说的剖面。

人们把地球的年代由老至新划分为：太古代、元古代、古生代、中生代和新生代五个大的阶段。在嵩山群峰的陡峭崖壁上，我们常常可以看到这样的剖面：上、下两部分的岩石及其构造截然不同，这正是由前后造山运动形成的地质遗迹之间的差异导致的。它们之间的界面又被称为"不整合面"，正是通过对这些典型剖面上的不整合面的研究，才确定了嵩山在远古地质时代中曾经历的多次造山运动，而嵩山也成了记载这些历史的珍贵书卷和许多地质学子与研究者们的皓首穷经之地。

嵩山，记录着丰富多彩的地质演化历史，它的地质构造，以其岩龄古老、构造复杂、地壳发育完整、出露良好而闻名。在嵩山七十二峰里，从最古老的太古代到最近的新生代的岩层都有发现，被称为"五世同堂"，这在国内外都是十分罕见的，其"天然地质博物馆""地质学百科全书"的称誉名副其实。

少林寺是中国著名佛寺，是享誉世界的禅宗祖庭和少林武术发源地。它位于河南省登封市西北13千米处的嵩山腹地，面对少室山，背依五乳峰，群山环抱，林峦错峙，少溪东流，形胜绝佳。因寺院处于少室山阴，竹木蔽翳①，故名少林寺。

北魏孝文帝太和十九年（495年），来东土传经的印度游方高僧跋陀在嵩山建立少林寺。约30年后，又有一位印度高僧达摩来到嵩山，他是中国禅宗的开创者，少林寺因此被尊为禅宗祖庭。五乳峰上的达摩洞，内供达摩塑像一尊。相传当年达摩曾在此面壁9年参悟佛法。他的这种修行方法，又被称作"壁观"。

禅宗，是佛教在中国传播过程中逐步产生的中国化了的佛教宗派，是第一次中外文化交流高潮中最重要的精神产物之一，这极大地丰富了中国的思想宝库，并对中国文化产生了深远影响。

只要说到少林寺，几乎所有人都会首先想到少林武术。少林寺在1500多年的历史中曾多次遭天灾、人祸的废毁，但少林僧人以其固有的方式传承、发扬着他们独特的文化，形成了丰富的少林功夫体系。少林寺僧人的代代相传使少林功夫流传至今，闻名天下。

少林功夫是一个庞大的技术体系，而不是一般意义上的"门派"或"拳种"。中国武术结构复杂，门派众多，少林功夫以其悠久的历史、完备的体系和高超的技术境界独步天下。

少林功夫充分融入了中国古代哲学思想：阴阳平衡、刚柔相济以及天人合一等。少林功夫套路与套路之间不是孤立存在的，而是相互之间有所照应。表面上看，是按照难易次第排列，是学习的阶梯或模式；深入地看，实为中国古代思维方式之表现，是中国传统文化的特殊模式。所以，少林功夫不仅是一个庞大的技术体系，同时也是中国传统文化的重要宝库。少林功夫经过漫长历史的检验，不断地去芜存菁，创新发展，形成了使人体潜能高度发挥的功夫体系，成为最优化的人体运动形式。

许多景仰少林功夫的人往往忽视了一个历史事实，少林寺从其本质意义上来说是座禅寺，是中国禅宗的发祥地——史学界公认的禅宗的开创者达摩在少林寺面壁9年并不是像武侠小说里描写的那样在参悟什么武学真谛。易筋经也好，达摩十八手也罢，对于当初的达摩和少林寺僧人来说，不过是健身和自卫的手段而已。中国文化原本是讲究文武并重的，孔子所授的礼、乐、射、御、书、数六门功课，除书、数两门外，其他都与军事技能的训练有关。宋代以后理学主静，讲究"一动不如一静"，于中国文化出现了重文轻武的倾向。作为佛教宝刹的少林寺却坚持传习武艺的传统，走上了一条文武并重的道路，这在中国教育史上也是一个非常特殊的现象。

---

①蔽翳：读音 bì yì，遮蔽，隐蔽。

少林寺

嵩山古老神奇，世称"嵩山天下奥"。它奥就奥在荟五岳之精华，纳三山之灵气，博大精深，奥妙无穷。正如清乾隆游嵩山《会善寺》诗云："自古山川秀，太少无穷奥。"嵩山以它诱人的山川风貌，灿烂的古老文化，独特的历史演变，丰富的地下宝藏，天然的地质博物，精湛的少林功夫，罕见的古树名木，在中国的名山中独树一帜。

〉〉天赐神画〈〈

自然景观，是天然景观和人为景观的自然方面的总称。天然景观是指受到人类间接、轻微或偶尔影响而原有自然面貌未发生明显变化的景观，如极地、高山、大荒漠、大沼泽、热带雨林以及某些自然保护区等。人为景观是指受到人类直接影响和长期作用使自然面貌发生明显变化的景观，如乡村、工矿、城镇等地区。人为景观又称文化景观，它虽然是人类作用和影响的产物，但发展规律却服从于自然规律，必须按自然规律去建设和管理，才能达到预期的目的。

一条条河流流经冰川大坝，穿过平地沙滩，幻化出一幅幅五光十色、形状万千的绚丽图景，仿似一幅幅用水彩涂料渲染的抽象画，是大自然无法言语之美；一块块石头经历了剧烈的地壳运动，在漫长的地质年代中历经岁月沧桑，终形成了千奇百怪、绚丽多姿的花纹图案，是一幅幅天赐神画；一座座随山势地形变化，埂回堤转开垦出来的道道梯田，层层叠叠，弯弯曲曲，环绕大山，在四季流转中变幻出不同的色彩，在茫茫森林的掩映中，在漫漫云海的覆盖下，构成了神奇壮丽的景观。

这些自然景观如梦如幻，令人过目不忘。它们如同一幅幅中国写意水墨画，又像一幅幅用大面积颜料泼洒出来的西方抽象画，将自然雕刻成奇特的天然艺术品，呈现给人类一幅幅绮丽绝妙的画卷。

一、奇石吐云烟——天然大理石画

天然山水画，写意大理石。大理石画贵在自然天成，其画意自然、纯真、高贵、典雅，是观赏石中的艺术精品。

天然大理石画传承千年工艺，通过对原石切割、打磨、抛光后精制而成。根据其成画意境，有自然山水、春花秋月、人物肖像、飞禽走兽等，包罗万象，惟妙惟肖。

大理石画历史悠久。古往今来，世人爱石、赏石、藏石、赞石，与石同乐，在方寸之间感悟人生和万千世界。早在唐朝时期，大理石就被钦定为朝廷贡品，进入上流社会；明清时期大理石画更为盛行，被作为贵族家庭财富和地位的象征，在北京的天坛、故宫仍可见大理石画的踪影；在现代，天然大理石画因具有观赏性、收藏性和科学价值，已成为走进寻常人家的艺术品。

大道至简，天赐神画。我们期待天然大理石画能够走进更多人的视野，存放在更多人的心中。

神奇美丽的大理，不但山美、水美，连石头也美。世界上许多地方都产大理石，但据说以大理所产最美，开采时间最早，并已经发现了大理石天然画，彩花大理石唯大理所独有，故名大理石。

大理石属于石灰岩、白云岩等沉积岩的变质岩。在漫长的地质年代中经历了剧烈的地壳运动，大理石中不同的矿物质经过反复挤压、氧化之后形成了各种绚丽的色彩和奇异的花纹及图案。由于岩石中所含有色元素分量多寡而使大理石呈现深浅不同、复杂多变、五彩缤纷的过渡色调，不同物质（矿物）成分组成了不同色彩的条带、纹理、团斑，终形成了千奇百怪、绚丽多姿的花纹图案，如同"画师"精心描绘、加彩、修饰，真乃神工也！难怪古人叹之为"善画者不能图，疑若地下有匠心者为之"。

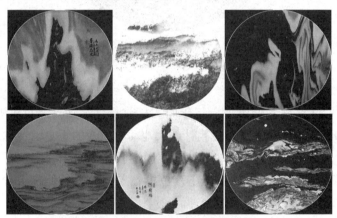

天然大理石画组图

世界上有许多奇妙的石头，大理石画无疑是其中最与众不同者。在大理石画中，传统与西洋的各类绘画样式都可找到，风格多变、气象万千。大理石画纯天然形成，所以每一幅都是天赐孤品，世间唯一，亦不可再生。

"一石含尽千古秀"，大理石天然成画，精妙绝伦，既是画又是诗，有人发出"唯有点苍石，画工不得比"的赞叹。林则徐见到大理石画后，拍案叫绝，"欲尽废宋元之画"。当代文坛巨匠郭沫若也写下了"苍山韵风月，奇石吐云烟"的诗句。

大理石是精美的，因为，精美的石头画天成；大理石是神奇的，因为，神奇的石头上写满诗意的大理。

只有花纹大理石才能产生天然图画。第一类是彩花石，按色调可分为春花、秋花和金镶玉三种。第二类是水花石，水花石虽不及彩花石绚丽多彩，但也气若浮云，变幻万千，给人以深不可测之感。第三类是水墨花，水墨花是大理石天然画中的极品，其构图精细，墨分五彩，且有明显的横米点笔触，其酷似国画，又不是人工所画，而是天然石画，景物妙在似与不似之间。

天然大理石画,有的似泼墨重彩,浑厚而艳丽;有的似写意丹青,淡雅而不俗;有的似青山绿水,灵秀而儒雅;有的似金碧古画,凝重而典雅。天然大理石画"块块皆奇,云俱能活,水若有声,人皆疑是著色绝妙山水画"。它的艺术魅力,相信任何人看到以后,都会产生难以抑制的激动、兴奋。难怪我国明代见多识广的大旅行家徐霞客在大理看到大理石天然画后,发出了"故知造物之愈出愈奇,从此丹青一家皆为俗笔,画苑可废矣"的赞叹。

天然大理石画(1)

探石魂

石头无言,自是无法向我们诉说六亿年间,从前震旦纪到喜马拉雅五次造山运动的壮烈。但大理石,却默默地摄录下那以亿年计的大地动力质变的历史画卷。

大理石把多少风云沧桑录进石中,也把多少梦想投影于石中。大理石画之奇,就奇在渗入石头的那些神秘的影像。山川林莽、花卉鱼虫、人物鸟兽、仙佛灵异,无不栩栩如生,"显影"于石中,它写尽天精地灵、山水神韵。

天地幻化的大理石画卷,之所以受人喜爱,是因为它"感应"着人的文化,人的精神。人们把它变成神话,变成诗歌,随大理石,越过古今,传之四海。

大理石天然画精品,万千石料中难得一二,故历来被视为天下奇石中的稀世瑰宝。早在唐宋时期,大理石天然画就已登上高雅的艺术殿堂,进入王公贵胄和名流巨贾之家,并远贡朝廷。

品题名

石本无言,是人赋予了石韵味和意义;石亦无魂,是人为石注入了性灵和魂魄。

"天人合一"是庄子哲学思想的主旨,即天意与人事的统一。引用到大理石画上分析:天然图纹是亿万年天造地设的结果,这是天意,不以人的意志为转移。而石画从矿石开采、运输切割、磨面抛光、发现意境、取材选形、镶嵌制作、品题和题款等,既需要艰辛的体力和脑力劳动,又需要丰富的阅历和渊博的文化知识。通过精心查证和劳心费神的反复物化劳动,才得以将自然的神奇和人类灵感有机结合,此乃"天地之性,人贵其识",达到了"天人合一"的完美境界。画家的作品,缺乏的正是天意之作。

给石画题名,历来最考验石文化"创意"之人的阅历和脑力,它是"创意"之人的精神写照和文化投影。题名，是拓展文人的文化内涵和艺术风格，用经典的诗联词牌解读精品石画意境，题款在画面或石屏上，成就完美的石画。石画呈现的是自然美，题名表达的是内涵美，二者有机结合，自然成就大理石画"天人合一"的完美境界。

如故宫博物院珍藏有《春》《夏》《秋》《冬》四季大理石山水石屏，题名为"樵岭寒云""秋岚初霁""晴峦翠霭""丹嶂苍崖"。慈禧太后的寝室有大理石画藏品，题名为"秋山新雨""云烟叠嶂""翠微斜晖""海岳浮云"。中央电视台《鉴宝》节目展示的大理石画，题名为"银狐踏雪"。北京朝阳区政府收藏的石画，题名为"小鸡出壳"。还有诸如"万山红遍""万里长城""虎啸图""中华神鹰""霜染霞披，岚封山色""翠浪浮云""风雨恋人""云山叠翠春满园"等，题名皆与画面相映成趣，并且字意吉祥，寓意深刻，给石画注入韵味、性灵和魂魄。

悟石韵

石工从云山深处采来毛石，如何切琢研磨，当有透石而观的慧眼和开凿混沌的功力；鉴赏家欲从云天雾海的石纹中看出个究竟，更须有洞观石魂的悟性。

采石即采意（创意），参石如参禅。

面对一方彩花大理石，初看，其纹理极似泼墨写意，看山是山，看水是水，看出千峰叠翠、百川霖雨，看出湖光山色、云霞海曙，看出龙飞凤舞、兽走禽戏，甚至看出众生世相。在"像什么"的视觉导向中，人们无不惊叹天工之巧。这是大理石审美的第一境界——摹形之境。

再看，看山不是山，看水不是水。此时不再套比具体的物象，不再关注"像什么"或"不像什么"，超然于一般直观联想，超越了石画本身的视觉感受，达到"天意泼洒笑俗笔"的形神交融之境，这是一种只可意会不可言传的精神境界，即大理石审美的第二境界——写意之境。

天然大理石画（2）

禅家所谓"看山还是山，看水还是水"的归元之观，或可用来借喻大理石审美的第三境界。这时观石，如登高看世界，看到的是整体氛围而非局部镜像，如神游天地间，感悟的是造化因缘而非一般形貌。换言之，这是在一种肤感魂觉、亲切自然的状态下，去重新发现身边的世界。而大理石画，以其造化奇功和神来之笔，创造了一种与人的文化和精神相对应的返元归真情境。它让人在凿开混沌石胎的同时，开启创意的空间；在观照天然石画的同时，洞察造化的永恒。这，或许也可以看作大理石审美的感悟之境。

在大理石天然画卷的世界里，只要充分发挥自己的想象，感悟石画，画中云俱能活，水亦有声，鸟可鸣叫。正可谓玩石赏画，仁者见仁，智者见智，审美鉴赏，标准自在每个人心中。

二、大地的雕塑——哀牢山梯田

如果把云南比作一片飘落的枫叶，那么从西北到东南横贯全境的一支山脉就像它的主脉：横断山脉从西北部插进云南，其支脉云岭继续向东南延伸，而接近云南东南边陲的红河、毗邻越南的一段就是哀牢山。在这里，不同的民族定居在不同的海拔高度上，以不同的方式适应和改造着自然，形成了独特有趣的民族地理景观。其中，最引人注目的是哀牢山梯田。

哈尼族村寨就坐落在哀牢山半山向阳坡上，村后是茂密的森林，村寨以下是万道梯田。高山森林、半山村寨和低山梯田，构成了哈尼族独特的生存空间和农业生态系统，也留下一片人间美景、"真正的大地的雕塑"——哀牢山梯田。

哈尼族是云南独有的民族之一，源于古代的羌人族群。在千百年的历史岁月里，他们经过漫长的迁徙历程，最后定居于滇南的崇山峻岭之中。

哈尼族人的房子为砖木结构，但屋顶上一般都铺着厚厚的稻草，远远望去，就像朵朵蘑菇，故而称为"蘑菇房"。

哈尼族有句俗话："要吃肉上高山，要种田在山下，要生娃娃在山腰。"哈尼族居住在红河南岸哀牢山的半山区。在他们看来，半山是最适合人类居住的地方，这里气候四季如春，冬暖夏凉；往上的高山区森林密布，气候寒冷，是狩猎的好去处；而往下的河谷炎热潮湿，瘴疠流行，在旧时卫生条件差的情况下不适宜人的生存，但适合庄稼生长。

哀牢山梯田

元阳梯田位于云南省元阳县的哀牢山南部，是哈尼族千百年来在哀牢山上雕刻出来的卓越作品，是哈尼族人世世代代留下的杰作。

20世纪80年代以来，元阳哈尼族梯田从封闭的哀牢山走向了全国和世界，国内外专家学者和游客纷至沓来。1995年，法国人类学家欧也纳博士也来到元阳观览老虎嘴梯田，面对脚下万亩梯田，他激动不已，久久不肯离去。他称赞："哈尼族的梯田是真正的大地艺术，是真正的大地雕塑，而哈尼族就是真正的大地艺术家！"

哀牢山雄伟高大，山体两侧对称呈锥形，犹如一座巨大的金字塔高耸入云，气势磅礴，景象壮美。整个哀牢山地区由于平坝少，多为梯田梯地，其中东江两岸，层层叠叠，弯弯曲曲，特别壮观美丽。春天撒秧，夏季碧绿，秋天金黄，冬如明镜，景随四季流转，变化多端。

元阳哈尼族开垦的梯田随山势地形变化，因地制宜，坡缓地大则开垦大田，坡陡地小则开垦小田，甚至沟边坎下石隙也开田，因而梯田大者有数亩，小者仅有簸箕大，往往一坡就有成千上万亩。元阳梯田规模宏大，气势磅礴，绵延整个红河南岸的红河县、元阳县、绿春县及金平苗族瑶族傣族自治县等县，仅元阳县境内就有17万亩梯田，是红河哈尼梯田的核心区。

元阳县境内全是崇山峻岭，所有的梯田都修筑在山坡上，梯田坡度在15度至75度之间。以一座山坡而论，梯田最高级数达3000级，这在中外梯田景观中是罕见的。元阳哈尼梯田主要有3大景区：坝达景区包括箐口、全福庄、麻栗寨、主鲁等连片14000多亩梯田；老虎嘴景区包括勐品、硐浦、阿勐控、保山寨等近6000亩梯田；多依景区包括多依树、爱春、大瓦遮等连片上万亩梯田。

在哀牢山区，几乎所有哈尼族居住的地方都埂回堤转，重重叠叠。道道梯田环绕大山，在四季流转中变幻出不同的色彩。如此众多的梯田，在茫茫森林的掩映中，在漫漫云海的覆盖下，构成了神奇壮丽的景观。

在哈尼族的梯田里，水以奇特的方式贯穿于农业生态循环系统中：高山森林所孕育的溪流被引入盘山而下的水沟中，流入村寨，流入梯田，以田为渠，长流不息，最后汇入谷底的江河湖泊，又重新蒸腾为云雾，贮于高山森林。哈尼族的"流水施肥"恐怕是世界上独一无二的。他们利用高山流水来施肥，一方面是自然施肥，来自深山老林的大量腐殖质顺流而下，灌入梯田。另一方面是人工的"冲肥"。哈尼族村寨中有个大水塘，家家户户也有自己的小水塘。平时，家禽牲畜粪便、灶灰垃圾都积存在这里，称之为"肥塘"。栽秧时节，人们开动山水，搅拌肥塘，肥水就顺沟而下，流入田中。只要通知别家关闭水口，就可以用自家的小肥塘单独冲肥入田。

元阳梯田是哈尼族人1300多年来生生不息地"雕刻"的山水田园风光画。在2013年第37届世界遗产大会上，红河哈尼梯田被成功列入世界遗产名录，成为中国第45处世界遗产。

哀牢山梯田组图

>> 地质公园 <<

地质公园是国家公园的一种类型,它是以地质遗迹为主要观赏、游览对象的公园,是以具有特殊地质科学意义,稀有的自然属性,较高的美学观赏价值,具有一定规模和分布范围的地质遗迹景观为主体,并融合其他自然景观与人文景观而构成的一种独特的自然区域。如建于1872年的美国黄石公园、久负盛名的科罗拉多大峡谷等,都属于地质景观类自然公园。

地球历经漫漫46亿年的演化进程,形成了如今井然有序的各种圈层构造。人类赖以生存的自然环境就是由地壳的岩石圈、水圈、大气圈和生物圈有机组合而形成的。当前,人类文明高度发达,已步入了后工业时代,人们喜欢到风景优美、名胜古迹众多的地方去旅游,因为那里有大自然鬼斧神工的伟大杰作——地质遗迹,以及天人合一的人类文化遗产可供鉴赏。为了更好地保护和开发这些不可再生的地质自然遗产,以满足人类求新、求奇,特别是求知的渴望,建立国家地质公园乃是行之有效的好办法。

1999年,我国开始推进地质遗产保护和地质公园建设,目前已经建立了214处国家地质公园,其中39处被联合国教科文组织列入世界地质公园名单。由于复杂的地质构造条件和地理背景,中国无疑是世界上地质景观最为丰富多样的国家。嵩山,拥有从最古老的太古代到最近的新生代的各代岩层遗迹景观;石林,一个用中国的地名命名的喀斯特地貌类型;丹霞山,由红色陆相砂岩构成的赤壁丹霞地貌;庐山,中国第四纪冰川学说的诞生地……

一、潭瀑川胜地——云台山

云台山,因常年云雾缭绕,仿佛生在云上而得名。

云台山,是世界地质公园、国家5A级旅游景区、国家级风景名胜区,位于河南省焦作市修武县和山西省晋城市陵川县交界处,景区面积280平方千米。

云台山以山称奇,以水叫绝,因峰冠雄,因峡显幽,景色荟萃各不同。春来山花烂漫,夏至飞瀑流泉,秋日红叶似火,冬季银装素裹,四季浓淡总相宜。在这里你既可领略北国山川的雄浑,又可品味江南水乡的秀丽。

云台山独有的地质地貌景观,被地质专家命名为"云台地貌",被旅游专家誉为"峡谷博览"，这里俨然是地质博物馆的"万卷史书"，更是山水风光的"百里画廊"。这里有世界独一无二的奇峡——红石峡；有亚洲落差最大的瀑布——云台天瀑；有华夏中原第一秀水之称的潭瀑峡；有长满茱萸香木的茱萸峰；有被赞为"人间天上一湖水，万千景象在其中"的云台天池——峰林峡；有原始古朴、峰回水转的生态旅游峡谷——青龙峡；有奇特的钙华瀑布……美丽的风景曾吸引被称为"竹林七贤"的魏晋名仕常聚于此，肆意酣畅，饮酒赋诗；现在，它又以其独具特色的"北方岩溶地貌"被列入世界地质公园名录。

囿于篇幅，这里只介绍"红石峡谷"温盘峪和"茱萸峰·百家岩"两处景观。

"红石峡谷"温盘峪夏季凉爽宜人，隆冬则温暖如春，温度终年保持在25摄氏度左右，故称温盘峪。

它集泉瀑溪潭洞诸景于一谷，融雄险奇幽诸美于一体，被风景园林专家称赞为"自然界山水的精品"。谷里分布"首龙潭""黑龙潭""青龙潭""黄龙潭""卧龙潭""眠龙潭""醒龙潭""子龙潭""游龙潭"，构成"九龙溪"，还有"幽瀑""穿石洞""相吻石""双狮汲水""孔雀开屏""棋盘石"等景观。谷口南端有一狭窄的峡谷称为"一线天"，且有瀑高50余米的白龙瀑布。两侧高山耸立，恰似一个石阙，正好是云台山的西大门。

这种红色的峡谷在中国并不多见，每每日出、日落之时，更是霞光万道，金色的阳光使这红色更加鲜艳、壮丽，不禁使人心潮澎湃，热血沸腾。这里是所谓的"负地形"，即在地面以下。只要上面有水，就会从峡谷的各处沿石壁流下来。如果天阴降雨，水或成雨帘，或成溪水，从天而降，让人目不暇接。

茱萸峰，俗名小北顶，又名覆釜山，因其形貌似一只倒扣的大锅而得名。相传，王维名诗《九月九日忆山东兄弟》："独在异乡为异客，每逢佳节倍思亲。遥知兄弟登高处，遍插茱萸少一人。"即于此峰有感而作。登上峰顶，极目远眺，可见黄河如银带；俯视脚下，群峰形似海浪涌。山顶气候多变，倏忽间风起云生，白雾从山间咕嘟嘟地涌出，红日随即隐去。山峰在云雾中出没，云腾山浮，如临仙界。峰腰有药王洞，深30米，直径10米，相传是唐代"药王"孙思邈采药炼丹的地方。药王洞口有古红豆杉一株，高约20米，树干粗达三人合抱，枝繁叶茂，树龄在千年左右，是国内罕见的名木。另有"厨灶洞""阎王洞""黄泥洞"等十余个洞穴。景点内的名泉一斗水，泉状若小井，水涌平地面，终年不涸不溢。另外，杜鹃峰、浮丘峰、翠微峰、云门峰也都各具特色。

公园里还有一座百米高、颜色发赤的岩墙，人称百家岩，是地质公园的"丹岩人文苑"。这面岩墙高170米，长510米，是紫红色石英砂岩组成的一面巨大墙壁，因岩下地势平坦，可容百家而得名。

古人云："山不在高，有仙则名；水不在深，有龙则灵。"大自然的鬼斧神工，造就了钟灵毓秀的云台山水。这里每一道泉流，每一块石头，都是有血有肉、有活泼生命的东西，令人慨叹不已。

二、千峰石林——云南石林

云南石林，位于云南省石林县境内。这里的石头生得奇形怪状，巍然耸立的石峰酷似莽莽苍苍的黑森林一般，所以人们形象地将它称为"石林"。

没有到过石林的人想象不出石林是个什么样子，不相信世界上会有万石成林胜似仙境的地方,然而大自然无奇不有,神州大地就有几座石峰成林并叫"石林"的地方。云南石林以其面积广、岩柱高、小尺度造型及一定范围内景点集中的特点而独占鳌头。据说,每100位到云南旅游的人,就有90位到过石林,每100位知道云南的人,就有70位知道石林。早在20世纪30年代,"云南王"龙云就建立了石林管理机构,初步规划并拨专款开发石林的旅游。在"大石林"石峰上,他题写的"石林"两个大字成了一处著名景观。

云南石林(1)

石林风景区,是世界典型的喀斯特地貌景观,范围达350平方千米,素有"天然博物馆"之称,是中国四大自然景观之一,被人们赞誉为"天下第一奇观"。主要游览区约占三分之一,包括李子箐石林、乃古石林、芝云洞地下石林、奇风洞、长湖、月湖、大叠水瀑布等风景区。石林景区最有代表性的景点有"千钧一发""凤凰梳翅""阿诗玛"等。进入景区,仿佛步入时间的隧道,充分感受大自然的鬼斧神工,不禁令人叹为观止。石林中有的石柱高达40~50米,乍一看,如一首打油诗所云:"远看大石头,近看石头大。石头果然大,果然大石头。"但这里的石头与众不同。只见座座石头拔地而起,一派波浪翻滚的景象。有的石峰巍然高耸、峭壁万仞,有的嵯峨嶙峋①,有的摇摇欲坠,令人心荡神摇。它们又是有灵性和生命的,既有双鸟渡食、孔雀梳翅、凤凰灵仪、象蹄石台、犀牛望月等肖物石,又有唐僧石、悟空石、八戒石、沙僧石、观音石、将军石、士兵俑、诗人吟诗、阿诗玛等无数像生石,还有许多酷似植物的石头,如雨后春笋、莲花蘑菇、玉簪花等,惟妙惟肖,栩栩如生,构成一幅神韵流动、蔚为壮观的天然画卷。

云南石林(2)

---

①嵯峨嶙峋:形容山势高峻、重叠,也指坎坷不平。嵯峨,读音cuó é。

石林并非大自然的一块蛮荒之地，在石林的一处处空隙中，你经常会看到点缀其中的一块块红土地。土地的边缘，散落着一些零落的黑色石块。这些红土地，是玄武岩风化后形成的。我们知道，玄武岩是火山爆发后熔岩冷凝形成的，那么石林里怎么会有玄武岩呢？原来，石林地区发生过玄武岩喷溢，灼热的岩浆涌出地面，将地表上刚刚发育的像笋一样的石芽、石柱、石灰岩体的裂隙全部覆盖。石林的发育似乎停止了。但由于玄武岩在冷却过程中形成了垂直的裂隙，雨水就会沿着裂隙往下渗流，对石灰岩进行溶蚀，在水多的地方，溶蚀量多，裂隙扩展快，在水流少的地方，溶蚀慢，溶蚀量少。这种不均匀的溶蚀作用，使玄武岩下又发育了石芽和石林。后来，大自然的鬼斧神工又将覆盖石灰岩的那层玄武岩去掉了，我们才看到今天的石林。当然，去掉覆盖在石灰岩上的那层玄武岩，绝不会像掀掉一床被子那么简单。那是一个极其缓慢，一点一滴的过程，这个过程就是风化。

大自然通过热胀冷缩和风雨过程，造成玄武岩表面开裂、崩解、剥落，然后再通过流水将其带走。就这样，玄武岩被一点一点地蚕食、消解，虽然每一次都极其微小，但是，大自然用时间将微小变成了壮举。终于，这层覆盖在石灰岩上的玄武岩被搬走了，重见天日的石灰岩又开始了新的溶解和发育的过程。我们今天在石林中看到的红土地，就是玄武岩被风化剥离后残留的一块土地。

玄武岩

三、砂岩峰林——张家界

张家界位于云贵高原东北部与湘西北中低山区过渡地带的武陵山脉之中。这里奇峰林立，森林莽莽，沟壑纵横，山溪秀丽，被赞为"失落在深山的明珠"。千百座砂岩岩峰挺立着，肃穆、宁静、壮阔、气势雄伟，一柱柱阳光在岩峰间斜射，一缕缕云雾在岩峰间升腾。这就是张家界砂岩大峰林。

张家界（1）

张家界因旅游建市，是国内重点旅游城市之一。武陵源风景名胜区拥有世界罕见的石英砂岩峰林峡谷地貌，由中国第一个国家森林公园——张家界国家森林公园和天子山自然保护区、索溪峪自然保护区、杨家界四大景区组成，风景游览区面积264.6平方千米，是中国首批入选的世界自然遗产、世界首批地质公园、国家首批5A级旅游景区。

说起武陵源，也许很多人不知道在何处，因为"张家界"的名声早已掩盖之。常德旧称武陵郡。秦以前，现时的张家界风景区属黔中地，自汉以来归武陵郡管辖。而在文人墨客笔下，"武陵源"更是大有来头：盛唐著名诗人王维19岁时，以陶渊明的《桃花源记》为背景，写下了七言乐府《桃源行》，其中就有"居人共住武陵源，还从物外起田园"；李白也写过"功成拂衣去，归入武陵源"。他们都把武陵源比作世外桃源。所以，有人甚至认为陶渊明所写的"世外桃源"并不在常德的桃源县，而在张家界。张家界所在的武陵源景区地处云贵高原余脉武陵山，由张家界国家森林公园和索溪峪、天子山两大自然保护区组成。这里拥有世界上罕见的砂岩峰林地貌，藏峰、桥、洞、湖、瀑于一身。

张家界开发之初，核心景区分属大庸、慈利、桑植三县管辖。1984年，湘西籍著名画家黄永玉提议把天子山、索溪峪、张家界这片如"世外桃源"般的景区命名为"武陵源"。同年10月，正式设立"武陵源风景名胜区"。1992年该景区加入"世界自然遗产"大家庭，与美国黄石国家公园、科罗拉多大峡谷等并称"地球最后的奇迹"。

张家界风景区是武陵源的主要组成部分。它东与慈利县的索溪岭交界，北与桑植县的天子山毗连，风光秀丽，原始、集中、奇特、清新。景点多达百余个，其中黄狮寨为该风景区的精华所在。张家界漫山遍野，处处入眼的还是茂密的山林。这里即使是一座孤立的石峰上也会挺立着几棵苍松，那大片大片的原始次生林遮天蔽日，而被誉为"活化石"的水杉、银杏、珙桐和龙虾花等稀有植物也比比皆是。走在密林中，你不经意间碰触到的也许恰恰就是某种珍稀植物的叶子。雉鸡、穿山甲、猴面鹰、红嘴相思鸟、猕猴、飞虎、大鲵等珍禽异兽亦常出没于林中涧边。20世纪80年代初，专家考察武陵源时曾慨叹这里是动物的"避难所"，又是植物的"基因库"，是一座"自然博物馆和天然植物园"。张家界气候温和多雨，无酷暑严寒，这种气候无疑给动植物提供了良好的栖居地。

张家界（2）

　　张家界风景的另一大特色是云水景观丰富，经常可以看到流动的云带、云烟、壮阔的云湖、云海、云涛和云瀑等胜景。因雨量丰沛，沟谷遍布，景区内流泉、石潭、绿涧、飞瀑随处可见。与自然风光相映成趣的是纯朴的田园风光。这里是土家族、白族、苗族等少数民族的聚居地，一块块梯田，一间间房舍，星星点点点缀在青山绿水间。绿树四合，炊烟袅袅，假如有缘赶上当地节日，还可欣赏到民族歌舞。它们与大山、密林浑然一体，构成一幅原始苍茫的画卷。

　　索溪峪自然保护区在张家界东面，总面积200平方千米，因有溪水状如绳索而得名。这里山奇、水秀、桥险、洞幽。峰，起伏错落，卓然成趣；水，泉清瀑美，千姿百态；洞，幽深神秘，奇妙无比。那恍若仙境的地下宫殿黄龙洞，天然浮雕罗列、充满诗情画意的十里画廊，碧波荡漾的宝峰湖，充满传奇色彩的百丈峡，太虚幻境般的西海云雾，一刚一柔、形态风格迥异的鸳瀑……无不令人流连忘返。远在明代中叶，就有人在岩壁题诗赞曰："高峡百丈洞云深，要识桃源此处寻。"

　　天子山自然保护区在桑植县境内，南邻张家界，东接索溪峪。从这里举目远眺，武陵千山万壑尽收眼底。区内石英砂岩峰林耸立，亚热带常绿阔叶原始次生林遍布其间。众多的泉瀑水景是天子山风景的一大特色，从红砂岩中流出的彩瀑更是一绝。云雾、霞日、月夜、冬雪是天子山的四大奇观。其中云雾在天子山最为多见，它又可分为云雾、云海、云涛、云瀑、云彩五种景观。每当雨过天晴或阴雨连绵的日子，幽幽的山谷中生出了云烟，云雾缥缈在层峦叠嶂间。云海时浓时淡，石峰时隐时现，景象变化万千。

　　武陵源地质构造复杂，地貌景观奇特，素有"奇峰三千、秀水八百"之美誉。造型之巧，神韵之妙，意境之美，堪称大自然的"大手笔"。武陵源是美国电影《阿凡达》和中国古典名著《红楼梦》《西游记》及电影《钟馗伏魔》《捉妖记》等实景拍摄地。莽莽武陵源，独立天地间，大自然的鬼斧神工，造就了这里蔚为壮观的石英砂岩峰林地貌风光。

张家界（3）

单元综合实训

一、填空题

1. 诗句"疏影横斜水清浅，暗香浮动月黄昏"描写的是_____；画喜鹊站在梅梢上鸣叫，寓意_____。

2. 少林寺是中国著名佛寺，是享誉世界的_____和少林武术发源地，它位于河南省登封市西北13千米处的_____腹地。

二、选择题

1. 与大熊猫齐名的中国"国宝动物"是（　　）。
   A. 犀牛　　　　B. 竹鼠　　　　C. 亚洲象　　　　D. 滇金丝猴

2. 被法国人类学家欧也纳博士称为"真正大地的雕塑"的是（　　）。
   A. 天然大理石画　B. 元阳梯田　　C. 云南石林　　　D. 张家界武陵源

3. 水母是一种细胞动物，构造简单，没有肌肉和骨骼，身体的（　　）都是水。
   A. 75%　　　　B. 86%　　　　C. 90%　　　　D. 98%

三、简答题

1. 什么叫形态？什么叫形态美？
2. 天然的大理石画是如何形成的？
3. 地质公园的科学解释是什么？

四、课外拓展

阅读鉴赏下列描写大自然中日月星辰的文字，并结合形象美、色彩美、动态美、声音美等自然美的元素，说说自己的体会。

1. 日——《海上日出》

天空变成了浅蓝色，很浅很浅的。转眼间天边出现了一道红霞，慢慢儿扩大了它的范围，加强了它的光亮，我知道太阳要从那天际升起来了，便目不转睛地望着那里。

果然过了一会儿，在那里就出现了太阳的一小半儿，红是红得很，却没有光亮。这太阳像负着什么重担似的，慢慢儿，一步一步地，努力向上面升起来。到了最后终于冲破了云霞，完全跳出了海面。那颜色真红得可爱。一刹那间，这深红的东西，忽然发出夺目的光亮，射得人眼睛发痛，同时附近的云也添了光彩。

有时太阳走入云里，它的光线却仍从云里透射下来，直射到水面上。这时候，人要分辨出何处是水，何处是天，很不容易，因为只能够看见光亮的一片。

有时天边有黑云，而且云片很厚，太阳出来了，人却不能够看见它。然而太阳在黑云里放射出光芒，透过黑云的周围，替黑云镶了一道光亮的金边儿，到后来才慢慢儿透出重围，出现在天空，把一片片黑云变成了紫云或红霞。这时候，光亮的不仅是太阳、云和海水，连我自己也成了光亮的了。

2. 月——《荷塘月色》朱自清

月光如流水一般，静静地泻在这一片叶子和花上。薄薄的青雾浮起在荷塘里。叶子和花仿佛在牛乳中洗过一样；又像笼着轻纱的梦。虽然是满月，天上却有一层淡淡的云，所以不能朗照；但我以为这恰是到了好处——酣眠固不可少，小睡也是别有风味的。月光是隔了树照过来的，高处丛生的灌木，落下参差的斑驳的黑影，峭楞楞如鬼一般；弯弯的杨柳的稀疏的倩影，却又像是画在荷叶上。塘中的月色并不均匀；但光与影有着和谐的旋律，如梵婀玲上奏着的名曲。

3. 星辰——《星星》

黑夜里，看不到阳光，也看不见月亮，是多么的寂寞。

繁星满天，仰望着那无垠的美丽星空，一颗颗星星都向你眨眼睛，你就会油然而生了一种心旷神怡的感觉。

星星，不像萤火发出的光那样微弱，不像路灯放的光那样昏暗，也不像闪电的光那么短暂；它总是盏盏亮在天穹，紧挨着，相望着，用晶亮的光，照耀太空，辉映大地……

星星，美丽、温馨。每当望着它们闪烁的时候，总能让我感到那隐藏着的深邃思想的光辉。它，能让我在黑暗中的默默哭泣化作那伤心而又浪漫的回忆；它，总是给了我那无边无际的思念、向往与梦幻。思念着，那已经离我而去的亲人、朋友……向往着，那份曾经似乎拥有过而又消逝的真挚情感……梦幻着，能够投入宽阔有力的胸襟，让那烘烘的温暖和深深的情爱融化在我的心中……

弥望着那远处的浩瀚的星空，星星，总是把我带到那梦的世界，尽管我已经到了不该有梦的年纪了，但是，只要星光还能穿越迷雾，焕发出迷人的光辉，那么我的梦就还能继续寻回，只要星光依旧洒满大地，那么我的生命之源就不会干涸，而延续不息……

第二单元　风华正茂

概　述

仪容是一种文化，是一种修养，更是一种无声的语言。在人际交往中，仪容占有举足轻重的地位，聚焦个人的外在信息以最快速、最直接的方式传递给对方，以引起关注。

仪容，一般是指人的外貌或容貌，包括头部、面部、颈部和肢体。在人际交往中，仪容深深地影响着交往双方对对方的整体评价。仪容美的含义包括三个方面：

自然美：指容貌的先天条件好，即天生丽质。美丽的容貌自然让人感觉身心愉悦。自然美是人们的心愿。

修饰美：指针对自身容貌，进行必要的修饰，塑造出美好形象，即通常所说的"三分长相七分打扮"。修饰美是人们关注的重点。

内在美：指通过学习和培养，不断提升自身的文化、艺术、道德修养，从而自然而然地体现出高雅的气质，使自己秀外慧中，表里如一。内在美是仪容美的最高境界。

对于大学生来说，在风华正茂的年华里真正意义上的仪容美，应该是自然美、修饰美和内在美的高度统一，缺乏任何一项都是不完美的。大学生的仪容美，既反映了个人的良好修养和审美意识，又展示了大学生的形象。既能展示自我，又能愉悦身心。

头发修饰

在人际交往中，人们观察一个人往往是从头开始的，美观、恰当的发型给人以精神焕发、充满朝气和自信的感觉。每个人依据自己的审美习惯、工作性质和自身特点，对自己的头发进行清洁、修饰、保养和美化。

一、头发的清洁与保养

1. 头发的清洁

头发根据发质可分为干性、油性和中性3种类型。中性头发一般每周清洗2～3次；油性头发大致2天清洗1次；干性头发清洗间隔时间可稍长一点。洗前先将头发梳理通顺，湿润后用洗护用品轻揉1～2分钟，然后冲洗干净。洗发水的温度控制在37～38℃最为适宜。

2. 头发的保养

（1）经常梳理：这是保持美发不可缺少的日常修整之一。经常梳理头发给头皮以适度的刺激，可以促进血液循环，使头发柔软而有光泽。

（2）头皮按摩：按摩头皮能刺激毛细血管和毛囊，有助于头皮的分泌调节，并对油性和干性皮肤有治疗功效。按摩时注意力度适中，油性头发按摩时用力轻些，干性头发则可以稍微重些。

（3）饮食养护：多进食有益于滋养头发的食物，即富含维生素、矿物质和低脂肪的食物。头发所需的主要营养成分，多来源于绿色蔬菜、薯类、豆类和海藻类等，例如各种新鲜水果、蔬菜、蛋黄、瘦肉、牛奶等食物。适当进食黑豆、黑芝麻、核桃等，以补充氨基酸、钙、铁等多种微量元素。

（4）避免伤害：不要经常烫、染头发。由化学原料制成的染发剂、烫发剂，对皮肤和毛发都存在着不同程度的刺激。

二、发型的修饰

发型能反映出一个人的文化修养、社会角色和精神状况。发型的选择在结合个人爱好的同时还要考虑个人条件和所处场合。根据个人发质、脸型、身高、体型、着装、性格等特点，做到扬长避短，和谐统一。

1. 发型与脸型的配合

人的脸型大致可分为椭圆脸（俗称"瓜子脸"）、圆脸、长脸和方脸四种。

椭圆脸是标准的美人脸形，可任意选择发型的搭配；圆形脸的人应注意体现脸的轮廓，可将头顶部的头发梳高，并设法遮住两颊，使脸部看起来显长不显宽；长形脸的人，可将刘海遮住额头，两侧的头发要蓬松，要使两侧的发容量增加，以减少脸的长度；方脸形的人，可让头发披在两颊，遮掩棱角，使脸部看上去圆润些。

2. 发型与体型的配合

人的体型有高矮、胖瘦之别，发型是体型的组成部分，发型选择的好与坏直接影响体型。

身材高瘦者容易给人细长、单薄的感觉，不宜盘高发髻或将头发剪得太短。一般来说，高瘦身材的人比较适合留长发、直发。身材矮小者给人一种小巧玲珑的感觉，在发型选择上应该以精致、秀气为主，避免粗犷、蓬松，否则，会使头部与整个形体的比例失调，给人产生头大身体小的感觉，梳高盘发也可使身材有拔高的感觉。身材高大的人，发式上应以大方、简洁为好，一般以直发为好，或者是大波浪卷发，头发不要太蓬松，总体以简洁、明快、线条流畅为佳。体型矮胖者可选择有层次感的短发或向上束起的发型，增加颈部的高度感，给人以健康的美感。

3. 发型与年龄、职业的配合

发型能反映一个人的文化修养、审美品位和精神状态。因此，选择发型时要与年龄、职业形象相符合。

年轻人活泼开朗，富有朝气，对新鲜事物比较敏感，因此，在发型的选择上应选择线条流畅、活泼、明快、发式新颖、造型优美、并富有时代气息的流行发型。中年人选择发型时，要结合自己的个性，选择舒适大方、优美自然的发型，以展现高雅、矜持的魅力。老年人比较稳重，发型讲究整洁、方便。

4. 发型与服装、场合的配合

要达到整体形象塑造的协调性，发型选择必须注意与服装和饰品的搭配，这样才能给人一种整体的美感。应根据不同场合修饰发型，例如，流行发型配时装，工作场合发型应当正式、庄重、保守一些，社交场合发型则应当个性、时尚、艺术一些。

面容修饰

面部是人际交往比较关注的焦点,进行面部仪容修饰的基本要求是:形象端庄、整洁简约、注重保养。

一、面部修饰

1. 眼部修饰

眼睛是心灵的窗户,是人际交往中被他人注视最多的部位。眼部的修饰应注意:

①保持眼部清洁,有分泌物时应及时清除。如果患有眼疾,应自觉回避社交活动,以免失礼于人。

②讲究眼镜的戴法。戴眼镜者要及时清理镜片上的污垢。在工作和社交场合一般不佩戴太阳镜,以免让人觉得有拒人于千里之外的感觉。

2. 耳鼻部修饰

保持耳鼻部的清洗,不当众做耳鼻部的清洁动作,如挖鼻孔、掏耳朵、剪鼻毛等。

3. 口部修饰

口是发声和进食的重要部位,应当注重修饰,细心护理,确保口部无异味、无异物。

①精心护理:保持牙齿洁白,口腔无味,这是护理的基本要求。

②注意细节:在上班或应酬之前忌食气味刺激的食物,如烟、酒、葱、蒜、韭菜、腐乳等。男士要定期剃须,保持清爽整洁的形象。

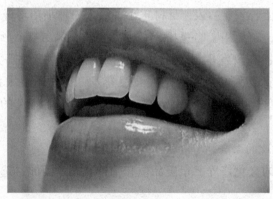

牙齿洁白

4. 颈部修饰

在面部修饰中,颈部清洁保养也很重要,特别是耳后和颈部要保持清洁。脸部化妆时,也要注意颈部肤色与面部一致,避免反差太大。

5. 妆容修饰

化妆是一门艺术,适度而得体的妆容,可以体现女性端庄、美丽、温柔、大方的独特气质。化妆,是修饰仪容的一种高级方法,它是采用化妆品,按一定技巧和方法突出个人容貌上的优点,减弱缺陷,使容貌变得更加靓丽。

化妆品

(1) 化妆的目的

① 衬托容貌的秀丽：通过化妆掩盖缺陷，突出个人容貌上的优点，使人变得神采奕奕，靓丽美观。

② 体现高雅品位：化妆能表现人的涵养与礼貌，这既是对他人的尊重，同时也体现了个人的气质品位。

③ 调节、保护皮肤的功能：化妆品的合理选择，可以起到保养皮肤、延缓衰老的效果。

④ 增加生活的色彩和情趣：化妆可以丰富人的生活，陶冶情操，增加生活情趣，使生活变得更加美丽多彩。

(2) 化妆的特点

① 因人而异：化妆是以个人的基本条件为基础的，应考虑年龄、职业、性格、气质等因素，选择不同的化妆品，采用不同的化妆技术。

② 因时而异：不同的时代及不同的时间应该选择不同的妆面，以彰显不同时代、不同时间的精神风貌。

③ 因地而异：不同的场合及地点环境的改变，所使用的化妆技巧也不同。如白天自然环境中，妆面应该自然细致柔和些，晚上在灯光的照射下妆面可以稍微浓重些。

(3) 化妆色彩的选择与搭配

① 提亮色：属于偏暖或明亮度较高的色彩，视觉上可使物体的形显高、显宽、显浅，有扩张迫近感。化妆时用于太窄、太小、太低的部位，使其有拓宽放大的效果。常用色为白色、黄色、米色、粉色、银色等。

② 阴影色：属于偏冷的色彩，视觉上可使物体的形显矮、显窄、显深，有后退、凹陷和缩小感。化妆时用于太宽、太大、太高的部位，使其有收敛的效果。常用色为黑色、棕色、褐色、灰色、蓝色、橄榄绿等。

③ 强调色：是各种色彩综合使用的效果，主要用于眼部化妆。强调色的运用，可以使化妆部位成为引人注目的焦点，在搭配合理得当的情况下，任何颜色都可以成为强调色。

(4) 整体化妆法的要求及流程

① 整体化妆的总体要求：端庄、清丽、素雅、简约。端庄即化妆要严谨、规范、符合身份及年龄；清丽即化妆要做到清新自然，突出个人的气质和风采；素雅即化妆色彩不宜过

于浓烈和繁杂；简约即要求化妆整理要做到简洁、明快，避免过度烦琐。

②整体化妆法的流程：束发→修眉→面部清洁→涂化妆水→涂润肤膏→涂粉底液→固定粉底→画眉→眼部化妆→晕染腮红→画唇→修整妆面→整理发型。

修眉：利用眉刀或眉钳顺眉毛生长的方向将多余的眉毛修除，使眉线条清晰、整齐、流畅，为画眉打基础。

面部清洁：用合适的面部清洁产品彻底清洁面部皮肤，洗干净擦干后涂化妆水及护肤品，保护皮肤滋润，便于上妆。

涂粉底：选择与肤色相近的粉底颜色，用点、按、压、揉的手法，均匀地涂在面部、耳部和颈的露出部位。涂抹时注意下颌部和颈部的衔接，不要出现明显的界限和色差。

定妆：用散粉或者粉饼轻按面部，减少粉底的油光感，防止妆面脱落。

画眉：选择与眉毛颜色接近的眉笔，顺着眉毛生长的方向，描画出合适的眉形。描画时要注意眉头、眉峰、眉尾的准确位置，画出眉毛的立体感、自然感，掌握"从粗到细，从淡到浓"的原则，眉头最粗、颜色最淡，眉峰最高、颜色最深，眉尾最细。

画眼线：画上眼线时用眼线笔从内眼角沿睫毛根部往外画，下眼线可以从眼尾向下眼睑中部描画长度为眼长的1/3，内眼角不画，重点晕染眼尾。

涂眼影：用眼影棒或眼影刷沾选好的眼影色，沿着睫毛边缘，于眼尾往眼头方向1/4处，重复涂抹、晕染。眉骨下可用提亮色。在眼影的涂抹上要求色彩要柔和、自然，眼影的颜色要与妆色、服饰颜色相协调，还要注意与脸型和眼形相协调。

涂睫毛膏：先用睫毛夹卷睫毛，使其上翘，上眼睑的睫毛用睫毛刷从根部向睫毛梢纵向涂染，下眼睑的睫毛要横向涂染。

晕染腮红：按脸型来确定，从颧骨和颧骨下向外上方晕染。

画唇：根据眼影和腮红的颜色选择与之搭配的唇膏色，用唇刷均匀地涂抹整个唇部，注意轮廓突出，左右对称。

检查妆面：面对镜子观察妆面的整体效果，检查妆面的颜色是否搭配恰当，左右对称，有无过浓或者瑕疵，并进行调整与修饰，使整个妆面呈现出较为理想的效果。

（5）化妆的注意事项

①勿在公共场所化妆：化妆属于个人的隐私行为，大庭广众之下化妆既有碍于人，也是失礼行为。如若确实需要化妆或修饰，应选择在化妆间或避人之处进行。

②勿在异性面前化妆：在异性面前化妆，会使自己形象失色，而且会有故意卖弄，吸引注意之嫌。

③勿非议他人的化妆：由于地域、民族、文化差异及个人审美情趣的不同，每个人的化妆都有着自己的标准和特色，所以不要随意非议或评价他人的化妆，这是失礼的行为。

④勿使妆面出现残缺：化妆后应经常自查，避免妆面出现残缺，在用餐及出汗之后应及时避人补妆，否则将给人以懒散低俗之感。

⑤勿借用他人的化妆品：除非主人乐意将化妆品外借，否则，一般情况下不可借用别人的化妆品，因为这样既不卫生，也不礼貌。

二、面部表情

表情是人的思想感情的内在情绪外露，也是人们相互交流的重要形式之一。构成表情的主要因素是目光和微笑。

1. 目光

眼睛是心灵的窗户，目光是面部表情的核心，是人际交往时，一种深情的、含蓄的无声语言，以表达有声语言难以表现的意义和情感，在很大程度上能如实反映一个人的内心世界。目光运用得适当与否，直接影响人们情感的表达，眼睛能传达喜、怒、哀、乐等不同的情感，是其他举止无法比拟的。

人们进行交流时，目光的交流总是处于最重要的位置，交流过程中，人们要不断地运用目光表达自己的意愿、情感。

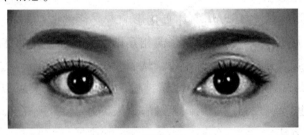

目光

（1）目光注视的部位

人们在进行交往中，其目光注视部位要根据双方距离的远近以及交流内容而定。当问候对方、征求意见、听取诉说、表示诚意、强调要点、向人道贺或与人道别时，应注视对方的双眼以示尊重，但要注意时间不能太长，如果时间太久会让对方感到压迫感和尴尬。如果与对方长时间交流时可以将对方的整个面部作为注视区域，避免目光长时间停留在一处。如果双方相距较远时，可将对方全身作为注视点。一般情况下，头顶、胸部、裆部与腿部不应作为注视点。

（2）目光注视的时间

注视时间往往代表着重视的程度。

表示友好时，注视对方的时间应占全部相处时间的1/3以上。

表示重视时，注视对方的时间应占全部相处时间的2/3以上。

表示轻视或不感兴趣，注视对方的时间不到相处时间的1/3。

（3）目光注视的角度

与人交往时表示尊重，目光可用正视与仰视。表示双方地位平等时，目光可用平视。表示关心爱护时，目光可用俯视。

2. 微笑

人最美的表情就是微笑。微笑是人际交往中的一种润滑剂，自然真诚的微笑具有多方面的魅力，它虽然无声，却可以表达出高兴、同情、赞许、同意等许多信息。微笑会给人一种亲切感，可以大大缩短人与人之间的距离，消除交往之间的陌生感和恐惧感。

（1）微笑的作用

微笑被称为各种服务人员的常规表情和标准表情。英国发明家斯提德认为："微笑无须成本，却能创造价值"。在人际交往中应当保持微笑，为交往对象创造轻松的氛围。从心理角度来看，微笑可以感染和调节人的情绪，让人感到温馨，产生愉悦的感觉，同时还可以创造和谐的气氛。

（2）微笑的特征

微笑是面带笑容，笑时不牵动鼻子、不发出声音、不露出牙齿，面部肌肉放松，双眉稍稍上扬，自然舒展，嘴角微微抿起，嘴唇略成弧形，使人如沐春风。它是一种良性的面部表情，反映出一个人的内心世界，是自信的标志，礼貌的象征和情感的体现。

（3）微笑的功能

① 能够传情达意：在人际交往中，应怀着真诚的情感，把关心式、友善式的微笑带给对方。

② 能改善交往环境：交往环境的好坏直接影响着交往的成功与否。人与人相处即使平常关系很好，也会因为某些原因而导致紧张或相互排斥，遇到这样的情况，一方或双方应主动地微笑并配合有声的语言有效地化解矛盾，从而改善人际关系。

③ 美化个人形象：微笑是心理健康、精神愉快的标志。微笑可以美化人的外在现象，也可以陶冶人的内心世界。发自内心的微笑是一个人美好心灵的外在表现。

（4）微笑训练的方法

微笑是人最美的表情，究竟要怎样运用好微笑，以营造和谐温馨、亲切融洽的氛围？

① 咬筷子练习法：对镜子练习，用门牙轻轻地咬住筷子，把嘴角对准筷子，两嘴角翘起，连接嘴唇两端的线与筷子在同一水平线上，保持这种状态10秒钟后，轻轻拔出筷子，维持原状态。

② e字微笑练习法：每天早晨起床后，对着镜子发英文字母"e"音。

③ 眼睛笑容法：用一张厚纸遮挡眼睛下面，对着镜子，心里想着高兴的事，双唇闭合，脸颊上扬，嘴角上提，这时一个自然的微笑就在镜子里显现出来了。

（5）微笑的注意事项

① 表里如一、声情并茂。微笑时应做到笑容与内心情感统一、笑容与举止统一，切忌皮笑肉不笑、假笑。

② 气质优雅、文明礼貌。笑容体现形象，笑容展示修养，切忌粗俗、放肆地笑。

③ 微笑和谐、恰到好处。微笑应掌握好分寸，笑得自然好看。

④ 微笑也要适度，注意场合。任何事情都有"度"，虽说微笑是一种极富魅力的非语言信息，但微笑也要适度，应该善于把握而不能随意滥用。

>> 着装规范 <<

服饰是对人们所穿衣着及其所用装饰品的统称，是仪表的重要组成部分。服饰是人类在实践活动过程中的产物，直接或间接地体现着人类的创造力和审美观。服饰为"衣、食、住、行"之首，直接影响着每个人的生活质量，同时它也能满足人类对于美的追求。

服饰在个人形象中居于重要地位。服饰是一种文化，穿着是一门艺术，既能影射出一个人文化修养的高低和审美情趣的雅俗，又能折射出一个人对生活的态度。如果一个人能够把服饰与自身的气质、个性、身份、年龄、职业等结合起来，讲究穿戴的环境和时间，就能够达到真正的和谐与美丽。

一、着装的基本要求

1. TPO 原则

当今世界上流行着一个着装协调的国际准则：TPO 原则。其中 T = time，是指一个人的衣着打扮应能符合相应的时间、季节、早晚及时代的变化；P = place，是指着装要符合地点、场合、职位及位置的变化；O = object，是指着装要兼顾目的、目标和对象。正所谓"见其装而知其人"，在着装时应重点注意与"时、景、事、己、制"相互协调，相互呼应。

（1）时间

时间是一个较为宽泛的概念，它涵盖了一天早、中、晚三个时段，也包括一年春、夏、秋、冬四个季节的更迭，以及不同的历史发展的不同时期。服装要符合时间的变化，着装时应考虑三个时间层面，做到"随时更衣"，应与时代和季节相符。着装首先要与时代发展同步，顺应时代的潮流和节奏，既不能超前也不能明显落伍。其次要与四季交替相对应，避免冬衣夏穿或夏衣冬穿，按季节变化选择服饰，就会避免因选择不当而影响自身形象。

（2）地点

地点指的是某个国家或地区或某些地方的地理位置、气候条件，也指某个国家、地区或地方的风俗民情。国家、地区的不同，所处地理环境位置、自然条件、开放程度、文化背景、风俗习惯等各不相同，着装也存在差异。

（3）场合

场合指出席某一活动的具体地点，也指出席人在某一场合中的角色。不同的场合不同的角色，在着装上有所不同，着装时应与场合和目的相符。场合一般可分为庄重场合、普通场合、喜庆场合、悲伤场合。例如，身着整齐端庄的服饰去参加正式宴会，说明着装者对主人的礼貌和尊敬，也能体现个人的教养和素质。同时着装应适合自己扮演的社会角色，在应聘新职、洽谈生意时应身着正式、合体的服饰，说明重视、渴望成功；相反，若着装随便，不修边幅，则表示对事情不重视。

2. 适体性原则

（1）与形体相适应

身材偏高，胖瘦适中的人，可在较大范围内选择服装。如高瘦身材应选择线条流畅的服装，在面料图案上不宜选择竖条纹的；高胖身材，适宜穿长裙，衣服的面料厚、薄、挺均应适中。

偏矮身材，适宜用垂直线条面料的服装来增加视觉上的高度，不宜使用水平线条面料。身材矮小者不宜穿喇叭裤、阔腿裤及长裙，因为看起来更加显矮。

胖体型身材，宜选用较深暗，色彩强度较低的服装，这样有收缩感，较胖者适宜穿"V"字领或"一"字领的着装，这样在视觉上会显瘦。

瘦体型身材，宜选用质地比较粗硬的大格、大花面料和多层次的制作技术处理的服装，以增加视觉宽度。色彩的选择，以浅色和亮色为主，这样可以增加视觉的扩张感，不至于显得太瘦。

（2）与年龄相适应

年轻人可以选择简洁活泼的服饰，体现青春与朝气。中年人宜选择质地上乘、款式端庄的正装或西服，体现其高雅和整洁。老年人的款式力求舒适、大方、简洁，着重以舒适为主。

（3）与职业相适应

服装应与自己所从事的职业、身份、角色相协调。青少年学生应该选择线条和款式简洁流畅的服装，依照自然、朴质的原则，来体现青少年的朝气和青春，展示健康、舒适、自然、淳朴的美感。成年人应选择高雅、端庄的服装，体现出成熟和干练的气质。尤其是工作时的着装，更应该体现职业服装的实用性及审美性，做到职业化、整体化、标准化，不可随意穿便服。不同的服装有不同的穿着法，切不可违反常规自成一派，以免贻笑大方。

（4）与肤色相适应

选择服装时应注意肤色的问题，因为衣服的色彩会使人的肤色发生明显或微妙的变化。例如肤色偏暗黄者，不要穿色彩暗的服装；肤色偏黑者，为衬托出肤色的明亮感，适宜选择浅色调、明亮颜色的服装。

3. 个体性原则

外在的服装，可体现出内在的气质。因此，衣着也要突出个性，突出自己的特色，要根据自己的特点，做到量体裁衣、扬长避短，创造并保持自己独特的风格，同时还要兼顾大众的审美观，才能在人际交往中给人留下深刻、美好的印象。

4. 整体性原则

正确的着装，应基于精心搭配和统筹的考虑，其各部分不仅要"自成一体"，还要相互配合、呼应，尽可能地显现整体上的完美与和谐。为体现着装的整体性，首先要遵守服装固有的搭配原则。其次，要体现着装的整体美。着装时要使服装各部分彼此适应，在局部服从整体的前提下，力求展现着装的整体美、全局美。

二、着装的注意事项

1. 整齐、干净、完好

整齐、干净的服装总会给人们留下一个好印象，各类衣服都应勤换洗、无油渍、污渍、异味。不穿残破服装，尤其是正式场合，杜绝穿残破陈旧的乞丐装。

2. 适时、合体

选择适合自己的服装，并与自身的条件、职业及出入场合相适应。

3. 文明着装

着装的文明性是通过着装文明大方、符合社会的传统道德及文化习俗体现出来的。日常生活中的文明着装，可显示出文明、高雅的气质，具体要求如下：

（1）不可过于裸露

身着正装时，不外露四大禁区：胸部、腹部、腋下、大腿。

（2）不可过分薄透

禁止内衣、内裤甚至身体的敏感部位"透视在外"或"公布于众"，令人一目了然。这样不仅失礼，而且有失检点，使人难堪。

（3）不可过紧

过紧的着装虽然能展示自己的线条，但不利于健康，还会隐约显现自己的内衣、内裤的轮廓，很不雅观。

（4）不可过短

在正式场合，忌穿小背心、短裤、超短裙等过短的服装，以免活动不便。

（5）不可过于肥大

着装过于肥大，会显得松松垮垮，无精打采。

三、注意着装的误区

日常生活中，人们大都会注意到着装的修饰与搭配，但有时稍微不注意便会陷入某些着装误区，产生尴尬之感。如旅游鞋搭配正装；胖体型者穿横条纹服装；在办公室着低胸、无袖装；肩带和衬裙外露；裙装时穿勾丝破洞的长筒袜等。这些着装的误区应特别注意。

>> 饰物佩戴 <<

饰物是一种点缀，它对于人们的穿着打扮，可起到辅助、烘托、点缀和美化的作用。从审美角度来看，它与服装、化妆一同被列为人们装饰、美化自身形象的三大法宝。在社交场合，饰物作为一种无声的语言，向别人表达着使用者的知识、阅历、教养和审美品位。同时，也暗示着使用者的地位、身份、财富和婚恋现状。

一、饰物的种类

常用的饰物按其用途可分为两类：一类是实用类饰物，包括帽子、围巾、手表、皮包等，在选用时也应遵循TPO原则；另一类是装饰类饰物，也称为首饰，包括戒指、项链、挂件、耳饰、手链、手镯、脚链、胸针等。

二、使用装饰类饰物的基本原则

1. 注意数量与质地

数量以少为佳，有时可一件首饰也不佩戴；除新娘可同时佩戴多种首饰外，一般不可超过三种；除耳饰、手镯外，同类首饰最好不要超过一件；同时佩戴的首饰质地尽量相同。

2. 符合身份与体型

选戴首饰时，应符合身份、性别、年龄、职业和工作环境。高档饰物，尤其是珠宝首饰多适用于隆重的社交场合，不适合在工作或休息时佩戴。在选择首饰时，应考虑自身脸型、体型等特点，因人而异，扬长避短。例如圆形脸不宜选择宽大有横向扩张感觉的耳环，宜选择有直线条的首饰，借以形成上下伸展的感觉，使脸显得俊俏。

3. 注意季节与色彩

首饰要与季节相吻合，金色、深色首饰适于冷季佩戴，银色、艳色首饰则适于暖季佩戴。饰品的色彩应与服装相搭配，力求同色，至少需保持与主色调一致，起到交相呼应的作用。

4. 注意搭配与习俗

戴首饰应与所穿的服饰相协调，要兼顾所穿服饰的款式、质地、色彩，并努力在搭配风格上使之相配。如服饰轻盈飘逸，饰物也应玲珑精致；服饰正式端庄，饰物则应典雅大方；穿运动服、工作服时不宜戴首饰；身着考究的服装时，可佩戴昂贵的饰物。另外，不同地区、民族，佩戴首饰的习惯多有不同，对此，应做到多了解，多尊重。

5. 注意佩戴寓意

首饰佩戴的方法不同代表不同的寓意，如戴戒指时通常戴左手，一般只戴一枚，戴于各指上所表达的寓意各不相同。按西方的传统习惯来说，左手显示的是上帝赐给你的运气，因此，在西方国家，无论男女，结婚戒指通常戴在左手无名指上。这个习俗源于古埃及，他们认为"爱情之脉"是通过左手无名指与心相连，这样爱情的暖流就可以从指尖直接汇入心田。戒指戴在左手食指表示未婚，但已有恋人；中指表示名花有主，已经订婚；无名指表示已经结婚；小指表示独身不婚。戒指佩戴在右手食指表示单身，还未恋爱；右手中指表示心有所属；右手无名指表示热恋中；右手小指表示不谈恋爱。再如，戴耳饰时，不宜在一只耳朵同时戴多只耳环，女性一般成对使用；男子戴耳环时，习惯只在左耳戴一只，双耳都戴，会被视为同性恋者。在佩戴各种饰物前应多做了解，只有恰当地选择、搭配和使用首饰，才能使其发挥美化和装饰的功能。

大学生的仪容美

任何人的形象都是由内涵和外延两个要素构成的，仪容美包括自然美、修饰美和内在美。仪容美要追求的是内在美与外在美的统一。在这三者之间，仪容的内在美是最高境界，所以大学生应该通过不断学习，提升自身的文化、艺术、道德修养，从而自然而然地体现出高雅的气质，使自己做到秀外慧中，表里如一。仪容的自然美是每个人的心愿，而仪容的修饰美则是仪容美所关注的重点。真正意义上的大学生整体仪容之美应该做到自然美、修饰美和内在美的高度统一，缺任何一项都是不完美的。

大学生的仪容美，既反映了个人的良好修养和爱美意识，也体现了对他人的尊重。其基本原则是：美观、整洁、文明、得体。

大学生应着力展示其青春风采，淡淡修饰以体现出自然之美和个性之美；不同体型、不同肤色的人应考虑到扬长避短，选择恰当的修饰，突显优点，展示个性，以获得外在仪容美的和谐。

一、大学生发式的要求

大学生除了遵循基本的头发修饰规则，还应体现其青春与朝气的特点。男生头发不宜过长，不理光头，不理奇异发型。女生的发型相对来说可以多样化一些，只要按照自己平时的习惯打理即可，但是要注意不留奇异发型，不能太过凌乱，不做过分装饰。

二、大学生化妆的要求

1. 自然

自然是大学生美化仪容的最高境界，它使人看起来真实而生动，不是一张呆板生硬的面具。化妆的最高境界就是要做到妆成有却无,有一种自然的美感,以清新、自然为宜。口红的颜色以接近唇色为宜,眼影、腮红不宜过深、过艳。不应过度修饰,不画过度浓艳的妆容。

2. 协调

美好的妆容还要注意整体的协调性,要与身份、场合、发型与服饰协调,力求取得完美的整体效果。例如在校园内可以略施淡妆,参加表演或者活动时则可以化浓妆。

3. 得体

仪容美还应美在得体。漂亮、美丽的仪容还要注意做到得体,所以要了解自己的特点,做到扬长避短,使仪容更加美丽得体。

三、大学生的服饰要求

1. 着装整洁规范

着装要整齐干净,不穿过露、过短、过透、过紧的服装;不穿过于奇异的服装;不穿印有不健康图案的服装;不在衣服上乱涂乱画。

大学生服饰

2. 着装扬长避短

大学生着装应根据个人的体型、肤色、身材做到量体裁衣,扬长避短,起到美化作用,穿出自己的风格。

3. 着装符合身份

大学生着装应体现学生身份，彰显青春、朝气、活力、大方的原则。不盲目追求时尚、不盲目攀比，购买与自己经济状况相符合的衣物。

大学生是一个具有较高文化素质的青年群体，对美的追求表现得更为强烈，因此更要树立正确的审美观和健康的审美情趣，做到内外和谐统一的整体之美。

单元综合实训

一、填空题

1. 在头发的清洁中，一般洗发水的温度控制在_____，摄氏度最为适宜。
2. 面部仪容修饰的基本要求是_____，_____，_____。
3. 着装的基本要求中有一个 TPO 原则，T 指_____，P 指_____，O 指_____。

二、选择题

1. 服装的穿着要考虑 TPO 原则，TPO 原则不包括（　　）。
   A. 时间原则　　　B. 地点原则　　　C. 目的性原则　　　D. 对象性原则
2. 下列饰品中属于实用类饰品的是（　　）。
   A. 手镯　　　　　B. 耳环　　　　　C. 项链　　　　　　D. 手表
3. 化妆是采用化妆品，按一定的技巧和方法通过修饰使人变得更加靓丽，化妆时应该注意（　　）。
   A. 可以在公共场所化妆
   B. 可以在异性面前化妆
   C. 可以议论他人化妆
   D. 不能出现妆面残缺
4. 学生在选择服饰时应选择的风格是（　　）。
   A. 华丽贵重　　　　　　　　B. 深沉端正
   C. 简洁活泼　　　　　　　　D. 个性、非主流

三、简答题

1. 化妆的目的是什么？
2. 着装的注意事项及误区是什么？
3. 佩戴装饰类饰品的原则是什么？

四、论述题

当代大学生在仪容修饰方面应如何体现整体之美？

第三单元　举止得体

概　述

在人际交往中,无论举手投足、站立坐行、言谈行为,都会在一定程度上透露人的内心活动、情绪状态、健康状况和自我概念。作为大学生,拥有美的举止姿态、行为,是给交往对象良好印象的第一步,也是一张属于自己的"名片"。

日常生活工作中,或者在一些正式的场合,经常会有人感到手足无措,不知道身体、手脚应该怎么摆放才算得体,甚至会无所适从。有的同学会默默观察他人的举止,进行效仿,但有时候并不能有好的效果,反而会给人一种东施效颦的感觉。作为新时代的大学生,系统学习举止礼仪,掌握规范的行为举止、识别美的姿态是非常有必要的,让优雅大方的体态成为获得别人认可的一张"通行证"。

>> 静态美姿 <<

在所有的基本姿态中,站姿和坐姿主要以静态方式呈现出来,反映出一个人的精神面貌和气质。

一、站姿

站姿（侧面）

站姿即站立姿势,是双腿在直立静止的状态下呈现的姿态。站姿是一个人所有仪态的核心,是其他体态姿势的基础和起点。

1. 站姿的要求

（1）头部

头正颈直,双眼平视,下颌微收,目光柔和,面带微笑。

（2）躯干

双肩自然下沉,且向后展开,挺胸、立腰、收腹,臀部向内收,脊柱从尾椎开始向上拔高，一直延伸至头顶。

(3) 双臂

上臂自然放松下垂。

女士可采用的手型：基本式、叠握式、相扣式、分放式四种。

①基本式：双臂自然垂放于身体两侧，双手大拇指稍稍分开，其余四指并拢，自然弯曲放于侧。

②叠握式：双手右手在上，左手在下，右手四指并拢轻握住左手四指，左手指尖不能超出上手的外侧缘，大拇指向内向下收。双手叠握可置于身体中腹部和下腹部，中腹部与肚脐齐平，下腹部位于小肚子上。

③相扣式：双手四指并拢相扣，拇指自然弯曲，右手手背朝上，可置于身体中腹部。

④分放式：一手自然垂放于身体一侧，另一手放松半握拳置于身体中腹部或者身后臀部之上。

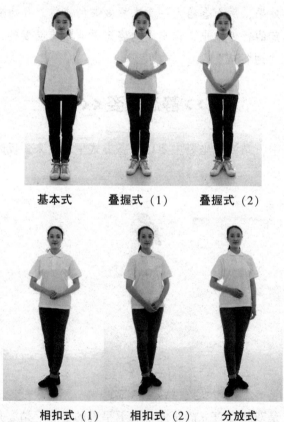

基本式　　叠握式（1）　　叠握式（2）

相扣式（1）　　相扣式（2）　　分放式

女士站姿采用的手型

男士可采用的手型：基本式和相握式两种。

①基本式：同女士，自然垂放于身体两侧。

②相握式：右手握住左手腕，手指自然弯曲并拢，置于下腹部或身后臀部之上。

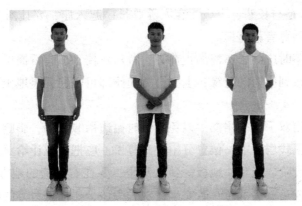

基本式　　相握式（1）　　相握式（2）
男士站姿采用的手型

（4）双腿

大腿内侧肌肉收紧，双膝并拢。整个身体重心在两脚中间，双脚力量向下踩，其余部分向上拉长拔高。脚型有四种：

①基本步：也称平行式。双脚并拢，脚尖平齐向前。男女适用。

②"V"形步：双脚跟并拢，前脚掌分开45°~60°，约一拳宽。男女适用。

③女士丁字步：双脚一前一后，前脚跟在后脚心位置，两脚尖分开呈90°。

④男士平行步：双脚分开，不超过肩宽。

站立时，可根据场合选用以上的手型和脚型来搭配组合使用。

2. 站姿的禁忌

①上身姿态不当：站立时，身体不能弓腰驼背、塌腰挺腹、头部歪斜、重心不稳、随意扭动、倚靠扶拉，会显得人无精打采、颓废消沉。

②手型不当：很多人喜欢双手交叉抱于胸前或叉腰，这样会显得人骄傲自负、不可一世。还有一些手型不当的，如将双手放在衣服口袋里面、抱在脑后、手托下巴，双手随意乱动、玩弄衣角和物品、抓耳挠腮、咬手指甲等，这些行为都会给交往对象留下缺乏教养的印象。

③脚位不当：站立时间过长时，可以变化脚位以缓解疲累，不能将脚抬起来随意摆动和抖动，或将双脚叉开过大。有人站立时习惯倚靠在墙壁和身旁的物品上，或是把脚抬起直接踩在上面，在生活工作中要避免这样不文明行为的发生。

二、坐姿

坐姿，即人在就座时所呈现出的静态姿态，是人际交往及一些正式场合中常用的姿态。端庄大方、高雅得体的坐姿会给人良好的印象。坐姿主要包括入座、坐定和离座三个方面。

1. 坐姿的要求

（1）入座

①入座方位：遵循"左进左出"的原则。在正式场合中，无论你立于座椅的哪一侧，都要从座椅的左侧进入椅子的正前方，同样要从座椅的左侧离座。

②入座顺序：

a. 同时就座：若是与同事、朋友、平辈人之间一起入座可与对方同时就座。

b. 尊者优先：若是与长辈、上级、客人等尊长一起入座，要让对方先行入座。在有需要的情况下，还要帮助尊者移座椅。

③入座方式：入座时应立于座椅的正前方，背对座椅，右脚后撤半步，以测量身体与座椅的远近，若小腿接触到座椅的边缘，上身微微前倾即可轻稳无声地坐下，切勿将臀部朝向后方入座。

女士着裙装时应用双手抚平裙摆，以免起身时裙边褶皱太多，影响整体仪表。

④入座礼节：在正式场合中，位置分主次、尊卑，应把主位让给尊长，选择适当的位置就座。在室外不能在台阶、花台、地板等随处乱坐，要在有座椅的地方就座。在公众场合，要与周围的人打招呼或是点头示意，若要坐在别人旁边，要征得对方的同意才能入座。

入座得体

（2）坐定

①要领：主要包括三个方面，即角度、深浅和舒展。

a. 角度是指坐定后上身与大腿、大腿与小腿所形成的角度，一般要求是90°。

b. 深浅是指坐下后臀部与座椅所接触的面积。一般臀部要占座椅面积的2/3。

c. 舒展是指入座后身体各部位的协调、活动程度，可以通过坐定后手、脚的变化来调整。

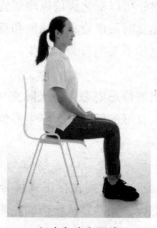

入座角度和深浅

②身体姿态：以站姿为基础，上身的要求同站姿，无论怎么变化手脚的位置和形状，上

身直立的要求是不变的。

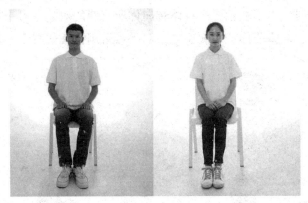
坐姿的身体姿态

③手位：

a. 分放式：也称基本式，将双手分别放于两大腿之上，大拇指稍稍分开，其余四指并拢。

b. 叠握式：同站姿，可根据情况置于腹部、两大腿中间或一侧大腿之上。只适用于女士。

c. 扶手式：根据座位的特点，手心向下将双手放于扶手上，或双手叠握放于一侧扶手上。

d. 书写式：在学习工作情况下，双手置于写字台上，上身要挺直，注意头与桌子的距离。

④腿脚位置：

a. 基本式：男女适用，在正式场合采用。双脚平行并拢，上身与大腿、大腿与小腿、小腿与地面所形成的角度均为90°。女士的双膝要并拢，双腿没有缝隙；男士双膝可分开一拳宽，或分开不超过肩宽的距离。双手可采用分放式。

b. 斜放式：适用于女士，坐在较低的位置时采用。双膝双脚并拢，将双脚向前方、后方或斜后方放好。双手可采用叠握式置于腹部腿中间。

斜放式

c. 交叉式：适用于女士。双脚在脚踝处交叉，交叉可将双脚垂直地面，也可放于左或右斜后方。双手可采用叠握式置于腹部或大腿中间。

d. 前后式：适用于女士。双腿并拢，一脚前伸，另一脚后屈，双脚着地并在一条直线上。当与周围人交谈时，出于礼貌要将身体转向你所交谈的对象，可采用前后式。若是转向右侧，则是右脚后屈、左脚前伸，左侧反之。双手可采用叠握式置于一侧大腿之上。

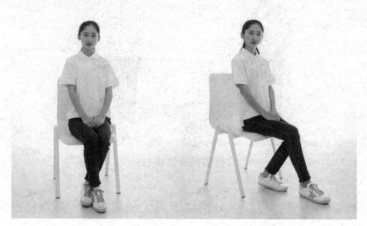

交叉式　　　　　　　　　前后式

e. 叠放式：一种是男女适用。两大腿一上一下交叉叠放，支撑腿垂直地面，另一脚尖指向地板。双手可采用叠握式置于一侧大腿之上。

另一种适用于穿短裙的女士。在第一种叠放式的基础上，将两小腿斜放与地面成45°，两条腿完全交叠在一起没有缝隙。双手可采用叠握式置于一侧大腿之上。

f. 打开式：适用于男士。双腿、双脚自然分开，但分开不要超过肩宽，角度均为90°，双手采用分放式。

叠放式1　　　　叠放式2　　　　打开式

腿脚位置主要有以上6种，无论采用哪种，上身的要求都不会改变，在女士坐姿中，女士应始终保持双膝双腿并拢，体现女士大方得体、温婉含蓄的特点。而男士则在女士坐姿的基础上，更强调潇洒大方、刚毅洒脱，所以男士大腿和双膝都略微分开，以显示男士的阳刚之美。

（3）离座

①离座礼节：离座前要先收拾好自己的物品，以免起身把东西碰倒，或是离座后又返回找物品；离座前要先和周围人示意后方可离座。

②离座方式：离座时，将右脚后撤半步，调整好重心，起身恢复基本站姿，待站稳后再遵循"左进左出"的原则安静地离座。

③离座顺序：离座时也和入座时一样要遵循"尊者优先"和"同时离座"的原则。

2. 坐姿的禁忌

①上身不端：坐定后头靠椅背或垂头，东张西望，下颌前伸，身体东倒西歪，前倾后仰，躺在椅背上，趴在桌子上，腰未立直。

②手位不当：将手夹在两大腿中间或放在臀部下面；双手随意摆动挠搔其他地方；手肘支在桌子上。

③腿脚不当：随意抖动；双腿伸直使脚底朝向他人；交叠式时腿抬起幅度较大，上面的脚尖朝前或翘起；将双脚放在桌椅上或者一些不恰当的位置；坐定后随意脱鞋、脱袜子；双腿分开太大。

》》动态美姿《《

战国时期，燕国寿陵有个少年，听说赵国邯郸人走路的姿势很漂亮，便来到邯郸学习邯郸人走路。结果，他不但没有学到邯郸人走路的姿势，还把自己原来走路的姿势也忘记了，到头来居然不会走路了，只好爬着回去。

学步桥

人体所呈现出的动态姿态，都是站姿的延续，所以任何美的姿态都是以良好的站姿为基础和前提的。下面主要介绍两个动态的基本姿态：行姿和蹲姿。

一、行姿

行姿，人在行走过程中的姿态，也称走姿和步态。它以站姿为基础，是站姿的动态表现形式。优雅稳健的行姿给人以动态的美感，充满朝气的精神状态会对周围的人产生感染力。

1. 行姿的要求

（1）步态

步态指行走时的身体姿态。以站姿为基础，头正肩平，下颌微收，目光平视并注意前方路面，立腰收腹。手指并拢微弯，手心朝向体内，双肩平稳。行走时双臂以肩为轴，整个手臂前后自然摆动，前摆约30°，后摆约15°。

行姿

（2）重心

身体重心在起步时稍向前倾，放在反复交替移动的前脚掌上，并且身体重心随脚步移动不断由脚跟向脚掌、脚尖过渡。

（3）步位

步位指走路时的落脚点，要使双脚内侧走在一条直线上。

（4）步幅

行走时两脚之间（前脚跟和后脚尖）的距离应为一脚之长。不用刻意去量步幅的大小，只要步幅适中，不过大过小、忽大忽小即可。

（5）步速

行走的速度男士每分钟100～110步、女士每分钟110～120步为宜，注意步速不要过快过慢或忽快忽慢。

（6）步韵

步韵指行走时的节奏、韵律、精神状态等。行走时，膝盖有弯有直并富有弹性，节奏轻盈平稳，精神饱满。

行姿的总体要求：轻盈、优美、矫健、匀速、稳重大方。

2. 行姿的礼仪要求

（1）距离适当

在行走中，要注意与周围人之间的距离。

①亲密距离：双方距离小于0.5米，又称为私人距离，适用于密友、家人、恋人之间。

②个人距离：双方距离在0.5～1.5米，适用于亲朋好友、熟人、同学、同事之间。

③社交距离：双方距离在1.5～3米，适用于一般的社交活动和公务往来。

④公众距离：双方距离在3米以外，适用于在公共场合行走时，与陌生人之间的距离。

（2）靠右行走

在行走中、上下楼梯、进出电梯、上下公交车以及通过走廊等场合时,应遵循"靠右行走"的原则,把左侧留出作为紧急通道和对向行人的通道。有多人一同行走时不要并排走在一起,以免影响其他人通行。

(3) 礼让自律

在公众场合行走时,要礼让行人,特别是老、弱、病、残、孕的行人,需要的时候,要主动去帮助他人。

在行走中要注意看前方的路,不随地乱扔垃圾或随地吐痰,不吃零食不吸烟,不尾随围观、窥探私宅,不违反交通规则。

3. 行姿的禁忌

①体态不正:行走时,头歪颈斜,左顾右盼,耸肩夹臂,塌腰挺腹,臀部摆动过大,膝盖过直或一直弯曲,双手插在裤袋里或背在身后,重心靠后。

②步态不当:行走时呈现内八和外八字步态;没有走在一条直线上;上下蹦弹的步态;脚向后踢;双脚拖在地上走。

③声响太大:双脚用力不均匀,落地声响太大。

二、蹲姿

蹲姿在拾捡物品、整理低位物品时采用的是相对静态的姿势。采用正确优雅的蹲姿,可以避免出现弯腰翘臀等不雅观的情况。

1. 蹲姿的要求

(1) 身体姿态

下蹲前,以站姿为基础,无论是下蹲时还是起身时,切记不能先抬高臀部朝向后方,应调整重心下蹲或起身,臀部始终朝向地板。

(2) 下蹲的方式

下蹲的方式分为高低式、交叠式、微蹲式、单跪式。无论采用哪种蹲姿,女士两腿要并拢,男士双膝双腿可稍微分开。

①高低式:这是比较常见的蹲姿。双脚一前一后,下蹲时,重心在前脚,后脚前脚掌着地。女士着裙装要先用双手将裙摆抚平再下蹲,上身微微前倾,臀部朝向地板。下蹲后,双膝一高一低。

②交叠式:只适用于着短裙的女士。双脚一前一后,下蹲时,重心在前脚,臀部朝下,后腿的膝盖从前小腿外侧穿出,使两大腿交叠在一起,前小腿与地面垂直。

高低式   交叠式

③微蹲式：在处理事务时，我们接触的事物会稍微低一些，这时应该双脚一前一后站立，不能分开太大，上身前倾的同时微屈双膝，目的是使臀部不要朝向后方、朝向后面的人。

④单跪式：下蹲时间较长时可采用。在高低式的基础上，一条腿单膝着地，另一条腿小腿垂直于地面，臀部后坐于后脚跟之上。

2. 蹲姿的禁忌

①下蹲时不要面对、背对或靠近他人下蹲。

②不能将双脚叉开平行下蹲，特别是在公众场合，不能随处下蹲，一定要在适当的位置站立或就座。

>> 有礼有节 <<

礼貌是人们在长期共同生活和相互交往中逐渐形成，约定俗成地表达尊重和友好的道德规范。礼貌的具体表现形式是礼节，是人际交往中表示尊重的各种形式，主要包括动作形式和语言形式。

礼貌是礼仪的基础，礼节是礼仪的基本组成部分。没有礼节，就无所谓礼貌；有了礼貌，就必然伴有礼节。有礼貌而不懂礼节往往很容易失礼；谙熟礼节却流于形式，充其量只是客套。很多时候，让人无所适从的是：有礼貌可是不知道用什么样的礼节来表现，或是知道要用哪个礼节，却不知道这一礼节要怎么做才规范。大学生掌握规范的常用礼节，会让你在日常交往、待人接物上更加得心应手。

一、握手礼

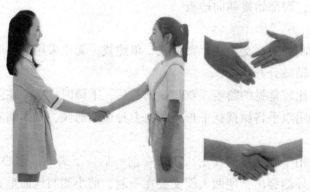

握手礼

1. 适用场合

握手礼主要适用于迎送、会面前后、道别、社交、恭贺、支持、鼓励、安慰等场合。

2. 基本要求

（1）整体

以站姿为基础，端正直立，面带微笑，表情柔和，目光注视受礼者。可根据不同情况采用不同的语言寒暄致意。

（2）距离

两人行距对方0.75~1米的距离，上身微向前倾。

（3）手式

手式有单手相握和双手相握两种，都要遵循"右手相握"的原则。

①单手相握：也称标准式或平等式相握。伸出右手，四指自然并拢，拇指张开，手臂分开30°~45°。适用于初识，与对方关系不深的场合。

②双手相握：也称手套式相握。右手握住对方右手后，左手再握住对方右手。适用于较熟悉的交往关系。

（4）力度与时间

握手时上下轻摇三下，持续1~3秒。

3. 注意事项

①伸手次序应遵循"尊者决定"的原则，双方在握手时，由尊者先行伸手，位卑者再伸手。

②当别人伸手与你相握时，一定要伸手与之相握，否则就是失礼的表现；握手时不要戴手套、帽子和墨镜；寒暄时感情要适度。

二、鞠躬礼

鞠躬礼

1. 适用场合

鞠躬礼主要适用于表示尊重、感谢、致意的社交或服务场合。例如，初次见面的陌生人之间、上下级之间、主人与客人之间、晚辈与长辈之间表示尊重；演员、演讲人、运动员、领奖人上下台时表示感谢；上下课老师与学生相互致敬；结婚和追悼会等场合。

2. 基本要求

（1）整体

以站姿为基础，端正直立，面带微笑，表情柔和，鞠躬前目光注视受礼者。

（2）手位脚型

①女士：双手采用基本式、叠握式；双脚采用基本式、"V"形步、丁字步都可。

②男士：双手采用基本式、相握式置于腹部；双脚采用基本式、平行步。

（3）鞠躬方式

以腰为轴,整个身体向前向下弯15°~30°;眼睛跟随身体向下,看向前方地板1~2米的地方;停顿2~3秒。

3. 注意事项

①鞠躬的度数因受礼对象不同:一般对初识者、平辈和同事鞠躬15°;对长辈、师长鞠躬30°~45°;谢罪、致歉、悔过或追悼会鞠躬90°。

②一般情况下,鞠躬一次,在追悼会、婚礼及谢罪场合则采用三鞠躬。

③鞠躬前目光要注视受礼者,鞠躬时眼神不能一直盯着受礼者或看向其他地方,礼毕起身时眼神回到受礼者身上。

④鞠躬时,必须脱下帽子。

三、介绍、指示礼

介绍、指示礼

1. 适用场合

适用于介绍他人、指引方向、服务接待的场合。

2. 方式

以站姿为基础,面带微笑,向自己的侧前方伸出手,指向你所介绍或指示的人或物。伸出的手,手指并拢,自然展开微弯,手肘微弯,大小臂和手掌在一条线上。另一侧手臂可放于体侧、身后或腹前。目光不仅要注视受礼者还要兼顾你所介绍的人或指引的方向等,整体动作要自然大方。

3. 注意事项

①介绍的顺序:遵循"尊者优先"的原则,即先向长者介绍晚辈;先向身份高者介绍身份低者;先向女士介绍男士;先向主人介绍客人。如果介绍的人员较多,则按顺序依次介绍。

②使用时,伸出的手要与被介绍、指示的人或物,保持一定的距离,不要将手直接贴在人或物上。

四、其他致意礼节

(一)微笑礼

1. 适用场合

微笑礼应用范围较广,可以用在任何场合或者任何其他的礼节之前。

2. 基本要求

在仪容礼仪中，已介绍过微笑的要领，在注视对方和对方看向自己的时候，要发自内心地微微一笑。

（二）点头礼

1. 适用场合

点头礼适用于在不适宜或不便交谈的情况下，遇到认识的人或者在同一场合多次见面，以及在一些比较随意的场合。

2. 基本要求

以站姿为基础，目光注视受礼者，头部向下轻点一下。速度不要太快，幅度不用太大，不能戴帽子、墨镜。除一些比较肃穆的场合，一般要面带微笑。

（三）注目礼

1. 适用场合

升国旗、奏国歌，接受检阅，教师进教室，进入舞台时在场人员应使用注目礼。

2. 基本要求

行礼者应面向受礼者或将头转向受礼者，在基本站姿的基础上，注视受礼者。待受礼者还礼后方可将目光平视或将头转正。

微笑

（四）挥手礼 1. 适用场合

挥手礼适用于与熟识的人相遇或道别时。

2. 基本要求

在站姿的基础上，右臂向侧前方举起，大臂与地面平行，小臂垂直地面，掌心朝向受礼者，四指并拢拇指微微打开，轻轻地左右摆动。

挥手礼

（五）拥抱礼

1. 适用场合

拥抱礼适用于比较亲密和熟识的人之间，长久未见、安慰、鼓励时。拥抱礼主要在一些西方国家比较流行，近年来我国很多年轻人也常使用这一礼节。需要注意的是，在公共场合一般不使用拥抱礼。

2. 基本要求

两人站立，双臂张开，右臂偏上，左臂偏下，按各自的方位，两人的头部及上身都向左相互拥抱，右手扶在对方左后肩，左手扶在对方右后腰。拥抱时间不要太长，3秒~5秒为宜。

拥抱礼

》》行为之美《《

> 良好的习惯是人在神经系统中存放的资本，这个资本不断地增值，而人在其整个一生中享受它的利息。
>
> ——乌申斯基（19世纪俄国教育家）

作为大学生，个人的行为相对以前的学习阶段更自由，但这种自由并不是绝对的。大学生要有自控能力，要清楚哪些事情可以做，哪些事情不可以做，这样的行为才是美的行为。人的行为之美并不是靠完成某一件好事就能做到的，而是把我们漫长的人生岁月中所做的每一件美事汇聚在一起而形成的。

一、自尊自爱自律

就读于河南某学院的学生郑德幸在网上用一篇《讲讲我的故事：大二学生负债30多万》的长帖，讲述了自己的赌球、借贷生活，并称"希望吧主不要删，也希望大家引以为戒"。

郑德幸，曾是大家心目中阳光开朗的好班长。他热爱足球却沾染了赌球的嗜好，于是开始接触校园贷，更利用当班长的职权之便，盗用28个同学的信息贷款总计60余万元，在各种网络平台上疯狂贷款赌球。大多校园贷的利率高得离谱，一旦利率翻滚之后，会形成非常高的利息。很快，郑德幸的60多万元贷款就变成了将近130万元。面对骚扰周边所有亲朋的恶意催债以及巨大的还款压力，2016年3月9日，年仅21岁的大学生郑德幸从一家旅馆的8楼跳了下去，结束了自己年轻的生命。

这是校园小额贷款中非常极端的一个案例。校园贷，又称校园网贷，是指一些网络贷款平台面向在校大学生开展的贷款业务。

虽然大学生没有固定收入，却有强烈的消费需求：美容美发、最新手机、电子产品、时尚衣包……针对女大学生，则有一种更为"方便"的贷款方式——裸贷，只需提供自己手持身份证的裸照，就可获得贷款。有的大学生为了满足自己的消费欲选择了看似轻易的裸贷，却不知这是噩梦的开启。有的女生迫于压力，及时将事实告知父母，寻求法律途径解决；还有的则不堪重负，让花样年华因为网贷就此凋零。

作为在校学生，经济来源主要依靠父母和工作兼职。在经济发展飞速及多样化的形势下，一定要做到以下几点：树立正确的消费观和金钱观，消费能力及行为应和自己的收入相匹配，杜绝恶性超前消费；增强自我保护意识和自控能力，不攀比、不盲目、不浪费；不轻易相信借贷信息及广告；将自己的学生证和身份证看管好，不给他人机会钻空子。

要做到自尊、自爱、自律，除了不能有校园网贷这样"丑"的行为，还应该有下面这些"美"的行为：

①生活作息规律，具有较强的时间观念，合理安排时间。

②有良好的学习习惯，有质疑和探究精神。

③坚持锻炼身体。

④仪表服饰符合学生身份。

⑤正确的价值观、金钱观。
⑥不碰烟酒、赌博，远离毒品。
⑦慎重交友，真心相处。
⑧对自己负责，对自己的行为负责。
⑨提高自身综合素质。

二、懂得感恩

最美乡村医生：贺星龙

2000年卫校毕业的贺星龙，放弃留在条件较好的县医院的机会，选择回村当一名医生。自此，他成为国家级贫困县山西省大宁县乐堂村的村医。这些年，贺星龙的行医装备从扁担步行换成了自行车、摩托车、三轮摩托车，不变的是装着听诊器、温度计等急救用品的医药包。初为村医，贺星龙最主要的交通方式就是步行，数年下来，走破了无数双鞋。

很多人都不理解他："当初，让你到太原加盟医药，你不去，要当医生，当模范，当英雄，现在你落了个啥，不说你了，将来你能对得起孩子吗？""你真傻！在村里赚不到钱，出去开小诊所吧！"就是这个被别人看作是"外星人"的他，16年间，医诊病人4600多人，出诊达165000人次，每年为留守儿童打疫苗1080人，每年发放营养包240人，免收出诊费350000余元，免收13户五保户药费45689元，背负23500余元债务……贺星龙家里有许多账本，上面记载的是近4年患者赊欠医药费的账目。

他的美不单单是他作为乡村医生的大爱情怀，还因为他懂得感恩。1996年他考上了省城太原的一家卫校，毕业后包分配，但是学费要一次性交6000元。家里砸锅卖铁，只能拿两三百元。村里人知道后跑到贺星龙家，张姓、冯姓、贺姓的村民，条件不好的给30元，条件好的给50元。贺星龙还记得共筹到了3025元，没有一张大额钞票，都是一大把零钱。他说："是乡亲凑钱让我学医，是贫瘠土地上的乡亲们让我实现了梦想。"

懂得感恩，人与自然才能和谐，人与人之间才有温度和温情。感谢大自然提供给我们赖以生存的养料；感谢国家让我们生活在和平幸福的社会中；感谢父母给予我们生命、抚养我们长大；感谢老师孜孜不倦的教诲；感谢亲友的关爱、帮助与支持……

从"滴水之恩当涌泉相报""羊有跪乳之恩，鸦有反哺之义""结草衔环""退避三舍"以及《白蛇传》等词句、传说中，都可以看出，我国自古以来所指的恩情，是感恩的进一步体现。落实到"报恩"的具体行为，我们应该做到：

①爱护自然，敬畏生命。
②热爱家乡和祖国，回馈社会。
③孝敬父母。
④尊敬师长、领导。
⑤待人接物，有礼有节。

三、传播正能量

湖南长沙一名贾姓网友，因为被网络诈骗损失了数万元，觉得无脸见家里父母，一时有了轻生念头。2018年10月17日，她在微博写道："我觉得这个世界再没有什么值得我留恋，我要去另一个我所向往的世界。"下午两点，一群网友在一个125人的群里搜集信息，组织救助。下午三点，她们先是向长沙网警爆料，随后拨打110报警。下午3点13分，桂花坪派出所民警接到报警电话，称附近一名女子疑似自杀，希望能前往救助。民警通过探访、询问，找到贾某的出租房，打开房门时，贾某的手腕上已经划开一道伤口，所幸伤口不深，贾某也已进行伤口处理。民警将贾某带回到警局进行劝解。网友在报警两小时后，得知贾某已被民警救下并接至警局，数百名网友在群内刷屏致谢民警。

信息时代飞速发展的今天，互联网已经成为我们生活、工作中不可或缺的一部分。互联网在带给我们巨大信息量、机遇和便利的同时，也带给我们各种挑战：网络犯罪、键盘侠、网络水军……一些丑陋的网络行为也日益显露出来。作为国之希望的大学生应该从自己做起，让那些不文明的、负面的网络文化消失，让正面的、积极的网络文化占据网络主阵地，为我国营造一个正气、文明、和谐的网络世界贡献出一份力量。

传播正能量的形式有很多，不仅在网络世界，在我们的身边，在生活工作中处处都有正能量。美的行为有感染力，它能使身边的人都被你的正能量感染而变得阳光起来。因此我们要做的还有很多，比如：

①拒绝违法行为。
②具有社会责任感，做一个积极向上的、有益于社会的大学生。
③热爱集体，积极参加集体活动，主动承担集体事务。
④对自己负责，对自己的行为负责。
⑤文明上网，不沉迷网络。
⑥不传谣、不信谣、不造谣，拒绝网络暴力。
⑦理智"追星"，多关注有内涵有底蕴的人和物。
⑧经常参加有意义的活动。

教育家陶行知说过："播种行为，就收获习惯；播种习惯，就收获性格；播种性格，就收获命运。"现代社会对人的综合素质能力要求很高，美的行为是社会对人的需要，是人与人之间和谐相处的前提，是自身素质提高的途径之一。

思考：除了以上行为称之为美，你认为还有哪些行为是美的？

》整体气质《

一个人的美，不是单一分割开的仪表美、举止美或者语言美，而是要把所有要素糅合在一起，以坚实的内在美作为基础支撑，才能呈现出一个人的整体美，所以一个人的美是以内在美为前提的。作为大学生，除了掌握及应用好专业知识，还应针对自己未来的规划，利用课余时间，通过多种途径学习，全面提高自己的内在修养。

仪表美、举止美、语言美，三者不能割裂，在学习和强化训练时，要注意三者的结合。比如在使用握手礼的时候，除了介绍过的规范仪态，在仪表上要服装整洁干净，适当修饰，面带微笑，双眼注视受礼者，同时还要搭配该场合应该使用的语言："很高兴认识你""好久不见""祝贺你取得了好成绩""辛苦了"……

另外，外在美应根据不同的场合，在服装、妆容、举止、言谈等方面有所调整。在特殊的公众场合，如面试、演讲、表演及一些正式的社交场合，我们应该注意以下几方面。

一、自信

自信是由内而外散发出的气质，从你出场到退场，整个过程中你的自信都能感染到其他人，使人赏心悦目。自信主要从以下几个方面表现出来：

①自然真诚的微笑，眼神坚定大方，视线方式得当。
②服装适合自己，不仅符合大众审美，还能突出自己的特点。
③稳重大方、不慌不忙的体态。
④语言清晰。

二、自如

当我们对自己的美有自信心的时候，在一些特殊的场合中才能自如发挥。比如演讲时，当我们对演讲稿有足够的熟识度，在整体表现上才会有更好的效果。仪表、举止、语言这三方面有相互帮衬的作用，其中一个方面做得好，可以为另外两方面提供支持和保证。自如，一般要做到以下方面：

①一举一动、一颦一笑在变化时都应从容得体，而不是缩手缩脚，紧张不安，无所适从。
②语音语调和表情能根据文字、情景的不同而有所变化，但变化不要太突然，要渐入和渐出。
③没有小动作或者频繁的晃动，表情、举止变化不要太频繁。

三、自然

自然而不做作是我们对美所追求的最高境界，它给人以与生俱来、浑然天成的感觉，这就要求我们在掌握"规范"的基础上，有系统且长时间的训练及实践，让综合素质能力得以提高，最后表现在我们个人的整体气质上。

美是一件让人愉悦的事，它虽不能一蹴而就，但是通过我们对美正确的认知，日积月累的熏陶和训练，对自己的特点加以了解，一定能成就自己独特的美，让自己成为社交人群中的王者，不再羡慕别人，而是成为别人羡慕的对象。

思考：之前介绍的各种礼节，使用时在仪表、语言上怎么与举止仪态进行搭配？应该有怎样的整体效果？

单元综合实训

一、填空题

1. 女士站立时，常用的脚位有_____、_____、_____。
2. 鞠躬礼主要适用于表示_____、_____、_____的社交或服务场合中。

二、选择题

1. 一般情况下，坐下时臀部与座位所接触面积应该为（　　）。
   A. 全部　　　B. 2/3　　　C. 1/3　　　D. 3/4
2. 在过道、楼梯等处行走时，都应遵循（　　）的原则。
   A. 靠右行走　　B. 靠左行走　　C. 居中行走　　D. 任意位置
3. 在介绍他人中，应遵循"尊者优先"的原则，以下正确的是（　　）。（多选）
   A. 先向长者介绍晚辈
   B. 先向身份高者介绍身份低者
   C. 先向女士介绍男士
   D. 先向客人介绍主人

三、简答题

1. 说说站姿的具体要求。
2. 列举身边大学生1~2例"美"的行为，并说说"美"的行为对个人的整体素质有什么影响。
3. 在大学期间你将通过哪些途径和方法来提升举止美？

四、课外拓展

1. 让青春因奉献而精彩（选自中国青年志愿者网）

王万奇，中共党员，广西大学马克思主义学院15级研究生，曾任校团委学生副书记、学院党支部书记，全国学联副主席、研支团团长。

2008年汶川地震时奋笔写下《告全体师生书》，共筹得善款6万余元。由于在抗震救灾过程中的优秀表现，万奇被评为"全国抗震救灾优秀学生"。

大学毕业后，王万奇毅然加入学生志愿者组织，关爱空巢老人，为老人送去温暖。虽然万奇家境清贫，但他仍然坚持每月从生活费中省出一部分用于捐款，累计捐款3600余元，用以关爱农民工子弟。

临近毕业，王万奇放弃高薪工作和升学机会，2014年7月至2015年8月期间，他和7位队员一起，赴国家级贫困县富川瑶族自治县开展支教工作，累计志愿服务近2万小时，募集资金及爱心物资合计26万余元，帮助留守儿童3000余名。

返校读研期间，王万奇难忘瑶乡儿童，发起"瑶篮计划"，筹集善款超10万元，对接5个国家级贫困县的多所小学，捐赠图书5300余册，图书架26个，资助贫困留守儿童12名，努力为留守儿童创造摇篮般的成长环境。

王万奇的事迹一经媒体报道,感染带动了众多爱心人士参与公益实践中。王万奇很好地展现了当代大学生的责任与担当,他虽先后被评为"中国大学生自强之星""广西区优秀志愿者""广西高校优秀共产党员",但他却常常告诫自己,唯有吃别人吃不了的苦,才能做别人做不了的事,在志愿服务的道路上没有终点,青春奉献的心永远不老。

2. 网络从来不是法外之地(选自中国青年网)

2013年4月,南京一名女大学生玲玲(化名)怀着"禽流感了,朋友还在吃鸡鸭,得吓吓他们"的想法,竟然发微博编造谣言称:"南京某医院已有十多例禽流感患者死亡,消息被隐瞒……"南京玄武警方发现这一信息后,立即核实,发现系谣言便展开调查。该女大学生因散布谣言、谎报疫情扰乱公共秩序,被南京玄武警方依法治安拘留。面对民警,她一脸无辜,称自己发布关于禽流感的信息只是想吓吓朋友,并不知道是违法的。

3. 杨丽娟追星事件(选自百度,作者靓云云)

杨丽娟,甘肃省兰州人。幼年时,缘自一次梦境,杨丽娟萌发了对港星刘德华的追星行为,开始收集港星刘德华的所有社会性活动。她初中学业期间辍学,不工作,不交友,不参与追星以外的任何社会事务。她从一般娱乐形式的追星逐渐升格为刘德华的痴狂粉丝。

杨丽娟的追星狂热与执拗,让从事教师职业的父亲、母亲深感无奈,但他们依然不惜卖肾、卖房、四处举债来满足女儿疯狂的追星欲望。

从1997年到2007年的十年中,杨丽娟辗转于中国大陆、中国香港及所有刘德华涉足的地方,像众多追星人一样,在一次次的尖叫、窒息场景中,迎来送去了无数次刘德华的身影。无数次的失落而归,并未让杨丽娟痴迷刘德华、疯狂追星的热度消减,反而更加炽热。

2007年3月25日晚,杨丽娟与父亲、母亲三人住宿在香港旅店。凌晨时分,杨丽娟父亲失踪。经报警后搜寻,发现其父留下遗书自尽于港海。

第五篇　文学之美

　　文学，源于生活又高于生活。阅读文学作品，在于窥探和感知不同时代、不同地域下不同作者对于生活的认知高度和内在的生命高度。纵使历史事实已成既定，太阳底下再无新鲜事儿，但不同人笔下的文学，仍然具有丰富多样的视觉与层次，赋予人们感知和美。它如同一个布道者，借由经典向人们阐释生活的美学。泥土青草的芬芳，小河淌水的潺潺，田陌乡村的恬淡，市井街巷的繁华，仕人的悲悯，文人的忧思，壮士的豪情，欣欣向荣时代的浪漫自信，积弱纷乱时期的现实情怀……看似消失的、远去的、褪色的却通过文字得以镌刻，时间流逝，情怀犹存，文学的美得以历久弥新。

　　文学美以文学艺术作为对象，从审美关系出发，研究美、丑、崇高等审美范畴和人的审美意识，美感经验，以及美的创造、发展及规律。

　　高尔基说："文学是巨大而又重要的事业，它是建立在真实上面的，而且与它有关的一切方面，要的就是真实！"通过文学，将生活还原到最可爱的部分，每个人都能从中找到一个句子、一个生命、一个故事、一种情感，让我们觉得熟悉、真实而又亲近，好像朋友，像伴侣，像母亲。它如一道光，赋予人们力量，注入一种向往，使人超然于现实生活之上，以局外人的眼光看剧中人的故事，却又因特定的情景和文字产生心灵的契合，情感的共鸣，从而挣脱现实的纠葛，获得灵魂的净化。在阅读中，通过文字感受喜悦、哀伤、忧愁、孤独、希望……这正是文学最大的力量，也是文学在人类文明史中扮演的不可或缺的角色。

年轻时的高尔基

　　文学的美，既是情感的自然流露，又是形式的刻意为之，更是作者内心价值尺度的真实观照，是真、善、美相统一的艺术形式。文学艺术中的"真"指的是艺术的真实性，它是作家在假定情景中，以主观性感知与诗艺性创造，达到对生活的内蕴，特别是那些规律性的东西的把握，体现着作家的认识和感悟，体现生活真实！

　　文学中的"善"指的是艺术的倾向性，也就是作品所描绘的形象对于社会具有什么意义和影响。文学本身的善的价值不是它只能表现善的人与事，而是文学作品在描写善恶的时候所体现出的伦理判断，及激发的感情符合善良的人性。

文学中的"美"指的是艺术的完美性，既指作品的形式与内容是否和谐统一，是否有艺术个性，是否有创新和发展，也指作品内容是否符合人类的价值要求，具有使人愉悦的功能。

文学是探索生活美学的入口。作为一种审美意识形态，文学是为满足人们的审美需要而创作的艺术形式。它通过"美"，敲开现代人紧闭而又柔软的心灵，放下戒备，卸下防御，如一股清流，流淌进都市人荒芜而又浮躁的灵魂深处。文学亦真、缘情迤逦、匠心形美三个单元选取的文学作品，是真善美的高度融合、内容与形式的和谐统一。这些作品，通过主观世界和客观世界的互动，以艺术形式反映生活本质，提炼生活蕴含的真善美，带来高度的审美享受。文学之美不是束之高阁，不是阳春白雪，而是能打开我们坚硬内心的力量，从而给人以美的熏陶、思想的启迪、心灵的震撼。

第一单元　文学亦真

概　述

文学的真实性指作家经过对一定社会生活现象或假定生活现象进行艺术概括而创造出来的具体生动的艺术形象，从而表现出人性的特征或内容，展示出社会生活的本质规律以及人生理想等，它是现象与本质、真相与假象、合情与合理的统一。文学的真实性，既是文学的艺术属性，又是文学的社会属性之一，不但涉及文学与客观社会生活的联系，而且涉及文学与写作思想感情的联系。文学的真实性与生活有着密切的联系，艺术真实来源于生活真实，以生活真实为基础，同时对生活真实进行提炼与概括。文学的真实性又产生了文学美，作者常常以不同的体裁、不同的表达方式来表现文学的艺术美。

通常文学作品用自己所见所闻的真人真事，用歌颂感情来反映艺术的美。文学意识是审美意识，它虽然也追求真实，但它是在艺术假定性中所显露的真实。文学对现实有不同的把握方式，有的作品运用了神话、传奇、荒诞、幻想等来反映生活，有的作品则"按照生活本来的面目"描写再现生活，但不论把握方式有何不同，文学的本性是假定性。所谓假定性就是指文学虚拟的性质，所以文学真实是在假定性中透露出来的，可以说是"假中求真"。一方面，它是假定的，它不是生活本身，纯粹子虚乌有；可另一方面，它又来自生活，它会使人联想起生活，使人感到比真的还真。文学作品所显示的审美意识就是这种假定与真实的统一体。

文学作为审美意识形态，可以说与读者达成一种默契。艺术真实性是作家创造出来的，作家在创造艺术真实过程中，投入了全部心理动作，例如：感知、情感、想象、回忆、联想、理解等。因此艺术真实既客观，又主观，既有理，又有情。简单地说，艺术真实性是指文学作品的艺术形象合情合理的性质，按文学的审美要求，"合情"更重要。因为文学审美意识不直接用道理说出，而主要以情感作为中介，所以"合理"还必须"合情"，才能达到艺术的真实。所谓"合情"就是指作品必须表现人们的真切的感受、真挚的感情和真诚的意向，并把假定的虚构升华为真实的艺术再现。

《翡冷翠山居闲话》如诗一般的"闲话"使我们深味出大自然的伟大与美丽，对大自然的热爱，在生活中值得倡导和培养，只有认识大自然的美才能创造出生活美和生命美，感悟生活的真谛。《巴黎圣母院》艺术地再现400多年前法王路易十一统治时期的真实历史，小说中反叛者美丽的吉普赛女郎爱斯梅拉达和面容丑陋的敲钟人卡西莫多作为真正美的化身展现在读者面前，人们在副主教弗罗洛和贵族军人菲比斯身上看到的则是残酷的本性、空虚的心灵和罪恶的情欲。作品揭示了美与丑，善与恶的真谛，表现了真实的人性。《兵车行》再现了天宝年间唐王朝对西南少数民族征战日趋频繁的社会现实，连年的战争不仅给边疆少数民族带来沉重灾难，也给广大中原地区人民带来不幸。《故都的秋》通过对北平秋色的描绘，赞美了故都的自然风物，抒发了向往、眷恋故都之秋的真情和对美的执着追求，并流露出忧郁、孤独的心境。《黄昏里的男孩》冷峻客观地描写着现实生活中平凡普通的小人物的日常生活悲剧，他们有着普通的工作，有着和常人一样的欲望和困惑，作者试图通过这样的悲剧故事唤醒人们冷漠外表下的良知，引起人们对道德和人性的反思。

>> 翡冷翠山居闲话[①] <<

　　这篇小品散文充满诗情画意，富含田园牧歌情调，悠闲纡徐，从容自适，虽有"跑野马"的格调，但细细品赏，却绝非信马由缰。作者始终扣住"自然是最伟大的一部书"的中心主题，着意从个体内心感受的角度和方式渲染独自作客于翡冷翠（即佛罗伦萨）山中的妙处和快乐的心境。文学作品表现自然美和情趣美，人类和大自然的和谐相处是文学作品对生活的真实描写。

　　在这里出门散步去，上山或是下山，在一个晴好的五月的向晚，正像是去赴一个美的宴会，比如去一果子园，那边每株树上都是满挂着诗情最秀逸的果实，假如你单是站着看还不满意时，只要你一伸手就可以采取，可以恣尝鲜味，足够你性灵的迷醉。阳光正好暖和，绝不过暖；风息是温驯的，而且往往因为他是从繁花的山林里吹度过来，他带来一股幽远的淡香，连着一息滋润的水汽，摩挲着你的颜面，轻绕着你的肩腰，就这单纯的呼吸已是无穷的愉快；空气总是明净的，近谷内不生烟，远山上不起霭，那美秀风景的全部正像画片似的展露在你的眼前供你闲暇的鉴赏。

　　作客山中的妙处，尤在你永不须跼蹐你的服色与体态；你不妨摇曳着一头的蓬草，不妨纵容你满腮的苔藓；你爱穿什么就穿什么；扮一个牧童，扮一个渔翁，装一个农夫，装一个

[①]选自徐志摩《翡冷翠山居闲话》，浙江文艺出版社2006年版。作者徐志摩，1897年1月15日—1931年11月19日，浙江嘉兴海宁硖石人，现代诗人、散文家，新月派代表诗人，新月诗社成员。原名徐章垿，字槱森，留学英国时改名志摩。

走江湖的桀卜闪①，装一个猎户；你再不必提心整理你的领结，你尽可以不用领结，给你的颈根与胸膛一半日的自由，你可以拿一条艳色的长巾包在你的头上，学一个太平军的头目，或是拜伦那埃及装的姿态；但最要紧的是穿上你最旧的旧鞋，别管他模样不佳，他们是顶可爱的好友，他们承着你的体重却不叫你记起你还有一双脚在你的底下。

  这样的玩顶好是不要约伴，我竟想严格的取缔，只许你独身；因为有了伴多少总得叫你分心，尤其是年轻的女伴，那是最危险最专制不过的旅伴，你应得躲避她像你躲避青草里一条美丽的花蛇！平常我们从自己家里走到朋友的家里，或是我们执事的地方，那无非是在同一个大牢里从一间狱室移到另一间狱室去，拘束永远跟着我们，自由永远寻不到我们；但在这春夏间美秀的山中或乡间你要是有机会独身闲逛时，那才是你福星高照的时候，那才是你实际领受，亲口尝味，自由与自在的时候，那才是你肉体与灵魂行动一致的时候；朋友们，我们多长一岁年纪往往只是加重我们头上的枷，加紧我们脚胫上的链，我们见小孩子在草里在沙堆里在浅水里打滚作乐，或是看见小猫追他自己的尾巴，何尝没有羡慕的时候，但我们的枷，我们的链永远是制定我们行动的上司！所以只有你单身奔赴大自然的怀抱时，像一个裸体的小孩扑入他母亲的怀抱时，你才知道灵魂的愉快是怎样的，单是活着的快乐是怎样的，单就呼吸单就走道单就张眼看耸耳听的幸福是怎样的。因此你得严格的为己，极端的自私，只许你，体魄与性灵，与自然同在一个脉搏里跳动，同在一个音波里起伏，同在一个神奇的宇宙里自得。我们浑朴的天真是像含羞草似的娇柔，一经同伴的抵触，他就卷了起来，但在澄静的日光下，和风中，他的姿态是自然的，他的生活是无阻碍的。

  你一个人漫游的时候，你就会在青草里坐地仰卧，甚至有时打滚，因为草的和暖的颜色自然的唤起你童稚的活泼；在静僻的道上你就会不自主的狂舞，看着你自己的身影幻出种种诡异的变相，因为道旁树木的阴影在他们纡徐的婆娑里暗示你舞蹈的快乐；你也会得信口的歌唱，偶尔记起断片的音调，与你自己随口的小曲，因为树林中的莺燕告诉你春光是应得赞美的；更不必说你的胸襟自然会跟着漫长的山径开拓，你的心地会看着澄蓝的天空静定，你的思想和着山壑间的水声，山罅里的泉响，有时一澄到底的清澈，有时激起成章的波动，流，流，流入凉爽的橄榄林中，流入妩媚的阿诺河②去……

  并且你不但不须约伴，每逢这样的游行，你也不必带书。书是理想的伴侣，但你应得带书，是在火车上，在你住处的客室里，不是在你独身漫步的时候。什么伟大的深沉的鼓舞的清明的优美的思想的根源不是可以在风籁中，云彩里，山势与地形的起伏里，花草的颜色与香息里寻得？自然是最伟大的一部书，葛德③说，在他每一页的字句里我们读得最深奥的消息。并且这书上的文字是人人懂得的；阿尔帕斯④与五老峰，雪西里⑤与普陀山，来因河⑥与

---

  ①桀卜闪：通译吉卜赛人，以过游荡生活为特点的一个民族。原居印度西北部，公元十世纪前后开始到处流浪，几乎遍布全球。
  ②阿诺河：流经佛罗伦萨的一条河流。
  ③葛德：通译歌德，德国诗人。
  ④阿尔帕斯：通译阿尔卑斯，欧洲南部的山脉，有多处景色迷人的山口，为著名旅游胜地。
  ⑤雪西里：通译西西里，地中海最大的岛屿，属意大利。
  ⑥来因河：通译莱茵河，欧洲的一条大河，源出瑞士境内的阿尔卑斯山，流经列支敦士登、奥地利、法国、德国、荷兰等国，注入北海。

扬子江,梨梦湖①与西子湖,建兰与琼花,杭州西溪的芦雪与威尼市②夕照的红潮,百灵与夜莺,更不提一般黄的黄麦,一般紫的紫藤,一般青的青草同在大地上生长,同在和风中波动——他们应用的符号是永远一致的,他们的意义是永远明显的,只要你自己心灵上不长疮瘢,眼不盲,耳不塞,这无形迹的最高等教育便永远是你的名分,这不取费的最珍贵的补剂便永远供你的受用;只要你认识了这一部书,你在这世界上寂寞时便不寂寞,穷困时不穷困,苦恼时有安慰,挫折时有鼓励,软弱时有督责,迷失时有南针③。

十四年七月

【作品鉴赏】

全文以与隐含读者"你"交谈"闲话"的口吻和叙述方式展开写景和抒情,亲切自然,又带有些急于让"你"与之共享、与之"众乐乐"的迫不及待。在文中,读者成为那个面聆徐志摩之娓娓"闲话"的"你",作一次返归自然、充分解放性灵的诗性漫游。这种充分解放性灵的精神漫游,除主体心境首需"空"("空故纳万象")外,言为心声,语言表达上尤需顺畅无碍,一气贯通。在这篇散文中,正是先声夺人,首先在"语感"的层面上,就营构出一种畅流不息、行云流水的美,足令读者有"如行山阴道上,目不暇接"的促迫流动感。

"在这里出门散步去,上山或是下山,在一个晴好的五月的向晚,正像是去赴一个美的宴会,比如去一果子园,那边每株树上都是满挂着诗情最秀逸的果实,假如你单是站着看还不满意时,只要你一伸手就可以采取,可以恣尝鲜味,足够你性灵的迷醉。"读到这儿,读者可以勉强歇一口气,可再接着读:"阳光正好暖和,绝不过暖;风息是温驯的,而且往往因为他是从繁花的山林里吹度过来,他带来一股幽远的淡香,连着……"又该上气难接下气了。仿佛只要一开始读,就像跳舞女穿上了着魔的"红舞鞋",不管长句、短句,似乎哪儿都无法打住,非得一气儿读完才够那么一点"性灵的迷醉"。那种"如万斛泉水不择地而出"的流动之气,着实使得文章"言之短长与声之高下者皆宜"。

"作客山中"的妙处,徐志摩体会尤深。因为山中的大自然,是远离现代文明之嚣闹繁杂的一个幽僻去处。在那儿,可摆脱日常文明社会的种种羁绊和束缚,可以完全自由自在、无拘无束,不用在乎人家怎样看自己,不必矫饰,"不须踌躇你的服色与体态","再不必提心整理你的领结"……独行山中的舒畅更无可比拟,徐志摩冲动偏激到认为"顶好是不要约伴"——这对天性浪漫自由纯情的诗人来说,不啻于骇世奇言。"只有你单身奔赴大自然的怀抱时,像一个裸体的小孩扑入他母亲的怀抱时,你才知道灵魂的愉快是怎样的,……只许你,体魄与性灵,与自然同在一个脉搏里跳动,同在一个音波里起伏,同在一个神奇的宇宙里自得。"因为此时,人与自然沟通融合,"天人合一"了。

---

①梨梦湖:通译莱蒙湖,也即日内瓦湖,在瑞士西南与法国东部边境,是著名的风景区和疗养地。
②威尼市:通译威尼斯,意大利东北部城市。
③南针:即指南针。

山村风景

作为诗人，徐志摩永远有着孩童般的天真和单纯，也对逝去的童年格外珍惜，充满追忆和思念。徐志摩在《想飞》中写过"人们原来都是会飞的"的浪漫童话，在这篇"闲话"中，又同样用天真稚朴的语气给读者讲一个类似的童话："朋友们，我们多长一岁年纪往往只是加重我们头上的枷，加紧我们脚胫上的链……"在这个童话背后，作者揭露的一个更令人震惊的事实则是："平常我们从自己家里走到朋友的家里，或是我们执事的地方，那无非是在同一个大牢里从一间狱室移到另一间狱室去，拘束永远跟着我们，自由永远寻不到我们。"

然而，大自然这部奇书，却并非那么好读懂，作者提出的条件是："心灵上不长疮瘢，眼不盲，耳不塞。"若以此再结合作者在文章中一再强调的"山居""独行"而不带女伴，"不带书"等要求和叮咛，读者可以约略窥得读懂大自然这部奇书的方法和途径：不但需暂时远离尘俗和现代文明的喧嚣，也需一个从容、空旷、能容万物的自由心境，更要在大自然的怀抱中，如"裸体的婴儿"般赤纯、天真，与大自然体悟相通，妙契同化。

〉〉巴黎圣母院（节选）[①] 〈〈

《巴黎圣母院》描述了爱与被爱的诸多痛苦，揭示了美与丑，善与恶的真谛，以及人性的真实。小说中的反叛者吉卜赛女郎爱斯梅拉达和面容丑陋的敲钟人卡西莫多是作为真正的美的化身展现在读者面前的，而人们在副主教弗罗洛和贵族军人菲比斯身上看到的则是残酷、空虚和罪恶。卡西莫多的形象具有极高的审美价值，他外形的滑稽丑陋，埋没不了灵魂的纯正洁白，反而衬托出他心灵的晶莹雪亮。

[①] 选自维克多·雨果《巴黎圣母院》，湖南文艺出版社2011年版。作者维克多·雨果（Victor Hugo），1802年2月26日—1885年5月22日，法国作家，19世纪前期积极浪漫主义文学的代表作家，人道主义的代表人物，法国文学史上卓越的资产阶级民主作家，被人们称为"法兰西的莎士比亚"。

巴黎圣母院维克多大教堂

卡西莫多虽然是个聋子，但是他看得很清楚，公众脸上流露出来的狂怒的激烈程度并不亚于他们的言语。再说，掷在身上的石块也向他表明哄笑声是何等疯狂。

起先，他还挺得住。可是，在施刑人鞭笞之下顽强地忍受着的这份耐心，在这些虫豸的叮咬下渐渐动摇，终至丧失。就像阿斯图里亚斯的公牛，在斗牛士的攻击下并不怎么介意，但是狗吠矛刺会使它勃然大怒。

开始时，他只是以威吓的目光缓缓地扫视着人群。但是，由于被五花大绑地捆着，这种目光没有震慑力，无法赶走叮在他伤口上的那些苍蝇。于是，他在捆绑之中奋力挣扎，狂蹦乱跳，弄得示众柱的旧转盘在木板上扎扎直响。这一切使得笑声和嘘声愈加响亮起来。

既然挣脱不断像捆绑野兽似的绳索，那不幸人就只好重新安静下来，只是不时地狂怒叹息，整个胸膛鼓胀着。他既不脸红，也毫无愧色。他离社会环境太远，离自然状态太近，因而不懂得羞愧是什么。再说，长得这样畸形，丑得无比，能表现出什么愧色吗？不过，愤怒、憎恨、绝望却在这张丑脸上缓缓布起越来越阴暗的云层，布起越来越密集的闪电，那巨人的独眼也就闪烁着千万道电光。

当一头骡子驮着一个教士穿过人群向他这边走来时，他一脸的乌云顿时消散，显出霁色。他老远就看到这头骡子和这个教士了，于是这可怜犯人的脸色变得温和起来。先前使丑脸紧绷的愤怒，已被一种奇异的微笑所取代，温柔、宽厚、甜蜜得难以形容。教士越走越近，这种微笑也就越来越明显、清晰、喜悦。这番情景就像受苦受难之人在向一位救星的前来致敬。可是，等到骡子走到离示众柱相当近、骑骡者能够认出受刑人的时候，教士却低垂双眼，突然返回，疾驰而去，仿佛急于摆脱什么使他感到耻辱的要求，极不愿意被一个处于如此状况的可怜虫认出来并向他致意。

这个教士就是副主教堂·克洛德·弗罗洛。

乌云又落在卡西莫多的脸上，而且更加阴暗。微笑还夹杂在乌云之间一会儿，但那是苦涩的、沮丧的、深为忧伤的笑容。

时间就这样消逝。他在那儿至少已经待了一个半钟头，心情痛苦，备受虐待，不停地受人嘲笑，简直要被石块砸死了。

突然，他再度挣扎起来，绝望的挣扎力量倍增，剧烈得使他身下的整个木板都晃个不停；同时，他打破了直到这时都顽强保持着的沉默，叫道"水"。这喊声既愤怒又嘶哑，不像是人在呼叫，倒像是狗在狂吠，盖住了人群的嘲骂声。

这样凄惨凄切的呼喊，并没有引起巴黎善良百姓们的同情，只是使得他们更加高兴，应该说明一下，围在石级四周的这些巴黎善良百姓，作为群体，就绝大多数而言，其残忍和愚蠢的程度丝毫不亚于位于民众底层的那个可怕的丐帮，我们已经带着读者诸君去那里领略过了。在这不幸的犯人四周，响起的只有嘲笑他口渴的笑声，没有别的什么声音。确实，他这时脸憋得通红，满是汗水，目光迷乱，愤怒痛苦得嘴里净是白沫，舌头伸出了一半，这副模样也真滑稽可笑，叫人厌恶而不是怜悯。还应该说明一下，即使在这嘈杂的人群中有那么一位慈悲为怀的善良市民，无论男女，想去送一杯水给这个受苦受难的可怜生灵喝，示众柱那些石级周围占有绝对优势的可耻的和令人羞愧的偏见，就足以使这样一位善良的撒玛利亚人驻足不前。

几分钟后，卡西莫多绝望地扫视着人群，又用更加令人心碎的声音喊道："水！"

全场再次哄笑。

"喝这个吧！"罗宾·普斯潘叫喊着，把一块在阴沟里泡过的海绵扔到他脸上，"拿去吧，恶汉！算我欠你的情哪！"

有个妇人把一块石子向他头上扔去："这是给你在黑夜里用那些倒霉的钟惊醒我们的教训！"

"喂，小子！"一个跛脚使劲拄着拐杖走到他跟前喊道，"你还在圣母院塔顶上咒骂我们不？"

"这只碗给你去喝水！"一个男人把一个破瓦罐向他的胸脯扔去，"我老婆就是因为看见你从她面前走过，才生下了一个两个脑袋的娃娃！"

"我的母猫生下了一只长着六只脚的小猫！"一个老妇把一块瓦片向他头上扔去，尖声嚷道。

"给水喝！"卡西莫多喘息着喊了第三遍。

这时他看见人群里闪开一条路，走出了一位装束奇特的姑娘，身边带着一只金色犄角的雪白的小山羊，手里拿着一面小鼓。

卡西莫多的独眼闪了一下，原来就是他昨晚曾经想抢走的那个波希米亚姑娘呀。他模糊地意识到正是因为那件事他此刻才在这里受惩罚的呢。何况这种事在这个世界上并不算稀罕，他不是由于不幸耳聋，又由于被一个聋法官审问，才受到了惩处的吗？他十分相信她也是来向他报复的，也是像别人一样来打他的。

看见她真的迅速走上了石级，愤怒和轻视使他透不过气，他真想把刑台打个粉碎，假若他的独眼能够发出雷电，那波希米亚姑娘一定会给雷电击毙，上不了刑台啦。

她一言不发地走近那扭着身子枉自躲避她的犯人，从胸前取出一只葫芦，温柔地举到那可怜人干裂的嘴边。

《巴黎圣母院》电影剧照（1）
（爱斯梅拉达给受鞭打嘴唇干裂的卡西莫多喂水）

  这时，人们看见他那一直干燥如焚的独眼里，滚出了一大颗眼泪，沿着那长时间被失望弄皱了的难看的脸颊慢慢流下来。这也许是那不幸的人生平第一次流出的眼泪。

  这时他竟忘记要喝水了，那埃及姑娘不耐烦地扁了扁小嘴，微笑着把水倒在卡西莫多张着的嘴里，他一口气喝着，他显然是渴到极点了。

  喝完水，那可怜人便伸出黑黑的嘴，无疑是想吻一吻那帮助了他的美丽的小手。但那姑娘有些疑惑，想起了前一晚那件未遂的暴行，便像小孩害怕被野兽咬着似的，惊恐地把手缩回去了。

  于是那可怜的聋子用充满责怪和无限悲哀的眼光望着她。

  那漂亮、鲜艳、纯洁、迷人而又那么娇弱的姑娘，竟会那样好心肠地跑去救助一个如此可怜丑恶的家伙，那情景无论如何是很动人的，而这件事又发生在一个刑台上，那就更为动人了。观众也都被感动了，大家拍着手喊道："好极了，好极了！"（节选自维克多·雨果《巴黎圣母院》第六卷 第四章 滴水之恩，涌泪相报）

【作品鉴赏】

  愚人节那天夜晚，卡西莫多受克洛德的指使，拦路抢劫了爱斯梅拉达，被弓箭队队长菲比斯捉住。第二天，他被巴黎聋子总督司法官审判，被莫名其妙地判处笞刑和示众。行刑台上，卡西莫多在烈日下口渴难耐，他的主人克洛德不但不出手相救，反而心怀鬼胎地溜开了。在卡西莫多的号叫声中，看热闹的人嘲笑他，侮辱他，没人给他一滴水，而爱斯梅拉达不计前嫌，拨开了正在对他冷嘲热讽的人群，把水送到了卡西莫多的嘴边。克洛德的无动于衷和爱斯梅拉达的温暖同情形成强烈对比。爱斯梅拉达的水，解除了他的干渴，也抚慰了他的心灵，这个从未感受过人世温暖的畸形人流下了平生第一滴眼泪。他第一次感受到了美与善，第一次感受到了人心的温暖。这个外表丑陋野蛮的怪人，心灵深处善良的灵魂开始复苏，内心沉睡的爱也开始复苏，从此便将自己的全部生命和热情寄托在爱斯梅拉达身上，他可以毫不犹豫地为她赴汤蹈火，可以为她的幸福牺牲自己的一切。

  爱斯梅拉达是一位能歌善舞的十六岁美女，她遇到了自己所爱的人，便不顾一切无怨无悔。不管对方是否真的爱自己，甚至明明知道这种爱情不可能有结果，依然一往情深，依然对这样虚幻的爱情忠贞不渝，从外貌到内心都纯洁得无与伦比，丝毫没有受到世俗的污染，是一个真正的"自然人"。爱斯梅拉达的心灵也和她的外貌一样美丽，她对邪恶欺骗全然不知，她热情开朗，纯洁善良，不仅富于同情心，还具有舍己救人的侠义心肠。她自尊自爱，在长期的流浪生活中守身如玉，白璧无瑕，靠卓越的才艺自食其力。她爱憎分明，性格刚烈。对克洛德，她的恨刻骨铭心，她仇恨这个带给他灾难的幽灵。面对克洛德两次的威胁，她坚贞不屈；当克洛德利用种种卑劣手段想强迫爱斯梅拉达接受他的爱情时，爱斯梅拉达宁死不从。当卡西莫多因为抢劫失败，被皇家卫队逮捕，被绑在烈日下的耻辱柱上受鞭打示众而口渴难忍时，是爱斯梅拉达勇敢地喂给他水喝，爱斯梅拉达以德报怨的行为也深深震撼了外表畸形丑陋的卡西莫多。

《巴黎圣母院》电影剧照（2）
（吉卜赛女郎爱斯梅拉达在跳吉卜赛舞）

克洛德是巴黎圣母院的副主教，却是个道貌岸然、衣冠楚楚的伪君子。表面上，他笃信宗教，清心寡欲，远离女性，厌弃一切物质享受和生活乐趣；骨子里，却自私，贪色，阴险，冷酷，是一个复杂多面，具有双重性格的可怜人。他有教士的阴险和虚伪，为满足自己的欲念不择手段，他出于嫉妒刺杀菲比斯却嫁祸于爱斯梅拉达，他因得不到爱斯梅拉达的爱情而将她置于死地。然而，他也曾有善良和人性的一面。他很小时候就被父母做主，要他献身神职，他照顾弟弟，收留卡西莫多，但是他的人性已经被教会的制度一步步异化，而他身上表现的是严厉、苛刻、自私、虚伪，更是狠毒。他一开始对于爱斯梅拉达的爱就是畸形的、残缺的，处处表现出狰狞可怕的一面，让人不寒而栗。作为一个教士，他过着清苦禁欲的生活，他回避人世间的欢乐和享受，多年的修士生活和充斥大脑的禁欲主义毒化了他那份真诚的刻骨铭心的爱情，剥夺了他爱的权利，压抑、扭曲、毁灭了他的人性，在任何人面前他都伪装出一副冷漠的神情，他是一个虚伪、冷漠的人。

卡西莫多是"善"的化身，虽然他外表丑陋，受尽嘲弄，但内心崇高，是一个富有正义感、感情丰富的人。他对爱斯梅拉达的爱慕混合着一种感激、同情和尊重的柔情，一种无私、永恒、高贵质朴的爱，完全不同于克洛德那种邪恶的占有欲，也不同于花花公子菲比斯的逢场作戏。身体的残缺、外貌的奇丑，使他在人们的轻蔑、戏弄与欺凌中长大，受尽凌辱和摧残，"他从周围发现的只是憎恨，他也学会了憎恨"，他拾起别人用来伤害他的武器，凶狠、粗暴。他只跟从一个人，那就是收养他的克洛德，他用深厚的、热情的、无尽的感激来报答他，对他俯首帖耳，唯命是从。"简直像他的一条狗一样忠诚"，这显露了这个外表冷漠的人内心的纯真。只不过美好的感情被长期扭曲，他的灵魂萎缩在一个畸形的躯壳之内罢了。卡西莫多这个人物形象是忠诚和献身精神的象征，为了使恩人、主人克洛德高兴，他可以做任何事情；为了善良和美丽的爱斯梅拉达可以把克洛德推下楼，甚至献出生命。他的生命因此而美丽，他的艺术魅力也因此而永存，这是一种内在的美德。

卡西莫多形象的意义在于心灵美重于外表美，体现了善良战胜邪恶，真诚战胜虚伪，内心的美好战胜外貌丑陋的人生真谛。

兵车行①

《兵车行》是诗人杜甫深刻表现民间疾苦的名篇之一，历代备受推崇。诗歌从蓦然而起的客观描述开始，在读者眼前突兀展现出一幅震人心弦的巨幅"送别图"。诗歌描述安史之乱后，唐玄宗长期以来的穷兵黩武、连年征战，给人民造成的巨大灾难，具有深刻的思想内涵和意义。诗歌借征夫对老人的答话，倾诉了人民对战争的痛恨和厌恶，地方官吏在这样的情况下还要横征暴敛，百姓更加痛苦不堪。

《兵车行》
（展现出一幅震人心弦巨幅送别图照）

车辚辚②，马萧萧③，行人④弓箭各在腰，
爷娘妻子⑤走⑥相送，尘埃不见咸阳桥⑦。

---

①选自《杜诗详注》，中华书局出版社2015年版。这首诗大约作于天宝中后期，当时唐王朝对西南的少数民族不断用兵。天宝八年（749年），哥舒翰奉命进攻吐蕃，石堡城（今西安北部）一役，死数万人。天宝十年（751年），剑南节度使鲜于仲通率兵八万进攻南诏（辖境主要在今云南），唐军大败，死六万人。为补充兵力，杨国忠遣御史分道捕人，连枷送往军所，送行者哭声震野。这首诗就是据上述情况写的。这是一首乐府诗，题目是诗人自拟的。杜甫（712—770），字子美，自号少陵野老，代表作"三吏""三别"（《新安吏》《石壕吏》《潼关吏》《新婚别》《垂老别》《无家别》）。他是唐代伟大的现实主义诗人，唐诗思想艺术的集大成者。
②辚（lín）辚：车轮声。《诗经·秦风·车辚》："有车辚辚"。
③萧萧：马嘶叫声。《诗经·小雅·车攻》："萧萧马鸣"。
④行（xíng）人：指被征出发的士兵。
⑤妻子：妻子和儿女。
⑥走：奔跑。
⑦咸阳桥：指便桥，汉武帝所建，故址在今陕西咸阳市西南，唐代称咸阳桥，唐时为长安通往西北的必经之路。

牵衣顿足拦道哭，哭声直上干①云霄。
道旁过者问行人，行人但云点行频②。
或从十五北防河③，便至四十西营田④。
去时里正⑤与裹头⑥，归来头白还戍边。
边庭流血成海水，武皇开边意未已⑦。
君不闻汉家山东二百州⑧，千村万落生荆杞⑨。

纵有健妇把锄犁，禾生陇亩无东西⑩。
况复⑪秦兵⑫耐苦战，被驱不异犬与鸡。
长者⑬虽有问，役夫⑭敢申恨？
且如今年冬，未休关西卒⑮。
县官急索租，租税从何出。
信知⑯生男恶，反是生女好。
生女犹得嫁比邻⑰，生男埋没随百草。
君不见，青海头⑱古来白骨无人收。
新鬼烦冤⑲旧鬼哭，天阴雨湿声啾啾。
（征夫家人送别征夫时惊天动地的哭泣）

【作品鉴赏】

《兵车行》借征夫对老人的答话，表达了人民反战的情绪。诗歌从蓦然而起的客观描述开始，在读者眼前展现出一幅撕心裂肺的送别图：兵车隆隆，战马嘶鸣，一队队被抓夫的穷

---

① 干（gān）：冲。
② 点行（xíng）频：频繁地点名征调壮丁。
③ 防河：当时常与吐蕃发生战争，曾征召陇右、关中、朔方诸军集结河西一带防御。因其地在长安以北，所以说"北防河"。
④ 西营田：古时实行屯田制，军队无战事即种田，有战事即作战。"西营田"也是防备吐蕃的。
⑤ 里正：唐制，每百户设一里正，负责管理户口、检查民事、催促赋役等。
⑥ 裹头：男子成丁，就裹头巾，犹古之加冠。古时以皂罗（黑绸）三尺裹头，曰头巾。新兵因为年纪小，所以需要里正给他裹头。
⑦ 武皇开边意未已：武皇扩张领土的意图仍没有停止。武皇，汉武帝，这里指唐玄宗。唐诗中借武皇代指玄宗。开边，用武力扩张领土。
⑧ 二百州：唐代函谷关以东共217州，这里说"二百州"是取其整数。
⑨ 千村万落生荆杞：成千上万的村落灌木丛生。这里形容村落的荒芜。荆杞，荆棘和枸杞，泛指野灌木。
⑩ 禾生陇亩无东西：庄稼长在田地里不成行列。陇亩，田地。陇，同"垄"。无东西，不成行列。
⑪ 况复：更何况。
⑫ 秦兵：关中兵，即这次出征的士兵。
⑬ 长者：对老年人的尊称。这里是说话者对杜甫的称呼。
⑭ 役夫：应政府兵役的人。这里是说话者的自称之词。
⑮ 关西卒：函谷关以西的士兵，即秦兵。
⑯ 信知：确实知道。
⑰ 犹得嫁比邻：还能嫁给同乡。得，能够。比邻，同乡。
⑱ 青海头：指今青海省青海湖边。唐和吐蕃的战争，经常在青海湖附近进行。
⑲ 烦冤：不满、愤懑。

苦百姓，换上了戎装，佩上了弓箭，在官吏的押送下，正开往前线。征夫的爷娘妻子乱纷纷地在队伍中寻找、呼喊自己的亲人，扯着亲人的衣衫，捶胸顿足，边叮咛边呼号。车马扬起的灰尘，遮天蔽日，连咸阳西北横跨渭水的大桥都被遮没了。千万人的哭声汇成震天的巨响在云际回荡。诗人笔下，灰尘弥漫，车马人流，令人目眩；哭声遍野，直冲云天，震耳欲聋！集中展现了成千上万家庭妻离子散的悲剧，令人触目惊心！

油画《兵车行》
（征夫家人送别征夫时惊天动地的哭泣）

　　杜甫作为过路人，上面的凄惨场面是诗人亲眼所见；下面的悲切言辞，又是诗人亲耳所闻。"点行频"描写频繁征兵，是造成百姓妻离子散、万民无辜牺牲、全国田地荒芜的根源。接着以一个十五岁出征，四十岁还在戍边的"行人"作例，具体陈述征兵的频繁。诗人以谈话的口吻提醒读者，把视线从流血成海的边庭转移到广阔的内地。华山以东的原田沃野、千村万落，变得人烟萧条、田园荒芜、荆棘横生、满目凋残。诗人驰骋想象，从眼前的见闻，联想到全国的景象，从一点推及普遍，两相呼应，统治者压迫普通民众，使他们敢怒不敢言，在此征夫把自己的苦衷和恐惧心理说了出来。诗人接着感慨，如今生男不如生女好，女孩子还能嫁给近邻，男孩子只能丧命沙场，这是发自肺腑的血泪控诉。重男轻女，是封建社会制度下普遍存在的社会心理，但是由于连年征战，男子大量死亡，在这一残酷的社会条件下，人们却一反常态，改变了这一社会心理。这个改变，反映出人们心灵上受到了多么严重的摧残。最后，诗人用哀痛的笔调，描述了长期以来存在的悲惨现实：青海边的古战场上，平沙茫茫，白骨露野，阴风惨惨，鬼哭凄凄。寂冷阴森的情景，令人不寒而栗。这里，凄凉低沉的色调和开头那人声鼎沸的气氛，悲惨哀怨的鬼泣和开头那种惊天动地的人哭，形成了强烈的对照。

　　这些都是"开边未已"所导致的恶果。至此，诗人那饱满酣畅的激情得到了充分的发挥，唐王朝穷兵黩武的罪恶也揭露得淋漓尽致。

故都的秋①

本文是现代散文史上的名篇,感情浓厚,意味隽永,文辞优美。作者对北平秋的"色""味""意境"和"姿态"的描绘中,语言清新淡远蕴含色彩感和韵律美,体现了郁达夫散文的独特个性和美学价值。寄寓了作者对具有浓厚的北国地方特色的人情风物的热爱赞美,眷恋故都自然风物的情愫和对美的执着追求,流露出一种沉静、寡淡的心境。

秋天,无论在什么地方的秋天,总是好的;可是啊,北国的秋,却特别地来得清,来得静,来得悲凉。我的不远千里,要从杭州赶上青岛,更要从青岛赶上北平来的理由,也不过想尝一尝这"秋",这故都的秋味。

江南,秋当然也是有的;但草木凋得慢,空气来得润,天的颜色显得淡,并且又时常多雨而少风;一个人夹在苏州上海杭州,或厦门香港广州的市民中间,浑浑沌沌地过去,只能感到一点点清凉,秋的味,秋的色,秋的意境与姿态,总看不饱,尝不透,赏玩不到十足。秋并不是名花,也并不是美酒,那一种半开、半醉的状态,在领略秋的过程上,是不合适的。

北京胡同秋天槐树的美丽景象

不逢北国之秋,已将近十余年了。在南方每年到了秋天,总要想起陶然亭的芦花,钓鱼台的柳影,西山的虫唱,玉泉的夜月,潭柘寺的钟声。在北平即使不出门去罢,就是在皇城人海之中,租人家一椽破屋来住着,早晨起来,泡一碗浓茶,向院子一坐,你也能看得到很高很高的碧绿的天色,听得到青天下驯鸽的飞声。从槐树叶底,朝东细数着一丝一丝漏下来的日光,或在破壁腰中,静对着像喇叭似的牵牛花(朝荣)的蓝朵,自然而然地也能够感觉到十分的秋意。说到了牵牛花,我以为以蓝色或白色者为佳,紫黑色次之,淡红色最下。最好,还要在牵牛花底,教长着几根疏疏落落的尖细且长的秋草,使作陪衬。

---

① 选自《故都的秋》,云南人民出版社 2016 年版。作者郁达夫,1896 年 12 月 7 日—1945 年 9 月 17 日,原名郁文,字达夫,幼名阿凤,浙江富阳人,中国现代作家、革命烈士。郁达夫是新文学团体创造社的发起人之一,一位为抗日救国而殉难的爱国主义作家。他在文学创作的同时,还积极参加各种反帝抗日组织,先后在上海、武汉、福州等地从事抗日救国宣传活动,其文学代表作有《怀鲁迅》《沉沦》《故都的秋》《春风沉醉的晚上》《过去》《迟桂花》等。

北国的槐树，也是一种能使人联想起秋来的点缀。像花而又不是花的那一种落蕊，早晨起来，会铺得满地。脚踏上去，声音也没有，气味也没有，只能感出一点点极微细极柔软的触觉。扫街的在树影下一阵扫后，灰土上留下来的一条条扫帚的丝纹，看起来既觉得细腻，又觉得清闲，潜意识下并且还觉得有点儿落寞，古人所说的梧桐一叶而天下知秋的遥想，大约也就在这些深沉的地方。

秋蝉的衰弱的残声，更是北国的特产；因为北平处处全长着树，屋子又低，所以无论在什么地方，都听得见它们的啼唱。在南方是非要上郊外或山上去才听得到的。这秋蝉的嘶叫，在北方可和蟋蟀、耗子一样，简直像是家家户户都养在家里的家虫。

还有秋雨哩，北方的秋雨，也似乎比南方的下得奇，下得有味，下得更像样。

在灰沉沉的天底下，忽而来一阵凉风，便息列索落地下起雨来了。一层雨过，云渐渐地卷向了西去，天又青了，太阳又露出脸来了；穿着很厚的青布单衣或夹袄的都市闲人，咬着烟管，在雨后的斜桥影里，上桥头树底去一立，遇见熟人，便会用了缓慢悠闲的声调，微叹着互答着地说：

"唉，天可真凉了——"（这了字念得很高，拖得很长。）

"可不是么？一层秋雨一层凉了！"

北方人念阵字，总老像是"层"字，平平仄仄起来，这念错的歧韵，倒来得正好。

故宫博物院秋天的槐树景象

北方的果树，到秋来也是一种奇景。第一是枣子树；屋角，墙头，茅房边上，灶房门口，它都会一株株的长大起来。像橄榄又像鸽蛋似的这枣子颗儿，在小椭圆形的细叶中间，显出淡绿微黄的颜色的时候，正是秋的全盛时期；等枣树叶落，枣子红完，西北风就要起来了，北方便是尘沙灰土的世界，只有这枣子、柿子、葡萄，成熟到八九分的七八月之交，是北国的清秋的佳日，是一年之中最好也没有的 Golden Days。

有些批评家说，中国的文人学士，尤其是诗人，都带着很浓厚的颓废色彩，所以中国的诗文里，赞颂秋的文字特别的多。但外国的诗人，又何尝不然？我虽则外国诗文念得不多，也不想开出账来，做一篇秋的诗歌散文抄，但你若去一翻英德法意等诗人的集子，或各国的诗文的 Anthology 来，总能够看到许多关于秋的歌颂和悲啼。各著名的大诗人的长篇田园诗或四季诗里，也总以关于秋的部分写得最出色而最有味。足见有感觉的动物，有情趣的人类,对于秋,总是一样地特别能引起深沉、幽远、严厉、萧索的感触来的。不单是诗人,就是被关闭在牢狱里的囚犯,到了秋来,我想也一定能感到一种不能自已的深情;秋之于人,何尝有国别,更何尝有人种阶级的区别呢?不过在中国,文字里有一个"秋士"的成语,读本里又有着很普遍的欧阳子的《秋声》与苏东坡的《赤壁赋》等,就觉得中国的文人,与秋的关系特别深了。可是这秋的深味,尤其是中国的秋的深味,非要在北方,才感受得到底。

南国之秋,当然也是有它的特异的地方的,辟如甘四桥的明月,钱塘江的秋潮,普陀山的凉雾,荔枝湾的残荷等,可是色彩不浓,回味不永。比起北国的秋来,正像是黄酒之与白干,稀饭之与馍馍,鲈鱼之与大蟹,黄犬之与骆驼。

秋天,这北国的秋天,若留得住的话,我愿把寿命的三分之二折去,换得一个三分之一的零头。

一九三四年八月在北平

【作品鉴赏】

1934年7月,郁达夫"不远千里"从杭州经青岛去北平,再次饱尝了故都的秋"味",并写下了优美的散文《故都的秋》。文章通过南国之秋与北国之秋的对比,表达出他对北国之秋,尤其是故都之秋的向往。文中选取了若干既有时代特征,又具有地方色彩的景物,如陶然亭的芦花、钓鱼台的柳影,以及牵牛花、槐树落叶、秋雨后闲人的对话等,闲闲写来,极富情趣,把故都的秋的意境表现得淋漓尽致,使人浮想联翩,享受到无限的秋的乐趣。

本文的一大特色,是由主观感受和客观描绘的统一而形成的和谐色彩感和画面美。自然界的万事万物,无不带有自身的某种色彩,我们称之为客观色彩;客观存在反映到人的意念上来,它的色彩便带有一定的主观性,我们称之为主观色彩。客观色彩和主观色彩在作者笔下交相辉映,相得益彰。

郁达夫年轻时照片

文中对客观色彩的描绘称为"自然的再现",它直接诉诸读者的感官。这篇散文对于自然的风物，既没有浓妆艳抹的涂饰，也没有对色彩层次的刻意雕琢，只是在生活的底片上稍事点染，便把自然力赋于北平秋天的种种神韵和盘托出给了它的读者，既映衬出秋的底色，又和谐了文字的基调；将富有主观色彩的词语汇集起来：清、清闲——恬静安谧，这是故都秋的"清"，细腻、幽远——幽静深邃，这是秋的"深沉"；落寞、衰弱、萧条——萧条凄凉，这是秋的"悲凉"。郁达夫用他的情感描绘出一幅细腻深沉的主观意境图，它构成了文章的骨架。读者可在对秋色、秋味，秋的意境和秋的姿态体味中，感受作品美的力量。

作者写故都之秋选择的平常景物：秋晨民居小院所见的"很高的碧绿的天色"，青天下的"驯鸽"，槐树叶底"漏下来的日光"，破壁腰中的"牵牛花"，"几根疏疏落落的尖细且长的秋草"，早晨铺得满地的槐树"落蕊"，被称作"北国特产"的衰弱的"秋蝉"，又奇又有味的"北方的秋雨"以及雨后话秋凉的"都市闲人"，北国的"枣子树"和其他鲜果，等等。融入的思想和生活情趣：在作者笔下，故都的秋就在故都的民宅内外、胡同两旁、槐树前后，就在天上、枝头、嘴边……从这些存在于天空地面、千家万户的秋姿秋态秋声秋实秋意中，可以看出作者对具有浓厚的北国地方特色的人情风物的热爱赞美，对故都之秋的神往、眷恋，也可以看出作者借此既流露出真切深沉的民族感情和追求淡泊、恬静、悠闲的生活情趣，又流露出深沉的忧思与落寞之情。

这是一篇情深意浓的抒情散文，作者抒写的思想感情与当时的时代背景有很大的关系。例如文中句子"可是啊，北国的秋，却特别地来得清，来得静，来得悲凉"，"清""静"是"正面"的感受，"悲凉"却是"清""静"之后的一大转折。20世纪30年代的中国，连年战乱，民生凋敝，读书人也衣食无安，居无定所。为了谋生，郁达夫辗转千里，颠沛流离，饱受人生愁苦与哀痛。他表达的"悲凉"不仅是故都赏景的心态，而且是人生感受。

郁达夫从生活中体验到许多悲苦与忧愁，但他没有彻底消沉，而是依然怀有一颗追求真善美的心，以审美的眼光和心态来观察故都的秋景，看到了自然景观与人文景观的美好的一面；不写北平的宫殿庙宇、亭台楼阁，而是写老百姓庭院和普通街道上所见之景，因此作者的审美眼光和普通人的生活联系在一起，写出了北平普通老百姓和知识分子生活状况的一个侧影。作者从赏景中体验和感受到了文化气息，他以热情洋溢的文字表达了对古今中外赏秋诗文、赏秋文化的珍爱。这篇写景散文能连通历史人文，亦表现出作者的人文关怀，读来自然增添了许多"厚重"感和"真实"感。

〉〉黄昏里的男孩[①] 〈〈

小说描写了水果摊贩孙福对一个偷吃他苹果的流浪少年，施以惨无人道的肉体上的折磨和精神上的摧残后，仍然像往常一样喝酒吃菜的故事。作品表现了现实生活中平凡普通小人

[①] 选自余华著《黄昏里的男孩》，作家出版社2012年版。余华，1960年4月3日生于浙江杭州，祖籍山东高唐。1984年开始发表小说，在20世纪80年代，和苏童、格非、孙甘露等的创作形成了一股文学潮流，被评论界称为"先锋文学"。

物的日常生活，真实地再现人物的个性风貌、命运轨道、悲剧人生，影射着潜伏在社会中的不公、暴力、不幸，引发读者对人性的反思，对生活的感悟，对人生的思索。

作者余华近照

　　此刻，有一个名叫孙福的人正坐在秋天的中午里，守着一个堆满水果的摊位。

　　明亮的阳光照耀着他，使他年过五十的眼睛眯了起来。他的双手搁在膝盖上，于是身体就垂在手臂上了。他花白的头发在阳光下显得灰蒙蒙，就像前面的道路。这是一条宽阔的道路，从远方伸过来，经过了他的身旁以后，又伸向了远方。他在这里已经坐了三年了，在这个长途汽车经常停靠的地方，以贩卖水果为生。一辆汽车从他身旁驶了过去，卷起的尘土像是来到的黑夜一样笼罩了他，接着他和他的水果又像是黎明似的重新出现了。

　　他看到一个男孩站在了前面，在那一片尘土过去之后，他看到了这个男孩，黑亮的眼睛正注视着他。他看着对面的男孩，这个穿着很脏衣服的男孩，把一只手放在他的水果上。他去看男孩的手，指甲又黑又长，指甲碰到了一只红彤彤的苹果，他的手就举起来挥了挥，像是驱赶苍蝇一样，他说："走开。"

　　男孩缩回了自己黑乎乎的手，身体摇晃了一下后，走开了。男孩慢慢地向前走去，他的两条手臂闲荡着，他的头颅在瘦小的身体上面显得很大。

　　这时候有几个人向水果摊走过来，孙福收回了自己的目光，不再去看那个走去的男孩。那几个人走到孙福的对面，隔着水果问他："苹果怎么卖……香蕉多少钱一斤……"

　　孙福站了起来，拿起秤杆，为他们称苹果和香蕉，又从他们手中接过钱。然后他重新坐下来，重新将双手搁在膝盖上，接着他又看到了刚才的男孩。男孩回来了。

　　这一次男孩没有站在孙福的对面，而是站在一旁，他黑亮的眼睛注视着孙福的苹果和香蕉。孙福也看着他，男孩看了一会水果后，抬起头来看孙福了，他对孙福说："我饿了。"

　　孙福看着他没有说话，男孩继续说："我饿了。"

　　孙福听到了清脆的声音，他看着这个很脏的男孩，皱着眉说："走开。"

　　男孩的身体似乎抖动了一下，孙福响亮地又说："走开。"

　　男孩吓了一跳，他的身体迟疑不决地摇晃了几下，然后两条腿挪动了。孙福不再去看他，他的眼睛去注视前面的道路，他看到一辆长途客车停在了道路的另一边，车里的人站了起来。通过车窗玻璃，他看到很多肩膀挤到了一起，向着车门移动，过了一会，车上的人从客车的两端流了出来。这时，孙福转过脸来，他看到刚才那个男孩正在飞快地跑去。他看着男孩，心想他为什么跑？他看到了男孩甩动的手，男孩甩动的右手里正抓着什么，正抓着一个很圆的东西，他看清楚了，男孩手里抓着的是一只苹果。于是孙福站了起来，向着男孩跑去的方向追赶。孙福喊叫了起来："抓小偷！抓住前面的小偷……"

这时候已经是下午，男孩在尘土飞扬的道路上逃跑，他听到了后面的喊叫，他回头望去，看到追来的孙福。他拼命向前跑，他气喘吁吁，两腿发软，他觉得自己快要跑不动了，他再次回头望去，看到挥舞着手喊叫的孙福，他知道孙福就要追上他了，于是他站住了脚，转过身来仰起脸呼哧呼哧地喘气了。他喘着气看着追来的孙福，当孙福追到他面前时，他将苹果举到了嘴里，使劲地咬了一口。

追上来的孙福挥手打去，打掉了男孩手里的苹果，还打在了男孩的脸上，男孩一个趔趄摔倒在地。倒在地上的男孩双手抱住自己的头，嘴里使劲地咀嚼起来。孙福听到了他咀嚼的声音，就抓住他的衣领把他提了起来。衣领被捏紧后，男孩没法咀嚼了，他瞪圆了眼睛，两腮被嘴里的苹果鼓了出来。孙福一只手抓住他的衣领，另一只手去卡他的脖子。孙福向他喊叫："吐出来！吐出来！"

很多人围了上来，孙福对他们说："他还想吃下去！他偷了我的苹果，咬了我的苹果，他还想吃下去！"

然后孙福挥手给了男孩一巴掌，向他喊道："你给我吐出来！"

男孩紧闭鼓起的嘴，孙福又去卡他的脖子："吐出来！"

男孩的嘴张了开来，孙福看到了他嘴里已经咬碎的苹果，就让卡住他脖子的手使了使劲。孙福看到他的眼睛瞪圆了。有一个人对孙福说："孙福，你看他的眼珠子都快瞪出来了，你会把他卡死的。"

"活该。"孙福说，"卡死了也活该。"

然后孙福松开卡住男孩的手，指着苍天说道："我这辈子最恨的就是小偷……吐出来！"

男孩开始将嘴里的苹果吐出来了，一点一点地吐了出来，就像是挤牙膏似的，男孩将咬碎的苹果吐在了自己胸前的衣服上。男孩的嘴闭上后，孙福又用手将他的嘴掰开，蹲下身体往里面看了看后说："还有，还没有吐干净。"

于是男孩继续往外吐，吐出来的全是唾沫，唾沫里夹杂着一些苹果屑。男孩不停地吐着，吐到最后只有干巴巴的声音，连唾沫都没有了。这时候孙福才说："别吐啦。"

然后孙福看看四周的人，他看到了很多熟悉的脸，他就对他们说："从前我们都是不锁门的，这镇上没有一户人家锁门，是不是？"

他看到有人在点头，他继续说："现在锁上门以后，还要再加一道锁，为什么？就是因为这些小偷，我这辈子最恨的就是小偷。"

孙福去看那个男孩，男孩正仰着脸看他，他看到男孩的脸上都是泥土，男孩的眼睛出神地望着他，似乎是被他刚才的话吸引了。男孩的表情让孙福兴奋起来了，他说："要是从前的规矩，就该打断他的一只手，哪只手偷的，就打断那只手……"

孙福低头对男孩叫了起来："是哪只手？"

男孩浑身一抖,很快地将右手放到了背后。孙福一把抓起男孩的右手,给四周的人看,他对他们说:"就是这只手,要不他为什么躲得这么快……"

男孩这时候叫道:"不是这只手。"

"那就是这只手。"孙福抓起了男孩的左手。

"不是!"

男孩叫着,想抽回自己的左手,孙福挥手给了他一巴掌,男孩的身体摇晃了几下,孙福又给了他一巴掌,男孩不再动了。孙福揪住他的头发,让他的脸抬起来,冲着他的脸大声喊道:"是哪只手?"

男孩睁大眼睛看着孙福,看了一会后,他将右手伸了出来。孙福抓住他右手的手腕,另一只手将他的中指捏住,然后对四周的人说:"要是从前的规矩,就该把他这只手打断,现在不能这样了,现在主要是教育,怎么教育呢?"

孙福看了看男孩说:"就是这样教育。"

接着孙福两只手一使劲,"咔"地一声扭断了男孩右手的中指。男孩发出了尖叫,声音就像是匕首一样锋利。然后男孩看到了自己的右手的中指断了,耷拉到了手背上。男孩一下子就倒在了地上。

孙福对四周的人说:"对小偷就要这样,不打断他一条胳膊,也要折断他的一根手指。"

说着,孙福伸手把男孩提了起来,他看到男孩因为疼痛而紧闭着眼睛,就向他喊叫:"睁开来,把眼睛睁开来。"

男孩睁开了眼睛,可是疼痛还在继续,他的嘴就歪了过去。孙福踢了踢他的腿,对他说:"走!"

孙福捏住男孩的衣领,推着男孩走到了自己的水果摊前。他从纸箱里找出了一根绳子,将男孩绑了起来,绑在他的水果摊前。他看到有几个人跟了过来,就对男孩说:"你喊叫,你就叫'我是小偷'。"

男孩看看孙福,没有喊叫,孙福一把抓起了他的左手,捏住他左手的中指,男孩立刻喊叫了:"我是小偷。"

孙福说:"声音轻啦,响一点。"

男孩看看孙福,然后将头向前伸去,使足了劲喊叫了:"我是小偷!"

孙福看到男孩的血管在脖子上挺了出来,他点点头说:"就这样,你就这样喊叫。"

这天下午,秋天的阳光照耀着这个男孩,他的双手被反绑到了身后,绳子从他的脖子上勒过去,使他没法低下头去,他只能仰着头看着前面的路,他的身旁是他渴望中的水果,可是他现在就是低头望一眼都不可能了,因为他的脖子被勒住了。

只要有人过来,就是顺路走过,孙福都要他喊叫:"我是小偷。"

孙福坐在水果摊位的后面,坐在一把有靠背的小椅子里,心满意足地看着这个男孩。他不再为自己失去一只苹果而恼怒了,他开始满意自己了,因为他抓住了这个偷他苹果的男孩,也惩罚了这个男孩,而且惩罚还在进行中。他让他喊叫,只要有人走过来,他就让他高声喊叫,正是有了这个男孩的喊叫,他发现水果摊前变得行人不绝了。

很多人都好奇地看着这个喊叫中的男孩,这个被捆绑起来的男孩在喊叫"我是小偷"时如此卖力,他们感到好奇。于是孙福就告诉他们,一遍又一遍地告诉他们,他偷了他的苹果,他又如何抓住了他,如何惩罚了他,最后孙福对他们说:"我也是为他好。"

孙福这样解释自己的话:"我这是要让他知道,以后再不能偷东西。"说到这里,孙福响亮地问男孩:"你以后还偷不偷?"男孩使劲地摇起了头,由于他的脖子被勒住了,他摇头的幅度很小,速度却很快。

"你们都看到了吧?"孙福得意地对他们说。

这一天的下午,男孩不停地喊叫着,他的嘴唇在阳光里干裂了,他的嗓音也沙哑了。到了黄昏的时候,男孩已经喊叫不出声音了,只有咝咝的摩擦似的声音,可是他仍然在喊叫着:"我是小偷。"

走过的人已经听不清他在喊些什么了,孙福就告诉他们:"他是在喊'我是小偷'。"

然后,孙福给他解开了绳子。这时候天就要黑了,孙福将所有的水果搬上板车,收拾完以后,给他解开了绳子。孙福将绳子收起来放到了板车上时,听到后面"扑通"一声,他转过身去,看到男孩倒在了地上,他就对男孩说:"我看你以后还敢不敢偷东西?"

说着,孙福骑上了板车,沿着宽阔的道路向前骑去了。男孩躺在地上。他饥渴交加,精疲力竭,当孙福给他解开绳子后,他立刻倒在了地上。孙福走后,男孩继续躺在地上,他的眼睛微微张开着,仿佛在看着前面的道路,又仿佛是什么都没有看。男孩一动不动地躺了一会以后,慢慢地爬了起来,又靠着一棵树站了一会,然后他走上了那条道路,向西而去。

男孩向西而去,他瘦小的身体走在黄昏里,一步一步地微微摇晃着走出了这个小镇。有几个人看到了他的走去,他们知道这个男孩就是在下午被孙福抓住的小偷,但是他们不知道他的名字,也不知道他来自何处,当然更不会知道他会走向何处。

他们都注意到了男孩的右手,那中间的手指已经翻了过来,和手背靠在了一起,他们看着他走进了远处的黄昏,然后消失在黄昏里。

这天晚上,孙福像往常一样,去隔壁的小店打了一斤黄酒,又给自己弄了两样小菜,然后在八仙桌前坐下来。这时,黄昏的光芒从窗外照了进来,使屋内似乎暖和起来了。孙福就坐在窗前的黄昏里,慢慢地喝着黄酒。

在很多年以前,在这一间屋子里,曾经有一个漂亮的女人,还有一个五岁的男孩,那时候这间屋子里的声音此起彼伏,他和他的妻子,还有他们的儿子,在这间屋子里没完没了地说着话。他经常坐在屋内的椅子里,看着自己的妻子在门外为煤球炉生火,他们的儿子则是寸步不离地抓着母亲的衣服,在外面细声细气地说着什么。

后来,在一个夏天的中午,几个男孩跑到了这里,喊叫着孙福的名字,告诉他,他的儿子沉到了不远处池塘的水中了。他就在那个夏天的中午里狂奔起来,他的妻子在后面凄厉地哭喊着。然后,他们知道自己已经永远失去儿子了。到了晚上,在炎热的黑暗里,他们相对而坐,呜咽着低泣。

再后来,他们开始平静下来,像以往一样生活,于是几年时间很快就过去了。

到了这一年的冬天,一个剃头匠挑着铺子来到了他们的门外,他的妻子就走了出去,坐在了剃头匠带来的椅子里,在阳光里闭上了眼睛,让剃头匠为她洗发、剪发,又让剃头匠为她掏去耳屎,还让剃头匠给她按摩了肩膀和手臂。她感到自己的身体从来没有像那天那样舒展,如同正在消失之中。因此她收拾起了自己的衣服,在天黑以后,离开了孙福,追随剃头匠而去了。

就这样,孙福独自一人,过去的生活凝聚成了一张已经泛黄了的黑白照片,贴在墙上,他、妻子、儿子在一起。儿子在中间,戴着一顶比脑袋大了很多的棉帽子。

妻子在左边,两条辫子垂在两侧的肩上,她微笑着,似乎心满意足。他在右边,一张年轻的脸,看上去生机勃勃。

【作品鉴赏】

《黄昏里的男孩》讲述了男孩因饥饿偷了水果摊贩孙福的一个苹果,却遭到了一连串以"教育"为名的"艺术"惩罚。孙福先是"打掉了男孩手里的苹果,还打在了男孩的脸上",接着"孙福一只手抓住他的衣领,另一只手去卡他的脖子",目的是让男孩将吃进嘴里的苹果吐干净。孙福没有满意到目前为止的惩罚,他还将男孩"示众",借"教育"的名义"咔"的一声掰断了男孩右手中指,"男孩发出了尖叫,声音就像是匕首一样锋利。然后男孩看到了自己的右手的中指断了,耷拉到了手背上"。惩罚到此并未结束,孙福将男孩绑在水果摊前,每逢有人过来,就让男孩喊"我是小偷",并且抓住他左手的中指胁迫其大声喊。直到傍晚才将他放下,男孩拖着沉重的步伐,消失在黄昏里。可怜的小男孩被命运抛弃,被生活无情戏弄,是最让我们怜惜和心痛的。在生活最困苦的时候,小男孩选择了偷,这很真实,也为这个可怜的生命抹上了污点。可是后来孙福一系列暴力血腥的行为,却让我们把小男孩的"可恨之处"抛之云外,把他的"可怜之处"放大了几百倍。

生活中有一些不幸者,在不幸中渐渐变得病态,神情行为不同于常人。孙福曾经有过一段平静的生活,一个漂亮的妻子,一个天真活泼的男孩,上天偷走了他儿子的生命,而另一个男人偷走了他的妻子。孙福毫无疑问是一个不幸者,在生活中,丧子之痛,失去妻子的痛苦连连打击到他,他并未从中学会坚强,学会承担,而是渐渐病态,以把痛苦施加在他人身上,看他人狼狈的模样,听他人凄惨的痛呼,作为获得非凡快乐的来源,以至于他在抓到偷水果的男孩后会出现折手指等变态行为。孙福完完全全是一个生活的失败者,一个不能完全接受自己生活的不幸,而扭曲了人性成为一个残忍的施暴者。因此,男孩偷他苹果时,他会变得敏感、变得激动……在日积月累的生活中,孙福渐渐改变,变了一个人,他被生活被世界"偷"走了灵魂。孙福就像生活中的大多数人一样,在生活的打击下陷入绝望,沉浸在过去无法自拔,走向精神扭曲,把生活对他的不公和内心的怨恨加倍地发泄到比自己更弱的人身上。

不光如此,孙福是一个挑衅者,男孩是一个不知好歹饥不择食的乞丐,围观者是一群游手好闲的街头游民,观看一个以大欺小的惨剧来满足自己的眼球,丝毫不为之动容,而是袖手旁观,导致心理变态的孙福做出惨无人道的事情来。"看客"们在沉默着,将原本应展现出的代表世间积极向上的一面隐藏起来,戴着漠然的面具围观一出悲剧。

黄昏时的景象

余华的文章总是令人觉得那么真实与讽刺,每一颗扭曲的心灵,都必定经历过残酷的行刑。孙福是一个典型的代表者,现实给予他沉重的打击,对命运的愤怒、幽怨、不甘,在沉寂的岁月中放大,融合为心中的暴虐。在偶然的契机下,披着冠冕堂皇的"教育"外衣肆意发泄。而他发泄的对象——男孩,在经受过肉体和精神的双重凌虐后,是否又会成为另外一个孙福?

因为现实远远没有我们想象的美好,人心也并非我们想象的坚强。事实上,我们每个人都可能成为"孙福",在一次或者长期的压抑后,通过某一次契机将心中的暴躁完全发泄出来。而人性中永远被歌颂的那一面真善美的人格,在此时彻底沉默,和所有被伤害"男孩"的背影,一道隐入黄昏。

单元综合实训

一、作品欣赏

海拔五百

林清玄

有时候只要往上走几步,不要太高,只要走到海拔五百米,世界就完全不同了。

本来我们是抬头看世界,可是就在海拔五百的地方,我们既可以俯视也可以抬头,天更广了,平芜拓得更大,人的心也就远大了。

我们不必像爬山专家,到五千或者一万的地方,把名字刻在石上,他们说那是"征服"。但是,有了征服,就没有完全自由的心情。登山专家只看见山顶,不像我们,能享受海拔五百的乐趣。

(选自《金色印象》)

二、阅读理解

1. 请说一说你对"登山专家只看见山顶,不像我们,能享受海拔五百的乐趣。"这句话的理解。

2. "海拔五百"是一种清欢,那是一种欢愉后的平静,无奈后的超脱,放逐后的回首,宣泄后的释然。我们在日益丰富的物质世界里，多了一份机智，少了一份闲适，多了一份世故，少了一份高雅。请结合自己的实际，谈谈你对"清欢"的理解。

三、课外阅读

1. 余华著《我没有自己的名字》

小说讲述主人公来发失去自己名字的故事，也是他由"人"变成"非人"的故事。主人公没有自己的名字，"他们怎么叫我，我都答应，因为我没有自己的名字。"其实，他是有名字的，他叫来发，但除药店的陈先生之外，就再也没有人知道他的名字了。来发是个有智力障碍的人，他"念了三年书，还认不出一个字来"，他完全不知自卫，也几乎没有什么保护自己的能力，因而处处受欺辱。

2. 王小波著《一只特立独行的猪》

王小波用暗示影射的笔法夹叙夹议地描绘出一个呼之欲出、个性张扬、颇似人性的猪的形象。在作者看来人和猪一样，也是只求自由的本性，"它们会自由自在地闲逛，饥则食渴则饮，春天来临时还要谈谈爱情"，无疑，猪所处的这种自然状态，正如人所追求的自由生活一样，是一种自然的要求和生活方式，返璞归真、顺其自然才是动物世界乃至人类社会的大势所趋。

3. 贾平凹著《静虚村记》

这是一篇描绘回归自然，追求自然与人的和谐美，追求乡村静美的美文，给读者展现了一幅人与自然和谐统一的古典神韵画卷。

第二单元　缘情迤逦

概　述

在第一单元我们谈论了文学创造的真实性，作为审美活动，文学用内容、情感的真实反映现实生活，又通过情感体会来实现审美的价值。如：同为对动物的描述，教科书上的动物学图片没有人会把它当作艺术作品来欣赏，相反齐白石的"虾"，徐悲鸿的"马"，虽然寥寥几笔，却栩栩如生，神采飞扬被人称赞，公认为审美精品。究其原因，全在一个"情"字，它是创作者在对创作对象的反映中，融入的审美价值取向。这就是我们本单元将要讲述的情感价值评价。对于文学作品的情感评价，在我国古代多有论述，《毛诗序》说："情动于中而形于言。"陆机《文赋》说："诗缘情而绮靡。"是不是只有诗歌作品才理所当然地把情感视为创作的灵魂呢？其实不然，在其他文学体裁创作中，情感同样被创作者强调。巴尔扎克就说过他的小说"以热情为元素"，列夫·托尔斯泰更是强调情感的地位，他说："在自己心中唤起曾经一度体验过的感情，在唤起这种感情之后，用动作、线条、色彩、声音，以及言辞所表达的形象来传达这种感情，使别人也能体验到同样的感情——这就是艺术活动。"中国明代晚期的戏剧创作，尤其在爱情、婚姻题材的剧作中，"主情"追求人性解放的精神尤为突出，如当时最具有影响力的剧作家汤显祖所创作的《杜丽娘》。对于文学创作,汤显祖强调情的重要性,如《耳伯麻姑游诗序》所说:"世总为情,情生诗歌,而行于神。"这里他所说的"情"是指生命欲望、生命活力的自然真实的状态。"情"必然与"真"联系,因为"情"的特点就是真,对于文学汤显祖不是一般地重视其抒情功能,而是把"情"与"理"放在对立地位上,伸张情的价值而反对以理格情。中国当代现实作家孙犁说:"在创作上,不能吝啬情感。感情付出越多,收回的就越多。"由此可见,中西方的文学创作都强调情感的重要性。

然而,并不是所有的情感都可以称之为美好,值得人赞扬,这就是接下来要谈论的情感评价。鲁迅在谈论文学批评美学标准时,曾填充了"善"的内容,即有利于社会前进和进步,这意味着情感评价作为"善"的价值追求具有高尚的品格,它蕴含着对美好事物、美好情操、美好生活和美好理想的守望与追求,以及对丑恶、腐朽、阴暗、虚伪事物的拒斥。唯有这样的情感价值取向,文学创造才会抑"恶"扬"善",给读者以积极向上的精神影响。本单元在选文的方向上以中国古代文学为主,旨在通过审美鉴赏培养大学生对中国传统文化和精神美学的审美意识形成。在此基础上本单元选取了《牡丹亭》(第十出)、《山鬼》、《螽斯》、《桃夭》、《边城》、《沙与沫》。

牡丹亭·惊梦(第十出)①

汤显祖在《牡丹亭》剧中明白肯定了"情"的美好以及它是合理的"生命冲动",这种描绘对于封建礼教的冲击,所包含的人性解放精神,无疑比一般歌颂爱情的诗文来得强烈。在《惊梦》这一出中作者用细腻的笔触描写出杜丽娘的心理活动,这些感情活动是她对美好生活不可抑制的追求,这样的追求是执着刚毅不惜用生命去换取的,这样的刚强支撑着她柔弱的外表,令人感受到自由的生命的可爱。这一出写的是杜丽娘感叹自己犹如美丽春光一般无人赏,却要荒废,心中突生悲情而不甘心,于是入梦。梦中与素不相识的书生柳梦梅相爱,醒来并不觉得那样的梦可羞,反觉得"美满幽香不可言"。当好梦不再,觉得生不足恋时,也希望自己葬于梅树旁,使幽魂得以常温梦境:"这般花花草草由人恋,生生死死随人愿,便酸酸楚楚无人怨。"

【绕池游】(旦上)梦回莺啭,乱煞年光遍。人立小庭深院。(贴)炷尽沉烟②,抛残绣线,恁今春关情似去年?〔乌夜啼〕"(旦)晓来望断梅关③,宿妆④残。(贴)你侧着宜春髻子⑤恰凭阑。(旦)剪不断,理还乱⑥,闷无端。(贴)已分付催花莺燕借春看。"(旦)春

---

①选自《牡丹亭》,作者汤显祖,徐朔方、杨笑梅校注,人民文学出版社1980年版。汤显祖(1550—1616),中国明代戏曲家、文学家。字义仍,号海若、若士、清远道人。汉族,江西临川人。汤氏祖籍临川县云山乡,后迁居汤家山(今抚州市)。他出身书香门第,早有才名,不仅于古文诗词颇精,而且能通天文地理、医药卜筮诸书。34岁中进士,在南京先后任太常寺博士、詹事府主簿和礼部祠祭司主事。
②沉烟:沉水香,熏香用的香料。
③梅关:即大庾岭,宋代在里设有梅关。
④宿妆:隔夜的残妆。
⑤宜春髻子:相传立春那天,女子剪彩作燕子状,戴在髻上,上贴"宜春"二字。见《荆楚岁时记》。
⑥剪不断,理还乱:南唐后主李煜词《相见欢》中的两句。

香，可曾叫人扫除花径？（贴）分付了。（旦）取镜台衣服来。（贴取镜台衣服上）"云髻罢梳还对镜，罗衣欲换更添香。"① 镜台衣服在此。

【步步娇】（旦）袅晴丝②吹来闲庭院，摇漾春如线。停半晌、整花钿。没揣③菱花④，偷人半面，迤逗的彩云偏⑤（行介）步香闺怎便把全身现！（贴）今日穿插的好。

【醉扶归】（旦）你道翠生生出落的裙衫儿茜⑥艳晶晶花簪八宝填，可知我常一生儿爱好是天然⑦。恰三春好处⑧无人见。不堤防沉鱼落雁⑨鸟惊喧，则怕的羞花闭月花愁颤。（贴）早茶时了，请行。（行介）你看："画廊金粉半零星，池馆苍苔一片青。踏草怕泥⑩新绣袜，惜花疼煞小金铃⑪。"（旦）不到园林，怎知春色如许！

【皂罗袍】原来姹紫嫣红⑫开遍，似这般都付与断井颓垣。良辰美景奈何天，赏心乐事谁家院！恁般景致，我老爷和奶奶再不提起。（合）朝飞暮卷⑬，云霞翠轩；雨丝风片，烟波画船——锦屏人⑭忒看的这韶光贱！（贴）是⑮花都放了，那牡丹还早。

【好姐姐】（旦）遍青山啼红了杜鹃⑯，荼蘼⑰外烟丝醉软。春香啊，牡丹虽好，他春归怎占的先⑱！（贴）成对儿莺燕啊。（合）闲凝眄，生生燕语明如翦，呖呖莺歌溜的圆。（旦）去罢。（贴）这园子委是观之不足⑲也。（旦）提他怎的！（行介）

【隔尾】观之不足由他缱，便赏遍了十二亭台是枉然。到不如兴尽回家闲过遣。（作到介）（贴）"开我西阁门，展我东阁床⑳。瓶插映山紫㉑，炉添沉水香。"小姐，你歇息片时，俺瞧老夫人去也。（下）（旦叹介）"默地游春转，小试宜春面㉒。"春啊，得和你两留连，春去如何遣？咳，恁般天气，好困人也。春香那里？（作左右瞧介）（又低首沉吟介）天呵，春色恼人，信有之乎！常观诗词乐府，古之女子，因春感情，遇秋成恨，诚不谬矣。吾今年

---

①"罗衣欲换更添香"两句：薛逢诗《宫词》中的两句，见《全唐诗》卷二十。
②晴丝：游丝、飞丝，也即后文所说的烟丝，虫类所吐丝缕，常在空中飘游，春天晴朗的日子尤甚。
③没揣：不意，蓦然。
④菱花：镜子。古时用铜镜，背面所铸花纹一般为菱花，因此称菱花镜，或用菱花做镜子的代称。
⑤迤逗的彩云偏：迤逗，引惹，挑逗；彩云，美丽的发卷的代称。
⑥翠生生出落的裙衫儿茜：翠生生极言彩色鲜艳。苏轼诗："一朵妖红翠欲流。"用法正同。出落的，显出，衬托出。茜，茜红色。
⑦天然：天性使然。上文爱好，犹言爱美。
⑧三春好处：比喻自己的青春美貌。
⑨沉鱼落雁：小说戏剧中用来形容女人的美貌。
⑩泥：玷污。这里作动词用。
⑪惜花疼煞小金铃：见《开元天宝遗事》中"天宝初，宁王……于后园中结红丝为绳，密坠金铃，系于花梢之上。每有鸟雀翔集，则令园吏掣铃索以惊之。盖惜花之故也。"
⑫姹紫嫣红：花色鲜艳貌。
⑬朝飞暮卷：见唐王勃《滕王阁诗》中"画栋朝飞南浦云，朱帘暮卷西山雨。"
⑭锦屏人：深闺中人。
⑮是：凡是，所有的。
⑯啼红了杜鹃：开遍了红色的杜鹃花，从杜鹃鸟泣血联想起来的。
⑰荼蘼：花名，晚春时开放。
⑱牡丹虽好，他春归怎占的先：见《诚齐乐府·牡丹品》三折《喜迁莺》中"花索让牡丹先。"
⑲观之不足：看不厌。
⑳开我西阁门，展我东阁床：见《木兰诗》中"开我东阁门，坐我西阁床。"
㉑映山紫：映山红，杜鹃花的一种。
㉒宜春面：指新妆。

已二八,未逢折桂之夫;忽慕春情,怎得蟾宫之客?昔日韩夫人得遇于郎①,张生偶逢崔氏②,曾有《题红记》《崔徽传》二书。此佳人才子,前以密约偷期③,后皆得成秦晋④。(长叹介)吾生于宦族,长在名门。年已及笄⑤,不得早成佳配,诚为虚度青春,光阴如过隙耳。(泪介)可惜妾身颜色如花,岂料命如一叶⑥乎!

【山坡羊】

没乱里⑦春情难遣,蓦地里怀人幽怨。则为俺生小婵娟,拣名门一例、一例里神仙眷。甚良缘,把青春抛的远!俺的睡情谁见?则索因循腼腆⑧。想幽梦谁边,和春光暗流传?迁延,这衷怀那处言!淹煎,泼残生⑨,除问天!身子困乏了,且自隐几而眠。(睡介)(梦生介)(生持柳枝上)"莺逢日暖歌声滑,人遇风情笑口开。一径落花随水入,今朝阮肇到天台⑩。"小生顺路儿跟着杜小姐回来,怎生不见?(回看介)呀,小姐,小姐!(旦作惊起介)(相见介)(生)小生那一处不寻访小姐来,却在这里!(旦作斜视不语介)(生)恰好花园内,折取垂柳半枝。姐姐,你既淹通书史,可作诗以赏此柳枝乎?(旦作惊喜,欲言又止介)(背想)这生素昧平生,何因到此?(生笑介)小姐,咱爱杀你哩!

【山桃红】

则为你如花美眷,似水流年,是答儿⑪闲寻遍。在幽闺自怜。小姐,和你那答儿讲话去。(旦作含笑不行)(生作牵衣介)(旦低问)那边去?(生)转过这芍药栏前,紧靠着湖山石边。(合)是那处曾相见,相看俨然,早难道⑫这好处相逢无一言?(生强抱旦下)(末扮花神束发冠,红衣插花上)"催花御史⑬惜花天,检点春工又一年。蘸⑭客伤心红雨下,勾人悬梦采云边。"吾乃掌管南安府后花园花神是也。因杜知府小姐丽娘,与柳梦梅秀才,后日有姻缘之分。杜小姐游春感伤,致使柳秀才入梦。咱花神专掌惜玉怜香,竟来保护他,要他云雨十分欢幸也。

【山桃红】

---

①韩夫人得遇于郎:见唐人传奇故事。唐僖宗时,宫女韩氏以红叶题诗,从御沟中流出,被于祐拾到。于祐也以红叶题诗,投入沟水的上流,寄给韩氏。后来两人成为夫妇。

②张生偶逢崔氏:即张生和崔莺莺的爱情故事,见唐元稹《会真记》。后来《西厢记》演的就是这个故事。下文说的《崔徽传》是另一个故事,见《丽情集》。妓女崔徽和裴敬中相爱,分别之后不再相见。崔徽请画工画了一幅像,托人带给敬中说:"崔徽一旦不及卷中人,徽且为郎死矣!"这里《崔徽传》疑是《莺莺传》或《西厢记》的笔误。

③偷期:幽会。

④得成秦晋:得成夫妇。春秋时代,秦晋两国世代联姻,后世称联姻为秦晋。

⑤及笄:古代女子十五岁以笄束发,叫及笄。见《礼记·内则》。意指女子已成年,到了婚配的年龄。

⑥岂料命如一叶:见元好问《鹧鸪天·薄命妾》词"颜色如花画不成,命如叶薄可怜生。"

⑦没乱里:形容心绪很乱。

⑧腼腆:害羞。

⑨淹煎,泼残生:淹煎,受熬煎,遭磨折;泼残生,苦命儿,泼,表示厌恶,原来是骂人的话。

⑩阮肇到天台:见到爱人。用刘晨和阮肇在天台山桃源洞遇见仙女以后,又回到人间,后来又重回天台山找寻仙女的故事。

⑪是答儿:到处。是,凡。下文,那答儿,那边。

⑫早难道:这里就是难道,但语气较强。

⑬催花御史:《说郛》卷二十七《云仙散录》引《玉尘集》中"穆宗,每宫中花开则以重顶帐蒙蔽栏杆槛,置惜花御史掌之。"

⑭蘸:指红雨(落花)沾在人的身上。

（旦作惊醒，低叫介）秀才，秀才，你去了也？（又作痴睡介）（老旦上）"夫婿坐黄堂，娇娃立绣窗。怪他裙衩上，花鸟绣双双。"孩儿，孩儿，你为甚瞌睡在此？（旦作醒，叫秀才介）咳也。（老旦）孩儿怎的来？（旦作惊起介）奶奶到此！（老旦）我儿，何不做些针指，或观玩书史，舒展情怀？因何昼寝于此？（旦）孩儿适在花园中闲玩，忽值春暄恼人，故此回房。无可消遣，不觉困倦少息。有失迎接，望母亲恕儿之罪。（老旦）孩儿，这后花园中冷静，少去闲行。（旦）领母亲严命。（老旦）孩儿，学堂看书去。（旦）先生不在，且自消停。（老旦叹介）女孩儿长成，自有许多情态，且自由他。正是："宛转随儿女，辛勤做老娘。"（下）（旦长叹介）（看老旦下介）哎也，天那，今日杜丽娘有些侥幸也。偶到后花园中，百花开遍，睹景伤情。没兴而回，昼眠香阁。忽见一生，年可弱冠，丰姿俊妍。于园中折得柳丝一枝，笑对奴家说："姐姐既淹通书史，何不将柳枝题赏一篇？"那时待要应他一声，心中自忖，素昧平生，不知名姓，何得轻与交言。正如此想间，只见那生向前说了几句伤心话儿，将奴搂抱去牡丹亭畔，芍药阑边，共成云雨之欢。两情和合，真个是千般爱惜，万种温存。欢毕之时，又送我睡眠，几声"将息"。正待自送那生出门，忽值母亲来到，唤醒将来。我一身冷汗，乃是南柯一梦①。忙身参礼母亲，又被母亲絮了许多闲话。奴家口虽无言答应，心内思想梦中之事，何曾放怀。行坐不宁，自觉如有所失。娘呵，你教我学堂看书去，知他看那一种书消闷也。（作掩泪介）

京剧《游园惊梦》剧照

【绵搭絮】

雨香云片②，才到梦儿边。无奈高堂，唤醒纱窗睡不便。泼新鲜冷汗粘煎，闪的俺心悠步嚲③，意软鬟偏。不争多④费尽神情，坐起谁忺？则待去眠。（贴上）"晚妆销粉印，春润费香篝。"小姐，熏了被窝睡罢。

---

①南柯一梦：唐人传奇故事。淳于棼梦见自己被大槐安国国王招为驸马，做南柯太守。历经了富贵荣华，人世沉浮。醒来，才发现槐安国不过是大槐树下的一个蚁穴，南柯郡不过是南面树枝下的另一个蚁穴。见《太平广记》卷475引李公佐《淳于棼》。南柯，后来被用作梦的代称。

②雨香云片：指梦中的幽会。

③步嚲：脚步挪不动。嚲，偏斜。上文闪的俺，弄得我、害得我。

④不争多：差不多，几乎。

【尾声】
（旦）困春心游赏倦，也不索香薰绣被眠。天呵，有心情那梦儿还去不远。
春望逍遥出画堂，（张说）间梅遮柳不胜芳。（罗隐）
可知刘阮逢人处，（许浑）回首东风一断肠。（韦庄）

【作品鉴赏】
　　汤显祖的文学思想大体可以归纳为尊情、抑理、尚奇，如"世总为情，情生诗歌，而行于神"。汤显祖所说的"情"是指生命欲望、生命活力的自然与真实状态，"理"是指使社会生活构成秩序的是非准则。

　　杜丽娘是太守（杜宝）的小姐，家中请来了老学究陈最良为她的老师，出身和地位规定了"他日到人家，知书达理，父母光辉"（第三出），她应该被养成具有三从四德的贤妻良母。她人生的第一课《诗经》首篇《关雎》，在她父亲和老师看来，是讲述"后妃之德"最适当的教本；但汤显祖笔下的杜丽娘崇情，直觉认出这是一首热烈的恋歌，这次启蒙教育对她最直接和巨大的影响便是后来的《惊梦》。

　　在婢女春香的怂恿下，她第一次走出了自己的闺房，见到了真正的春天，发现了自己的生命和春天一样的美丽，第一次情感真实的觉醒，脱口而出"一生儿爱好是天然"，是她对自己信念的告白，因直白而情真震撼人心。你看："朝飞暮卷，云霞翠轩；雨丝风片，烟波画船——锦屏人忒看的这韶光贱！"大自然之美在她内心产生了共鸣，她珍惜自己的青春，可自己却犹如被封建礼教的屋檐遮蔽了阳光的孱弱小树，生命力勃发，却受到有形无形的重重压制。于是我们仍能感受到她叹息的沉闷："原来姹紫嫣红开遍，似这般都付与断井颓垣。良辰美景奈何天，赏心乐事谁家院！"她惋惜的不是三月残春，而是青春瞬即逝去，却无能为力，不能自主。以致有了后来的梦，梦中她为自己寻良人，她为自己做了回主。在爱情的骤雨中，她如一棵小树迅速地成长，她内心对爱的渴望无法再抑制，更不愿被抑制，她丝毫不觉得羞耻，她骄傲地把自己的心事告诉了春香：她已经有一个心上人了。爱情带来的火一样的煎熬耗尽了她的生命，而目的却并没有达到。

　　杜丽娘，一个爱自然、爱生命、爱自由、爱一切美好事物的女人，在封建社会里，她注定会被毁灭或者改变她所有的爱，她本可以随她母亲一般忠于封建礼教，但她选择的是忠于自己的信仰。"这般花花草草由人恋，生生死死随人愿，便酸酸楚楚无人怨！"（《寻梦·江儿水》）这是对她自己说的几乎听不见的声音，却又是何等的坚决。"如果要爱就爱，要生就生，要死就死，那么人生还有什么可怨尤呢？"《牡丹亭》所具有的感人力量，在于它强烈的追求幸福，追求美好，追求生命的自由，这些情感是真实触动的。诚然，汤显祖笔下的杜丽娘之所以动人是因为容貌绝美，行动娇怜，这固是直接描写的结果，更是因为她的精神面貌使我们生发联想，她不是死于爱情被破坏，而是死于对爱情的徒然渴望。正如汤显祖在《题词》中写道："情不知所起，一往而深。生者可以死，死可以生。生而不可与死，死而不可复生者，皆非情之至矣。"她的情之所以动人，不是简单的穿越生死，而是因为它出自一个少女内心真实的渴望，展现了一个具有活力的生命对美好、自由的强烈追求的愿景。

诗 经[①]

《诗经》是我国为配乐歌唱的乐歌总集,先秦时期一般称为"诗"或"诗三百"。由于儒家的推崇,到了汉代,被尊为"经",于是,后世便都称之为《诗经》。

《诗经》艺术手法上运用"赋、比、兴"。李仲蒙说:"序物以言情谓之赋,情尽物也;索物以托情谓之比,情附物也;触物以起情谓之兴,物动情也。"

子孙,是生命的延续,晚年的慰藉,家族的希望,华夏先民多子多福的观念,在先民时期就已成为美好生活的最重要愿景,而再三颂祝"宜尔子孙"的《螽斯》,正是对此的由衷抒发。《桃夭》篇所表达的是先民对美的审视:"桃之夭夭,灼灼其华。"目光所及,很美,艳如桃花,但这还不够,"之子于归,宜其室家",还要有使家庭和睦的品德,这才完满,这是对美好家庭构建的观念。

螽 斯[②]

螽斯羽,诜诜[③]兮。
宜尔子孙,振振[④]兮。
螽斯羽,薨薨[⑤]兮。
宜尔子孙,绳绳兮[⑥]。
螽斯羽,揖揖[⑦]兮。
宜尔子孙,蛰蛰[⑧]兮。

螽斯(又名蝈蝈)

[①]选自洪镇涛主编《诗经》,上海大学出版社2012年版。
[②]螽(zhōng)斯:或名斯螽,一种蝗虫。一说"斯"为语词。
[③]诜(shēn)诜:同"莘莘",众多貌。
[④]振振(zhēn):茂盛的样子。
[⑤]薨(hōng)薨:很多虫飞的声音。或曰形容螽斯的齐鸣。
[⑥]绳绳:延绵不绝的样子。
[⑦]揖(jí)揖:会聚的样子。"揖"为"集"的假借。
[⑧]蛰(zhé)蛰:和集也。

桃 夭

桃之夭夭①，灼灼②其华③。
之子④于归⑤，宜⑥其室家。
桃之夭夭，有蕡⑦其实。
之子于归，宜其家室。
桃之夭夭，其叶蓁蓁⑧。
之子于归，宜其家人。

【作品赏析】

《国风·周南·螽斯》是现实主义诗集《诗经》中《国风·周南》中的第五篇。此诗称颂人子孙众多而且有贤德。王念孙说："首章之振振言其仁厚，二章之绳绳言其戒慎，三章之蛰蛰言其和集，皆称其子孙之贤，非徒其子孙之众多而已。"通篇以虫作比，咏物也在咏人。

前两句描写，后两句颂祝，以叠词叠句的叠唱形式为特色，是先民为祈求多子而唱的民歌。作为意象的螽斯，是宜子的动物，年生两代或三代，诗篇正以此作比，寄兴于物，借物寓情。用多子来象征多福，多而易善则为美。

《桃夭》反映出当时的美学思想，在当时人的思想观念中，艳如桃花、照眼欲明，只不过是"目观"之美，这还只是"尽美矣，未尽善也"，只有具备了"宜其室家"的品德，才能算得上美丽的少女，合格的新娘。强调善即是美，在先秦美学中应该说是具有代表性的，而且先秦儒家的美学观念，主要是沿着这个方向发展的。所谓的"善"就是能组成美好的家庭，能够繁衍后代，延续生命，生命的成功延续才能实现国家文化、精神的延续。

山 鬼⑨

《山鬼》是《九歌》的第九首。《九歌》是一组祀神的乐歌，其中有不少篇章描述了鬼神的爱情生活，如《湘君》《湘夫人》《云中君》等，本文也是如此。"山鬼"即一般所说的山神。关于山鬼的身份，中国民间有多种传说，女神，精怪，山神等。《山鬼》为祭祀山神之歌，所描写神的姿态和衣饰，系一女性，内容多表现离忧哀怨之情。

若有人兮山之阿⑩，被⑪薜荔兮带女萝⑫。

---

①夭夭：花朵怒放，美丽而繁华的样子。
②灼灼：花朵色彩鲜艳如火，明亮的样子。
③华：同"花"。
④之子：这位姑娘。
⑤于归：姑娘出嫁。古代把丈夫家看作女子的归宿，故称"归"。于：去，往。
⑥宜：和顺、亲善。
⑦蕡（fén）：草木结实很多的样子。此处指桃子肥厚肥大的样子。有蕡即蕡蕡。
⑧蓁（zhēn）蓁：草木繁密的样子。这里形容桃叶茂盛。
⑨选自朱东润主编《中国历代文学作品》（上编）第一册，上海古籍出版社，2002年版。
⑩山之阿（ē）：山隈，山的弯曲处。
⑪被（pī）：通假字，同"披"。
⑫薜：音"必"。薜荔、女萝，皆蔓生植物。

《山鬼》图片

既含睇兮又宜笑①，子慕予兮善窈窕②。
乘赤豹兮从文狸③，辛夷车兮结桂旗④。
被石兰兮带杜衡⑤，折芳馨兮遗⑥所思。
余处幽篁⑦兮终不见天，路险难兮独后来。
表⑧独立兮山之上，云容容⑨兮而在下。
杳冥冥兮羌⑩昼晦，东风飘兮神灵雨⑪。
留灵修⑫兮憺⑬忘归，岁既晏⑭兮孰华予⑮！
采三秀⑯兮于山间，石磊磊兮葛蔓蔓。
怨公子⑰兮怅忘归，君思我兮不得闲。
山中人兮芳杜若，饮石泉兮荫松柏，

---

①睇（dì）：微视。宜笑：笑得很美。
②子：山鬼对所爱慕男子的称呼。窈窕：娴雅美好貌。
③赤豹：皮毛呈褐色的豹。从：跟从。文：花纹。狸：狐一类的兽。文狸，毛色有花纹的狸。
④辛夷车：以辛夷木为车。结：编结。桂旗：以桂为旗。
⑤石兰、杜衡：皆香草名。
⑥遗（wèi）：赠。
⑦篁：竹。
⑧表：独立突出之貌。
⑨容容：即"溶溶"，水或烟气流动之貌。
⑩杳冥冥：又幽深又昏暗。羌：语助词。
⑪神灵雨：神灵降下雨水。
⑫灵修：指神女。
⑬憺（dàn）：安乐。
⑭晏：晚。
⑮华予：让我像花一样美丽。华，花。
⑯三秀：芝草，一年开三次花，故称三秀，传说服食了能延年益寿。
⑰公子：也指神女的心上人。

　　　　　君思我兮然疑作①。
　　　　　雷填填②兮雨冥冥，
　　　　　猨③啾啾兮狖④夜鸣。
　　　　风飒飒兮木萧萧，思公子兮徒离⑤忧。

【作品鉴赏】

　　《山鬼》是一首美丽的失恋之歌，主人公带着美好憧憬，盛装打扮，前去与情人赴约，情人却始终未来，使她陷入了绝望的痛苦中。值得注意的是，《山鬼》这种描写并不在于表现对爱情的忠贞，而是对生命应有的美好追求。

　　独自站于高山山顶，四周环望不见身影，她想到的是"岁既晏兮孰华予"渐渐逝去，而谁能使我的生命放出光彩，直到深夜来临，雷雨交加，仍然不肯离去。在《诗经》中，也有不少失恋的歌，但绝没有如此强烈、固执、不顾一切的追求。"被薜荔兮带女萝"以及下文中的"辛夷车兮结桂旗""被石兰兮带杜衡"等描写了一个山林女子的形象，她是自然的、是内外兼修的美的化身，这也是屈原善于用香草比美好品德的手法体现。"既含睇兮又宜笑，子慕予兮善窈窕"，借爱人之口描绘了一个神态美好的女子，这样一个美丽而带着憧憬的女子，等到了夜深，等到了雨落，始终没有等来自己的爱人，但是她不甘心就如此返回。"岁既晏兮孰华予"写出了女子共有的心理：时光流逝，颜色逝去，唯一让人欣慰的是爱人对自己的欣赏和宠爱。"山鬼"象征的是展现美好、绽放生命力的执着追求。

边城（节选）⑥

　　《边城》是沈从文的代表作，在沈从文湘西世界中被认为是支撑他所筑构的此世界的柱石。在湘西世界中，沈从文正面表现了未被现代化都市恶质文明扭曲的人生形式。这种人生形式的极致，便是作者美学观中的"神性"，即"爱与美的结合，这是一种具有泛神论色彩的美学观念"。⑦《边城》正是作者出于对过去人生形式追求的茫然和对现实人生形式探索的失落交织中，用想象中的审美理想之光，烛照湘西人生历史图景下的一首理想生命之歌。

---

①然疑作：信疑交加。然，相信；作，起。
②填填：雷声。
③猨：同"猿"。
④狖（yòu）：长尾猿。
⑤离：同"罹"，忧愁。
⑥选自沈从文著《沈从文·作品集》，南海出版公司2005年版。沈从文（1902—1988），湖南凤凰县人，原名沈岳焕，京派小说的代表作家。1934年创作的中篇小说《边城》、1938年创作的长篇小说《长河》（第1卷）及其他许多优秀短篇，标志着沈从文小说创作的成熟。
⑦沈从文认为："我过于爱有生一切……在有生中我发现了'美'，那本身形与线即代表一种最高的德性，使人乐于受它的统治，受它的处置；而这种'美'即'或由上帝造物之手所产生'，它就是'可以显出那种圣境'的'神'。"见沈从文《烛虚》（《沈从文文集》第11卷，第277页）。

沈从文

十二

　　翠翠第二天在白塔下菜园地里，第二次被祖父询问到自己主张时，仍然心儿忡忡的跳着，把头低下不作理会，只顾用手去掐葱。祖父笑着，心想："还是等等看，再说下去这一坪葱会全掐掉了。"同时似乎又觉得这其间有点古怪处，不好再说下去，便自己按捺到言语，用一个做作的笑话，把问题引到另外一件事情上去了。

　　天气渐渐的越来越热了。近六月时，天气热了些，老船夫把一个满是灰尘的黑陶缸子从屋角隅里搬出，自己还匀出闲工夫，拼了几方木板作成一个圆盖。又锯木头作成一个三脚架子，且削刮了个大竹筒，用葛藤系定，放在缸边作为舀茶的家具。自从这茶缸移到屋门溪边后，每早上翠翠就烧一大锅开水，倒进那缸子里去。有时缸里加些茶叶，有时却只放下一些用火烧焦的锅巴，乘那东西还燃着时便抛进缸里去。老船夫且照例准备了些发痧肚痛治疱疮疡子的草根木皮，把这些药搁在家中当眼处，一见过渡人神气不对，就忙匆匆的把药取来，善意的勒迫这过路人使用他的药方，且告人这许多救急丹方的来源（这些丹方自然全是他从城中军医同巫师学来的）。他终日裸着两只膀子，在方头船上站定，头上还常常是光光的，一头短短白发，在日光下如银子。翠翠依然是个快乐人，屋前屋后跑着唱着，不走动时就坐在门前高崖树荫下吹小竹管儿玩。爷爷仿佛把大老提婚的事早已忘掉，翠翠自然也早忘掉这件事情了。

　　可是那做媒的不久又来探口气了，依然是同从前一样，祖父把事情成否全推到翠翠身上去，打发了媒人上路。回头又同翠翠谈了一次，也依然不得结果。

　　老船夫猜不透这事情在这什么方面有个疙瘩，解除不去，夜里躺在床上便常常陷入一种沉思里去，隐隐约约体会到一件事情——翠翠爱二老不爱大老，想到了这里时，他笑了，为了害怕而勉强笑了。其实他有点忧愁，因为他忽然觉得翠翠一切全像那个母亲，而且隐隐约约便感觉到这母女二人共同的命运。一堆过去的事情蜂拥而来，不能再睡下去了，一个人便跑出门外，到那临溪高崖上去，望天上的星辰，听河边纺织娘以及一切虫类如雨的声音，许久许久还不睡觉。

这件事翠翠是毫不注意的，这小女孩子日里尽管玩着，工作着，也同时为一些很神秘的东西驰骋她那颗小小的心，但一到夜里，却甜甜的睡眠了。

不过一切皆得在一份时间中变化。这一家安静平凡的生活，也因了一堆接连而来的日子，在人事上把那安静空气完全打破了。

船总顺顺家中一方面，则天保大老的事已被二老知道了，傩送二老同时也让他哥哥知道了弟弟的心事。这一对难兄难弟原来同时爱上了那个撑渡船的外孙女。这事情在本地人说来并不稀奇，边地俗话说："火是各处可烧的，水是各处可流的，日月是各处可照的，爱情是各处可到的。"有钱船总儿子，爱上一个弄渡船的穷人家女儿，不能成为稀罕的新闻，有一点困难处，只是这两兄弟到了谁应取得这个女人作媳妇时，是不是也还得照茶峒人规矩，来一次流血的挣扎？

兄弟两人在这方面是不至于动刀的，但也不作兴有"情人奉让"如大都市懦怯男子爱与仇对面时作出的可笑行为。

那哥哥同弟弟在河上游一个造船的地方，看他家中那一只新船，在新船旁把一切心事全告给了弟弟，且附带说明，这点爱还是两年前植下根基的。弟弟微笑着，把话听下去。两人从造船处沿了河岸又走到王乡绅新碾坊去，那大哥就说：

"二老，你倒好，作了团总女婿，有座碾坊；我呢，若把事情弄好了，我应当接那个老的手来划渡船了。我欢喜这个事情，我还想把碧溪岨两个山头买过来，在界线上种大南竹，围着这一条小溪作为我的砦子！"

那二老仍然默默的听着，把手中拿的一把弯月形镰刀随意斫削路旁的草木，到了碾坊时，却站住了向他哥哥说：

"大老，你信不信这女子心上早已有了个人？"

"我不信。"

"大老，你信不信这碾坊将来归我？"

"我不信。"

两人于是进了碾坊。

二老说："你不必——大老，我再问你，假若我不想得这座碾坊，却打量要那只渡船，而且这念头也是两年前的事，你信不信呢？"

那大哥听来真着了一惊，望了一下坐在碾盘横轴上的傩送二老，知道二老不是开玩笑，于是站近了一点，伸手在二老肩上拍打了一下，且想把二老拉下来。他明白了这件事，他笑了。他说，"我相信的，你说的是真话！"

二老把眼睛望着他的哥哥，很诚实的说："大老，相信我，这是真事。我早就那么打算到了。家中不答应，那边若答应了，我当真预备去弄渡船的！——你告我，你呢？"

"爸爸已听了我的话，为我要城里的杨马兵做保山，向划渡船说亲去了！"大老说到这个求亲手续时，好像知道二老要笑他，又解释要保山去的用意，只是因为老的说车有车路，马有马路，我就走了车路。

"结果呢？"

"得不到什么结果。老的口上含李子,说不明白。"

"马路呢?"

"马路呢,那老的说若走马路,得在碧溪岨对溪高崖上唱三年六个月的歌。把翠翠心唱软,翠翠就归我了。"

"这并不是个坏主张!"

"是呀,一个结巴人话说不出还唱得出。可是这件事轮不到我了。我不是竹雀,不会唱歌。鬼知道那老的存心是要把孙女儿嫁个会唱歌的水车,还是预备规规矩矩嫁个人!"

"那你怎么样?"

"我想告那老的,要他说句实在话。只一句话。不成,我跟船下桃源去了;成呢,便是要我撑渡船,我也答应了他。"

"唱歌呢?"

"这是你的拿手好戏,你要去做竹雀你就去吧,我不会捡马粪塞你嘴巴的。"

二老看到哥哥那种样子,便知道为这件事哥哥感到的是一种如何烦恼了。他明白他哥哥的性情,代表了茶峒人粗卤爽直一面,弄得好,掏出心子来给人也很慷慨作去,弄不好,亲舅舅也必一是一二是二。大老何尝不想在车路上失败时走马路;但他一听到二老的坦白陈述后,他就知道马路只二老有分,自己的事不能提了。因此他有点气恼,有点愤慨,自然是无从掩饰的。

二老想出了个主意,就是两兄弟月夜里同到碧溪岨去唱歌,莫让人知道是弟兄两个,两人轮流唱下去,谁得到回答,谁便继续用那张唱歌胜利的嘴唇,服侍那划渡船的外孙女。大老不善于唱歌,轮到大老时也仍然由二老代替。两人凭命运来决定自己的幸福,这么办可说是极公平了。提议时,那大老还以为他自己不会唱,也不想请二老替他作竹雀。但二老那种诗人性格,却使他很固持的要哥哥实行这个办法。二老说必需这样作,一切才公平一点。

大老把弟弟提议想想,作了一个苦笑。"×娘的,自己不是竹雀,还请老弟做竹雀!好,就是这样子,我们各人轮流唱,我也不要你帮忙,一切我自己来吧。树林子里的猫头鹰,声音不动听,要老婆时,也仍然是自己叫下去,不请人帮忙的!"

两人把事情说妥当后,算算日子,今天十四,明天十五,后天十六,接连而来的三个日子,正是有大月亮天气。气候既到了中夏,半夜里不冷不热,穿了白家机布汗褂,到那些月光照及的高崖上去,遵照当地的习惯,很诚实与坦白去为一个"初生之犊"的黄花女唱歌。露水降了,歌声涩了,到应当回家了时,就趁残月赶回家去。或过那些熟识的整夜工作不息的碾坊里去,躺到温暖的谷仓里小睡,等候天明。一切安排皆极其自然,结果是什么,两人虽不明白,但也看得极其自然。两人便决定了从当夜起始,来作这种为当地习惯所认可的竞争。

十三

黄昏来时翠翠坐在家中屋后白塔下,看天空为夕阳烘成桃花色的薄云。十四中寨逢场,城中生意人过中寨收买山货的很多,过渡人也特别多,祖父在渡船上忙个不息。天快夜了,别的雀子似乎都在休息了,只杜鹃叫个不息。石头泥土为白日晒了一整天,草木为白日晒了一整天,到这时节皆放散一种热气。空气中有泥土气味,有草木气味,且有甲虫类气味。翠翠看着天上的红云，听着渡口飘来外乡生意人的杂乱声音，心中有些儿薄薄的凄凉。

黄昏照样的温柔，美丽，平静。但一个人若体念到这个当前一切时，也就照样的在这黄昏中会有点儿薄薄的凄凉。于是，这日子成为痛苦的东西了。翠翠觉得好像缺少了什么。好像眼见到这个日子过去了，想在一件新的人事上攀住它，但不成。好像生活太平凡了，忍受不住。

"我要坐船下桃源县过洞庭湖，让爷爷满城打锣去叫我，点了灯笼火把去找我。"

她便同祖父故意生气似的，很放肆的去想到这样一件事，她且想象她出走后，祖父用各种方法寻觅全无结果，到后如何无可奈何躺在渡船上。

人家喊："过渡，过渡，老伯伯，你怎么的，不管事！""怎么的！翠翠走了，下桃源县了！""那你怎么办？""怎么办吗？拿把刀，放在包袱里，搭下水船去杀了她！"……

翠翠仿佛当真听着这种对话，吓怕起来了，一面锐声喊着她的祖父，一面从坎上跑向溪边渡口去。见到了祖父正把船拉在溪中心，船上人嗯嗯说着话，小小心子还依然跳跃不已。

"爷爷，爷爷，你把船拉回来呀！"

那老船夫不明白她的意思，还以为是翠翠要为他代劳了，就说：

"翠翠，等一等，我就回来！"

"你不拉回来了吗？"

"我就回来！"

湖南茶峒美丽景象

翠翠坐在溪边，望着溪面为暮色所笼罩的一切，且望到那只渡船上一群过渡人，其中有个吸旱烟的打着火镰吸烟，且把烟杆在船边剥剥的敲着烟灰，就忽然哭起来了。

祖父把船拉回来时，见翠翠痴痴的坐在岸边，问她是什么事，翠翠不作声。祖父要她去烧火煮饭，想了一会儿，觉得自己哭得可笑，一个人便回到屋中去，坐在黑黝黝的灶边把火烧燃后，她又走到门外高崖上去，喊叫她的祖父，要他回家里来，在职务上毫不儿戏的老船夫，因为明白过渡人皆是赶回城中吃晚饭的人，来一个就渡一个，不便要人站在那岸边呆等，故不上岸来。只站在船头告翠翠，且让他做点事，把人渡完事后，就回家里来吃饭。

翠翠第二次请求祖父，祖父不理会，她坐在悬崖上，很觉得悲伤。

天夜了，有一匹大萤火虫尾上闪着蓝光，很迅速的从翠翠身旁飞过去，翠翠想，"看你飞得多远！"便把眼睛随着那萤火虫的明光追去。杜鹃又叫了。

"爷爷，为什么不上来？我要你！"

在船上的祖父听到这种带着娇有点儿埋怨的声音，一面粗声粗气的答道："翠翠，我就来，我就来！"一面心中却自言自语："翠翠，爷爷不在了，你将怎么样？"

老船夫回到家中时，见家中还黑黝黝的，只灶间有火光，见翠翠坐在灶边矮条凳上，用手蒙着眼睛。

走过去才晓得翠翠已哭了许久。祖父一个下半天来，皆弯着个腰在船上拉来拉去，歇歇时手也酸了，腰也酸了，照规矩，一到家里就会嗅到锅中所焖瓜菜的味道，且可见到翠翠安排晚饭在灯光下跑来跑去的影子。今天情形竟不同了一点。

祖父说："翠翠，我来慢了，你就哭，这还成吗？我死了呢？"

翠翠不作声。

祖父又说："不许哭，做一个大人，不管有什么事都不许哭。要硬扎一点，结实一点，才配活到这块土地上！"

翠翠把手从眼睛边移开，靠近了祖父身边去，"我不哭了。"

两人吃饭时，祖父为翠翠说到一些有趣味的故事。因此提到了死去了的翠翠的母亲。两人在豆油灯下把饭吃过后，老船夫因为工作疲倦，喝了半碗白酒，因此饭后兴致极好，又同翠翠到门外高崖上月光下去说故事。说了些那个可怜母亲的乖巧处，同时且说到那可怜母亲性格强硬处，使翠翠听来神往倾心。

翠翠抱膝坐在月光下，傍着祖父身边，问了许多关于那个可怜母亲的故事。间或吁一口气，似乎心中压上了些分量沉重的东西，想挪移得远一点，才吁着这种气，可是却无从把那东西挪开。

月光如银子，无处不可照及，山上篁竹在月光下皆成为黑色。身边草丛中虫声繁密如落雨。间或不知道从什么地方，忽然会有一只草莺"落落落落嘘"！啭着它的喉咙，不久之间，这小鸟儿又好像明白这是半夜，不应当那么吵闹，便仍然闭着那小小眼儿安睡了。

祖父夜来兴致很好，为翠翠把故事说下去，就提到了本城人二十年前唱歌的风气，如何驰名于川黔边地。翠翠的父亲，便是唱歌的第一手，能用各种比喻解释爱与憎的结子，这些事也说到了。翠翠母亲如何爱唱歌，且如何同父亲在未认识以前在白日里对歌，一个在半山上竹篁里砍竹子，一个在溪面渡船上拉船，这些事也说到了。

翠翠问："后来怎么样？"

祖父说："后来的事长得很，最重要的事情，就是这种歌唱出了你。"

【作品鉴赏】

《边城》通过一个古朴的爱情故事表现了对理想的人生形式的追求。在更为广阔的历史大背景下，写出了社会历史的"变"，但也以此来衬托出乡间素朴美好的人生形式的"常"。亦如沈从文笔下的老水手的质朴、愚憨，滕长顺的义气，三黑子的不屈，夭夭的活泼都表现了美好人性在面对生活巨变时各自的不同应对形式。虽然这里的农民性格和灵魂在时代巨迁的挤压下不能不失去原有的朴素，但人性之美、之善仍然令人神往。

主人公翠翠是一个湘西山水孕育出来的精灵，"翠翠在风日里长养着，把皮肤变得黑黑的，触目为青山绿水，一对眸子清明如水晶。自然既长养她且教育她"，她"为人天真活泼，处处俨然如一只小兽物"，"从不想到残忍事情，从不发愁，从不动气。"① 边城的山水使她出落成眉清目秀、聪慧温柔且带几分矜持、几分娇气的少女。她的美吸引着两兄弟的追求，淳朴的乡风下兄弟二人用最传统的唱歌方式公平求爱，大哥成全弟弟，弟弟拒绝了优厚嫁妆选择翠翠，只因她的美好，所以一切都是值得的。傩送因哥哥去世远走他乡，爷爷溘然长逝，痛苦和悲伤并没有让翠翠倒下，她谢绝了船总让她住进他家的好意。她像爷爷那样守着摆渡的岗位，等待着傩送的归来，她哭了一夜，突然以前不明白的都明白了，她的坚持是柔中带刚的美，是与坎坷命运做持久战的执着。爷爷忠厚老实，重义轻利，一副古道热肠，几十年如一日地守着渡船，不计报酬，不贪图便宜，"从不思索自己职务对于本人的意义"，只是以给人方便为乐。真诚的老船夫同时获得了人们对他的关爱，卖肉的不肯收他的肉钱，水手们送红枣给他，小商贩们送粽子给他。这种超越阶级关系、金钱关系的乡邻之情在现实生活中是很少见的，但沈从文却通过这种感情揭示了人物身上所蕴含的美好的人性。船总顺顺尽管有财却不吝财，他为人明事明理，正直和平，老船夫死后，不计前嫌，依然一片盛情邀请那分明与他的两个儿子不幸遭遇有密切干系的孤女翠翠到家里安住。他的两个儿子天保和傩送在这种良好的家庭氛围中，都"结实如老虎，却又和气亲人，不骄惰，不浮华，不倚势凌人"。傩送为了纯真的爱情，宁愿放弃一座碾房的陪嫁而选择渡船，天保则宁愿牺牲自己的幸福，希望成全弟弟的爱情。他们都胸怀宽广，光明磊落。通过小说的描写更是表现出对美好人生的向往。

《边城》平实的文字让人悸动，是因为作者笔下的景、人、事都被注入了情感。小说之所以韵味悠长是因为情之真，沈从文为了"取得人事上的调和"而加上的"一点牧歌的谐趣"正是情之真所在；他把未来的希望寄托在几个小儿女性情的天真纯粹上，希冀借此重新燃起年轻人的自尊心和自信心，这是情之善所在。

沙与沫② （节选）

在东方文学史上，纪伯伦的艺术风格独树一帜。他的作品既有理性思考的严肃与冷峻，又有咏叹调式的浪漫与抒情。他善于在平易中发掘隽永，在美妙的比喻中启示深刻的哲理。另外，纪伯伦风格还见诸他极有个性的语言。他是一个能用阿拉伯文和英文写作的双语作家，而且每种语言都运用得清丽流畅，其作品的语言风格征服了一代又一代的东西方读者。美国人曾称誉纪伯伦"像东方吹来横扫西方的风暴"，而他带有强烈东方意识的作品被视为"东方赠给西方的最好礼物"！《沙与沫》这部散文诗集，每一句都值得用心去思考，"愿望是半个生命，淡漠是半个死亡"，纪伯伦用自己的人生写照告诫人们要随时保持着希望，告诉我们人生前方的美好。"倘若你想拥有，就切莫苛求"，他在颠沛流离之际坚持着爱与美的主题。每一句话都在给人希望的光芒和向上的力量，他以充满华丽想象的句子向我们传达

---

① 选自《沈从文·作品集》，第一篇《边城》第一节。
② 选自《纪伯伦散文诗》，纪伯伦著，钱满素译，华文出版社，2010年版。纪·哈·纪伯伦（1883年1月6日—1931年4月10日），黎巴嫩作家、诗人、画家，是阿拉伯文学的主要奠基人，20世纪阿拉伯新文学道路的开拓者之一，被称为艺术天才、黎巴嫩文坛骄子。

着爱与美的思想，也用每一个象征性的形象向我们演示着人生的方向，向阳而生，这就是"善"。《沙与沫》以简短而寓意隽永的诗句，一点一滴地深入读者的心灵，纪伯伦将目光投向更深邃而遥远的宇宙，"对于从银河的窗户里下望的人，空间就不是地球与太阳之间的空间了。"

作者纪伯伦

我永远走在这些岸上，
在沙与沫之间。
涨潮会抹掉我的足迹，
海风会吹去这泡沫。
可是海和岸，
却将永远存在。
我曾抓起一把烟雾。

然后我伸掌一看，瞧，雾却成了虫。
我把手握起再张开，看到的是只鸟。
我又一次把手握起张开，掌心站着一个人，满面愁容，翘首仰望。
我再把手握起，张开时，那儿空荡荡只有雾。
但我听到一曲优美动人的歌。

不过就在昨天，我觉得自己是个碎片，在生命的穹苍中毫无节奏地颤抖。
如今我知道自己就是那穹苍，一切生命都是节奏分明的碎片，在我内心活动。

他们觉醒时对我说："你和你所居住的世界不过是无边大海那无边沙岸上的一颗沙子。"
我在梦中对他们说："我就是那无边大海，大千世界不过是我岸上的沙子。"

只有一次把我无言可对，那是当一个人问我，"你是谁？"

我曾经认识一个听觉极其锐敏的人，但他却不能说话。他在战斗中失去了舌头。我现在知道那人在巨大的沉默来临之前，打的是场什么仗了。我很高兴他已死去。这世界没有大到能容纳我们两个人。

我久久地躺在埃及的沙土中，默默地忘了季节。
后来太阳给了我生命，我站起身来在尼罗河岸上行走。
我与白天同唱，与夜晚共梦。
现在太阳又用一千只脚踩着我，让我再躺在埃及的沙土中。
但是，请看一个奇迹、一个谜吧！
把我集聚起来的那个太阳，却不能驱散我。
我依旧挺立着，脚步稳健地走在尼罗河岸上。
记忆是相会的一种形式。

忘记是自由的一种形式。

睡在羽绒上的人做起梦来，并不比睡在泥地上的人更美满，如此，我怎么会对生命的公正丧失信心呢？

真怪，渴望某些欢乐，正是我痛苦的一部分。

我曾有七次我鄙视自己的灵魂：
第一次是看见她在可以升华时却故作谦卑。
第二次是看见她在跛子前瘸着走。
第三次是当她在难和易之间选择了易。
第四次是当她犯了过失，却以别人也有过失来自慰。
第五次是当她容忍软弱，并将忍耐视为坚强。
第六次是当她鄙视一个丑脸，却不知那正是她自己的面具之一。
第七次是当她高唱赞歌，还以美德自诩。

你若歌颂美，纵然孤零零在旷漠中心，也照样会有听众。

当你深入生命的本质，你会在万物中，甚至在看不见美的眼睛中发现美。

我们活着就是为了发现美。其余一切都是等待的形式。

种下一颗种子，大地会给你一朵花儿。向天做梦，天会给你心上人儿。

友谊永远是愉快的责任，它从来不是机会。

如果你不能在一切处境中都理解你的朋友，那你永远也不会理解他。

你背向太阳时，见到的只是自己的影子。

在白天的太阳下你是自由的，在黑夜的星辰下你也是自由的；
没有太阳，没有月亮，没有星辰的时候，你是自由的。
甚至你对一切闭上眼睛的时候，你也是自由的。
但对一个你为了爱而爱他的人，你是个奴隶。
对一个为了爱而爱你的人，你也是个奴隶。

只有当你被追逐时，你才变得敏捷。
我没有仇敌，啊，上帝，但如果有，
让他和我势均力敌，好让真理独操胜券。

只有居我之下的人才会忌妒或憎恨我。
我从来被妒忌或被憎恨过；我不在任何人之上。
只有居我之上的人才会表扬或轻视我。
我从来被表扬或轻视过；我不在任何人之下。

生命是一支队列，脚下慢的人觉得它太快了便退出；
脚下快的人又觉得它太慢了，也退出。

如果真有罪孽这回事，我们中有些人是对祖先亦步亦趋，倒退造孽。
有些人是对子女过分管制，超前造孽。

我们全都是囚犯，不过有的关在有窗户的牢房里，有的就关在没窗户的牢房里。

真怪，我们在为错误辩护时总是比为正确辩护时更有力。

【作品鉴赏】

《沙与沫》整部内容富有哲理，充满智慧，是一本关于生命、艺术、爱情、人性的格言书。诗集富有音韵美，宛如天籁，传达出生命的爱和真谛，让那些困顿彷徨的人们，都能得到慰藉和鼓舞。纪伯伦强调诗歌的真实情感，这和中国的以"情"动人的理念不谋而合，

"诗不是一种表白出来的意见。它是从一个伤口或是一个笑口涌出的一首歌曲。"

如文中"一个人的意义不在于他的成就,而在于他所企求成就的东西",人生价值最主要不在于他所获得的成就,而在于获得成就的过程中养成的品格、素养、习惯和性情等,他还强调了精神的重要,"如果你嘴里含满了食物,你怎么能歌唱呢?"也鼓励人们放飞自己的梦想,不要束缚自己的精神,"我们都是囚犯,不过有的是关在有窗的牢房里,有的就关在无窗的牢房里",启迪人们打开自己的心灵之窗。在生命的长河里我们不仅要重视精神,更要照亮自己的希冀,"愿望是半个生命,淡漠是半个死亡"。

沙与沫都很渺小,都容易被忽视,但是如果把生活比作无边的海洋,那么沙砾和泡沫就将会永远存在,而这些往往是不被人们重视的,容易被人忽视的,而纪伯伦关注了这些,思考了这些,可以说《沙与沫》中的格言提示的道理是随时随地就在我们身边的最本质的东西——一个人的意义体现在他追求成就的过程中所表现出来的美好的意志品质,如坚定、执着、勤奋、勇气等,这些都充分证明了人生的意义。奋斗的过程所体现的意义要远远大于它的结果。

单元综合实训

一、作品欣赏

儿童的"我向思维"与作家的移情

童庆炳

儿童的"我向思维"与作家的移情作用是相通或相似的。儿童早期的思维方式与原始人的思维方式十分相似,被称为"我向思维"。"我向思维"的主要特点是以"我"为中心,一切都等同于有生命的"我",把整个世界(无论是物还是人)都作为有生命的和有情感的对象来加以对待。在他们稚气的眼里,月亮是人的脸,或者是星星的保卫者,而星星则眨着眼睛,向所有的人问好……儿童的"我向思维"使他们分不清物理世界和心理世界,分不清知觉到的和想象到的。在这天真的混沌中,世界上所有的东西无不充满生命的活力。18世纪意大利著名学者维柯在《新科学》中对原始诗性思维的分析,同样也适用于儿童:"最初的诗人都按照诗的形而上学,把有生命的事物的生命移交给'无生命的'物体",是"人由于不理解事物,就变成一切事物。……"儿童的"我向思维"与原始人的"原始思维"的这种相似性,使儿童的心中物我交融,物我化一,使儿童的眼中万物都流动着生命的活力。

颤动着生命的琴弦,展现为一个生机勃勃的诗意的世界。

在作家这里,特别是创作过程中,将无生命的事物生命化,是其诗意感受的一个重要来源,而且与儿童的"我向思维"极为相似。按德国的学者立普斯创立的"移情"说和英国学者冈布里奇提出的"投射"说,作家和艺术家在进行审美创造的时候,其对象不是与主体相对立的单纯的实体的存在,而是受到主体的生命灌注的活动而有力的、自我对象化的形象。真正的作家、艺术家都有一种伟大的同情感,他们会把"亲身经历的东西,我们的力量感觉,我们的努力,超意志,主动或被动的感觉,移置到外在于我们的事物里面去,移置到在这种事物身上发生的或和它一起发生的事件里去"。对此,我们的古人也早有说法,如刘勰说："登山则情满于山，观海则意溢于海。"就是指作家心中充满情感，在观照自然之际，就会将自己的情感和幻想移置或投射到外在的无生命的事物上面，使无生命的事物生命化，达到物我沟通、物我同一、物我两忘的境界。李白："绿水解人意，为余西北流。"杜甫："感时花溅泪，恨别鸟惊心。"这类"移情"和"投射"的诗句比比皆是。在这类文学描写中，作家似乎变成了儿童，他们同外部事物的关系，不是一般的认识和被认识的关系，他们凭借自己的开放的心灵去触摸对象，并把自己融化于对象中，人物化了，对象人化了，生命化了，诗意就从这人化和对象化中找到了泉源。当然，作家和儿童的无生命事物的生命化是有区别的。在儿童，是由于对事物的不理解，而把自己转化到事物里面去，不自觉地把事物跟自己等同起来，这是人的天性的表现。在作家，是在对事物有了深刻的理解之后，着意把自己与外部事物沟通，使物融入我，我融入物，达到物我融合、物我同一的诗意的世界，这种自觉是作家才能的表现。

（选自《文学审美特征论》①，有删节）

二、阅读理解

1. 下列对儿童的"我向思维"的理解，不符合文意的一项是（　　）。

A. "我向思维"是把一切事物都看作有生命的和有情感的对象的一种儿童早期的思维方式。

B. "我向思维"是儿童把自己转化到事物里面去，着意追求的物我交融、物我化一的境界。

C. "我向思维"是儿童处于天真无知的混沌状态下，将无生命事物生命化的一种思维方式。

D. "我向思维"与原始人的"原始思维"有着相似性，都是由于不理解事物的真相而形成的。

2. 下列说法中，不符合文意的一项是（　　）。

A. 人在儿童阶段，由于分不清知觉到的和想象到的，所以往往以"我"为中心看待事物，把一切事物都看成有生命的。

B. 儿童的"我向思维"，是童心、童真的体现，是其天性的自然流露，也是无须做出特别的努力就可以自然做到的。

C. 作家的创作过程中，诗意地感受生活的一个重要手段是善于把自己的情感和经历移置到不带主观感情的事物里面去。

D. 伟大的艺术家总是有着童心般的真，但也是比童心更高层次的真，因为他们是"自觉"地将无生命的事物生命化。

3. 下列对文章内容的理解或推断，正确的一项是（　　）。

A. 与儿童的"我向思维"一样，作家在创作过程中，将无生命的事物生命化，是其诗意感受的一个重要来源。

B. 作家在对事物有了深刻的理解之后，着意把自己与外部事物沟通，使物融入我，我融入物，达到物我融合、物我同一的诗意的世界，是人的天性的表现。

C. 作家的"移情"与童心有许多相同、相似、相通之处，因此，只要不失"赤子之心"，作家就能写出生活的本真。

---

①《文学审美特征论》，作者童庆炳，北京师范大学出版社2016年版。

D. 作家和艺术家在进行审美创造的时候，其对象不是与主体相对立的单纯的实体的存在，而是受到主体的生命灌注的活动而有力的、自我对象化的形象。就像刘勰说的"登山则情满于山，观海则意溢于海"。

4. 通过《琴诗》来分析情感在文学鉴赏中起到什么作用。

琴　诗

苏轼

若言琴上有琴声，放在匣中何不鸣？
若言声在指头上，何不于君指上听？

三、课外拓展

1. 西厢记视频。
2. 《离骚》朗读材料。

第三单元　匠心形美

概　述

　　文学创造的基础是真实，内核是价值评价体系，当"真"与"善"统一结合时便构成了文学创造所追求的审美价值。然而，犹如人的精神和灵魂需要肉身作为载体来呈现，审美价值作为精神内核，也需要通过形式创作加以外化和体现，两者缺一不可，相互融合。文学的形式与内容是不可分割的，文学作品本身就是形式与内容的统一体。正如钱谷融所言："当我们接触到一篇作品的形式，自然也就接触了它的内容，当我们要知道一篇作品的全盘内容，也非接受它的整个形式不可。"

　　我国古代诸如《毛诗序》《文赋》《文心雕龙》等文学理论著作及文论，常常论及诗文作品的志与言、意与文、情与采、实与华等的关系，其中志、情、意、实俨然属于内容的范畴，而与之相对应的，言、文、采、华则属于形式的因素。由此可见，对于文学作品形式美学和内容情感的探索从古至今一直在延续，即使不同时代、不同作家、不同流派有着不同的审美主张，但是对于美的执着和追求，却是相同的。

中国传统水墨画的"虚实相济"和"留白"

　　虽说形式依附于内容且为内容所决定，但并不是说形式只是一种消极的、被动的因素。相反，文学形式作为一种规范和规则，具有相对的独立性和稳定性，总体包括体裁、结构、语言以及表达方式四种要素，每种形式要素又有着独特的表现功能和审美效果。宗白华在《美学散步》中说道："艺术家往往倾向以形式为艺术的基本，因为他们的使命是将生命表现于形式之中。"只有恰当的艺术形式才能更好地诠释文学的题材，例如，普希金与果戈理之间曾经有这样一段佳话：普希金获得了一个很有意义的素材，但是他觉得自己的艺术个性不能很好地表现它，于是就推荐给了果戈理。果戈理是长于讽刺的作家，他利用这个素材创造了富于幽默色彩的讽刺喜剧《钦差大臣》。可见一部好的文学作品，形式和内容是相辅相成，相得益彰的。内容决定了形式，而形式塑造了内容，任何一部作品都是感性材料寓于审美形式的结果。可以说，形式创造是文学真、善、美价值追求的最后完成。本单元有针对性地选取了古今中外的五篇文学经典，带领大家一起感受《洛神赋》"翩若惊鸿，婉若游龙"

的华彩绚丽的语言,一起感受《大淖记事》散文化小说结构和诗境化内容的和谐统一,一起感受《墙上的斑点》带给我们意识流动的奇特体验,一起感受《羊脂球》美丑对照手法对于美的极致凸显,以及两首苏轼诗歌的情景交融、含蓄蕴藉的审美趣味。形式之为美,既是作者内在情感的自然流露,又是文学作品艺术性的外在特征,是作者独特审美追求的物化。让我们泛舟于江海,感受自然的鬼斧神工之美;信步于文学,领悟作者的匠心独运之美。

>> 洛神赋① <<

被誉为千古名篇的《洛神赋》以浪漫主义手法描绘了一幅人神之恋的梦幻境界,文字绮丽优美,抒发了作者爱而不得的伤感和惆怅的情绪。曹植倾注了全部的爱和所有美的辞采去创造这位洛水之神,以此借喻自己的政治理想。它的巨大艺术魅力,一方面在于其华美至极的语言为我们勾勒了一位梦中女神的形象,洛神也因此成为美的象征和化身;另一方面,洛神完美寄托了曹植的美好政治理想。《洛神赋》彰显了辞赋文学体裁的典型特征,同时曹植用铺陈华丽的语言形式刻画洛水女神的外貌风姿,如量身定制般和谐,是中国文学史上描摹女性美的继往开来的佳作,对于热爱真善美、追求真善美的读者具有巨大的魅力和极高的审美价值。

顾恺之《洛神赋图》(局部1)

黄初②三年,余朝京师③,还济洛川。古人有言,斯水之神,名曰宓妃④。感宋玉对楚王神女之事,遂作斯赋。其辞曰:

---

①选自《中华活页文选》上海古籍出版社1979年版。作者曹植(192—232),字子建,谥号"思",又称陈思王,曹操第三子,三国时期著名文学家,建安文学代表人物之一。后人因其文学上的造诣而将他与曹操、曹丕合称为"三曹"。其代表作有《七哀诗》《白马篇》《赠白马王彪》《门有万里客》等。
②黄初:魏文帝曹丕年号,220—226年。
③京师:京城,指魏都洛阳。
④宓妃:相传为宓羲氏之女,溺死于洛水为神。

余从京域，言归东藩。背伊阙，越轘辕。经通谷，陵景山①。日既西倾，车殆马烦②。尔乃税驾乎蘅皋③，秣驷④乎芝田。容与⑤乎阳林，流眄乎洛川。于是精移神骇⑥，忽焉思散。俯则未察，仰以殊观。睹一丽人，于岩之畔。乃援御者而告之曰："尔有觌⑦于彼者乎？彼何人斯，若此之艳也！"御者对曰："臣闻河洛之神，名曰宓妃。然则君王所见，无乃⑧是乎？其状若何，臣愿闻之。"

余告之曰："其形也，翩⑨若惊鸿，婉若游龙。荣曜秋菊，华茂春松。仿佛兮若轻云之蔽月，飘飖兮若流风之回雪。远而望之，皎若太阳升朝霞。迫而察之，灼若芙蕖出渌波⑩。秾纤得衷，修短合度。肩若削成，腰如束素。延颈秀项，皓质呈露。芳泽无加，铅华不御⑪。云髻峨峨⑫，修眉联娟⑬。丹唇外朗，皓齿内鲜。明眸善睐，靥辅承权⑭。瑰姿艳逸，仪静体闲⑮。柔情绰态，媚于语言。奇服旷世，骨像应图⑯。披罗衣之璀粲兮，珥瑶碧之华琚⑰。戴金翠之首饰，缀明珠以耀躯。践远游之文履，曳雾绡之轻裾⑱。微幽兰之芳蔼兮⑲，步踟蹰于山隅。"

于是忽焉纵体⑳，以遨以嬉。左倚采旄，右荫桂旗。攘皓腕于神浒兮，采湍濑之玄芝㉑。余情悦其淑美兮，心振荡而不怡。无良媒以接欢兮，托微波而通辞。愿诚素之先达兮，解玉佩以要㉒之。嗟佳人之信修兮，羌习礼而明诗。抗琼珶以和予兮㉓，指潜川而为期。执眷眷之款实兮，惧斯灵之我欺。感交甫之弃言㉔兮，怅犹豫而狐疑。收和颜而静志兮，申礼防以自持。

于是洛灵感焉，徙倚彷徨。神光离合，乍阴乍阳。竦轻躯以鹤立，若将飞而未翔。践椒

---

①伊阙、轘辕、通谷、景山：均为山名。
②殆：同"怠"，懈怠。烦：疲乏。
③尔乃：承接连词，于是就。税：置。蘅皋：生着杜蘅（香草）的河岸。皋，河边的高地。
④秣驷：喂马。驷，一车四马，此泛指驾车之马。
⑤容与：悠然安闲貌。
⑥精移神骇：谓神情恍惚。
⑦觌（dí）：看见。
⑧无乃：莫非。
⑨翩：鸟疾飞貌，此引申为飘忽摇曳。
⑩灼：鲜明灿烂。芙蕖：荷花。渌（lù）：水清貌。
⑪铅华不御：不必施用妆粉。
⑫峨峨：高耸的样子。
⑬联娟：又作"连娟"，微曲貌。
⑭权：颧骨。
⑮瑰姿艳逸，仪静体闲：奇妙的姿容艳丽飘逸，举止仪态温文娴静。
⑯骨像：骨骼形貌。应图：指与画中人相当。
⑰珥：珠玉耳饰。此用作动词，作佩戴解。瑶碧：美玉。华琚（jū）：刻有花纹的佩玉。
⑱曳雾绡之轻裾：拖着薄雾般的裙边。裾，裙边。
⑲微幽兰之芳蔼兮：隐隐散发出幽兰的清香。
⑳纵体：轻举貌。
㉑攘皓腕于神浒兮，采湍濑之玄芝：在河滩上伸出素手，采撷水流边的黑色芝草。攘：指揎袖伸出。
㉒要：同"邀"，邀约。
㉓抗：举起。琼珶（dì）：美玉。
㉔交甫之弃言：出自《神仙传》"切仙一出，游于江滨，逢郑交甫。交甫不知何人也，目而挑之，女遂解佩与之。交甫行数步，空怀无佩，女亦不见。"指郑交甫曾遇神女背弃诺言之事。

涂之郁烈,步蘅薄而流芳①。超长吟以永慕兮,声哀厉而弥长。

尔乃众灵杂遝,命俦啸侣②。或戏清流,或翔神渚。或采明珠,或拾翠羽。从南湘之二妃③,携汉滨之游女④。叹匏瓜之无匹兮⑤,咏牵牛⑥之独处。扬轻袿之猗靡⑦兮,翳修袖以延伫⑧。体迅飞凫⑨,飘忽若神。凌波微步,罗袜生尘。动无常则,若危若安。进止难期,若往若还。转眄流精,光润玉颜。含辞未吐,气若幽兰。华容婀娜,令我忘餐。

顾恺之《洛神赋图》(局部2)

于是屏翳收风,川后静波。冯夷鸣鼓,女娲清歌⑩。腾文鱼以警乘⑪,鸣玉鸾⑫以偕逝。六龙俨其齐首,载云车之容裔⑬。鲸鲵踊而夹毂⑭,水禽翔而为卫。

于是越北沚,过南冈,纡素领,回清阳⑮,动朱唇以徐言,陈交接之大纲。恨人神之道殊兮,怨盛年之莫当。抗罗袂以掩涕兮,泪流襟之浪浪。悼良会之永绝兮,哀一逝而异乡。无微情以效爱兮,献江南之明珰。虽潜处于太阴⑯,长寄心于君王。忽不悟其所舍,怅神宵⑰而蔽光。

---

①践椒涂之郁烈,步蘅薄而流芳:她徘徊于香气浓郁的生满椒兰的小路上,流连在散发着幽幽花香的杜蘅丛中。
②尔乃众灵杂遝,命俦啸侣:于是众神纷至杂沓,呼朋引类。杂遝:遝同"沓",形容行人众多拥挤杂乱的样子。俦(chóu)同辈,伴侣。
③南湘之二妃:指娥皇和女英。据《列女传》载,尧以长女娥皇和次女女英嫁舜,后舜南巡,死于苍梧。二妃往寻,死江湘间,为湘水之神。
④汉滨之游女:汉水之神。薛君《韩诗章句》:"游女,汉神也。"
⑤匏(hù)瓜:一作瓠瓜,星名,又名天鸡。无匹:没有配偶。
⑥牵牛:星名,又名天鼓,与织女星各处河鼓之旁,相传每年七月七日乃得一会。
⑦猗靡:随风飘动貌。
⑧翳修袖以延伫:用长袖蔽光远眺,久久伫立。翳,遮蔽。
⑨凫(fú):水鸟,似鸭。
⑩冯夷:河伯名。《青令传》:"河伯,华阴潼乡人也,姓冯名夷。"女娲:传说中的女神,《世本》谓其始作笙簧,故此曰"女娲清歌"。
⑪文鱼:见《山海经·西山经》"秦器之山,灌水出焉,……状如鲤鱼,鱼身而鸟翼,苍文而白首",文鱼有翅能飞,故使警乘。
⑫玉鸾:鸾鸟形的玉制车铃,动则发声。
⑬容裔:舒缓安详貌。
⑭鲸鲵(ní):即鲸鱼。水栖哺乳动物,雄曰鲸,雌曰鲵。毂(gǔ):车轮中用以贯轴的圆木,此指车。
⑮纡素领,回清阳:回转白皙的颈项,用清秀美丽的眉目看着我。
⑯太阴:众神所居之处,与上文"潜渊"义近。
⑰宵:同"消",消失。一作"霄"。

于是背下陵高①,足往神留。遗情想象,顾望怀愁②。冀灵体之复形,御轻舟而上溯。浮长川而忘返,思绵绵而增慕。夜耿耿而不寐,沾繁霜而至曙。命仆夫而就驾,吾将归乎东路。揽騑辔以抗策③,怅盘桓而不能去。

顾恺之《洛神赋图》(局部3)

【作品鉴赏】

两汉魏晋南北朝,是赋体文学繁荣发展的光辉时期。在这一时期,作家们充满豪迈的情怀,反映在文学上面,就是古往今来、天上人间的万事万物都要置于自己的观照之下,加以艺术地再现。对作品追求广大的容量、恢宏的气势、崇高巨丽的美感。赋是"文字崇拜"的文学,其美学价值主要通过语言文字之美表现出来,在辞赋中,语言文字作为一种人为的符号,被赋予强大的生命力。

首先,铺采摛文④之美。刘勰在《文心雕龙》中云:"赋者,铺也。铺采摛文,体物写志也。"体物写志是赋的内涵和依托,而铺采摛文就是赋的形貌和文采。两汉魏晋时期,从审美追求的角度出发,出现了汉语史上一次新词大量产生的高潮。出于体物写貌和靡丽文风的需要,具有深厚文字功底的辞赋家们纷纷创造并使用了大量的形容词,一个个美丽而略显生僻的新造字、生造字反过来也大大丰富了辞赋的语言,使得辞赋变化多样、多姿多彩。《洛神赋》中,关于神女外貌服饰的描写可谓精彩纷呈,曹植眼中的神女是美的化身,集合了所有美的事物,她举手投足间仪态万千,风姿绰约,"惊鸿""游龙""秋菊""春松""朝阳""芙蓉"……曹植似乎力图把一切美的辞藻都赋予这位伊人。又如,文中为了描写洛神身上的配饰,使用了一系列以"王"为偏旁的文字:珥、瑶、琚、琼、瑅、珰……这些文字,分别从玉的形状、质地、颜色各个角度加以定义,而每个角度下又能分出更为精细的层次,将语言的铺陈特征展现得淋漓尽致。可见当时人们的造字能力是非常强大的,也表明人们的审美追求主要体现在文字崇拜上。曹植用了大量的笔墨渲染洛神之美,从其动作姿态、面部表情、衣着服饰,从静态到动态,从眉眼到唇齿,从发髻到裙裾,一种极致的、无瑕的美从字里行间逸散出来,而这种美,在进入读者的心里后,便会由文字自发地转化为一名叫

---

①背下:离开低地。陵高:登上高处。
②遗情想象,顾望怀愁:洛神已去,情景犹在,四下寻找,平添惆怅。
③辔(pèi):马缰绳,抗策:举着马鞭。
④铺采摛(chī)文:指铺叙文采,详细地叙述。

宓妃的美丽女子形象。

其次，譬喻传神之美。对于女性美的描写，或如工笔画般精雕细琢，或如水墨画般勾勒渲染，兼与比喻、烘托共用，错综变化巧妙得宜，给人一种浩而不烦、美而不惊之感，如同在看一幅绝妙丹青，个中人物有血有肉，而不会使人产生虚无之感。在对洛神的体形、五官、姿态等进行描写时，既给人展现了洛神的沉鱼之貌、落雁之容，又有"清水出芙蓉，天然去雕饰"的清新高洁。在曹植的描绘中，洛神美丽、安静、柔顺、守礼，偶尔流露出少女的娇羞可人，完全是人间女郎的化身。洛神的美，不仅在于其璀璨的容貌和华彩的服饰，更在于其灵动飘逸的气质和娴静温文的品性。一切都是这样的美好，以致离别后，人去心留，情思不断，洛神的倩影和相遇相知时的情景历历在目，浪漫而苦涩，心神为之不宁，徘徊于洛水之间不忍离去。

再次，整散交错之美。文学体式最外在的特征就是句式，句式是文学作品形式美的重要构成要素之一，如散文的句式参差错落、灵活多变，而辞赋作为韵文，则句式齐整、节奏鲜明、约束有力。

曹植的《洛神赋》，大量使用了对偶句，其中既有三言对、四言对、六言对、七言对、九言对，又有零散句式，三至十言不等。可谓骈俪与散逸兼施，工整与灵动并举。而不同的句式，在节奏和韵味上，具有完全不同的效果。如"翩若惊鸿，婉若游龙，荣曜秋菊，华茂春松"，与《诗经》同为四言句式，"惊鸿"对"游龙"，"秋菊"对"春松"，词性、构词法完全一致，丝丝入扣，不仅押韵，其内容也是极富美感的，可谓观之华彩，读之上口。同时，两个音节一顿的二元节奏，整齐而古朴，简快而明朗，清脆而轻灵；又如"仿佛兮若轻云之蔽月，飘飘兮若流风之回雪"，九言一句，既使句子表意更趋精准和丰富，又无限延长了语气，增加了舒缓、雍容的感觉。此外，还加入了语气词"兮"字，使句式增添了骚体句一咏三叹的吟咏效果，变得更加优美绮丽和适宜抒情，传神地凸显了曹植对神女求而不得、爱而犹疑的情思；再如"远而望之，皎若太阳升朝霞。迫而察之，灼若芙蕖出渌波"一句，四言与七言相结合，单音节词与双音节词相交错，多样化的形式，颇具摇曳多姿、回环往复的效果，韵律感非常强。寥寥几句，足以见曹植丰厚的文字底蕴和对语言驾轻就熟的掌握。这种句式，一改《诗经》较为单一的四言或六言模式，也不同于散文随意而少韵律的风格，而是融二者之长，极尽语言节奏变化之能事，以达抑扬顿挫之美感，增加了语言的音乐性，堪为文学形式美的最好例证。其和谐的声韵，整齐而不失灵动的句式，复杂而颇具章法的节奏，既有短句的顿挫有力，形成紧张急迫的语调，又有长句的舒缓延绵，形成袅袅不绝的余音，读之令人沉醉，诵之令人神怡。

曹植用绚烂之辞描绘了一个五彩斑斓、气象宏伟的语言世界。在笔墨勾勒之间，洛神之美如梦似幻，却又深入人心，带给人们强烈而鲜明的审美感受。"翩若惊鸿，婉若游龙"所描绘的不仅仅是洛神飘逸、灵动、绰约的气质，用于形容《洛神赋》的语言之美，亦十分贴切传神。

大淖记事①（节选）

湿地优美的自然风光

《大淖记事》是汪曾祺以故乡高邮为背景创作的乡土系列小说之一。主人翁巧云和锡匠十一子，历经种种考验，最终"有情人终成眷属"的爱情故事就发生在苏北乡村的自然风情画幅上，其间还大幅穿插了平凡而质朴的大淖人的生活，展现出一个似水若云、如诗如画的纯美世界。作家杨沫说："读《大淖记事》，仿佛漫步在春天的原野上，嗅到一阵阵清新温馨的花香。"《大淖记事》凸显了汪曾祺鲜明而清醒的审美追求，即致力于"诗境化叙事"或者说"小说的散文化"。这种文体的尝试，可谓以诗意渲染诗意，以唯美描绘唯美，以浪漫讲述浪漫，实现了灵与肉的高度统一，形式与内容相得益彰，宛如量身定制，再和谐不过了。汪曾祺自己也说道："我所追求的不是深刻，而是和谐。"

（六）

十一子和巧云的事，师兄们都知道，只瞒着老锡匠一个人。

他们偷偷地给他留着门，在门窝子里倒了水（这样推门进来没有声音）。十一子常常到天快亮的时候才回来。有一天，又是这时候才推开门。刚刚要钻被窝，听见老锡匠说："你不要命啦！"

这种事情怎么瞒得住人呢？终于，传到刘号长的耳朵里。其实没有人跟他嚼舌头，刘号长自己还不知道？巧云看见他都讨厌，她的全身都是冷淡的。刘号长咽不下这口气。本来，他跟巧云又没有拜过堂，完过花烛，闲花野草，断了就断了。可是一个小锡匠，夺走了他的人，这丢了当兵的脸。太岁头上动土，这还行！这种事从来没有发生过。连保安队的弟兄也都觉得面上无光，在人前矬了一截。他是只许自己在别人头上拉屎撒尿，不许别人在他脸上溅一星唾沫的。若是闭着眼过去，往后，保安队的人还混不混了？

有一天，天还没亮，刘号长带了几个弟兄，踢开巧云家的门，从被窝里拉起了小锡匠，把他捆了起来。把黄海蛟、巧云的手脚也都捆了，怕他们去叫人。

他们把小锡匠弄到泰山庙后面的坟地里，一人一根棍子，搂头盖脸地打他。

他们要小锡匠卷铺盖走人，回他的兴化，不许再留在大淖。

---

①选自汪曾祺著《汪曾祺小说：大淖记事》北方文艺出版社 2014 年版。汪曾祺（1920—1997），江苏高邮人，中国当代作家、散文家、戏剧家，京派作家的代表人物。

小锡匠不说话。

他们要小锡匠答应不再走进黄家的门，不挨巧云的身子。小锡匠还是不说话。

他们要小锡匠告一声饶，认一个错。

小锡匠的牙咬得紧紧的。

小锡匠的硬铮把这些向来是横着膀子走路的家伙惹怒了，"你这样硬！""打不死你！""打"，七八根棍子风一样、雨一样打在小锡匠的身子。

小锡匠被他们打死了。

锡匠们听说十一子被保安队的人绑走了，他们四处找，找到了泰山庙。

老锡匠用手一探，十一子还有一丝悠悠气。老锡匠叫人赶紧去找陈年的尿桶。他经验过这种事，打死的人，只有喝了从桶里刮出来的尿碱，才有救。

十一子的牙关咬得很紧，灌不进去。

巧云捧了一碗尿碱汤，在十一子的耳边说："十一子，十一子，你喝了！"

十一子微微听见一点声音，他睁了睁眼。巧云把一碗尿碱汤灌进了十一子的喉咙。

不知道为什么，她自己也尝了一口。

锡匠们摘了一块门板，把十一子放在门板上，往家里抬。

他们抬着十一子，到了大淖东头，还要往西走。巧云拦住了：

"不要。抬到我家里。"

老锡匠点点头。

巧云把屋里存着的鱼网和芦席都拿到街上卖了，买了七厘散，医治十一子身子里的瘀血。

东头的几家大娘、大婶杀了下蛋的老母鸡，给巧云送来了。

锡匠们凑了钱，买了人参，熬了参汤。

挑夫，锡匠，姑娘，媳妇，川流不息地来看望十一子。他们把平时在辛苦而单调的生活中不常表现的热情和好心都拿出来了。他们觉得十一子和巧云做的事都很应该，很对。大淖出了这样一对年轻人，使他们觉得骄傲。大家的心喜洋洋，热乎乎的，好像在过年。

刘号长打了人，不敢再露面。他那几个弟兄也都躲在保安队的队部里不出来。保安队的门口加了双岗。这些好汉原来都是一窝"草鸡"！

锡匠们开了会。他们向县政府递了呈子，要求保安队把姓刘的交出来。

县政府没有答复。

锡匠们上街游行。这个游行队伍是很多人从未见过的。没有旗子，没有标语，就是二十来个锡匠挑着二十来副锡匠担子，在全城的大街上慢慢地走。这是个沉默的队伍，但是非常严肃。他们表现出不可侵犯的威严和不可动摇的决心。这个带有中世纪行帮色彩的游行队伍十分动人。

游行继续了三天。

第三天，他们举行了"顶香请愿"。二十来个锡匠，在县政府照壁前坐着，每人头上用木盘顶着一炉炽旺的香。这是一个古老的风俗：民有沉冤，官不受理，被逼急了的百姓可以用香火把县大堂烧了，据说这不算犯法。

这条规矩不载于《六法全书》，现在不是大清国，县政府可以不理会这种"陋习"。但是这些锡匠是横了心的，他们当真干起来，后果是严重的。县长邀请县里的绅商商议，一致认为这件事不能再不管。于是由商会会长出面，约请了有关的人：一个承审——作为县长代表，保安队的副官，老锡匠和另外两个年长的锡匠，还有代表挑夫的黄海龙，四邻见证，卖眼镜的宝应人，卖天竺筷的杭州人，在一家大茶馆里举行会谈，来"了"这件事。

会谈的结果是：小锡匠养伤的药钱由保安队负担（实际是商会拿钱），刘号长驱逐出境。由刘号长画押具结。老锡匠觉得这样就给锡匠和挑夫都挣了面子，可以见好就收了。只是要求在刘某人的甘结上写上一条：如果他再踏进县城一步，任凭老锡匠一个人把他收拾了。

过了两天，刘号长就由两个弟兄持枪护送，悄悄地走了。他被调到三垛去当了税警。

十一子能进一点饮食，能说话了。巧云问他："他们打你，你只要说不再进我家的门，就不打你了，你就不会吃这样大的苦了。你为什么不说？"

"你要我说么？"

"不要。"

"我知道你不要。"

"你值么。"

"我值。"

"十一子，你真好！我喜欢你！你快点好。"

"你亲我一下，我就好得快。"

"好，亲你！"

巧云一家有了三张嘴。两个男的不能挣钱，但要吃饭。大淖东头的人家就没有积蓄，也没有什么东西可以变卖典押。结鱼网，打芦席，都不能当时见钱。十一子的伤一时半会不会好，日子长了，怎么过呢？巧云没有经过太多考虑，把爹用过的箩筐找出来，磕磕尘土，就去挑担挣"活钱"去了。姑娘媳妇都很佩服她。起初她们怕她挑不惯，后来看她脚下很快，很匀，也就放心了。从此，巧云就和邻居的姑娘媳妇在一起，挑着紫红的荸荠①、碧绿的菱角、雪白的连枝藕，风摆柳似的穿街过市，发髻的一侧插着大红花。她的眼睛还是那么亮，长睫毛忽扇忽扇的。但是眼神显得更深沉，更坚定了。她从一个姑娘变成了一个很能干的小媳妇。

十一子的伤会好么？

会。

当然会！

【作品鉴赏】

《大淖记事》的和谐之美读之令人如沐春风，虽是小说，却如诗歌一般具有明显的抒情化特征。而作者又是如何体现这种和谐之感的呢？

---

①荸荠（bí qí）又名马蹄，多年生草本植物，多栽培在低洼地，地下茎皮赤褐色或黑褐色，肉白色，可作蔬菜或水果，可制淀粉。

首先，从结构来看，《大淖记事》为原汁原味地保留真实的美感，采用了"近乎随笔"的形式，在小说的框架、结构上有意识地按照生活的流动来叙述，使小说呈现出如日常生活一般的自然形态。他主张小说贴着生活来写，生活的样式就是小说的样式。按照作者的说法，《大淖记事》的结构可用"水"来喻示。"水"是舒缓有致、宛转自如的，与现实生活相适应、相协调。小说开头从一大段环境描写开始，穿插了挑夫们的生活状态、锡匠们的工作情趣，甚至保安队的做事风格，小人物生活的细枝末节在作者的笔下汇成了充满生活气息的长幅画卷。而直到第四节，那个叫巧云的姑娘才出现，纷繁的生活琐事也才逐渐呈现出头绪：老实能干的十一子和心灵手巧的巧云在劳动生活中相互思慕，然而像传统的爱情故事一样，受到了家人的阻挠，恶人的插足，世俗的压抑，而这种爱情的结果又都是在各种短暂性的受挫之后又破茧而出，最后以主人公的大团圆来结尾。十一舍身救下了不慎落水的巧云，催化了两人的爱情。然而病重的巧云却被水上保安队的刘号长侮辱了，后来在锡匠们的共同抗议下，恶人被驱逐，恋人成眷属。这个故事看起来似乎并没有波澜起伏、滂沱大气的情节更张，也没有诡异机变、吊人胃口的故事调转，有的仅是简单的对话、细腻的描写、明了的叙述。如同漫话他人的故事一般，平淡而自然，随意而悠然。

在处理情节时，更是进一步弱化了情节，例如巧云破身的一处，本应作为小说情节迭起、冲突和矛盾激荡的一段，却寥寥一笔带过，反而浓墨重彩地插入了大篇幅关于水上保安队剿土匪、出任务、吹号的情形，以其和风细雨的平淡味道，冲淡了扣人心弦的紧张与焦急，"我们有过各种创伤，但我们今天应该快活"。仿佛生活就应如这般，所有的挫折、困苦最终都将归于平淡，既有人间的烟火气，又充满了豁达的诗意。不仅没有让人觉得无味，反而给予读者一种江南特有的清新之感。

其次，小说中大量渗入了环境描写、民俗呈现和气氛渲染，淡化了人物和情节，呈现出散文化的叙事模式。《大淖记事》起笔处极为悠远，第一、二、三部分都在迤逦散漫地描写大淖周边的环境生活，然后才一点点走进故事，靠近人物，如闲话人生一般的开局，不急不缓。故事的底色，是五彩斑斓的："紫红色的芦芽和灰绿色的蒌蒿""雪白的丝穗""残雪还亮晶晶地堆积着""小轮船漆得花花绿绿的，飘着万国旗"；是生动有趣的："毛茸茸，挨挨挤挤，啾啾乱叫的小鸡小鸭""墙上贴着黑黄色的牛屎粑粑""机器突突地响，烟筒冒着黑烟"；是热闹活泼的："卖牛肉，高粱酒，花生瓜子，芝麻灌香糖的小贩，吆吆喝喝""附近的野孩子到候船室来唱戏玩，棍棍棒棒，乱打一气"……热闹繁忙的大街、辛勤劳作的村民，村舍错落，鸡犬相闻，一派生机勃勃、欣欣向荣的景象，从视听上给人以想象空间，使人如临其境，仿佛隐约听到了那些嬉戏打闹、吆喝忙碌的声音，平凡朴实却又活泼热闹的生活气息扑面而来。

这片淖地给人的直观感受如泼墨画一般粗犷、自然、不拘一格而又生机盎然，而与这片淖地相适应的，是这里的民俗民情："他们的生活，他们的风俗，他们的是非标准、伦理道德观念和街里的穿长衣念过'子曰'的人完全不同"——构成了当地的人文景观。大淖的乡风十分独特，"这里人家的婚嫁极少明媒正娶。媳妇，多是自己跑来的；姑娘，一般是自己找人。他们在男女关系上是比较随便的。"在这里，传统的伦理和偏见被冲淡，女人们自然、快乐、纯粹地活着，她们坚强、自信，无所谓蛮风陋俗，只是民间的、自然的尺度，只是真挚的人情和质朴的观念，无须以儒家的礼仪去批判。也正是因为这里简单纯粹的风俗和氛围，一切尖锐的、激烈的、如浓墨一般的矛盾、冲突，在故事里被作者用寥寥几语稀释、淡化了："巧云的妈跑了，黄海蛟倒没有怎么伤心难过。这种事情在大淖这个地方也值不得大惊小怪。养熟的鸟还有飞走的时候呢，何况是一个人！""巧云破了身子，她没有淌眼泪，更没有想到跳到淖里淹死。人生在世，总有这么一遭！"在轻描淡写的语气中，一切都自然发生，自然被接受，仿佛没有过不去的坎，背叛都值得被宽容，苦痛都会被遗忘，世界充满了美好和希望。然而，这里的人们也并不冷漠，相反，在小锡匠被打重伤后，村民们"杀了下蛋的母鸡""凑了钱，买了人参，熬了参汤"前来看望，为了捍卫他们不可侵犯的尊严，锡匠们挑担游行，顶香请愿，用最古老的方法表达朴素的善恶是非观，是纯真，也是人性美！客观描写与主观情愫完美结合，显得无比自然。

最后，在小说的语言上，《大淖记事》可谓"朴素"至极，去除了一切不必要的雕饰，信马由缰。但朴素不等于普通，汪曾祺继承了鲁迅先生常用的白描方法，其文字既平实优美又纤毫毕现，以最简明的话语，点睛勾勒突出人物性格的动作细节、肖像特点和个性化语言，创造出性格鲜明的人物形象。如写巧云的长相："睫毛很长，因此显得眼睛经常是眯睎着；忽然回头，睁得大大的，带点吃惊而专注的神情，好像听到远处有人叫她似的。"寥寥数笔，人物如活了一般，灵气全出。

对于生活，作者也不一笔带过，而是认认真真地再现生活，人情世态、三教九流、吃穿琐事等都被原汁原味地保留下来，譬如描写挑夫的一段语言：

这些人家无隔宿之粮，都是当天买，当天吃。吃的都是脱粟的糙米。一到饭时，就看见这些茅草房子的门口蹲着一些男子汉，捧着一个蓝花大海碗，碗里是骨堆堆的一碗紫红紫红的米饭，一边堆着青菜小鱼、臭豆腐、腌辣椒，大口大口地在吞食。他们吃饭不怎么嚼，只在嘴里打一个滚，咕咚一声就咽下去了。看他们吃得那样香，你会觉得世界上再没有比这个饭更好吃的饭了。

句子短峭、朴实，好像水里泡着的鹅卵石，圆润、洗练、纯净，却又毫发毕现，细致入微，还原了生活的原貌。简单的文字，仿佛具有魔力一般。每句拆开来看，没有过多的修饰和堆砌的词藻，如同大白话，但合起来却活灵活现，神气得很。虽是俗的事情，却写出了诗味来，一切都显得那么活泼童趣、诗意盎然，给人间的烟火也镀上了一层诗情。正如作者自己所说："也许我把语言的重要性推到了极致。我认为语言不只是形式，本身便是内容。"他用质朴的语言和精准的细节，展现了一幅真实又梦幻的图画。画轴展开，我们不仅看到了醉人的风景，更有纯美的人情。

美丽的故事、美丽的人物，发生在美丽的环境里，用美丽的语言加以勾勒，融真实的生活图景和人心性情为一体，这就是《大淖记事》。无论是形式还是内容，都既贴向生活又富有诗趣，朴实无华中意境顿生，轻描淡写中诙谐犹存。本是落后、粗蛮、烦累的农村生活，却令人莫名神往。读《大淖记事》不似读书，而像是一位温文尔雅的长须老者，在絮叨年轻时的所见所闻。在作者娓娓的诉说中，那些痛苦的、烦心的事，仿佛都褪去了颜色，成为了遥远记忆中模糊的一笔，留下的只有温情脉脉的生活气息。

墙上的斑点[①]（节选）

《墙上的斑点》发表于1917年，历来被认为是伍尔夫意识流小说的发端之作，采取了迥异于传统文学的结构和心理描写的方法，以一种全新的形式和面貌引起了读者的广泛关注。小说的时间定格在普通的一天的一个瞬间，描绘了主人公"我"抬头看到墙上的斑点，于是围绕这个斑点到底是什么而产生了联翩的浮想。在经过一系列犹如天马行空般的意识流之后，"我"终于发现，那个斑点不过是一只爬在墙上的蜗牛。作为评论界公认的意识流拓荒之作，《墙上的斑点》在艺术构思上匠心独运，不落俗套，创造性地运用意识流手法来表现现代人混乱无序的精神世界和内心活动。除了精妙的意识流技巧，它在叙事模式上所呈现出的完整、杂糅、辐射的结构美也是十分令人称道的。

弗吉尼亚·伍尔夫

大约是在今年一月中旬，我抬起头来，第一次看见了墙上的那个斑点。为了要确定是在哪一天，就得回忆当时我看见了些什么。现在我记起了炉子里的火，一片黄色的火光一动不动地照射在我的书页上；壁炉上圆形玻璃缸里插着三朵菊花。对啦，一定是冬天，我们刚喝完茶，因为我记得当时我正在吸烟，我抬起头来，第一次看见了墙上那个斑点。我透过香烟的烟雾望过去，眼光在火红的炭块上停留了一下，过去关于在城堡塔楼上飘扬着一面鲜红的旗帜的幻觉又浮现在我脑际，我想到无数红色骑士潮水般地骑马跃上黑色岩壁的侧坡。这个斑点打断了这个幻觉，使我觉得松了一口气，因为这是过去的幻觉，是一种无意识的幻觉，可能是在孩童时期产生的。墙上的斑点是一块圆形的小迹印，在雪白的墙壁上呈暗黑色，在壁炉上方大约六七英寸的地方。

我们的思绪是多么容易一哄而上，簇拥着一件新鲜事物，像一群蚂蚁狂热地抬一根稻草一样，抬了一会，又把它扔在那里……如果这个斑点是一只钉子留下的痕迹，那一定不是为了挂一幅油画，而是为了挂一幅小肖像画——一幅卷发上扑着白粉、脸上抹着脂粉、嘴唇像

[①] 选自［英］弗吉尼亚·伍尔夫著《墙上的斑点》，浙江文艺出版社2002年版。弗吉尼亚·伍尔夫（1882—1941），英国女作家、文学批评家和文学理论家，意识流文学代表人物。她终身致力于小说形式和技巧的研究和实践，被誉为20世纪现代主义与女性主义的先锋。两次世界大战期间，她是伦敦文学界的核心人物，最知名的小说包括《墙上的斑点》《达洛维夫人》《到灯塔去》《雅各的房间》。

红石竹花的贵妇人肖像。它当然是一件赝品，这所房子以前的房客只会选那一类的画——老房子得有老式画像来配它。他们就是这种人家——很有意思的人家，我常常想到他们，都是在一些奇怪的地方，因为谁都不会再见到他们，也不会知道他们后来的遭遇了。据他说，那家人搬出这所房子是因为他们想换一套别种式样的家具，他正在说，按他的想法，艺术品背后应该包含着思想的时候，我们两人就一下子分了手，这种情形就像坐火车一样，我们在火车里看见路旁郊外别墅里有个老太太正准备倒茶，有个年轻人正举起球拍打网球，火车一晃而过，我们就和老太太以及年轻人分了手，把他们抛在火车后面。

　　但是，我还是弄不清那个斑点到底是什么；我又想，它不像是钉子留下的痕迹。它太大、太圆了。我本来可以站起来，但是，即使我站起身来瞧瞧它，十之八九我也说不出它到底是什么；因为一旦一件事发生以后，就没有人能知道它是怎么发生的了。唉！天哪，生命是多么神秘；思想是多么不准确！人类是多么无知！为了证明我们对自己的私有物品是多么无法加以控制——和我们的文明相比，人的生活带有多少偶然性啊——我只要列举少数几件我们一生中遗失的物件就够了。就从三只装着订书工具的浅蓝色罐子说起吧，这永远是遗失的东西当中丢失得最神秘的几件——哪只猫会去咬它们，哪只老鼠会去啃它们呢？再数下去，还有那几个鸟笼子、铁裙箍、钢滑冰鞋、安女王时代的煤斗子、弹子戏球台、手摇风琴——全都丢失了，还有一些珠宝，也遗失了。有乳白宝石、绿宝石，它们都散失在芜菁的根部旁边。它们是花了多少心血节衣缩食积蓄起来的啊！此刻我四周全是挺有分量的家具，身上还穿着几件衣服，简直是奇迹。要是拿什么来和生活相比的话，就只能比做一个人以一小时五十英里的速度被射出地下铁道，从地道口出来的时候头发上一根发针也不剩。光着身子被射到上帝脚下！头朝下脚朝天地摔倒在开满水仙花的草原上，就像一捆捆棕色纸袋被扔进邮局的输物管道一样！头发飞扬，就像一匹赛马会上跑马的尾巴。对了，这些比拟可以表达生活的飞快速度，表达那永不休止的消耗和修理；一切都那么偶然，那么碰巧。

　　那么来世呢？粗大的绿色茎条慢慢地被拉得弯曲下来，杯盏形的花倾覆了，它那紫色和红色的光芒笼罩着人们。到底为什么人要投生在这里，而不投生到那里，不会行动、不会说话、无法集中目光，在青草脚下，在巨人的脚趾间摸索呢？至于什么是树，什么是男人和女人，或者是不是存在这样的东西，人们再过五十年也是无法说清楚的。别的什么都不会有，只有充塞着光亮和黑暗的空间，中间隔着一条条粗大的茎干，也许在更高处还有一些色彩不很清晰的——淡淡的粉红色或蓝色的——玫瑰花形状的斑块，随着时光的流逝，它会越来越清楚、越——我也不知道怎样……

【作品鉴赏】

　　小说首先引起我们注意的是墙上的一个斑点。而这个斑点，只是诱发"我"的意识活动的客观事物，不是小说的主干。相反，墙上的斑点一经出现，很快就湮没在人物的自由联想、内心独白和不规则的意识活动中，留给读者的，是蔓延开来的、无边无际的、五彩缤纷的意识火花，伴随着意识的发散而发散、流动，甚至是跳跃。伍尔夫让读者看到，人的意识的宝藏有多么的丰富，将墙上的斑点作一个稍微不同的假设，就会引出无穷多的互不相同的缤纷的思绪，真如伍尔夫所说的"千万个印象像原子一样落入心头"。先是回忆起炉子里生着的火，又联想到城堡塔上鲜红的旗帜；想到了贵妇人的肖像，又联想到以前的房客关于艺术品的理解。伴随着如碎屑一般的记忆片断，莎士比亚、查理一世、内阁大臣、上校、学者、古物收藏家……众多历史人物、生命过客纷至沓来，此外还有关于生命的神秘、来世的壮丽、人生的偶然、人与人的关系、社会行为规范、男权主义、知识禁锢思想的感受和思考……如柳絮一般无规则地飘逸。这些动荡飘飞的思绪，从一个瞬间闪到另一个瞬间，一个事物衔接另一个事物，片段飞速地变化与更替，并没有必要的过渡，令人目不暇接，眼花缭乱。整部作品产生了有别于传统小说的严谨、僵化、一成不变的叙事效果。

此外，故事从主人公静坐沉思开端，以他在沉思中惊醒而结束。在这一段近乎凝固的时刻和固定的空间内，主人公的内心世界，已经纵横千里、穿越古今，构建了一个个"重要的瞬间"，激活了沉睡在心灵深处的一连串的记忆、情感、观念和认识。内心世界在作者笔下仿佛具有了形象，可以随着意识的流动而无限地充盈、膨胀，变得变化万端、光怪陆离，甚至给人以时空交错、背景虚幻、画面破碎、意识跳跃的直观感受。时不论古今，地不分中外，人们的审美心理有一点是相同的：求新。而《墙上的斑点》扑面而来的就是一种独特的、陌生的、新奇的感受，符合读者对于打破常规、颠覆传统、反对现实的非理性的审美需求。

由墙上的斑点引发的意识活动，看似散漫无边，实则构思严密，并最终会返回到主轴上来，与毫无逻辑、支离破碎的胡思乱想相区别，呈现出和谐性和完整性。如同花朵一般，以一个花蕊为中心，片片花瓣层层叠叠向四周放射。"墙上的斑点"是一个象征性的意象，代表着现实世界，从结构上看，它是作者进入内心世界的一个支点或跳板，从支点出发，弹出思绪，再回到支点，弹出新的思绪……从对斑点的揣测和假定开始，以否定对斑点的猜测结束，从而触发了不同角度、不同层面的联想。从内容上看，许多联想似乎毫无关联亦没有具体的内涵，然而，所有的跳跃形成了一种整体感，所有的非理性的思绪构成了对生命理性的分析，折射出20世纪动荡的社会环境下人的精神世界，从而牢牢地牵动着读者。

《墙上的斑点》作为意识流小说的奠基之作，它能一举获得成功，还在于这种文学流派对于精神世界的尊重和推崇。小说大量运用内心独白、梦幻、思维、意识等表现手法，大刀阔斧地摒除了对客观世界的描述，将目光重新由外界回归到内心，为主人公留下了放飞自我的空间，使人物的内心情感乃至细微的潜意识得到充分的抒发和宣泄。在现实的维度，战火纷飞、乱象丛生，政治、道德、礼仪、章程……条条框框似乎把人的思维和情感也局限、压抑了。而在故事里，"我"没有名字，没有长相，没有行动，没有故事，但是"我"的思维在这短短的十几分钟内，是不受约束、不受限制的，在这片精神的净土上，"我"可以随心所欲，纵横驰骋。就像文中的这段文字："人们能够想象出一个十分可爱的世界。这个世界安宁而广阔，旷野里盛开着鲜红的和湛蓝的花朵。这个世界里没有教授，没有专家，没有警察面孔的管家，在这里人们可以像鱼儿用鳍翅划开水面一般，用自己的思想划开世界，轻轻地掠过荷花的梗条，在装满白色海鸟卵的鸟巢上空盘旋……"小小的一个斑点，辐射出的是一个宽广安宁的世界。这恰恰说明了，当客观现实纷繁杂乱时，人们的潜在意识会被忽视。这样，"斑点"的作用就凸显出来了，它能帮助我们摆脱现实的束缚，减少外在的影响，营造一个专注的、单一的、放松的环境，人们才能从容不迫地享受一次精神上的盛宴——"可以轻松地从这件事想到那件事，不感觉敌意，也不觉得有阻碍。"

然而，对于这部变革性的作品，社会上也不乏贬斥之声。有人曾指责伍尔夫过度关注自我和内心，而忽略了文学的社会性。其实，当我们读到"据我猜想，大战后它对于许多男人和女人已经带上幻影的味道""该死的战争，让这次战争见鬼去吧"，对于战争遗留给人们心灵的创伤和精神的颠覆，作者是有着深刻的认识的；当我们读到"排在坎特伯雷大主教后面的是大法官,而大法官后面又是约克大主教。每一个人都必须排在某人的后面,这是惠特克的哲学",这是作者对社会等级秩序和所谓的"标准"的质疑和讽刺;当我们读到"男性的观点支配着我们的生活,是它制定了标准,订出惠特克的尊卑序列表",可以看出作者的女权主义思想,和对男权社会的不满和愤懑……不描写社会生活,并不等于远离社会生活,相反,社会的"微尘"已然落到了作者的心灵上,并且激起了回响与反应。正是源于对细枝末节的精准把握,对生活万象的独特领悟,对社会本质的深刻洞悉,意识才能鲜活起来、流动起来……

现代主义作品,体现意识的流动和思想的宣泄

>> 羊脂球①(节选) <<

莫泊桑是19世纪法国著名批判现实主义作家。1880年4月,他的第一篇杰出的批判现实主义作品《羊脂球》一经发表,就获得了辉煌的成功,从此,这位默默无闻的作家一夜之间蜚声巴黎文坛。在莫泊桑众多的作品中,《羊脂球》以其深刻的主题和鲜明的艺术手法独占鳌头。故事以普法战争为背景,描述了一位妓女在穿过普军占领区去往法军把守港口的途中的不幸遭遇。作品将人性的美与丑同时呈现在读者面前,形成了一个完整的对照体系,塑造了一个个鲜明的人物形象,彰显了"丑"的非凡美学价值。艺术上,对比手法是这部作品最显著的特色。本文节选了小说结尾的片段,主要描绘羊脂球在献出身体后,其他旅客反差鲜明的行为和态度,揭示了他们的丑陋共性。节选此文旨在学习和领悟莫泊桑别出心裁的写作艺术和美丑照应的表现手法,从而实现对美的本质的进一步认识。

人都只等候羊脂球来就开车。她终于出现了。

她像是有点不安定,不好意思,后来她胆怯地向她的旅伴们走过来,旅伴们却在同一动作之下把身子偏向另一面,如同都没有望见她似的。伯爵用尊严的神气搀着他妻子的胳膊,

---

①选自《莫泊桑中短篇小说集》,莫泊桑著,李青崖译,上海译文出版社1978年版。作者莫泊桑(1850—1893),法国著名批判现实主义作家,与俄国契诃夫和美国欧·亨利并称为"世界三大短篇小说巨匠"。他一生创作了六部长篇小说、三百五十九篇中短篇小说及三部游记,是法国文学史上短篇小说创作数量最大、成就最高的作家之一。代表作有《羊脂球》《我的叔叔于勒》《一生》《漂亮朋友》等。

使她远远地避开那种不清洁的接触。

胖"姑娘"觉得心下茫然,停着不前进了,随后集中了全部勇气,她才卑屈地轻轻道出一声"早安,夫人",走到厂长夫人的近边,那一个只用头部表示一个倨傲的招呼,同时还用一种失面子的人的眼光望着。大家都像是忙碌的,而且离开她远远站着,仿佛她的裙子里带来了一种肮脏。随后人都赶到了车子跟前,她单独地到得最后,静悄悄地重新坐上了她在第一天路上坐过的那个位子。

大家都像是看不见她,认不得她;不过鸟夫人远远地用怒眼望着她,同时用低声向她丈夫说:"幸而我不同她坐在一条长凳上。"

那辆笨重的马车摇晃起来,旅行又开始了。

开初,谁都不说话。羊脂球不敢抬起头来。同时觉得自己对于同车的人怀着愤慨,觉得自己从前让步是受了委屈的,是被普鲁士人的嘴唇弄脏了的,然而从前把她扔到普鲁士人怀抱里的却是这些同车旅伴的假仁假义的手段。

但是伯爵夫人偏过头来望着迦来夫人,不久就打破了那种令人难堪的沉寂。

"我想您认得艾忒来尔夫人,可对?"

"对呀,那是我女朋友当中的一个。"

"她多么娇媚哟!"

"真教人爱哟!是一个真正的出色人物,并且知识很高,连手指头儿上都是艺术家的风度,唱得教人忘了忧愁,又画得尽善尽美。"

厂长和伯爵谈着,在车上玻璃的震动喧闹当中偶然飞出来一两个名词:"息票——付款期限——票面超出额——期货。"

鸟老板偷了旅馆里的一副旧纸牌,那是在那些指得不干净的桌子上经过五六年的摩擦变成满是油腻的,现在他拿着这副牌和妻子斗着一种名叫"倍西格"的斗法。

两个嬷嬷在腰带上提起那串垂着的长念珠,一同在胸脯上画着十字,并且她们的嘴唇陡然开始活泼地微动起来,渐渐愈动愈快,催动她们的模糊喃喃声音如同为了一种祈祷的竞赛,后来她们不时吻着一方金属圆牌,重新画十字,再动口念着她们那种迅速而且不断的模糊咒语。

1934 年电影《羊脂球》剧照

戈尔弩兑坠入沉思了，没有动弹。

在路上走过了三小时，鸟老板收起了纸牌，他说道："饿了。"

于是他妻子摸着了一个用绳子缚好的纸包，从中取出了一块冷的牛仔肉。她仔仔细细把它切成了一些齐整的薄片儿，两口子动手吃着。

"我们是不是也照样做。"伯爵夫人说。有人同意了，于是她解开了那些为了两家而预备的食品。那是装在一只长形的陶质钵子里的，钵子的盖上塑着一只野兔，表示那盖着的是一份野兔胶冻，一份美味的冷食，看得见一些冻了的猪油透在那种和其他肉末相混的棕色野味中间，像是许多雪白的溪涧。另外有一方用报纸裹着的漂亮的乳酪干，报纸上面印的"琐闻"的大字标题还在它的腴润的表面上保留得清清楚楚。

两个嬷嬷解开了一段滚圆的香肠，那东西的蒜味儿很重，戈尔弩兑把两只手同时插进了披风的两只大衣袋，从一只衣袋里取出了四个熟鸡蛋，从另一只里取出了一段面包。他剥去了蛋壳扔到脚底下的麦秸当中，就这样拿着蛋吃，使得好些蛋黄末儿落在他那一大簇长胡子当中像是好些星星一般挂着。

羊脂球在慌忙中起床的时候是什么也没有打算的，现在望着这些平平静静吃东西的人，她气极了，因为愤怒而呼吸迫促了。开初，一阵骚动的暴怒使得她肌肉痉挛，她张开了嘴预备把一阵升到嘴边的辱骂去斥责他们的行为，不过因为愤怒扼住了嗓子，她简直不能够说话。

没有一个人望她，没有一个人惦记她。她觉得自己被这些顾爱名誉的混帐东西的轻视淹没了，当初，他们牺牲了她，以后又把她当作一件肮脏的废物似的扔掉。于是她想起她那只满是美味的提篮，那里面本来盛着两只胶冻鲜明的子鸡，好些点心，好些梨子和四瓶波尔多的名产红葡萄酒，第一天通通被他们饕餮地吃喝得干干净净。末后，她的愤慨如同一根过度紧张的琴弦中断了似的忽然下降了，她觉得自己快要哭了。她使出了惊人的努力，镇定了自己，如同孩子一般吞住自己的呜咽，但是眼泪出来了，润湿了她的眼睑边缘，不久两点热泪从眼睛里往外流，慢慢地从颊部往下落，好些流得更迅速一些的眼泪又跟着来了，像一滴滴从岩石当中滤出的水，有规则地落到了她胸脯突出部分的曲线上。她直挺挺地坐着，眼光是定着不动的，脸色是严肃而且苍白的，她一心希望不至于有人看见她。不过伯爵夫人偏偏瞧出来了，用一个手势通知了丈夫。他耸着肩膀仿佛就是说："您要怎么办，这不是我的过错。"鸟夫人得胜似的冷笑了一声，接着就低声慢气地说："她哭自己的耻辱。"

两个嬷嬷把剩下的香肠用一张纸卷好了以后，又开始来祷告了。

这时候，戈尔弩兑正等着那四个鸡蛋在胃囊里消化，他向对面的长凳底下伸长着双腿，仰着身子，叉着胳膊，如同一个人刚刚找着一件很滑稽的玩意儿一般因此微笑，末了他开始用口哨吹起了《马赛曲》。

所有的脸儿都变得暗淡了。这首人民的军歌显然使得同车的人很不开心。他们都变成神经质的了，受到刺激了，并且如同猎犬听见了手摇风琴一般都像是快要狂吠了。戈尔弩兑看出了这种情况，他的口哨就吹个不停了。甚至于有时候，他还轻轻地哼着好些歌词：

至情，爱国的神圣的至情，

你来领导支持我们的复仇之手，

自由，我们十分宝贵的自由，

你带着你的防护者来战斗!

路上的雪冻成比较坚硬的,车子走得比较快了,经过旅行中的好些惨淡的钟点,在傍晚的时候颠簸晃动个不停,再后些时,车子里变成了黑暗世界,一直走到吉艾卜为止,戈尔弩兑始终用一种猛烈的不屈不挠态度吹着他这种复仇意味的单调口哨,强迫那些疲倦而且生气的头脑从头到尾地倾听他的歌唱,去记忆每一句被他们注意节奏的歌词。

羊脂球始终哭着,并且不时还有一声忍不住的呜咽,在两段歌词的间歇中间在黑暗世界里传出来。

【作品鉴赏】

《羊脂球》对于对比手法的运用,相较于传统的二元对立结构更为复杂,对于人物的刻画也更为深刻。由十多个人物构成的纵横交错的对比,除了贯穿全文的正面人物和反面人物的对比,还包括纵向上人物的前后对比,横向上不同阶层的人物对比,同一人物的表里对比……将美与丑置于一个多层次的、全方位的、交错反复的对比体系中,使得丑陋无所遁形,而美更加熠熠生辉。

《羊脂球》插图

正如德国的苏瓦尔所说"丑是美的背景,用来增强美的光辉",无论现实生活还是文学作品中,真善美总是因假丑恶的衬托而呈现,较量而繁荣。美与丑的对抗、碰撞愈是激烈,美的价值和意义愈能得到丰富的体现和清晰的彰显。然而生活中美与丑所代表的事物是相对分散的、非典型的。《羊脂球》却将这种美丑对比集中化、典型化、提炼化,如暴风骤雨般在读者心里引起强烈的震动,激荡出璀璨的艺术火花。

其中,最典型的就是正反两方面的人物对比,一方是绰号为"羊脂球"的妓女,另外一方则是由伯爵、议员、工厂主、商贾、修女、自由派等代表着社会体面的"上等人"构成。因为在途中得知羊脂球是一个妓女,九名素不相识的人一下子变成了亲密的朋友、高贵的联盟,以团结的姿态针对、侮辱这位地位最为低贱的妓女。因此,这十个人始终处于一比九的对立之中。首先逃亡的目的不同。普法战争法国战败,普鲁士人占领鲁昂。底层人物羊脂球也正因为毅然反抗一名普鲁士士兵的入住,事败后被迫出逃,充分表现出一个下层妓女炽热的爱国之心。但是另一方面，其他九人却是为了转移财产、逃避敲诈、畏敌逃命，甚至于鸟先生还发起了国难财，显然毫无爱国之心和民族信仰。所谓的社会名流，在大敌当前，危难之际，全然不顾祖国的命运，显然是民族的败类。两相对比，高下分明，美丑毕现。

其次，他们对待敌人的态度也是截然相反的。羊脂球情绪激愤，奋起反抗，甚至破口大骂敌军的军官，用"我决不！决不！决不答应！"这样短促有力的话语严词拒绝，表现出强烈的自尊和崇高的民族气节。而其他九个人，有的"吓得手直哆嗦"，有的十分"驯顺"毫无反抗，有的卑躬屈膝，三位出身高贵的太太，竟然大谈起普鲁士军官的容貌身段如何好。面对敌人的淫威，他们出于自身的利益再次紧紧团结在一起，或旁敲侧击、或直白恫吓、或阴晦暗示，软硬兼施地驱使羊脂球不得不向她痛恨的普鲁士军官献出了身体。而当她再次回到马车上时，旅客们都表现出对她的极大漠视、排斥和鄙夷，形成了鲜明的前后照应。她的不幸，既来源于普鲁士侵略者的荒淫和暴虐，更来源于马车上其他九名法国旅客的卑怯和自私。至此，丑陋与美好，高尚与卑劣，昭然若揭。

莫泊桑将这种美丑对比，浓缩在一辆马车、一间小屋里，摄影一般定格了所有人物在同一时刻的不同反应。在一组组对比中，在一步步纵深发展的过程中，让每个人物的形象都鲜活具体起来。且不说主人翁羊脂球了，虚伪的参议员、高傲的贵妇人、冷漠的嬷嬷、粗鄙的鸟先生……在他的笔下，莫不栩栩如生。莫泊桑对小说的人物是爱憎分明的。对于丑陋，他极尽挖苦讽刺，用辛辣而细腻的笔触，将每一个人物藏在光鲜外表下的、不为人知的丑恶卑劣清清楚楚地展现在阳光下，让黑暗无所遁形。他用九分的丑陋来衬托一分的美好，形成众星拱月的效果，使得羊脂球的人格美，如同黑暗中的一点萤火，微弱却又弥足珍贵。

爱美之心，人皆有之。而人们对于一个人美与丑的判断往往来源于肤浅的外在感官，容貌、仪表、行为举止，可以产生直接的、感性的情感倾向，也可以帮助我们初步判断一个人的身份、背景和性格。然而总是有那么一些人，"金玉其外，败絮其中"，用五光十色的仪容装点自己空虚庸俗的灵魂，用端庄优雅的言行遮掩自己粗鄙自私的内心。正如文中的"上流社会"同行者们，与他们恶毒而自私的内心相对比，他们或光鲜美丽、或风度翩翩、或气派雍容的外在形象就充满了道貌岸然、伪善造作的虚伪，令人产生如鲠在喉的不适感。如禹贝尔·卜来韦伯爵，是个"气派雍容的老绅士"，出身高贵又标榜礼仪的他，却因为饥饿而吃相粗鄙，"吞着、嚼着，如狼似虎地消化着"；面对战争，他只关心自己财产受到的损失；面对敌人，他却态度谦卑递上名片，"先生，我恭恭敬敬请您……"；为了自己的利益，他处心积虑地伙同其他人，对一个可怜的、曾经馈赠过食物的姑娘发动阴谋，甚至还要"含蓄的，巧妙的，慎重的"为自己的算计披上道德公理的伪装。内在的丑陋与外在的光鲜形成鲜明的对比，讽刺味十足。

与之相对应，羊脂球作为一群人中地位最为卑微、身份最为不堪的妓女，自然而然地被贴上了"毫无羞耻""出卖风情"的标签，甚至于她美丽的容貌、饱满的身体、鲜润的气色，也成为男人觊觎和女人鄙夷的对象。然而她待人善良而真诚，面对妇人们带侮辱的谈笑和轻视的目光，仍然将自己的食物与众人分享；她正直而爱国，对普鲁士的士兵言辞激烈，表现出真正的仇恨和强烈的反抗；她宽容而隐忍，对同行人的冷嘲热讽，她谦和有礼，表达善意也显得小心翼翼,最终选择牺牲自己保全他人;而在面对普鲁士士兵的非礼要求时,她表现出了令同行人吃惊的大胆、激烈和坚决,"她的主意像铁一般的坚硬,她的信仰心从不迟疑,她的良心毫无顾虑"。在她充满贬义色彩的身份之下,藏着高尚而光辉的人格,在她胆怯而腼腆的外表下,却是坚决而不屈的灵魂。伏尔泰曾经说过:"外表的美只能取悦于人的眼睛,而内在的美却能感染人的灵魂。"人格和灵魂的美足以打破读者对妓女的偏见,而这种美却是高贵而不可亵渎的。生活中的美好来源于内在,需要多一点细心和耐心去发掘那深藏在暗淡无光的外表下的如宝石一般璀璨的心灵。

>> 对读《六月二十七日望湖楼醉书》和

《定风波·莫听穿林打叶声》① <<

　　情景交融是中国古典诗歌中最重要的艺术手法之一,体现了中华民族含蓄内敛的审美理念和情趣。于是在诗词中诸如"流水""月亮""落叶""雨雪"等自然的景与物成为情感化的意象符号,而具有了美学价值。本篇选择了苏轼于风雨之中的两首即景诗加以对比。《六月二十七日望湖楼醉书》为苏轼贬谪杭州任通判时所作的一组七言绝句,共五首,此为第一首,亦是最著名的一首,描写了望湖楼上饮酒时见到的山雨欲来和雨过天明之景;而《定风波·莫听穿林打叶声》写于苏轼因"乌台诗案"被贬黄州之后,描写了苏轼一行人在"沙湖道中遇雨"的经历。两首诗中,作者从楼中观雨到途中遇雨,对雨亦有不同的感受,催发了不同的情感。让我们一起通过横向比较,感悟古典诗歌"触景生情""寓情于景"的表现手法,通过苏轼笔下的"雨"景,感受诗人旷达的生命态度。

《六月二十七日望湖楼醉书》插图

---

①选自乐云著《唐宋诗鉴赏全典》,崇文书局,2011年版。苏轼(1037—1101)字子瞻,号东坡居士,眉山(今属四川省眉山市)人,北宋著名文学家、书法家、画家,"唐宋八大家"之一,和父亲苏洵、弟弟苏辙合称三苏。其诗题材广阔,清新豪健,善用夸张比喻,独具风格,与黄庭坚并称"苏黄";其词开豪放一派,与辛弃疾同是豪放派代表,并称"苏辛";其散文著述宏富,豪放自如,与欧阳修并称"欧苏"。有《东坡七集》《东坡易传》《东坡乐府》等作品传世。

六月二十七日望湖楼醉书①
黑云翻墨未遮山,白雨跳珠乱入船。
卷地风来②忽吹散,望湖楼下水如天③。

《定风波·莫听穿林打叶声》插图

定风波·莫听穿林打叶声
三月七日,沙湖④道中遇雨。雨具先去,
同行皆狼狈,余独不觉。已而⑤遂晴,故作此词。
莫听穿林打叶声⑥,何妨吟啸⑦且徐⑧行。
竹杖芒鞋⑨轻胜马,谁怕?一蓑烟雨任平生⑩。
料峭⑪春风吹酒醒,微冷,山头斜照却相迎。
回首向来萧瑟⑫处,归去,也无风雨也无晴。

【作品鉴赏】
　　大自然的日落月升、风霜雪雨为心思敏捷的诗人提供了驰骋才力的广阔天地,通过诗人独具匠心的勾勒和浓淡得宜的润色,便成了鲜活隽永的审美意象。在中国古典文学的长河中,对于"雨"这一意象的描写不胜枚举,诗圣杜甫说"片云头上黑,应是雨催诗",雨就

---

①望湖楼:古建筑名,位于杭州西湖畔,五代时吴越王钱弘俶(又名钱弘)所建。
②卷地风来:指狂风席地卷来。
③水如天:水面像天空一般开阔。
④沙湖:位于今天湖北省黄冈东南附近。
⑤已而:过了一会儿。
⑥穿林打叶声:指雨点透过树林打在叶子上的声音。
⑦吟啸:放声吟咏。
⑧徐:缓慢。
⑨芒鞋:草鞋。
⑩一蓑烟雨任平生:披着蓑衣在风雨里度过一生也无妨。
⑪料峭:微寒的样子。
⑫向来:方才。萧瑟:风雨吹打树叶的声音。

像诗人情感的催化剂，它的变化莫测完美地契合了人生的喜怒哀乐，使人的情感得以随着瓢泼大雨而尽情地宣泄，随着丝丝细雨而缠绵地牵动，随着点点的雨滴而自然地流露，就好像雨能了解人们的意愿，熨帖人们的情感。但不同的诗人笔下的"雨"却各具特色，在诗人不同的遭遇、情感、心境的涤荡下也会折射出不同的光彩，积淀成一个个"让人欢喜让人愁"的意象。正如王国维在《人间词话》中所说："以我观物，则物皆着我之色彩。"

我们就先从《六月二十七日望湖楼醉书》（下简称《醉书》）说起。

夏天的西湖，忽而阴，忽而晴，忽而风，忽而雨，千姿百态，分外迷人。这首小诗描写的就是乍雨还晴、风云变幻的西湖景象。前两句描写诗人泛舟西湖之上，结果天气骤变，乌云如打翻了的墨水一般浓黑，翻卷着汹涌而来，远处的山峦被浓云遮住了一半，山的黛色似乎与云的墨色融成了一个浓厚的背景。大雨骤然而至，仿佛从天上倾倒而下，湖面上一时间白花花的一片，雨敲打着湖面，敲打着船板，水花四处飞溅，如白色的珍珠一般乱哄哄地跳入游人的船舱。"黑云翻墨"和"白雨跳珠"，用生动形象的比喻写出了大自然气象变化时的磅礴气势和紧张氛围，然而这种山雨欲来和云翻雨覆之景却没有给人以压抑、沉闷、烦躁之感，相反，如墨的浓云没有遮天蔽日，起伏的山峦还在云后时隐时现，骤降的大雨也颇有意趣，"跳""乱"二字，将雨珠也拟人化了，如同一个个活泼的精灵在船板上纷乱地跳动。暴雨是常见现象，但苏轼却用了饱含喜悦之情的语言，充满灵性地将生活中这种常见的、但又是稍纵即逝的景物赋予永恒的意义，从而显示了它的美。

大雨一时难停，苏轼便舍船移步到湖边的望湖楼，喝酒谈天。不知不觉间，人已醺醺然，故有"醉书"一说。此时一阵狂风席卷而来，带着些微的凉意吹散了苏轼的醉意。放眼望去，湖面上似乎一瞬间云破雨歇，风平浪静。诗人凭栏而望，只见一切都似被大雨冲洗过一般明净洗练，那平静的湖面光可鉴人，水映着天，天连着水，水天一色，眼前一片空明。这两句笔锋忽转，描写云销雨霁、雨过天晴的景色。一个"忽"字，看似轻巧，却夸大了风的威力，仿佛一瞬间吹散了乌云，吹断了雨帘。天地云那间一片空明，时间似乎也停止了一般，云呢？风呢？雨呢？统统不知道哪儿去了，方才的一切似乎都未曾发生过一样。

这首诗以清奇、新妙的语言，有声有色地摹写了西湖的雨景，其意境之广阔、构思之巧妙，实在值得我们从绘画的角度细加玩味。全诗共四句二十八言，从头至尾诵读一遍不过短短十数秒，却迅速切换了四幅画面，空间、时间迅速变化毫无过渡，仿佛云卷云散，雨至雨停，不过发生在一息之间，使人目不暇接。既有"黑云"与"白雨"两种对比鲜明的色彩碰撞，远景的山与近景的雨的视角迅速调转，又有狂风骤雨与风平浪静的强烈对比，一黑一白、一明一暗、一远一近、一动一静，在视觉和听觉上产生极大的震动，令读者如临其境。苏轼巧妙地截选了云翻、雨泻、风卷、天晴四个画面，前两句渲染了雨势的浩荡，却又没有铺陈开来，而是戛然而止，气势顿收，如同按下了暂停键一般，大雨、狂风、乌云连同声音一起消失了，动静间趣味横生，张弛间意境顿开，给人豁然开朗、柳暗花明的感觉。虽描写的是自然之景，亦符合诗人的心境，虽写的是雨，侧重的却是晴，仿佛心中郁结的愁思，沉甸甸的心绪，也如天上的乌云一般，在狂风暴雨后消散干净。苏轼以闲适旷达的心境观照大雨，雨景因作者的主观色彩呈现出无拘无束、生动活泼、高远开阔的状态，可见苏轼对于这一场突如其然的大雨是感到欣悦的、有趣的。苏轼时隔十几年后重游杭州时，仍对"跳珠"

一往情深，他说："还来一醉西湖雨，不见跳珠十五年。"

与之相对应的，《定风波·莫听穿林打叶声》（以下简称《定风波》）也是源于一场意料不及的大雨。春日的一天，苏轼与友人漫步沙湖小道，而一场山雨带着春日未褪的寒意忽然而至，因为带着雨具的人先离开了，同行之人皆狼狈不堪，唯独苏轼从容不迫地在雨中行走。与《醉书》写雨景不同，《定风波》则侧重于写雨中之人，而对于山中雨景及雨后初晴的景色，仅寥寥一笔带过。雨势似乎颇大，穿过树林，击打在密密的叶子上，噼噼啪啪地作响，而作者"无觉"于淋湿的狼狈，无畏于耳边的风雨声，无惧于脚下的泥泞，脚踩草鞋，手持竹杖，一边"徐行"，一边"吟啸"。而"一蓑烟雨任平生"更是进一步由眼前的风雨联想到自己的整个人生，表达了作者即使面对风雨交加的生活，亦能从容不迫，我行我素，披着蓑衣在风雨里过一辈子也能如现在一样处之泰然。

同样，词的下阕，写雨后初晴的景色。寒意初上，一阵料峭的春风，吹醒了酒醉，作者感到微冷，从幻想回到现实。不知不觉间，雨已经停了，云雾破开一道口子，阳光透过云层斜斜地照耀在林间，让苏轼感到些微的暖意。而当他再回首走过的一路"萧瑟"时，却是无所谓风雨，也无所谓天晴。

杭州西湖雨后初晴时的景色

《定风波》一词，点染了雨中与雨晴的不同之景，然而不似《醉书》生动写景，而是借景抒怀，刻画作者对于雨中漫步和雨过天晴的不同态度，动静对比，虚实结合，于寻常处见奇景，于古朴中见真意。于是，词中所写之景脱离了自然景物而成为象征性的意象，如词中所写风吹雨打的"萧瑟"来路，似乎就是苏轼前半生的写照。因与宰相王安石的政见不同，苏轼一再遭到朝廷的贬谪，先后到杭州、密州、徐州、湖州等地任职。随后，在震惊朝野的"乌台诗案"中，苏轼锒铛入狱，遭遇人生重大打击，幸得保命，被贬至黄州。于苏轼而言，途中的"风雨"，令周遭人狼狈不堪，而自己却能安然自如地对待；半生的"萧瑟"，虽令自己感到寒冷，却已是雨过天晴，无须挂怀。

纵观全词，苏轼在政治漩涡中挣扎多年，对于人生的沉浮、情感的忧乐，早已看透看淡，有了一番全新的领悟。在轻松、平和、旷达心境的映射下，词中的景物描写，褪去了凄凉与消沉，处处透露着淡泊宁静、清旷平和、从容自信之感，对于风雨，他既无畏惧、幽怨，亦无喜悦、赞赏，而是一种回归自然、超然物外的旷达。

两首诗都是借雨景抒情怀，虽然情与景有所侧重，但情感仍作为诗歌的引力与内核，引导着诗人的创作，奠定了诗歌的意境，有如滔滔江水顺势而下，其间裹挟着强大的精神力量。情景交融，情感得以寄托，逸兴遄飞，以情入景，景亦感人。

单元综合实训

一、作品欣赏

偶 然
徐志摩

我是天空里的一片云，
偶尔投影在你的波心——
你不必讶异，
更无须欢喜——
在转瞬间消灭了踪影。
你我相逢在黑夜的海上，
你有你的，我有我的，方向；
你记得也好，
最好你忘掉，
在这交会时互放的光亮！

二、阅读理解

1. 合理断句，大声诵读，引导学生感悟诗歌语言的节奏美、声韵美。
2. 请从比喻、想象、意象的角度，阐述诗歌如何把"偶然"这一抽象化的时间副词形象化。

三、课外阅读

1. 鲁迅《药》

小说通过对茶馆主人华老栓夫妇为儿子小栓买人血馒头治痨病的故事，揭露了长期的封建统治给人民造成的麻木和愚昧。作品在结构安排上，以华老栓夫妇给儿子治病为明线，以革命者夏瑜被军阀杀害为暗线，双线交织，构思精巧；在人物刻画上，善于运用白描手法，通过侧面描写表现人物的心理和性格，形象生动，技巧高超。

2. [美] 欧·亨利《警察与赞美诗》

该短篇小说讲述的是一个穷困潦倒、无家可归的流浪汉苏比，因为寒冬想去监狱熬过，所以故意犯罪，去饭店吃霸王餐、扰乱治安、偷他人的伞、调戏妇女等，然而这些都没有让他如愿进监狱；最后，当他在教堂里被赞美诗所感动，想要改邪归正，重新开始的时候，警察却将他送进了监狱。作品勾勒了一个令人啼笑皆非而富有深意的故事，以喜剧的形式体现了美国下层社会小人物的悲剧命运，继承了欧·亨利一贯的幽默风趣、诙谐机智风格，同时在结尾时突然出现一个意料不及的结局，使读者惊愕之余，不能不赞叹作者构思的巧妙。

3. 《诗经·子衿》

青青子衿，悠悠我心。纵我不往，子宁不嗣音？

青青子佩，悠悠我思。纵我不往，子宁不来？

挑兮达兮，在城阙兮。一日不见，如三月兮。

这首诗为先秦时代郑地汉族民歌。全诗不到五十字，但女主人公等待恋人时的焦灼万分的情状宛然如在眼前。这种艺术效果的获得，在于诗人在创作中运用了大量的心理描写，坦露独立、平等而又真挚、大胆的精神实质；同时体现了《诗经》在语言方面鲜明的形式美、声韵美和风格美。